外国人労働者研究

手塚和彰 著

信 山 社

開かれた日本を創るために——解題と序にかえて

　日本の国際的な経済的な地位は1970年代から90年代にかけて，急速に上昇し，一時は米国に次ぐ世界第二位の経済大国だと評されるに至った。
　この最大の要因は，大量生産，大型生産の製造業中心に成長を遂げ，第二次大戦の敗北から，欧米諸国にさきがけ，新規の技術・生産システムをいち早く導入し，優秀な若い労働者と，それを支える経営，人事システムが，あいまって，国際競争に優位を獲得したことである。
　しかし，1990年代初頭までのいわゆるバブル経済期を境に，旧社会主義圏の崩壊と統一世界市場の時代となり，アジアでのアジアNIES，ASEAN諸国のみならず，巨大な人口と，潜在的市場を有する中国やインド，ヨーロッパでは，東欧諸国と旧ソ連諸国が，旧来型の製造業に参入し，ここへの直接的な投資により，日本や独仏を中心とする西欧諸国は，大量生産の製造業とりわけ労働集約型の大量生産での『比較優位』を一挙に失うこととなった。
　しかし，最後のアダ花ともいえるバブル経済期においては，底上げされ，誘導された不動産，株などの過剰投資による，一時的な好況が，人手不足現象を呈し，あらゆる企業，業種で人手不足だと，「悲鳴を上げる」状況となった。ここに，はじめて外国人労働者の導入問題が本格的な課題として，登場したのである。ただし，当時の人手不足は，実際に必要な人材を，来るべき高度先進技術に対応すべく，育成，適所に配置しつつ行われたわけではなく，金融・証券・保険などが，他業種と比べても，きわめて高賃金で，将来を担うべき理科系，技術系出身者を吸収した結果も生じている（当時の状況は巻末付表参照）。他方，人手不足であるといっても，中高年者，女性（とりわけ既婚の）を含む，多くの人々に関しては，人手不足だといいつつ，外国人労働者を受け入れていた典型的な地域である，群馬県の東毛地区ですら，満足な職場が得られていない[1]。この事実は，多くの研究者も見逃していたことである。
　一方，当時，日本は移民国家としての伝統と経験もなく，さりとて，旧西ドイツをはじめとする西欧諸国のように，1960年初頭からの外国人労働者の導入の経験もなく，したがって，研究における蓄積は全くない状況であった。
　1980年代の終わりに，この問題が議論され始めた当初，実証研究は皆無であり，これを前提としての，欧米の移民，外国人労働者研究との関連を求めることは不可能な状況にあった。そこで，初めてといっても良い，実証研究のグルー

プが，東京，神奈川，千葉，埼玉，群馬，大阪での企業サイドからの調査を行政など連携しつつ，行うとともに，バングラディッシュ，タイ，フィリピンなどの外国人送り出し国の調査を行った。第3部はその一部である。

　この調査の結果，明らかとなったことの一つは，当時の外国人労働者はバングラディッシュ，パキスタン，タイなどから来日していたが，比較的学歴が高いにもかかわらず，故国で適職が無く，日本の工場現場などで働くという例が多く，その人々の能力，勤務成績，モラルなどは一時的な出稼ぎだとは言え，優れていたのである。しかし，こうした人材を，いわゆる単純労働につけてきた使用者からすれば，結局，一時しのぎの，使い捨ての労働者でしかなかった。つまり，時間給はパートタイマーより高いが社会保険料，所得税などは支払われず，ボーナス，家族手当など付加給付などは支払われない結果，総労務費は安上がりで，何より『いつでも解雇できる』労働者であった。

　こうした外国人労働者の流れは断ち切られることが無く，バングラディッシュ，パキスタンからの流入を，査証免除協定の停止措置により抑制しても，次には，イラン，マレーシア，タイなどから多数流入してきたのである。もちろん，モノ，カネと並んでヒトの移動をますます自由化する流れの中で，韓国，台湾，中国からのヒトの流れが大きくなり，その余波が不法就労者となっていることも指摘できる。

　しかも，日本にとって歴史的にも悲劇であるが，これらの外国人労働者に代わって，日系ブラジル，ペルーなどの日系人が，とりわけ平成元年の入管法改正以降，「定住者」として，いかなる就労も可能な外国人として登場する。彼らは，短期的，かつ，いつでも解雇できる労働者で，社会保険料はもとより，所得税の徴収もなされず，雇われている。しかも，平成元年当時，予測もしなかった結果として，日本で戦後初めての「外国人労働者受け入れ」となったのである。

　他方，この間，政策を論議し，実現していく政府にあっても，旧来の縦割り行政の枠内での議論をせざるを得ず，日本政府としての方針は，当面のものにならざるを得なかった。いわゆる，第9次雇用対策基本計画などに示さるように，日本は，当面単純労働者については受け入れないという政府の了解によって，事態の推移を見てきたといえる。

　しかし，1990年代急増した不法就労者や外国人への雇用，社会保障など，時に人権問題にもなるような諸問題の発生は，その後，アジア諸国さらには中南米に至るまでの諸国間との所得格差と，人口，失業の圧力の大きさ，日本での就労

可能性などのプッシュ要因，プル要因，が急速に高まった結果避けられないものとなった。この点は，『外国人と法』（有斐閣，1983年初版，1987年改訂版）に至る過程で，諸所で指摘してきたのであるが，一向に実現されなかった。その，主要なものを第1部に，発表時（若干の字句の修正は行った）のままで再掲した。

この間，ようやく戦前以来，日本で在日外国人だとされてきた在日韓国，朝鮮，中国人などとの関係で問題とされ続けてきたいくつかの問題（指紋押捺問題，再入国問題，社会保障福祉の適用など）が若干なりとも解決してきたことを除いて，個別各論的な問題はもとより，日本で外国人が住みやすく，優秀な人材をひきつけるような「ヒトの国際化」政策はついに実現されなかった。

筆者は，1970年代末から1980年代をドイツとの比較研究を行ってきたが，当時から，あまりにも日本とドイツ（スウェーデン，オランダ，フランス，英国ならびに米国，カナダなど欧米先進国）との政策的な開きが大きいことを，継続的な調査研究の中で明らかにしてきた。それと同時に，欧米では，マイグレーション・移民研究や外国人労働者の研究が，19世紀から継続して行われてきた。そこには，社会科学的に，法則性，予測性もあり，その結果は将来の政策などにおいても生かされてきた。第2部の比較研究は，現地での調査と，研究交流により得られたものである。もちろん，文献上もフォローしているが，筆者としては，文献研究のみから，結論や，理論を引き出すことには，大いに反対したいのである。

ところで，1990年代初頭の労働力不足ゆえに，外国人労働者をという論調は急変し，今度は少子高齢化により人口，なかんずく労働力人口が減り，成長の停滞につながるとの視点からの外国人労働力の受け入れ論が登場した。

昨年（2003年）早々の奥田碩日本経団連会長の，少子高齢化の進展とヒトについて開かれた日本をとの提言と，石原慎太郎東京都知事の日本は外国人政策が全く無いとする発言などを契機に，ようやく本格的な議論[2]が再開されている。

しかし，この時点でも外国人の受け入れに関する日本での研究実績は乏しく，将来の帰趨について確たる見通しがあるとはいえない。この間，筆者は，外国人労働者研究は，少子高齢化社会研究の一部であると考え，その中で総合的観点から分析することとし，外国人労働者そのものの研究については1995年をもって，一旦停止した。しかし，この間この研究テーマとしては，研究費の助成やドクター論文の格好の材料で，枚挙の暇の無いほどの文献が出てきている。

ただ，従来の社会科学の停滞，沈滞を如実に示す現象として，ほとんどが後追い的なものであったり，外国の文献のコピーであったといえなくはない。しかも，狭い学界，たとえば，法律なら法律，否，より低次の『憲法』以下の個別領域の次元で，先駆性の無い業績を積み重ね，しかもそれを引用に引用を重ねるという，沈滞に拍車をかけることになってしまったのではなかろうか。その結果が，日本の国としてのバブル崩壊以降の沈滞と方向を見失った自信喪失を招いたといえよう。ドイツは，すでに，少子高齢化を含む将来設計を，権威ある研究者を中心に，財政，社会保障，雇用の改革のための，与野党を含む政府委員会で，内容的にも確たる報告書を出している。外国人労働者に関しては，シュレーダー社民党政権成立とともに，反対党のリーダーであった，元下院議長のリタ・ジィスムート女史（博士）を委員長に報告書（"Zuwanderug gestalten Integration Fördern" Berlin, 4. Juli 2001）を出しているし，少子高齢化に関しては，与野党の連邦議会議員と研究者を中心に三冊の大報告書を出している。もちろん，高齢化に伴う公的年金，医療保障，労働市場改革に関してもそれぞれ報告書が出され，戦後50年来初めての改革が実行されているのである（これらの点に関しては，手塚『怠け者の日本人とドイツ人』中公新書ラクレ，2004年3月参照）。

　ところで日本では現在となっては，高卒など新規学卒者ですら容易に職が得られない。この時点で，外国人労働者を一般的に受け入れることは，かつてドイツが約400万人の外国人労働者を数年で受け入れたと同じことにならざるをえない。ドイツの経験によれば，その効果は，国民経済的に，一時的には彼らの消費などの経済的拡大効果はあるものの，その人々も，結局年をとり，彼らの年金・医療・介護の老齢保障を埋め合わせるだけであったとの分析がなされている。（前述のジィスムート委員会報告書）しかし，少子高齢化を同じように迎えているドイツでも，毎年約20万人（純増で）程度の外国人の受け入れはせざるを得ないと見ている。しかし，第1部第3章で述べるように，本年5月1日の拡大EUの中にあってもEU内先進諸国は急激なEU内移動にも慎重であり，目下のところでは，EU以外の国からの外国人の受け入れは，先端技術や情報産業の従事者など，限られた才能と技術を有するヒトだけに限られている。

　それでなくても，先進国の製造業での職場の国外流出は，とどまるところがなく，最近もドイツの3番目の大企業ジーメンス社でも，世界に42万6000人の従業員がいるが，国内では縮少の一途で，携帯電話部門などは毎年1割近く従業員を減らし，国外での生産比率を高めている。好調な経済を伝えられる米国

でも，職の国外流出が来るべき大統領選挙の争点となっている。

こうした世界の競争の中で，一体日本は，優秀な若者を引きつけることができるのか，この間の外国人の受け入れに関する施策には，不十分さは否めないのである。

最近ドイツでこの点での象徴的なニュースがあった。ハリウッド，カンヌとならんで，世界の三大映画祭の一つに，ベルリン国際映画祭がある。2004年の同映画祭では，『壁に向かって』が最優秀作品賞に選ばれ，金熊賞を獲得した。23の最終候補作品の中には，アンソニー・ミンゲラ（『コールド・マウンテン』），ジョン・ブアマン，エリック・ロメールといった並みいる世界のスター監督の作品があったのだが，それを超える評価を得たのが，たった4作目の作品を引き下げての，ファティン・アキンであったこと，さらには，ベルリン映画祭なのに18年間ドイツ映画は最優秀作品賞をとれなかったが，この作品でようやくとることができたこと，などであったことである。

しかし，もっとも衝撃的な点は，アキンがトルコ人を両親として，ハンブルクに生まれた若者であり，この映画が，かつてのベルリンの壁に近く，15万人のトルコ人が集住していたベルリン・クロイツベルク地区で，ドイツ人社会とトルコ人社会の対立より深刻であったトルコ人社会内部の葛藤，麻薬，殺人，官能的な愛，贖罪などを描いたものであった。

この映画が，ドイツ的な映画なのか，それともトルコ的かなどの質問に答えて，アキンは「自分は間違いなくドイツの映画監督である。だが自分にはドイツ的なところもあれば，トルコ的なところもある。そのために不自由で身動きが取れなくなることは無く，むしろ両方からインスピレーションを得ているのだ」と答えたのである。

日本でも，現在，未来において，ヒトは世界から集まり，活躍し，日本の力となるような社会を作ることが第一義であるとの思いを持ちつつ，日本での外国人の諸問題に取り組んできた。本書は，この間の研究を取りまとめたものであるが，日本でのヒトの受け入れの流れを明らかにするための一助となれば幸いである。なお，本書所収の論文は発表当時のまま，若干の字句の修正を行うにとどめた。それは各発表時点（解題および各章末尾に付けた年月）のデータや時をそのままにする方が意味があるといえると考えたからである。

2004年　8月

手塚　和彰

(1) 1989年～1990年の人手不足のピークに群馬県太田・舘林両職安管内では，新規高卒の求人倍率で太田は4.58（1989年）と5.87（1990年），舘林6.63（1990年）であり，平均求人倍率でも太田3.00，舘林3.35（ともに1989年）であったにもかかわらず，常用（女子）の求人倍率は太田で0.76（1989年）でしかなかった。中高年者も0.6台程度で雇用保険受給者も群馬県全体で4,571人（1990年2月）もいる状況であった。（詳細は手塚『続外国人労働者』〔日本経済新聞社，1991年〕63頁以下参照）

(2) 「本格的な」という意味は，たとえば従事は，「外国人を入れてみて後で考えて対処する」という無責任な一部の財界人や評論家などの意見が少なかったのに対し，両氏とも意見のフォローアップをしていることである。

目　次

開かれた日本を創るために——解題と序にかえて ……………… i

第1部　日本における外国人受け入れ政策と法
　　——国際比較を前提に ……………………………………… 1

　　解題：日本における外国人受け入れ政策と外国人の受け入れの途　(2)

第1章　日本における外国人労働者の共生と統合 ……………… 5
　Ⅰ　はじめに　(5)
　Ⅱ　日本で働く外国人　(6)
　Ⅲ　日本の外国人労働者の置かれた状況　(7)
　Ⅳ　日本における外国労働者の受け入れ論議の結末　(13)
　Ⅴ　外国人労働者の共生と統合（結論）　(16)

第2章　人の移動——難民・移民・外国人労働者 ……………… 21
　　はじめに　(21)
　Ⅰ　20世紀の「ヒトの移動」に関する国際的な流れ　(22)
　Ⅱ　「ベルリンの壁」崩壊と西への「エクソダス」　(26)
　　1　第1段階の「ヒトの移動」——旧ソ連解体前,「ベルリンの壁」崩壊前　(26)
　　2　第2段階の「ヒトの移動」——流入国を中心に見た変化　(30)
　Ⅲ　「ヒトの移動」の行方　(37)
　　1　EC内での問題　(37)
　　2　ECとEFTA諸国との関係　(39)
　　3　東からの「ヒトの流れ」　(40)
　　4　従来の外国人労働者の現状　(42)
　　5　外国人排斥主義（Ausländerfeindlichkeit）　(43)
　　6　外国人労働者の受け入れの軌跡　(44)

vii

7　日本の外国人労働者の受け入れ論への影響　(45)
　　　8　移民受け入れ国の現状と今後の行方　(46)
　Ⅳ　日本における難民・外国人労働者　(46)
　　　1　日本における外国人在住者の位相　(46)
　　　2　外国人労働者受け入れ論　(49)

第3章　外国人労動者導入の問題点 …………………………54

第4章　外国人労働者問題の新局面──難民問題 …………69

第5章　外国人労働者はどこへいく？ ………………………84

第6章　日本の中の外国人 ……………………………………89
　　は じ め に　(89)
　　1　20世紀前半の日本における外国人　(89)
　　2　戦後の出発点と日本における外国人　(91)
　　3　外国人の基本的人権の保障　(92)
　　お わ り に　(93)

第7章　景気の「緩衝役」にされる外国人労働者 ……………95

第8章　外国人労働者──現行法と立法論 …………………98
　　1　は じ め に　(98)
　　2　外国人就労の実態と問題点　(99)
　　3　外国人労働者と労働法・社会法上の問題点　(100)
　　4　お わ り に　(104)

第9章　外国人労働者受け入れ──規制効果乏しい二国間協定 ……106

第10章　外国人労働者と自治体 ……………………………110
　　1　は じ め に　(110)
　　2　外国人の在住と地方自治体　(111)
　　3　自治体における今後の外国人労働者政策　(116)

第11章　人はどうして移動するのか
　　　　──21世紀の人の移動を考える ………………………118

第2部　国際比較 ……………………………………………… 127

解題：EUの東欧，地中海への拡大とヒトの移動と
アジアの国際化──1990年からの帰結　(128)

第1章　「東」からの波に翻弄される統合
── 「大ヨーロッパ」実現の難しさ ………………………… 133

第2章　国際的な「ヒト」の移動と21世紀 ……………………… 141

- Ⅰ　20世紀と21世紀の「ヒト」の移動　(141)
- Ⅱ　新「エクソダス」──「東への壁できるか？」　(142)
- Ⅲ　西欧諸国 対 東欧諸国，「ヒト」の移動をめぐる緊張　(145)
    1. 西ヨーロッパ移民問題会議　(145)
    2. ヨーロッパ諸国における外国人排斥主義　(146)
    3. EC統合とEFTAとの統合　(147)
- Ⅳ　英　国　(147)
    1. 各国の受け入れ策の傾向と英国入管政策　(147)
    2. 英国の市民権と入国管理政策　(149)
    3. 英国のアジア人　(152)
- Ⅴ　移民国アメリカ──最近の変化　(155)
    1. 米国移民法とその現状　(155)
    2. 1986年法の移民枠の運用　(156)
    3. 米国不法入国者の構造　(158)
    4. 米国の不法侵入者の実態　(160)
    5. 1986年の効果　(163)
    6. 米国移民法改正される　(164)
    7. 移民・外国人労働者・マイノリティー差別は続く　(167)
    8. 北米自由貿易協定への道　(168)
- Ⅵ　2大移民受け入れ──カナダ・オーストラリア　(170)
    1. 移民国米国，カナダ，オーストラリアの現状　(170)
    2. カナダ　(170)
    3. オーストラリア　(173)

　　おわりに　(173)

目　次

第3章　外国における不法就労外国人問題 …………………176
　Ⅰ　はじめに　(176)
　Ⅱ　アメリカにおける不法入国と不法就労　(176)
　Ⅲ　1980年代の西ドイツにおける外国人の不法就労問題　(182)
　Ⅳ　日本との比較　(185)

第4章　西ドイツの労働者「外国人労働者受け入れ」と
　　　　二国間協定 …………………………………………………188
　Ⅰ　はじめに　(188)
　Ⅱ　外国人労働者受け入れの端初　(188)
　Ⅲ　「ベルリンの壁」と二国間協定による外国人労働者受け入れ　(190)
　Ⅳ　二国間協定とこれによる外国人労働者の導入　(192)
　Ⅴ　外国人労働者受け入れの実績　(194)
　Ⅵ　外国人労働者の受け入れ停止後の状況　(196)
　Ⅶ　外国人労働者送り出し国との関係　(198)
　Ⅷ　日本の今後の方向との関連──結語　(199)

第5章　外国人労働者問題の行方──ドイツの経験と比較して　(207)
　Ⅰ　はじめに　(207)
　Ⅱ　外国人居住の長期化傾向　(207)
　Ⅲ　国際化の進展と人の移動　(211)
　Ⅳ　おわりに　(213)

第6章　欧米諸国のヒトの受け入れと査証・入国管理 …………217
　Ⅰ　はじめに　(217)
　Ⅱ　査証に関する主要OECD諸国の発給手続及び情報公開　(218)
　Ⅲ　各国及びEUにおける査証発給に関する問題状況　(222)
　　1　EUにおける問題状況　(222)
　　　(1)　EUの最近の動向と人の移動・査証政策　(222)
　　　(2)　シェンゲン協定の発効と展開　(224)
　　2　主要国の査証発給に関する対応　(229)

            (1) ドイツ連邦共和国　(229)
            (2) フランス共和国　(240)
            (3) ベルギー王国　(244)
            (4) スウェーデン王国　(246)
            (5) スイス連邦共和国　(252)
            (6) イギリス（連合王国）　(257)
            (7) アメリカ合衆国　(261)
            (8) カナダ　(268)

　　付属資料　(276)

第7章　スイスにおける外国人労働者の受け入れ……………284

　　Ⅰ　はじめに　(284)

　　Ⅱ　スイスにおける外国人労働者　(285)

　　Ⅲ　スイスにおける外国人就業法の歴史　(285)

　　Ⅳ　外国人制限のための新制度　(290)

　　Ⅴ　おわりに　(308)

第8章　迫られる価値転換──ドイツそして日本
　　　　　──難民・外国人労働者受け入れの実態を中心に……………312

第3部　外国人労働者の実態……………323

　　　解題：外国人労働者の実態　(324)

外国人労働者の就労実態──首都圏と大阪の実態……………325

　　Ⅰ　はじめに　(325)

　　Ⅱ　調査方法と対象の設定　(326)

　　Ⅲ　調査結果ならびに分析・評価　(332)

第1部　日本における外国人受け入れ政策と法──国際比較を前提に

第1部　解題：日本における外国人受け入れ政策と外国人の受け入れへの途

　日本にとっても，諸先進諸国にとっても，現段階のモノ，資本，ヒトの移動の自由化は，推進すべき緊急の課題である。しかし，この中でもっとも難しいのが，ヒトの移動である。

　各国とも，それぞれ，自国の伝統（移民国家と外国人労働者受け入れの歴史）などが異なる上，異なる言語，文化，考え方をもつ外国からのヒトの受け入れは，制度的な枠組みのみならず，受け入れる自国民の考え方や，認識すらも変えていかざるを得ない。外国人の受け入れに関して，遅れてきた日本では，このことを「ヒトに対する国際化」とか，国内での「外国人との共生」という言葉を用いることが多いのであるが，この点について，共通の了解ができているとは限らない。かえって，国際化とか共生という言葉が，なんとなく，抽象的な帰結を示しているに過ぎないことが多く，実際に定義されていないで，「国際化のために」とか「外国人との共生」とかが一人歩きしていることが，この問題の議論を曖昧にしてしまっている。

　第1章のテーマは，この点を厳密に取り扱ったものとしては最初の論稿だと考えるが，これと，異文化を持つヒトの統合が，今後のヒトの国境を越える自由な流れを作るための決めてである。

　さらには，ヒトの流れを作る移民，難民，外国人労働者の歴史的な展開と現在的な意義を明らかにする作業を第2章で試みたが，この10年前の考えは今も変わりない原則的な視点である。

　第3章は，日本が，バブル経済の真只中に，人手不足を理由に，外国人労働者を受け入れるべきか否かの議論があり，その議論も米国をモデルとした「開国」派（代表的論客としては石川好美氏）と「鎖国」派と，感覚的な議論がなされている時期に，これより20年前に外国人労働者を受け入れたドイツで，どのような結果になり，どのような問題と解決策があったのかを論じたものである。当時，財界人の一部には，とにかく受け入れてみて，その結果で対応策を考えるという意見も一部からなされていた（たとえば，黒澤洋氏）。研究者も，欧米の移民研究は数多くあり，しかもその帰趨や，法則性，予測などにおいて相当の研究があるにもかかわらず，ほとんど日本では研究されておらず，例外的に渡部徹氏の英国の外国人労働者研究，などが散見されるだけであった。本論文

はこれに一石を投じたものだといえる。データ的にも，図4などは，それなりに苦心して作ったものであったが，これをコピーして引用もなく，自分の即製の論文に用いる研究者もいたことなど，記憶に残っている。

第4章は，ベルリンの壁の崩壊以降の当時の状況の中で，ドイツでの難民問題を，難民，経済難民，旧ソ連・東欧諸国からのドイツ系の人々の帰還者（Aussiedlerという），旧東独からの移住者（Uebersiedlerという）などの問題を解明したもので，日本でも同様の進展を示したこととあいまって記憶されよう。

第5章は，日本を含み，ドイツを中心に，人の移動の流れの増大とこれに対処する国際的な対応と国内法での必要不可欠な対処に関して述べたもので，外国人の居住は一時的なものに始まっても，長期化し，子供の教育に至るまでさまざまな問題が続いていることなど指摘した。

第6章は，査証制度を中心に，ドイツ，ベルギー，フランス，スウェーデン，スイス，イギリス，米国，カナダの外国人の査証，ビザの発給のシステムを明らかにし，それに対する不服審査手続き，裁判制度も明らかにした恐らくは日本で唯一の調査である。なお，この時期EU内でのシェンゲン協定による加盟国の共通の外国人のコントロール制度の導入がなされたが，これに関しても明らかにしている。ベルギー，カナダなど初めて調査されていることも付記しておく。

第7章は，スイスの外国人と外国人労働者の受け入れ政策を詳細に調査し，分析した最初のものである。人の移動の自由化を一つの理由としてEU加入を見送ったスイスは今も，欧州の内陸に独自の政策を展開している。しかし，観光，農業，土木建築などの産業に周辺国などから期間，季節を区切って外国人労働者を受け入れているが，これはスイスの特別な国際環境や事情に依拠するものであることは理解されよう。

第8章は，かつて，ナチスドイツレジームの惨禍を逃れて，自国から，大量の難民を送り出したドイツが，戦後基本法18条により，多くの難民を受け入れてきた。特に，1990年代初頭，旧ユーゴスラビア，とりわけボスニア・ヘルツェゴビナの内戦にともなう難民の大量受け入れを行った。本章はその実情と実際の受け入れの仕組みを明らかにしたものであるが，この時期手厚い難民保護に対して，排外主義，反外国人運動がドイツからも起きてきたこと，日本でも難民認定法改正により難民受け入れの方向を打ち出していることから留意すべき点が明らかにされている。

第8章は，以上の国際比較の部の結論として，日本の外国人の受け入れ，ヒ

第1部　日本における外国人受け入れ政策と法

トの受け入れに対する「覚悟」が必要だと論じたものであるが，この時点から10年余経った今も中途半端でしかない日本の施策や受け入れ側の対応を見るにつけ，再度強調したいことである。

　以上，第2部の国際比較では，米国，カナダ，オーストラリアといった移民国，独仏はもとより英国，スイス，スウェーデンなどの西欧諸国の，ソ連崩壊，東欧の開放，内戦さらにはアジア，アフリカの内戦や貧困などから来る大量のヒトの移動に対する政策，実態を現地の調査を行い明らかにしたものである。この中では，外国人の受け入れはもとより，難民問題の解明がなされ，わが国のとるべき施策の基本的な資料となろうことを期待するものである。

第1章　「日本における外国人労働者の共生と統合」『岩波講座　現代社会学　第15巻　差別と共生の社会学』（岩波書店，1996年）所収

第2章　「人の移動―難民・移民・外国人労働者」『岩波講座　社会科学の方法　第11巻　グローバル・ネットワーク』（岩波書店，1994年）所収

第3章　原題：「ちょっと待て外国人労働者導入」中央公論　1988年2月号

第4章　「外国人労働者問題の新局面」中央公論　1989年11月号

第5章　「外国人労働者はどこへいく？」文藝春秋　1993年6月号

第6章　「日本の中の外国人」書斎の窓　1999年7・8月号

第7章　原題：「外国人労働者　景気の『緩衝役』にされる」エコノミスト　1994年5月9日号

第8章　「外国人労働者――現行法と立法論」ジュリスト増刊『労働法の争点』1990年11月

第9章　「外国人労働者受け入れ――効果乏しい二国間協定」日本経済新聞　1989年10月20日

第10章　「外国人労働者と自治体」自治研究　1994年10月号

第11章　原題：「人はどうして移動するのか―21世紀の人の移動を考える」外交フォーラム　2003年6月号

第1章　日本における外国人労働者の共生と統合

Ⅰ　はじめに

　1980年後半，バブル経済の中で，一時的な好況と，人手不足の故に，アジア諸国や中南米から多くの外国人が日本に引き寄せられ，働き口を求めてやってきた。一部の人々は帰国したが，今なお多くの人々が日本に住み，働いている。この人々は日本に何を求めてきたのか。あるいは日本に求められてきたものは何であったのか。

　当時，ともすれば「開国論」「鎖国論」ともいえる観念論が蔓延した。また「日本は21世紀に至るもずっと人手不足が続き，ことに若年労働力は不足する。他方アジアを始めとする途上国では働き口のない人々がとりわけ若者に多い。こうした人々に日本で働いてもらうことは双方にとって良いことである」といった調和論も経済学者を含めて横行した。これらの見解が今日誤りであったことは一目瞭然である。1995年末現在，長引く不況の中で，高校・大学等卒業予定者の4分の1が就職口が見つからないままである。ましてや中高年層や主婦にとって再就職の途はいっそう厳しいのが現実である。このことを当時予測できなかった評論家，経済学者は自らの実力のなさを天下に示したといえよう。

　ともあれこの10年間，日本の国内では外国人の居住者，なかんずく日本に職場を求めて来る人々が激増した。だが，はたして日本社会はそれらの外国人に住みよい「共生社会」であるのか，また，異文化の，異なる生き方を持つ人々を統合することができたのかどうか。この点を考察するのが本稿のテーマである。

　ところでわが国において外国人との「共生」[1]（co-existence）とか外国人の「統合」（integration）という言葉がしばしば用いられているが，それらは学問的に厳密な定義を欠き，しかも情緒的に用いられることも多い。

　本稿では以下，人種，国籍，言語，文化等において日本人と異なる外国人が同一社会の中で相互に平等かつ存在を認め合い，助け合う関係を「共生」，また右の異質なグループが同一社会で人間（l'homme）平等の立場から補い合い，より大きな文化・社会を形成することを「統合」と捉え，その視角から日本の外国人労働者について分析する。

Ⅱ　日本で働く外国人

　1994年現在，日本に居住する外国人は，登録者数が135万4,011人で，総人口の1.09％にあたる（以下同様，データは法務省「平成7年在留外国人統計」による）。この他登録されていない外国人も実際には30万人前後居住していると推定され，約160万ないし170万人前後が日本で生活しているといえよう。

　これらの外国人居住者（これを「ヒト」としての権利主体としてみれば，外国籍住民とも表現される）のうち，半数近くの63万1,554人（約64.6％）がわが国に永住する外国人であり，その大半（57万8,687人，91.6％）が戦前から日本に住み，戦後故国の解放・独立とともに外国人となった人々およびその子孫であり，今日「特別永住者」として在留資格を与えられ登録されている。

　次にはインドシナ難民，日系二世・三世について認められる在留資格「定住者」として在留する外国人も，13万6,838人で全体の10.1％を占めている。この中で注目すべきは，ブラジル，ペルーなど中南米諸国のかつての日本からの移民の子孫（2世・3世）が日本に働き口を求めて来日していることと，中国からの日本人の子孫およびその子（いわゆる「残留孤児」とその子孫），フィリピン等アジア諸国での日本人の子孫の存在である。特に中南米からの日系人は，いわゆるバブル経済の人手不足時に日本側が招致し，他方故国経済の不況，数千パーセントものインフレによる自国通貨の下落といった要因により日本に働きに来た人々とその流れによって日本にきた人々である。なお，親や親戚（日本の親，或いは日系移民1世）が日本人である者は，「日本人の配偶者又は子」としての在留資格により来日，在留している。その数は，前者については17万3,998人，後者については1万5,932人を数え，双方で約18万人余に達している。

　以上述べた「永住者」「定住者」「日本人の配偶者，子等」については，日本での就労に制限がなく，日本人に限定される一定の公務員等への就労ができないほかは，どのような仕事にも就くことができる（つまり「移住の自由」「労働・営業の自由」が一定の手続きを必要とするものの，一応は存するといえる[2]）。

　次に，日本は特定の種類・職種について就労を認めている。この他に，就労が部分的あるいは一定期間認められる留学生・就学生とワーキングホリデーによる外国からの若者や技能実習生として，個別に就労できる外国人がいる。これらの人々は，法（ことに「出入国及び難民認定法」以下「入管法」とする）に従

って，部分的就労が可能である。

それ以外に存留資格上就労できずに就労しているいわゆる「不法就労」者も多数存する。その数は推定の域を出ないが，不法就労者のほとんどが在留期間を超えるいわゆるオーバーステイ（不法残留）外国人であることから，推計値ではあるがおおよそその数を推定することができる。1995年6月現在，これらの人々は28万6,702人にのぼり，オーバーステイに至らなかったり，留学生等で学業を放棄して不法就労（資格外活動）をしている者をもそこに含めると，約30万人を超える人々が，いわゆる不法就労者とみなすことができる。

以上のことから，永住者を除いて，日本で就労している外国人数は約60万人余と推計される。その内訳は，(1)一定の仕事について就労資格のある者10万人余，(2)中南米をはじめとする日系の外国人15万人余，(3)留学生・就学生のいわゆるアルバイト，技能実習生等5万人余，(4)不法就労約30万人である。

全就業人口（約6千6百万人）に対する比率でいえば，約1％ということになる。ちなみに，外国人の全人口に対する比率は，例えば西欧諸国（ドイツ8.5％，フランス6.3％，オランダ5.0％，イギリス4.3％など——ドイツは1993年末，オランダは1993年初，その他は1991年1月1日現在）と比べても多いとはいえない。とは言え，日本経済の国際的展開，アジア諸国との水平分業などの強まっていく趨勢を考え合わせると，単に「労働力不足や円高」あるいは「アジアの膨大な労働力人口」といったいわゆる国際的労働力移動のプル要因とプッシュ要因を超えて，日本での外国人就労は増大していくであろう。

そこで本稿では，現在までのところ，日本の外国人労働者がどのような条件の下で働いているのかについて考察する。

なお，日本における「外国人労働者」がテーマであることから，日本に永住する外国人についてはここでは取上げない。

Ⅲ　日本の外国人労働者の置かれた状況

日本で働く外国人は，3つのグループに分かれる。その1は，専門職に就き，入管法上もそれにふさわしい一定労働条件のもとに就労が認められる人々である。例えば，国際業務（貿易・商品開発・翻訳・通訳など）や技術・技能の特別の資格・知識・能力等を持って職に就く人々で，その多くはプロフェッショナルであって，日本人と同等以上の労働条件を有する。もっとも，こうした中にあって，「興行」の在留資格を認められた人々，たとえば女性エンタテイナー

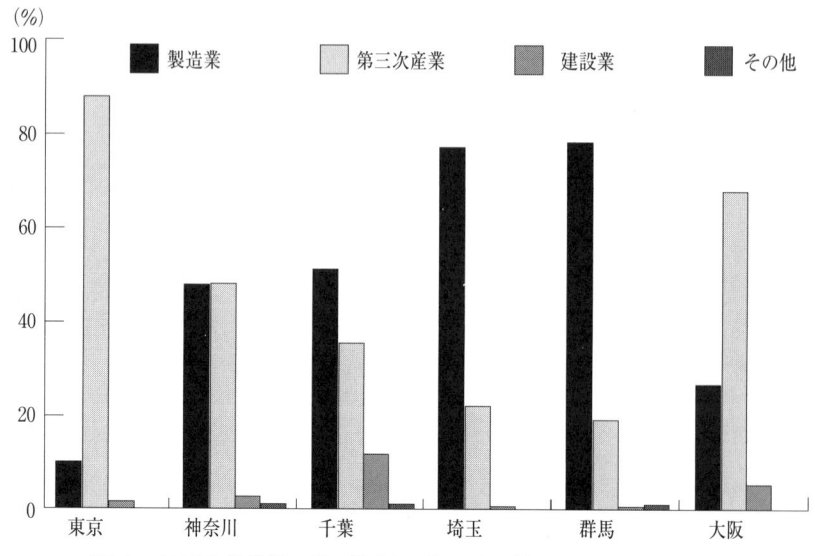
図1 外国人従業員の数（資料出所；手塚『続外国人労働者』）

としてフィリピン等から入国した人々の置かれた労働・生活条件については，しばしば人権上をはじめ多くの問題が存することも周知の事実である。

その2は，中南米をはじめとする日系人である。この人々は，いかなる仕事にも就くことができることから，人手不足が一時的に高まり，折柄入管法が改正されたために「定住者」「日本人の配偶者・子等」の在留資格によって入国就労が容易になったもので，1990年前後から激増した。この人々は，戦後はじめて受け入れられた「外国人労働者」といえる。彼らをとりまく共生・統合の問題は日本社会の今後を考えるうえで重要な鍵となってきているといえよう。

その3は，同様に1980年代を通じて激増した不法就労外国人の問題である。この人々を取り巻く労働・生活を分析することも重要な論点となっている。

1 外国人労働者の就労実態

最も急激に外国人労働者が増え，多くの論議を呼んだ1989年〜90年にかけてのその実態を，東京はじめ首都圏（神奈川・千葉・埼玉・群馬の1都4県）と大阪の1万8,607事業所の調査結果が最も良く示している[3]。

(1) 雇用事業所の業種と規模——見事な対比として，東京，大阪ではサービス業，飲食業など第3次産業での雇用が多く，これとは逆に埼玉，群馬では製

造業での雇用が圧倒的であることが示されている。神奈川，千葉はこの中間にあって，製造業もサービス業など第3次産業も雇用比率が高い（図1参照）。雇用人数では10人以上雇用するところも15〜20％の事業所でみられる。

　(2)　働いている外国人の属性として，年齢別では，半数以上が20歳以上30歳未満であり，40歳未満までをあわせると，80％以上となっている。最終学歴は，80％以上が高等学校卒で，カレッジ・大学・大学院卒も半数以上を占めている。これらの高学歴者は，専門技術・研究・情報処理などの業務に就くことが予測されるが，現実には，専門学校卒の69.9％，大学卒の65.5％，大学院卒の45.6％が製造作業員として働いていた。

　(3)　雇用形態は，臨時・パートとアルバイトが約40％，派遣が10％，正社員と嘱託・契約社員が40％を占めている。契約期間については，期間の定めのないものと，あるものとがほぼ相半ばし，後者については月単位のものが20〜40％である。

　(4)　賃金形態は，月給制，年俸制が30〜70％と都府県別に開きがあり，日給・月給制と時間給制が25〜80％となっている。ボーナスについては支給するところは半数にとどまっている。

　(5)　労働時間については，時間外労働を雇用主，労働者ともに望む傾向がある。しかもその場合に時間外割り増し手当ては支給されていないとするもの80％，時間当たり100円から10％増しとする者が多い。

　(6)　雇用経路は，学校・知人の紹介を含め仲介・斡旋を通じてが80％を占めている。

　この紹介，斡旋の多くが，いわゆるブローカーを通じてのものである。

　以上のような外国人労働者の置かれた条件は，とりもなおさず，バブル経済期に人手不足を解消するためにチープレーバーとして外国人をアジア，中南米等から受け入れたことによるものであった。当時確かに過熱状態の経済の中でかなりの賃金を出しても国内で人手が得にくかった事情があろう。しかし当時，最も人手不足が著しく，外国人を多数受け入れた群馬県東部（東毛地区）などでも，中高年齢層の労働者については人手が余っていることが求人倍率によって確かめられている[4]。要するに，雇用する側は，社会保険をきちんとかけ，ボーナスや退職金などを支給し，その上に住宅手当，通勤手当，家族手当等の福利厚生経費をかけて日本人を雇うより，幾分時間給が高くても，右の経費（いわゆるフリンジベネフィット）をかけず，しかも仕事がある期間だけ雇い，仕事がなくなれば解雇手当を支給するなどの解雇手続（とりわけ労基法20条）

を守らずに解雇できる労働者として雇い入れただけであった。しかも，労働災害を被ったり，病気になっても一切の補償のないまま，雇用を終了させることがしばしばであった。実際には，雇用関係にありながら，ブローカー（派遣業者）から受け入れた企業主は，こうした外国人労働者の切り捨てがいとも簡単に行なえたことに注目したい。つまり，この間外国人労働者のうち一定の技術・技能・専門知識を要しない労働に就く人々は，その在留上の地位が就労可能であろうとなかろうと，いわば「使い捨て」の労働力でしかなかったのである。

こうした事態は，失業率3.4％，失業人口約211万人（1995年12月現在）といった，高失業時代に至っても変わっていない。それは，不法就労外国人はもとより，日系外国人労働者もさほど減少しないという構造が作り出されていることからも言いうることである。つまり，外国人の中で，不法就労外国人をはじめとするチープレーバーの需要が減っていないのである。

ところで，今日日本だけでなく国際的にも，労働基準法等の労働社会法規の定める基準は労働者の社会的生存を保障する最低基準であり，社会権的人権と捉えられている。このことは逆に，国際的あるいは国内的にも公正かつ公平な経済競争（フェアーコンペティション）が義務づけられていることを意味する。もし，一方で法律を守り，平等かつ公正に労働者を雇い入れ，事業を運営する企業があり，他方で労働法等を守らず，より安く外国人を雇い入れる企業があり，それが放任されていたとすれば，両者の競争の結果は明らかであろう。

最近の国際的に知られた事例を示そう。東西を隔てる壁が崩壊，両ドイツの統一が実現し，社会主義圏解体後の焦点となったドイツのベルリン。ポーランド国境のオーデル河までわずか数十キロメートル，その国境の町フランクフルト Frankfurt an der Oder（空港と金融都市として有名なフランクフルト Frankfurt am Main とは別）を通り，ワルシャワ，モスクワまでアウトバーンE 8 号線が通じている。この国境からベルリンまでは，渋滞さえなければ，わずか1時間余りの距離である（もっとも常に渋滞する）。

ポーランドの解放経済への転換後，ドイツ政府は建設労働者として年間5万人の枠で許可制によりポーランドからの出稼ぎ労働者（正式には業者との請負い契約）を認めた。その背景には，東西ドイツ統一後，新首都にもなったベルリンの建設ブームを先取りしたことと，ポーランド（同様にチェコ）への間接的援助を行なうということにあった。当時ポーランド建設労働者の賃金はドイツの労働者の5分の1から10分の1であった。その結果，予測を超えて50万人以上にものぼる枠外の不法就労建設労働者がポーランドから押し寄せることに

なる。そして，こうしたチープレーバーを雇った悪徳業者は繁栄し，折柄の建設ブームにもかかわらず，優良中堅企業が倒産するという事態すら生じたのである(5)。

　この事例にみられるような，1国のあるいは国際的経済のフェアーコンペティションを保持するために，今日，国際人権法やILO条約といった国際条約や，関係国内法が存するのである。しかも，今日後述のようにEU統合・シェンゲン協定に典型的に見られる域内のコントロールをなくせば，外に対するコントロールを厳しくせざるをえず，入国時に入国した国の責任で不法入国者，不法就労者のコントロールを行なうような結果になる。例えば，不法難民の即時排除（指紋押捺をさせ，その結果をコンピューター入力して，他の協定国を経ての入国も阻止する），パスポートの厳密チェックなどが実施されるに至っている。

　最近ドイツを訪れた日本人も，かつてと異なり，入国目的を聞かれ，場合によっては往復航空券を提示させられ，更にパスポートにスタンプを押されることとなった。経済の国際化が進めば進むほどこうした不法就労への規制は厳しくなる。

　このように「国際化」が進むといっても，すべて世界中移動が自由になるわけではない。かえって次の2つの反対の面がでてくるのである。即ちその1は，1986年米国移民管理修正法，1985年ドイツ就業促進法，そして日本の入管法73条の2に法制化されているように，不法就労を行なわせたブローカー，雇い主への厳罰規定が設けられるようになったことである。その2は，EU統合の中で，「モノ」と「ヒト」に対する国境コントロールを廃止したシェンゲン協定（1995年4月発効，目下ベネルックス3国，ドイツ，フランス，イタリアで行なわれている）の結果，右に見たように，日本や英国のかねてからの入国手続きと変わりがなくなったのである。

　こうした変化に対し，ただただ「国際化」とはヒトの移動を容易にすることであり，労働の自由を認めることであると観念してきた論者はどのように考えるのであろうか。

2　外国人労働者の共生と統合（1つの例）

　わが国で，外国人労働者の比率の高い町の1つに静岡県浜松市がある。浜松の全人口56万8,115人のうち，目下外国人登録者数は，2.17％，1万2,327人（1995年12月末現在）を占めている。これに，その大半は日系ブラジル人・ペルー人だが，外国人の未登録者を加えると，浜松在住外国人の数は全体で約5万人

にのぼる。

　この町に一つの共生と統合の姿をみることができる。ここでは，人手不足の大前提の下に，日系2・3世などの外国人を受け入れ，全市民の1割近くを外国人が占めることとなった。その受け入れの際の前提は，外国人は定住するのでなく，限られた期間，例えば2～3年間出稼ぎに来た者であるということにあった。しかし，この前提は数年で崩れ，今では，かなりの人々が妻子や家族を呼び寄せ，在住期間も5～10年に達する人もいる。義務教育年齢の子供を連れてくる家族にとってみれば，子供の就学が問題となってくる。これに対し，市は約10年前から加配教員を小中学校に配置し（当初10人に1人，現在は5人に1人），日本語ができない児童の教育を援助するなど，国に先駆けての施策をとってきた[6]。

　こうした中で，長引く不況の結果，外国人が真っ先に解雇される事例が続出した。しかも，外国人の雇用が派遣業者を通じての派遣や，製造業への派遣が認められていないため，構内下請（職安法上の要件を満たさぬ）の型をとっていたこと，この派遣業者の多くが悪質なブローカーまがいの人々であったことから，解雇手続き（1ヵ月前の予告ないし解雇予告定手当の支給を義務づける労基法20条など）も遵守されず，のみならず，数ヵ月分の賃金不払いすらしばしば生じている。

　また，病気や怪我（交通事故や労働災害）の場合に，これに対する保険等の保障がないために，しばしば生命，身体の危機すら生じ，かつ対処できないことも起こりうる事態となっている。つまり，日本人の場合，健康保険（健保）や国民健康保険（国保）に加入し，病気や怪我に対処でき，また労働災害に対しては労働災害保険を使用者がかけることで，事後的にも補償がなされる。この点外国人であっても，雇用関係があれば使用者は労災保険に加入し，この外国人の外国人登録を前提に健康保険や国保（補説：原則として被用者は健保加入で，国保加入は認められない）に加入できるにもかかわらず，実際にはかなり多数の外国人が無保険のままの状態である。まして，外国人登録をしないことが多いいわゆる不法就労外国人については，これらの保険への加入はほとんどない。結局，生命，身体の危険のある場合の緊急医療について，国や地方自治体の措置を待つほかないのである[7][8]。

　このように，日本全国や他の地域同様，この地で働く外国人は，家族生活，労働などにさまざまな不安と人権侵害を抱えて生きているといってさしつかえない。こんな中で市民のボランティアグループの援助や行政の積極的な相談業

務が，浜松市はじめ全国で展開されるようにもなってきている(9)。

　他方，外国人住民グループの中に，故国で弁護士であった者を中心に，外国人の相談を受け入れたり，外国語新聞の発行によるインフォメーションの提供等がなされるようにもなった。また，日系人のグループは，中南米系のレストランを中心に集い，そこに同朋の交流も生まれている。これに他の市民も交流し，エスニックな食事や，音楽や，ダンス等を共に楽しむというインターナショナルなショッピングセンターも生まれている。

Ⅳ　日本における外国人労働者の受け入れ論議の結末

　1980年代後半は，いわゆる「バブル」経済という言葉で今日象徴される異常な時期であった。この当時の経済が一定の根拠を持ち，将来も継続すると捉えた経済学者が多かったことは前述のとおりである。とりわけ，平成景気はどこまで続くかというマスコミの論調に追随して，論陣をはったエコノミストや，自らの金融，財政，経済政策の犯した誤りの責任を今日遅ればせながら追求されている官僚や経済界の人々など，枚挙の暇がないほどである。

　ところで，日本における外国人労働者導入，受け入れ論議の背後にはこのような経済に対する考え方があるのだが，こうした誤った意見は欧米において既に数百年の伝統のある，移民・外国人労働者受け入れの経験と，それに関する研究成果を正確に知らず，また無視してきたことに過ちの最大の原因がある，といえよう。

　端的に言うと，21世紀の日本は人手不足が長期に続き，とりわけ若年労働者は恒常的に不足する。従って「アジア諸国等から，一定期間を区切って，例えば2国間協定によって，これを定めて受け入れる」べきであるといった議論がこの時期に横行した。また，経済界でも一部にこれに追随する働きがあり，声明等を政府に提出し，受け入れを策してきた人々も少なくない。

　恐らくこの人々は，サミット（主要先進国首脳会議）当事国である日本以外の国々がこの時期，低成長，高失業に悩まされていたにもかかわらず，サミットの場のテーマが「成長と雇用」であった中で，日本のみが「高成長と人手不足」下にあったことの異常さに気付いていなかったといって差し支えない。逆に言えば，今日日本のみマイナスないしゼロ成長で，若年者を含む高失業に悩まされている流れを説明すべくもないのである。

　この間，日本経済は国際経済，とりわけアジア経済全体の急激な変化の中で，

アジアで唯一の先進工業国としての地位を失いつつあり、しかも円高も相俟った高コストにより、海外生産シフトを招くこととなった。また、同時に明らかになったことは、この結果失った雇用を第三次産業やサービス産業によって埋め合わせえないことであった。

以下、議論の詳細を避けるが、次の点がわが国の外国人労働者の論議で明らかになったと言えよう。

第1は、2年から3年というかたちで期限を区切って受け入れることがきわめて難しいということである。受け入れる使用者側が、平等かつ「共生や統合」まで考えた受け入れを行なえば、コストやその世話をする人々への労苦は多大なものとなる[10]。結局2年や3年程度外国人を受け入れても経済的かつ社会的に投入した資産や労力にみあう成果を得るのは難しいということになる。

ちなみにわが国では、1990年より本来技術・技能の修得を本旨とする研修制度が拡充され、商工会議所などの経済団体による研修生がゆるやかな基準（人数枠など）により受け入れられることになったが、現在までのところ単なる労働力不足解消と低コストといった面からの受け入れだけでは長続きしない結果となっている。この点、更に研修後の就職を可能とした技能実習制度（1993年より実施）については、日本人と同等の条件で受け入れること（労働法上適正な労働契約による）とされ、限られた職種についてであるが、着実に受け入れが増えている[11]。

なお、背景や事実関係の誤認により、ドイツ（ドイツ連邦共和国）でなされた二国間協定による外国人労働者の受け入れが短期の外国人の受け入れに有効だとの謬説も見られた。二国間協定は適正な受け入れを確保するためのもので、2年～3年で帰国することを担保（いわゆるローテーションシステム）することには役立たず、またそういった本質を持つものではなかった[12]。日本において、これに類する典型例としては、「興行」でのフィリピン等からのエンタテイナーの導入があげられよう。これは、在留期限（90日で受け入れ、後90日を延長）が切れた後、いったん帰国し、再入国するという方法をとるものであるが、実際にはこの日本的ローテーション方式も守られず、結局周知のように不法残留者を多数生む結果となっている[13]。

第2は、合法的に外国人を労働者として受け入れた場合だが、一定期間後故国に帰国する者がいる一方で、在留期間を更新したり、あるいは結婚し、家族を呼び寄せ定住化する者が増える傾向にあることは、従前の移民、外国人労働者についての歴史とその研究によって明らかである。その例としてドイツの外

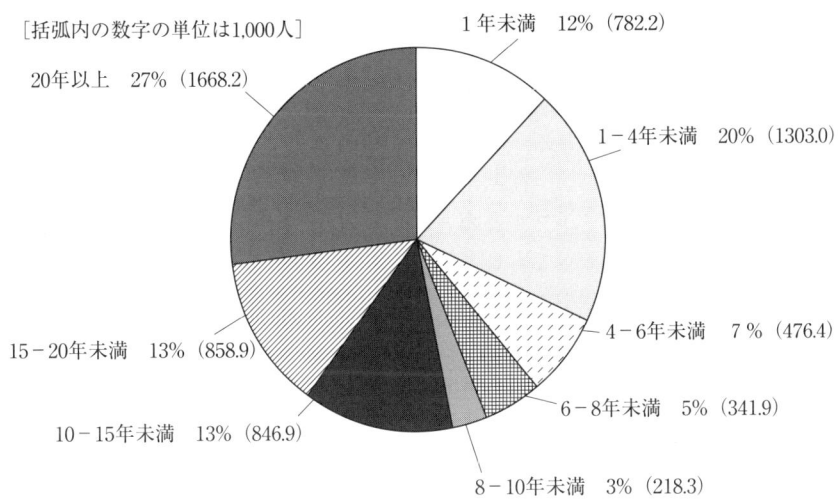

図2　ドイツ外国人在留者の在留期間（1992年12月31日現在；資料出所『外国人専門官』）

国人の滞在年数を示しておこう（図2）。在留の短い外国人は1993年末から EU 諸国以外からの受け入れがストップしているので，EU 諸国民からみた在留外国人の子をいうことになる。

　日本については当初，日本のように住宅をはじめ，物価高の国では長期残留，定住する者は少ないとの予測があったが，これも全く崩れ，やはり欧米と同様の結果となっている。不法残留者すらも既に10年，15年という年月を日本で生活する例も多出している。

　こうした外国人労働者の入国，定住要件については，一定の公理が成り立つ。公式には，不熟練労働者の国際的労働力移動をおこす要因として次のものを考えることができる。即ち，移動を惹起する要因Yは次の数式で公式化しうる[14]。

$$Y = I - T - L + A$$

ただし，I は移住先での所得と故国での所得の差，T は旅費ならびに入職コスト，場合によって不法就労の故に十分に移住先で稼げない危険性（例えば強制送還）も含む。L は移住先での生活費を含む費用，A は故国に帰っての技術・技能の上昇，社会的地位，所得増加の可能性である。

　これに沿って見たとき，各国毎にかなり要素が異なることが最近までに実証されている。まず，韓国・台湾など日本との所得格差が大きくない国の出身者

がかなり日本に来て就労している。その場合，Ｉは小さいが，マイナス要因のＴも小さい。しかし，より大きな決定要因はＡである。日本での日本語能力を含む経験，キャリア，学歴（留学生の場合）などを求めて日本にやって来ていることが明らかとなっている(15)。

　これに対し，東南アジア・南西アジア・中南米からの日系２世・３世などは，何といってもＩの大きさがプル要因となっている。たとえＴの旅費や入職，在留についてのリスクがあっても日本にやって来るのである。また，これらの人々についてはＡの要因は小さく，例えば日系２世・３世の人々については，故国で立派な職業についていて，キャリアもあって，これを捨てて来ざるをえないくらい故国のインフレとそれに相関して減ずる実質賃金の低落が大きかった。つまりＩがそれだけ大きかったわけである。フィリピン等からもかなりの学歴，キャリアの人々（とりわけ女性）がエンタテイナーとして多数来日している。彼女たちにとって，学歴・キャリアがあっても十分な報酬・労働条件で仕事に就けないということが来日の理由となっている。また，Ｉも極めて大きいのである。同様に，バングラデシュ・イラン・スリランカ等の南西アジア諸国からの人々についてもこの公式があてはまるのである(16)。なお，中国からの留学生・研修生や技能実習生等にもこの公式が妥当する。彼等は，Ａの大きさもさることながら，アルバイトや研修手当，実習手当の部分（つまりＩ）がかなり大きく，両者がプル要因となっている。その後の日本での入職の可能性（留学生について）もあって，Ａも大きいということになる。

　以上のようにこの公式は，就労を目的とする入国外国人から，研修生・留学生にも妥当することが明らかとなったと言えよう。

Ⅴ　外国人労働者の共生と統合（結論）

　以上述べてきたところから，次の点が結論づけられる。

　(イ)　一時的な労働力不足を補うというかたちで外国人労働者を受け入れても，受け入れ国での共生と統合を実現することはきわめて困難である。しかも，これらの受け入れ労働力をチープレーバーとして雇い入れようとする使用者のいる限り，不法就労，労働法（労働基準法を中心とする労働法はすべての労働者に通用がある）違反の雇用が続出する。その結果，ひいては，公正競争による経済発展を旨とする今日の日本ならびに国際的な経済秩序を揺るがせにすることとなる。

(ロ) 受け入れる以上，外国人労働者についても，日本人と同等の労働条件を基本に，社会保険，住宅など広義の社会保障（Social Security）が与えられ，かつ，家族生活を営みうることを前提とする人権保障（例えば子供の人権・教育など）が十全に保障されなければならない。とりわけ，身体・生命・財産・名誉などについての基本的人権についてはすべての外国人に平等・同等の保障がなされるべきである[17]。

(ハ) これらの人権，法的保護も，単に適用がなされるというにとどまってはならず，その実現には行政はもとより，日本人個人・グループによる社会的援助がなされなければならない。この援助には長期にわたる多大のコストや労力や自己犠牲も必要である[18]。そういったことを通して，日本人も外国人も，共に生き，お互いに交流し参加しあえる社会を作り出すことが可能になり，その結果そこに生まれるコミュニティーこそが統合の基盤となる[19]。

(二) 日本の歴史と現状をふりかえってみれば，日本社会に他民族，外国人が受け入れられ住み着くという歴史は，さほど古くはない。こうした中で，横浜・神戸・長崎の中華街は最も長い歴史（長崎出島以来450年）をもっている。最大のコミュニティーである横浜中華街は，幕末開港時通訳や貿易，そして欧米人の雇用人として来日した人々が定住していったものである。今日，約500メートル四方の地域に約3,000人の住民が住み，150軒の中華レストラン等を営み，異文化発信の場となっている。こうした中で，新しい街づくりや中国文化センター機能を作り出すために，「日中一体」となった活動が行なわれ行政の援助も行なわれるに至っている。

更にいま，戦前・戦中，徴用，強制連行などによって来住することとなった最大の外国人集団，在日韓国・朝鮮人（の子孫）を中心に，川崎などで一つのコミュニティー，コリアタウン作りが行なわれようとしている。

また，浜松などでは前述のように最も新しいニューカマーとしての日系ブラジル人を中心とするラテン系の人々のコミュニティーもできつつある。

これらのコミュニティーは，異文化，異民族の単一社会ではなく，共生社会である。そこでは，マジョリティーである日本人とマイノリティーである外国人が相互に交流し，協力・参加しあうことが「共生」のための絶対的条件である。

1960年代後半以降，外国人労働者としてドイツに受け入れられたトルコ人の最大のコミュニティーは，ベルリン市のクロイツベルク地区を中心に約15万人，だとされる。この中で，ドイツ語・ドイツ文化への同化（ドイツ語教育・ドイ

ツの学校教育・成人教育等）だけでなく，子供たちへの母国語のトルコ語教育・トルコ語文化の継受，例えばトルコ語による民族的劇場の設立・運営補助もなされている。その額は，劇場だけについてすら年間2億円に相当する。こうした異文化をも受容しつつ，トータルな社会形成を行なう中で，多文化社会，「統合」がなされるのである[20]。

6,308人（1995年末）の死者を含む多大な犠牲をはらった阪神大震災，その中で多くの外国人を含む国際都市神戸では，日本人であれ，外国人であれ，共に助け合って生き，復興に向かっているという。まさに「共生」社会の一場面である。

(1) 「共生」（symbiosis）は本来生物学上のテクニカルタームであり，「2種類の生物が密接な関係を保ち，その双方が利益を受ける（双利共生）か，または一方が利益を受け他方は害を受けない（片利共生）で生活することを言う」（岩波『生物学辞典』）とされている。この意味での双利共生も片利共生も，外国人労働者については簡単には成り立ちにくく，実際には「共存」（co-existence）という方が正確である。なお，この点を厳密に論じた文献は，わずかに法哲学のアプローチから井上達夫・名和田是彦・桂木隆夫編『共生への冒険』（毎日新聞社，1992年）が存するだけである。この中で，共生とは，自由な活動と参加の機会を相互に承認することを通して相互の関係を積極的に築き上げてゆけるような社会的結合であるとされており，英語表記としてはconvivialityが用いられている（36頁）。この意味においても，外国人労働者との共生は実現しにくいといえよう。なお，社会学的には，ロバート・エズラ・パークが，生態学の立場から「共生」の概念を人間社会に適用し，競争により生ずる相互依存と分業という無意識の協同関係を共生と捉えているが，この意味でも本テーマのなかに容易に捉え切れない。

(2) 在留資格上「労働の自由」「営業の自由」があるとはいえ，公務員以外にも公益上の理由により外国人に営業を認めないもの，資格試験に国籍条項はないが，わが国の学校を卒業した者以外には実質的には合格が不可能なものなどがある。詳細については，手塚『外国人と法』（有斐閣，1995年）170頁以下参照。

(3) 詳細については，手塚『続外国人労働者』（日本経済新聞社，1991年）69頁以下参照。

(4) この点については，前掲書59頁以下参照。当時，新規学卒者の求人倍率は5倍以上であったが，常用中高年男子0.51，常用女子は0.76（太田，1989年）で

しかなかった。
(5) 手塚『西ヨーロッパ諸国の外国人労働者受け入れの現状』（国際研修協力機構，1992年）17頁以下。
(6) 平成5年9月現在，日本語指導が必要な児童生徒数別学校数は，全国で小学校2,611校（児童生徒数は7,569人），中学校1,094校（児童生徒数は2,881人）であった。浜松市においては，小学校194名，中学校93名となっている（1993年1月1日）。

　なお，外国人子弟の義務教育についての施策は，前掲『外国人と法』267頁以下参照。
(7) 国は，平成8年4月1日から，無保険の外国人の緊急医療で医療費が100万円を超えるものにつき，その3分の1を国費で支払うこととした。これに，従来の都県の補助を加え，かなりの部分が補償されることとなった。なお，従来の各都県の施策については，前掲書253頁以下参照。
(8) 浜松市においては，ネパール人A君の心臓手術のケースが顕著である。日本で就労中，社会保険もなく，心臓手術をせざるをえなかったA君の場合，結局780万円が未払いとして病院側に残った。
(9) 浜松市においては，NGO団体「ヘルスの会」が外国人と共に生きる街を実現するため，外国人への人権侵害に対処している。その努力と活動については，ヘルスの会の会報「ニュースレター」等においてみることができる。なお，注目すべきは，市が第3セクターとして設けた浜松国際交流協会でボランティアの人々が活動し，しばしば両者が連携してことに当たっていることである。
(10) このように「共生と統合」を前提にした外国人の受け入れを行っている例は少なくないが，ほとんど研究されていないのが実情である。なお，研修生については，『中小企業に於ける外国人研修生受け入れ実態等に関する調査研究』（国際研修協力機構，1994年）参照。

　日系2世・3世の受け入れについては，手塚「日本の外国人労働者と今後の対応」（「書斎の窓」1992年5月号21頁）参照。
(11) 1993年度開始後，同年743人，94年2,007人，95年2,200人となっている。
(12) ドイツの二国間協定による受け入れについては，手塚「西ドイツの『外国人労働者受け入れ』と二国間協定」（「季刊労働法」153号80頁以下，本書第2部第4章）参照。
(13) 1995年5月現在，興行の在留資格で在留後不法残留者数は11,073名（うちフィリピンからの者が10,496名で94.8％を占める）で，短期滞在，就学の在留資格での不法残留数に次いでいる。なお，1994年の興行での新規入国者数は90,562名（フィリピンからの入国者は53,704名で全体の59.3％を占める）であった。

(14) 手塚『労働力移動の時代』(中公公論社, 1990年) 69頁。

(15) 台湾から来日した人々（労働者）43人について最近の調査によれば, 主に3つのグループに大別される。日本での学習（留学・研修）等を目的にする第1グループ, 家族による意向, 対中国本土との政情不安により日本にやってきた環境要素による第2グループ, 経済的（金銭的）要素による第3グループに分けられる。第1グループ24人, 第2グループ8人, 第3グループ10人となっている。つまり, A要素（そのうち学習と環境に分かれる）が圧倒的に高い。調査報告『在日台湾人労働者の状況』未公刊。

(16) フィリピン, バングラディシュ, からの労働者の事例研究として, 手塚『続外国人労働者』112頁以下参照。

(17) これらの権利が外国人にどのように法的に保障されているかについては, 手塚『外国人と法』参照。

(18) 最近のアメリカの共生・統合をマルチカルチュラリズムの観点から分析した好著として, John Buenker, Lorman Ratner（ed.）, *Multiculturalism in the United States*. New York, 1992, がある。同化（assimilation）や文化変容（acculturation）について, 例えばアフリカ系アメリカ人にとって何百年かの月日を経ても, 英米系の価値感や文化的規範と一致するところにまで至るのは困難であり, 多大のコストを要するであろうことが論じられていて興味深い。

(19) 実態調査として東京・池袋, 新宿地域をこのような視点から扱ったものとして, 奥田道大・広田康生・島田淳子著『外国人居住者と日本の地域社会』(明石書店, 1994年) がある。

(20) バーバラ・ヨーン（ベルリン市外国人担当課長）「ベルリン市民になるには」（手塚・宮島・徐・伊藤編『外国人労働者と自治体』明石書店, 1992年) 36頁以下。

(『岩波講座 現代社会学 第15巻 差別と共生の社会学』(岩波書店, 1996年) 所収)

第2章　人の移動
──難民・移民・外国人労働者──

はじめに

　国境を越えて「ヒトの移動」が生じるのは，古来あまねく見られた現象である。しかし，その時代ごとの国境を画する国家のあり方やその内外における民族構成，経済的諸要因と社会的諸要因などによって「ヒトの移動」も異なってくる。本稿は，こうした「ヒトの移動」を一般的・概略的に扱うのではなく，今日（20世紀末）の「ヒトの移動」に焦点を合わせて論ずるものである。

　「ヒトの移動」については，今日主に3つの形態が考えられる。第1は難民（refugee）であり，第2は移民（immigrant）であり，第3は外国人労働者（foreign worker あるいは migrant worker）である。とはいえ，この三つが明確に定義づけられるわけではなく，それぞれの移動を截然と区別することも不可能である。

　ちなみに，「人権，宗教，国籍もしくは特定の社会的集団の構成員であることまたは政治的意見を理由に迫害を受けるおそれがある者」と「難民条約」は「難民」の基準を設けているものの[1]，今日，西ヨーロッパ諸国や米国，そして日本などへ流出しつつある「難民」に関して，この難民規定での判断が容易でないことも周知の事実であるし，これらの難民が流出地に継続居住する結果，「定住・帰化」していることから，難民は当初から定住・帰化することを前提に本国から出国する移民と同様の結果が生じている。こうした例は，ナチス・ドイツから逃れたドイツ難民やベトナム戦争によるベトナム難民の例を見るまでもなく，数多く見られるところである。

　また，「外国人労働者」とは，定住・帰化を目的とするものではなく，一定の期間本国を離れて働き，やがて帰国する者を概略的にとらえているが，こうした当初の目的と異なり，定住化し，ひいては帰化する結果となる者も多い。しかも，「外国人労働者」の受け入れを停止している西ヨーロッパ諸国に「難民」という形式で移動してくる人々が「ヒトの移動」に関する最近の最大の問題であることに鑑みると，「ヒトの移動」の3つの形態間の区別はいかに困難か明らかとなろう。

しかし，後にみるように，国連をはじめとする国際機関やその構成国は，この3つの形態を「ヒトの移動」の区分概念として採用しており，その帰結としての法的効果・保護・保障をこれらの概念により定めている。にもかかわらず，3つの形態間での曖昧さがつきまとうのは，あまりに大きい「諸国民相互間の所得格差」と「人口圧力――本稿ではこの2つを「ヒトの移動」の2大要因としておこう――により引き起こされる「ヒトの移動」が，難民・移民・外国人労働者という概念を越えて生じていることにある。もちろん，戦争や自然破壊による環境変化，とりわけ自然災害，これらの結果としての飢餓・貧困，そして人口の爆発的増大によるヒトの移動も右の3つの概念ではくくり切れない。

これらのいずれをとっても，21世紀に向かう現在，一国家を超えた解決が図られなければならない課題であって，その解決なしに，一般的・抽象的に「ヒトの移動」の問題の根幹を解決できると考えることは，いかに「国際化」とか「共生」とかいう抽象的な命題を前提にしようとも不毛な議論となろう[2]。

以下，本稿では，今日における「ヒトの移動」の現実をふまえつつ，その分析・問題状況を社会科学的な複合的視点から解明することを課題としたい。

I 20世紀の「ヒトの移動」に関する国際的な流れ

世界的にみて，国境によって「ヒト」の出入りを制限することが一般的になったのは20世紀の所産である。19世紀が国民国家の時代であったとしても，「国家」という壁は比較的ゆるやかであった。しかし20世紀は，ヒマラヤの高峰からサハラ砂漠にいたるまで国境が確認され，人の出入制限が厳密にされるようになった時期である。しかも，こうした国境は，陸のみならず，海洋・空にも及んでおり，国境（領海・領空）をめぐる紛争の頻発することは，こうした変化を如実に物語ってもいる[3]。

それでも，20世紀初頭においては，その制限はシステマティックでも一般的でもなかった。国境通過を拒否されるものは，その国の破壊・転覆などにつながる人物や凶悪犯罪を犯した者にとどまっていた。つまり，一般的な人の出入りの制限は規範（ノルム）としては定立されていなかったのである。

たとえば，20世紀初頭までは，多くの隊商が砂漠をこえ，山をこえ，自由に往き来して交易を行ってきたし，西アジアのステップ地帯の遊牧民は，国境を意識することなく自由に放牧してきたのである。ヨーロッパ諸国民についても，1914年（つまり第1次大戦）前には，パスポートがなくても一定の国々の間で

移動・移住が可能で，仕事も見つけ得たのである。そこには，古来ヨーロッパ内を遍歴する職人（journeyman）の伝統も生きていたといえよう。またポーランド人の，ルール地方への移住（特に炭坑労働者として）や，ドイツ東部への農業労働者としての移住にみるように，労働市場をめあての移住も恒常的に行われていた。

新大陸アメリカ等への移民も，フロンティアの消滅（1880年代）という厳しい条件のもとではあったがひんぱんに行われ，たった8ギニーでキャビンに潜り込んでの旧大陸脱出が可能であったという。イギリスのグラスゴー，リバプール，ロンドン，アイルランドのダブリン，オランダのロッテルダム，アムステルダム，ドイツのハンブルクなどは単に「モノ」だけでなく「ヒト」の出港地としても栄えたことを忘れてはならない。もちろん，今日長い国境がテーマとなっているメキシコ国境についても，アメリカ合衆国への農業労働者としてメキシコ人，キューバ人，ハイチ人などの移住も恒常的に行われていた。

しかも，19世紀から20世紀前半に強力となった帝国主義国家は多くの植民地を支配し，一部の民族が他の多数の民族を支配・収奪するものとなったが，ここにおいては，民族自立・国民国家の理念は無視されざるをえなかったのである。後にみるように，7つの海を超えて植民地帝国として君臨してきた大英帝国は，これら植民地諸国の人々を英国臣民（british subject）として取り扱い，必要に応じてその労働力，場合によっては兵力として英国本土，また英国植民地などへ動員してきた。それらの人々の取扱いが英国市民としての平等な市民権を与えるものでなかったことは言うまでもない。このことは，これに続く日本の帝国主義下の植民地時代でも同様であって，第2次大戦以後今日に至る在日韓国朝鮮人などの問題が同様に存在している[4]。

こうした植民地支配を前提とする帝国主義国家群が存在する一方で，ある民族による他民族（複数もある）の支配—被支配の構造を持ちながら，19—20世紀には多くの多民族国家が存立してきた。その典型としてのオーストリア・ハンガリー帝国の場合には，ゲルマン系，スラブ系，ラテン系の諸民族の共存体制を維持しつつ，ハプスブルク帝国支配を各民族の上に成り立たせてきた。当時，ウィーン，ブタペスト，ベオグラードなどは，こうした多民族による文化の共存する大都市であった。こうした中欧（ミッテル・オイローパ）の諸都市においては，ハンガリー平原からのマジャール農民や，ヴェニスやトリエステからのラテン系（イタリア，クロアチア）商人らが集散し，自由に交易を行い，あるいは定住することも可能であった[5]。

第1部　日本における外国人受け入れ政策と法

　こうした移住や移民の自由が国籍コントロールにより規制されはじめたのは，20世紀，特に第1次大戦後のことである。民族自決を唱えるウッドロー・ウィルソンの国際連盟の理想も，ヨーロッパをはじめとする現実の困難さと，米国の内部利害の故に，数年を経ずしてモンロー主義的孤立政策に道を譲らなければならなかった。かくして，米国も移民停止への道を歩みつつ，後には1921年移民法，1924年移民法による国別割当制度（クォータ制度）を設け，移民の流れに制限を加えるとともに，国境警備を強化するに至った(6)。

　ヨーロッパでも，他国からの流入者については，国籍なき民として法的保護も限定的であった。しかし第1次大戦後，ワイマール憲法によって福祉国家への道を歩み始めたドイツ共和国は，社会権はすべての労働者のために保障されるものとして注目された(7)。

　事実，この時期から，一方ではインターナショナリズムを唱える国際主義者（ロベルト・シューマン，グスタフ・シュトレーゼマン，クーデンホーフ・カレルギー）がおり，他方では，レーニンの指導する第3インターナショナルや社会主義インターは，国境を超えた労働者の連帯と協働を唱え，新しい国際主義が生まれたのである。

　しかし，圧倒的多数は，ナショナリズムの下にあって，自国の利益のみを追求し，その享受者も国民とりわけ，支配的民族中心のフォルク（Volk）であった。ヒトラーのナチズムはこれをゲルマンの血に限定したことでウルトラ・ナショナリズムといえるものであったが，米国にしても，他国，とりわけ欧州・アジアに関与しないとするモンロー主義に徹することにより自国の繁栄のみを心がけ，悪名高い1924年移民法により，ヨーロッパ以外の地域からの移民を排斥した。あまつさえ，アジア系移民の土地取得制限法をカリフォルニアで生むことになった。オーストラリアの白豪主義もこの流れであった。

　第2次大戦は，こうしたウルトラ・ナショナリズムと「民主主義」国家間の戦争であると標榜されたものの，日独伊の枢軸側の問題のみならず，民族自決の前に崩壊しつつある帝国主義国家や新生ソ連邦においてすら，内部に強圧的権力体制の矛盾を強めつつあった。この過程でナチス・ドイツからの多くの難民が避難せざるをえず，難民の受け入れが米国などでの銃後の大きな任務となった。

　第2次大戦後，平和の希求と人権に根ざした世界構築の理想のもとに，国際的に移民・外国人労働者に一定の保護を与える気運が強まり，国際連合結成，世界人権宣言，国際人権規約，いくつかのILO条約などが成立する。たしか

に，移民労働者の権利について規定するILO66号条約など一部は，第1次大戦後の産物ではあるが，「基本的人権と人間の尊厳及び価値と男女及び大小各国の同権とに関する信念」（国際連合憲章前文）を基調とする本格的な展開は第2次大戦後に待たねばならなかった。それも第2次大戦後の短い米ソ蜜月時代，協調時代に，部分的にこのような動きが成立したにすぎず，冷戦開始後には，社会主義国家群（ソ連・東欧コメコン諸国やアジアの社会主義国）では，「ヒトの移動」を禁止・規制し，とりわけ自由主義国家への移動・移住を禁じてきたのである。

以上，20世紀の「ヒトの移動」についての概略的な展開について検討してみた。その結論として次の点を確認しておく必要がある。

第1に，20世紀に入ってからの「ヒトの移動」が，移民・難民・外国人労働者のいかなる形態をとるにせよ，時系列的に単純に，より自由に，ボーダーレスになってきたわけではないということである。多くの説の中には，「国際化が進めば進むほど，ヒトの移動は自由になり，かつまたなってきた」という，誤った固定概念にとらわれていると思われるものが多い。これがマスコミの一部だけではなく，研究者の中にも枚挙にいとまがないほど多く見られる。これは，わが国の研究の遅れによることも明白であるが，研究者側が固定概念（たとえば，前述注(2)のいわゆる「国際化」の迷妄）から抜け出していないことにもよる。社会科学にとっては，こうした歴史的事実——その中には，日本をはじめとする多くの国の過ちがある——を不断に明確にすることも必要な第1次作業である。しかも，その考察は事実に照らしてなされなければならない。

第2に，こうした「国際化」論者には，事実の一部に眼をつぶり，あるいは厳しい批判すら避けてきた者が意外に多いことも指摘されねばならない。第2次大戦後の，完全ではないものの最善の国際的な「ヒトの移動」についての到達した合意・規範が国連の規約や世界人権宣言などにあることを認めるとすれば，そして，20世紀の人権についての理念からすれば，これらに照らして従来の自らの立論を再検討することも必要である。「ヒトの移動」との関連では，次節において明らかにする「ベルリンの壁」と，その崩壊後から今日に至る動きを直視し，論ずることが必要となってくる。戦後2大体制のもとに約半世紀続いた冷戦構造で何があったのかを問うことを故意に放棄し，冷戦構造崩壊後の今日を「国際化時代」などとして，出発点にするわけにはいかないのである。ちなみに，アジア・アフリカ諸国の中には，今もって米ソを中心としてきた冷戦構造下に組み込まれたまま，過剰な武器の移入と軍事体制の故に，内戦の絶

えない国々（カンボジア，ソマリア，スーダン，アフガニスタンなど）が，国民への多大の犠牲を強いていることを忘れてはならないのである。

II 「ベルリンの壁」崩壊と西への「エクソダス」

1989年11月9日の「ベルリンの壁」崩壊に象徴される東欧＝コメコン体制の崩壊は，1991年2月15日のワルシャワ条約機構の解体により，東欧軍事・経済ブロックに最終的に終止符を打った。もちろん，1990年10月4日の東西ドイツ統一，そして1991年8月19日のソ連クーデターから，ソ連邦解体，各共和国の独立をエポックとして，旧東欧諸国の民主化，ユーゴスラビア解体とその後の内戦など多くの変動があったが，「ヒトの移動」に関しては，次のようなことが指摘されねばならない。

まず第1は，旧ソ連を筆頭に旧東欧諸国の市場経済導入，複数政党制への移行，バルト3国などに代表される独立運動などは，「ヒトの移動」の自由化を否応なくもたらし，1991年以降はこの流れが概ね東から西へのものに変わっている。これを以下，2つの段階，旧ソ連解体前後に分けて論じてみたい。

第2に，こうした「ヒトの流れ」は，移民・難民・外国人労働者といった類型によっては区分しにくいものであって，体制的変革によって生まれた人流であること，こうした人流が逆に体制を変革する相乗効果を生んでいることを指摘しなければならない。その根底には，旧ソ連・東ドイツなど戦後の社会主義国家に解決しきれなくなった矛盾が存在し，これこそが人流を生み，体制を変革したといわねばならない。このことを直視できず，スターリン主義やホーネッカー体制にその諸原因のすべてを帰する見解には与しえないのである。

1 第1段階の「ヒトの移動」——旧ソ連解体前，「ベルリンの壁」崩壊前

ゴルバチョフ＝ペレストロイカという図式のもとに語られてきた旧ソ連の解体路線が何であり，どこに，向かったかの議論については本稿のテーマではないので触れず，旧ソ連や東欧諸国において生起していた「ヒトの移動」とその根源的な問題をまず指摘しておきたい。

ゴルバチョフは大統領時代の末期においては，常に旧ソ連から西への大量の人流の可能性，つまり西へのエクソダスを示唆しつつ，西側援助を引き出すことをペレストロイカの1つの柱とした。ソ連解体の年（1991年）以後の数百万

人のソ連からの人流の可能性を再三示したのである。その流入先になりうるスウェーデンの推計によれば，1991年から92年にかけて，500—600万人という予測であった。当時ソ連では，連邦内務省で連邦内外への難民の増大に対処すべく，難民オフィスを設けるに至ったのである。

旧ソ連は，スターリン体制以来，国内の移動にもパスポート携帯義務を負わせており，原則として移住を禁じてきた。体制上，居住許可（propiska）をすべての人々について必要とし，この許可の登録によって，生活物資の配給・求職・子供の学校教育などを保障してきた。つまり，無許可移住は，即，この基本権を失うものとされた。しかし，このような規制は早くから無視され，モスクワなどへの人口流入が絶えなかったのである。

1980年代，西アジアの共和国では民族紛争が頻発する。1989年，ウズベク共和国の民族紛争で6万人のトルコ系住民が家を失ったほか，タジク共和国からは2万3000人のロシア（語）系住民が，モンゴルに接するトゥーバ自治共和国からも3万人のロシア（語）系住民が流民となった。1988年の大地震で家を失った23万人が引金にもなったアゼルバイジャン暴動の結果，被害者は60万人以上だといわれ，旧ソ連政府の推計では，50万人が家を失ったとされ，10カ月後には，首都バクー周辺から23万人のアルメニア人が，逆にアルメニアからは20万人のアゼルバイジャン人が流出している。その一部は，モスクワ市内に流入し，半壊ビルに一室4人ずつ詰め込まれ，150人が収容されるといった有様であった。

1991年に入ると，かつてルーマニア領であったモルダビア共和国で民族紛争が生じている。1989年以来，多数を占めるルーマニア系住民がルーマニア語を話すことを日常生活・公的生活・職業生活上要求するモルダビアのローカル法を制定した。その結果，生活面においても影響や圧迫がロシア民族を含む少数民族に及ぶこととなり，ロシア系住民の脱出が相次いだ。

同様に，この時期，ソ連第4の経済力をもつカザフ共和国でも，ほぼ伯仲していたロシア人とコサックとの力関係が，コサックのナショナリストの力が強まるにつれて崩れ，一触即発の情勢にあった。1991年初頭，タジク共和国の首都ドゥシャンベでの暴動も，ローカルな言語強要法の結果であった。

こうした民族紛争のほかに，スターリン時代の膨大なシベリアなどへの流刑者をはじめ，強制移動の対象となった人々の，移住禁止の弛緩に伴う移動がある。たとえば，ウズベクへの強制移住させられてきたトルコ系住民の，故郷グルジアへの大量移動も生じたが，受け入れる側のグルジア政府がこれを拒否す

るなどの紛争も生じている。

　国際的にも、イスラエルへのユダヤ人の集団移住が、ソ連国内の当時の混乱により、1日800人から、1990年末には1500人へと約倍増している。これ以外に、西ドイツ（当時）でも、ソ連のユダヤ系住民を旧ドイツ領住民などを中心に受け入れてきたが、その激増ぶりに1991年春には受け入れを一時停止している。筆者も1991年春、ベルリン市当局（外国人問題専門官事務所）で、停止寸前にモスクワからドイツに移住したユダヤ人（折から就職相談中であった）と面談したが、まさに、危機一髪の西へのエクソダスであったと語った。この余波がイスラエルに及ぶ。当時既に移住済みの16万人と合わせ、イスラエル国内での住宅不足や職探しの困難に拍車をかける結果となった。そしてイスラエル占領地への入植の強行によってパレスチナ人が放逐され、失職し、住宅を失うという結果が、今日のイスラエル＝パレスチナ和平を困難にしてきたことを忘れてはならない。

　また後述のように、こうした難民の当時における最も有力な受け入れ先の1つであった西ドイツとの関係でみると、当時200万から300万人が予測されていたボルガ地方などを中心とするドイツ系住民の帰国促進策も、急激な人流により修正を迫られている。同じ時期、ドイツのケルン市で偶然会ったモスクワ周辺からの旧ドイツ系住民の子孫のグループの1人は、旧体制下（1980年代末）では、学校はもとより家庭内ですら、ドイツ語を話すことが許されなかったと語った。

　こうした中で、ポーランド、チェコスロバキア、ハンガリーの国境近くには、ソ連の経済政策の覆い難い失敗から、国外に糧を求めて脱出しようとした人々の流れが起きつつあった。白ロシア共和国・ウクライナ共和国からの人流、当時独立を求め抑圧されていたバルト3国からの難民など何万人かが、西側諸国のビザ待ちをし、あるいは流出の機会を求める人流予備群となっていた。当時、非公式にソ連からポーランド国境を超える者は月に数百人単位であり、経済財政の困難を極めていたポーランド政府すらこれらの人々を助ける道義的責任があるとしていた。当時の内務大臣クジストコ・コズロウスキーは、とりわけ約100万人のポーランド系ソ連人の特別の保護を表明していた。

　こうした事態に対して、当時のソ連政府はほぼ手をこまねいていたといっても過言ではない。ソ連政府の統制力低下は「ヒトの移動」についても及び、前述の難民オフィスのほか、1990年1月には、東部の各共和国労働省に特別の部局（移住サーヴィス部）を設けたり、4月には、アルメニア―アゼルバイジャ

ン紛争の犠牲者救護令を発し，紛争による難民には一世帯7000ルーブル（公式レートでは1万2700米ドル）を与え，家を失った補償をこれに加えて地方政府から得ることができるとしたが，効果はほとんどなかったといわれる。

とりわけ，ロシア共和国以外の共和国では，他民族に比べると少数で，その数6000万人といわれるロシア人も移動せざるを得ず，難民としても扱い得ないソ連政府は，ソ連労働局移住事務所で掌握しようとしたが，そこでは右の約半数の3000万人の移動も予測されていたのである。

こうして，移住放任から移住の自由を促す方向に転じたゴルバチョフ政権の路線は，従来の経済政策の挫折，市場経済導入の困難，ソ連社会主義体制の完全雇用政策の失敗，「平等」主義や社会保障の機能の喪失を示すものであった。それゆえ，西側諸国へのヒトの移住や西側からの援助によって，少しでも経済的負担を免れようというところまで来ていたのである[8]。

ここで，こうした旧ソ連と一体でもあったコメコン体制下の旧東欧諸国ではどのような変化が生じていたか，そのエポックである1989年11月9日の「ベルリンの壁」崩壊前後について検討してみよう。

まず，ウクライナ，白ロシアと国境を接するチェコスロバキアでは，国境線は短いとはいえ，カルパチア山脈を越えて，ウクライナ，ルーマニアからの越境者が増え続けていた。数百人のルーマニア人のほか，クルド人，ブルガリア人と亡命ソ連兵士などで，当時のヴァツラフ・ハベル大統領もモラル上これらの人々の受け入れを言明していた。

とりわけ，チャウシェスク前ルーマニア大統領がティミショアラを中心とする西部ルーマニア，トランシルバニアで行った大虐殺を契機に，300万のハンガリー系住民の亡命・越境が数万人に及び，とくに1990年3月の弾圧以後，連日100—300人の難民がハンガリーに逃れている。

旧東欧諸国で最後まで鎖国政策をとっていたアルバニアでは，首都ティラナのチェコ，ドイツ大使館などへの亡命希望者の流入に端を発し，1991年2月28日，出稼ぎの自由を認め鎖国を解いた結果，隣国ユーゴスラビア，ひいてはアドリア海を渡ってイタリアへ大量の移住希望者がなだれこんでいる。これに対して，イタリア政府は最低限の支援物資を与え，移住希望者を送り返してきたことは記憶に新しいところである。

これらは，東から西への人の流れで，一方で道義的な受け入れを認める政府もあり，たとえばポーランドでは1990年100億ズローチ（約100万米ドル）を捻出，難民や移住者に当てた。しかし，第2次大戦後の領土問題や占領などから

くる反ウクライナ・反エストニア感情も国民の中には根強く，新たなクセノフォビア（Xenophobia 外国人排斥主義）も芽生えてきていた。　こうした中で，旧ソ連・東欧を支えるコメコン経済体制は徐々に自立性を失い，西側諸国との経済的紐帯が強化されてきた。東欧圏では，厳しい試練（ハンガリー動乱，ポーランドの非常事態体制）を経て西側との交流を強めていた。ハンガリー，ポーランドでは1980年代から非共産党化が進み，自国民については事実上西側への出稼ぎ・移動も認めてきた。そして1980年代前半からの西ドイツの東方政策は，こうした動きを認め，援助しようとするものであった。

　1989年のベルリンの壁崩壊にいたる過程で，東ドイツ国民の西へのエクソダスの決定的要因となったのは，ハンガリー政府による同年8月19日の東独市民のオーストリアへの移動承認である。こうした中で，旧東独が自国の体制維持に期待したソ連からの介入・支援もなくついえ去ったこと，しかもコメコンの優等生，旧東独においてすら，軍事生産優位のもとに消費水準が極限まで押し下げられ，社会保障とりわけ年金などの負担ゆえに，60歳を越える老人の出国（西ドイツへの）だけを認めるなどの矛盾の結果を国民に強い，ベルリンの壁崩壊を迎えたのである(9)。以下，第二段階（ベルリンの壁崩壊後）について流入国側の変化を中心にみてみよう。

2　第2段階の「ヒトの移動」——流入国を中心にみた変化

　前項で述べたように，東欧・ソ連ブロックの崩壊は，ルーマニア，ブルガリア，ポーランド，チェコスロバキア，ハンガリーなど旧東欧諸国や旧ソ連からの人流を生み出し，これがドイツなどの西欧諸国に向かうことになった。まずソ連崩壊の人流の影響をより直接的に受けた国に，フィンランド，スウェーデンなど北欧諸国がある。本項ではこうした流れを，スウェーデン，フィンランドの北欧2カ国と，ドイツにおける状況について検討し，次節でEC諸国における「移民　難民　外国人労働者」に関する新たな展開について論ずることとしたい(10)。

(1)　北欧諸国

　ドイツとならんでソ連崩壊の余波を人流としてもろに被った国に，ロシアと国境を接し，旧国土の一部をソ連に割譲し，また旧ソ連領内に同一民族（インゲルマン民族）を多数有するフィンランドがある。

　また，北欧四国の旗手として，東西冷戦下に中立政策をとりつつ，内海たる

バルト海において旧ソ連諸国に接していたスウェーデンは，旧ソ連の動きに最も敏感たらざるをえなかった。事実，スウェーデンはチェルノブイリ原子力発電事故を西側でいち早くキャッチするなど，旧ソ連の分析力には定評のあるところであり，ソ連崩壊による流出予測も最も早くから行ってきていた。

① 北欧2ヵ国の外国人労働者受け入れ

この2ヵ国が，第2次大戦前の移民送り出し国から，第2次大戦後は逆に外国人労働者・移民受け入れ国に転じ，同時に人道的立場から多数の難民を受け入れつつ，積極的に外国人の統合策を行い，多民族共生の実を上げてきたことは周知のとおりである。ただ，その外国人の受け入れ実態については，外国人への選挙権付与など，部分的にしか知られておらず，わが国での本格的な研究・調査はようやく最近なされるようになった。

この両国は，外国人労働者（ゲストワーカー）として1960年代からかなりの人数を受け入れてきた。しかし，1970年代以降は，厳格な条件による労働許可の取得を必要とする（スウェーデン1967年以降，フィンランド1968年以降）こととなり，実質的に1970年代後半には激減，1980年代後半から今日までは，特殊技能保有者・季節労働者以外の労働者の受け入れはない。ただ，北欧4ヵ国の人々については無条件で滞在許可が与えられ，2年後には市民権が与えられる。つまり北欧諸国においては，外国人労働者という場合，両国のEU加盟以前では非北欧諸国民と北欧諸国民との間で扱いが異なるのである。

ちなみに，スウェーデンでは，1960年代，イタリア，ユーゴ，ギリシャ，トルコなどから，労働力不足を補うために労働者を受け入れてきた。その後1960年代後半にはむしろ，フィンランドなど近隣諸国からの流入が増大している。その数は全期間を通じて23.5万人で，10万人がフィンランドからであるから，それ以外の，とりわけ非北欧からの受け入れ数は国民規模，労働力人口（1992年451万人，うち男235万人，女216万人）からすれば少なくはないものの，絶対数は大きいとはいえない。

とりわけ，受け入れ後期には，これらの外国人労働者が長期定住化することと，その統合の困難さゆえに，北欧ないしはEC諸国等からの移住者が主流をなすに至っており，むしろこの後期流入者は，移民の性格が強いとみるべきであろう。スウェーデンでは今日，労働許可はスウェーデンが求めている人材（専門的技術者・国際企業のスタッフなど）に限られ，その数も年間300人に限定されている[11]。

フィンランドにおいては，第2次大戦後も隣国スウェーデンを始め多くの国

に移民を送り出してきた。しかし，一方では，同時に明確な基準のもとに，難民とあわせて移民の受け入れを行ってきた。その基準は，以下の通りである。
(1) フィンランド国籍を有する者，あるいは以前有していた者，これにはスウェーデンなどへ流入した者（移民）の帰国が中心である。しかし，ソ連のペレストロイカ以降，旧ソ連在住の同族であるインゲルマン人の流入について，1990年以降，大統領の追認もあって，同じ扱いで認められ増加している[12]。
(2) 北欧国籍を有する者
(3) 労働力の不足している技術者・医者などや，外国人でなければできない職種（日本料理店の板前・外国企業の長など）。
(4) 国際交流・教育・訓練に携わる者。
(5) 短期季節労働者。

こうしてみると，過去受け入れてきた者の実数と，現在の受け入れ基準との関連性が明らかになる。つまり現在は，きわめて限定的な受け入れにとどまるということになる。

こうした背景には，第1にはソ連崩壊後の旧ソ連からの流入が，厳格な条件でコントロールをしようとしても常に困難が伴うこと，第2には外国人労働者の多くが，目下の不況，高失業（1990年4.1％，91年9.2％へと失業率は激増）の中で，失業ないし半失業の状況にあることである。

第1については，インゲルマン人であるとの証明を，出生証明またはソ連内で発行されたパスポートによることとされるが，偽造証明書が続出し，1985年以降に発行された出生証明書を無効としている。

第2については，1992年7月末の求職統計では，外国人労働者7380人が職探し中で，そのうち5514人が失業しており，フィンランド失業者全体の15％にも達しているという。なかでも，アラブ・イラン系は30％の失業率だと推計されている。

最後に，インゲルマン人については外国人労働者ではあるが，期限1年間の滞在許可（就業は無制限），1年後に更に1年間の許可，2年後には永住滞在許可となる。わが国の日系人の帰国と同様な扱いで参考となるが，フィンランドでは，生活補助・フィン語教育・社会教育が与えられている。

以上のように，この北欧2カ国は，他の北欧・西欧諸国同様，現在新規の外国人労働者の受け入れはほとんど行っていない。むしろ，その施策の焦点は，定住に向かいつつある外国人労働者を移民ととらえ，教育・訓練により生活上

の基盤を確立するよう援助することにある。具体的施策をみてみよう。
　②　外国人労働者・移民への施策
　これらの外国人労働者を移民（移住者）とともに一元的にとらえ教育・訓練を行っている。
　たとえばスウェーデンでは，外国人・移民に対する国の組織は，35機関，1200の地方組織で，16万人が従事している。そのうち外国人向けの職業斡旋・訓練要員は450人で，全体の5000人に対して比率は高い。
　移民への文化支援は，図書館への外国図書購入基金，移民向け外国語新聞（9ヵ国語，5万人の購読者），国営放送（テレビ，ラジオ）による移民向け放送（フィンランド語，セルボ・クロアチア語，ギリシャ語，トルコ語，スペイン語，ポーランド語），学校での母国語教育（中学校レベル18ヵ国語，7万2000人），スウェーデン語学習と成人教育（自治体が行う。義務教育レベルの特殊成人教育は1万6000人の受講者，うち6割が移民），自治体の通訳サービス（100ヵ所）などである。よく知られる政治参加（3年の居住で選挙権を与える）は，実際の選挙投票率では，1988年43％と低下の流れにあるという。
　フィンランドでは，外国人労働者・移民の半数（1992年7月全体で1万4735人中インゲルマン人は49％）を占めるインゲルマン民族を中心に，フィン語教育・社会教育を行うなどする。これと同時に外国人の高い失業率（1992年9月2万人）に対し，どのように職業訓練・職業紹介を行うかが課題となっている。
　③　難民に対する施策
　ドイツ（旧西ドイツ）とならんでスウェーデンなど北欧諸国は，難民を最も多く受け入れてきた国である。とりわけスウェーデンは第2次大戦において中立国であったことから，大戦中からドイツやバルト3国などから多くの難民・亡命者を受け入れてきた。第2次大戦後では，1957年のハンガリー動乱による難民（10万人といわれる），1970年代からは中南米（チリなど）・中東からの難民が流入している。最近においても難民申請数は増加の一途をたどっている[13]。これらの難民は，①難民条約上の難民，②これに準ずる者（事実上の難民），③軍事的理由や宗教的理由により本国にとどまりえない者などである。
　こうして受け入れられた難民は，過疎の地方自治体に配分され，受け入れ自治体は政府から各年ごとに基本交付金おとな一人当り40万6500クローネ（約3万米ドル），子供8310クローネを交付され，様々な施策を行っている。とりわけスウェーデンは国連難民高等弁務官事務所（UNHCR）からの割り当て難民（1992年2000人）を積極的に受け入れている国の1つである。

しかし最近では，難民受け入れのコスト増，1年以上かかる難民認定手続き，そして，不況が進むにつれ，難民センター襲撃事件も起きるなど外国人排斥の動きが強まり，政府は約1.2億クローネの排外主義対策を講じたり，難民認定庁の判定に対する不服申し立て機関としての外国人庁を設立（1992年1月）している。

とりわけ注目されるのは，他の北欧3ヵ国と異なり，外国人排斥主義をとる政党がなかったスウェーデンですら，1990年12月，「新民主党」（New Democratic Party）なる政党が結成された。その政策の中心には，高福祉・高負担への批判とならんで，外国人の受け入れ・定住反対のスローガンが掲げられ，公的無駄をなくし減税を進めること，とりわけ所得税廃止，イスラム教徒追放などのスローガンも掲げられている。外国人については，永住権・定住を認めずに期限付き居住だけを認め，期限後は警察力を行使しても帰国させるべきだという。

こうした情勢の中で行われた1991年9月15日の総選挙では，戦後一貫して与党であった社会民主党が敗北（137議席），中道の穏健党（80議席），保守の自由党・中央党・キリスト教民主党（合わせて171議席）という勢力となり，中道・保守連立政権となった。この選挙で新民主党も25議席を獲得している。

旧ソ連崩壊後，この地域からの流入が著しくなったフィンランドでは，地上の国境だけでなく，高速フェリーによりエストニアのターリンまで2時間という距離は，一気に旧ソ連地域からフィンランドへの流入増を生じている。フィンランドはこの事態に，固有のインゲルマン民族を含む難民・移民対策局を設け，インゲルマン民族以外の受け入れ枠を設立，難民申請中の労働を認めるなどして，国の負担を減じようとしているが，高失業の時代でもあり，結局，難民受け入れの実績は少なくなりつつある。

北欧諸国の「ヒトの移動」の問題については，たしかに多民族国家としての北欧への道，ヨーロッパ統合への道を真摯に歩む北欧2ヵ国の歩みにはみるべきものが多いとはいえ，従来は単に選挙権付与を中心とする同化策，統合策の一部にのみ断片的に注目してきたという通弊がわが国の研究者にみられる。

(2) 東西ドイツ統合

右にみたように，東欧諸国・旧ソ連からの人流は，旧東欧の変革とソ連の解体後，なだれをうってドイツ，スウェーデン，オランダ，オーストリア，スイスなどに殺到した。この流れは，流入国の一致した政策の故に，移民や外国人

労働者という形態をとるべくもなく，ほとんどが難民申請者となって国境を超えることとなった。

　1992年10月ドイツのコール首相は，当時の趨勢から年末までに50万人を越える難民がドイツに流入するとして非常事態宣言を行い，与野党間で難民規制手続きを進めるべく協議を開始した。

　ドイツでは第2次大戦中，700万人というナチス・ドイツの被害者が亡命し，他のヨーロッパ諸国をはじめ世界中に，これらの人々を受け入れてもらってきたことに対し，戦後，ドイツの良心の証として，他国からの難民受け入れを規定するドイツ憲法（基本法）16条2項を設けてきた。その結果，ドイツへの難民申請者（Asylbewerber）は直ちに受け入れられ，連邦と州との手厚い保護のもとに衣食そして住居も与えられ，あまつさえ，当面の小遣い（1人200マルク）すら与えられ，難民認定を待つことができた。この間，一定の就労も認められ，もし生計上困難が生じた場合には，生活保護（社会扶助）すら与えられるものであった。こうした中で，統一後の財政危機（とりわけ東部諸州）と，高失業で住宅にもこと欠く東部の市町村をはじめ，多くの自治体からは，難民の割り当て受け入れ枠の返上が続出した[14]。

　とりわけベルリンの壁崩壊後，流入者のうち，ポーランド，ルーマニア，ブルガリアからの難民が急増し（表1参照），これに従来からのトルコ，イラン，アフガニスタンなどの中東・南西アジア諸国からの流入者などで大半を占めている。しかも，難民認定率は最近では10％を切っており，難民のほとんどが経済的理由から流入するいわゆる経済難民で，庇護の対象ではないと認定されている[15]。

　かくしてドイツは，与党キリスト教民主同盟・社会同盟（CDU・CSU）と野党社会民主党（SPD）や連立与党の自由民主党（FDP）との協議・妥協をえて，1993年7月1日から施行された基本法16条改正と，難民の受け入れ・認定手続きの改正を行った。

　すなわち，従来どおり「政治的に迫害を受けた者は庇護権を享受する」との16条2項は，同条1項として残り，2項以下で，厳格な難民受け入れを規定する。2項以下の基本法のもとに，難民認定手続き法・外国人法・社会法典などを改正している。

　これによれば第1に，原則として移動が自由であるEC諸国ならびに，スイス，オーストリア，チェコ，ポーランド，ノルウェー，スウェーデン，フィンランドからの難民申請はありえないし，これを認めないこととする。第2に，

表1 ドイツへの難民

年	難民申請者数	そのうち旧東欧、ソ連諸国から	難民認定率
	人	人　　　　％	％
1979	51,493	3,387 = 6.58	16.5
1980	107,818	6,943 = 6.44	12.0
1981	49,391	14,257 = 28.87	7.7
1982	37,423	10,847 = 28.98	6.8
1983	19,737	4,651 = 23.56	13.7
1984	35,278	6,955 = 19.70	26.6
1985	73,832	10,644 = 14.40	29.2
1986	99,650	15,214 = 15.30	15.9
1987	57,379	20,483 = 35.70	9.4
1988	103,076	35,718 = 34.70	8.6
1989	121,318	33,930 = 27.97	5.0
1990	193,063	57,430 = 29.70	4.4
1991	256,112	67,923 = 26.52	6.9
1992	438,191	159,517 = 36.40	4.3
1993（前期）	244,099	150,756 = 61.76	2.1

出所：連邦内務省資料

難民認定（不認定）を即時に決定できるものについてはこれを行う。第3に，空港における難民申請者の70—80％を占めるパスポート不所持者については，3週間以内に流出国を特定し，各国領事部に補充パスポートを発行させ帰国させるというものである。また，ポーランド，チェコを経ての流入者（ルーマニア，ブルガリア，旧ソ連などから）の増大に対しては，両国との協定によって両国への難民受け入れや処理費用を援助するとともに，両国への送還（両国の受け入れ義務）を規定し，右両国を経由して入国した人々を送還することとなった。

このような厳格な難民認定も，あくまで国連難民条約・EC人権規約，そしてEEC条約を補うシェンゲン・ダブリン協定に基づいて行われているとのことである[16]。

いわば，難民の枠を広くとってきたドイツが，右の一連の条約の基準で厳格に審査することとしたものである。しかし，「東に対する目に見えない壁」の構築だと批判される問題点も存する。ドイツの連邦内で最も保守的な政権だとされるバイエルン州では，既に受け入れてきた難民の70％を強制送還し，さらにかなりの人々が自主的退去をした。かくして，1993年の難民数は同年後半の

規制により，前年の4分の1に減ったとのことである。しかし，ドイツが難民を受け入れないわけではない。戦乱の続くボスニア・ヘルツェゴビナからの避難民を含めて多数を受け入れているのである。

一方，東西ヨーロッパの「ヒト」「モノ」「カネ」の交流は，相互に認められつつある。これに，新たにヨーロッパ内での規制の共通の原則を何に見いだすのか，今後の課題である。

Ⅲ 「ヒトの移動」の行方

右にみたように，ヨーロッパに生じた新たな政治的変化は，とりもなおさず「ヒトの移動」に急激な構造変化を生んでいる。こうした動きに3つの渦，すなわち，旧ソ連・東欧の崩壊とEC統合があることはいうまでもない。このうち前2者については既に検討したので，後者との関連での「ヒトの移動」についての変化をみてみたい。

1993年1月1日をもって実施される予定であったEC統合（現実には同年11月1日ヨーロッパ連合（EU）に移行した）。これにより，まず3億4000万人のEC共通市場の形成がなされ，次いでECとの共同市場化（欧州経済地域EEA）を進める欧州自由貿易連合（EFTA）加入国のEC加盟へと進む。すなわちEFTA加盟国，オーストリア，ノルウェー，スウェーデン，フィンランドを含む17カ国，域内人口3億8000万人，世界の貿易の40％を占める大経済圏を形成しようというのである。そして最終的には，ヨーロッパの2つの東西の渦を統合し，全ヨーロッパを1つにという理想もベルリンの壁崩壊後に生まれた。これは，ゴルバチョフの提唱した「ヨーロッパ共通の家」に西側が対応しようとするものであった。しかし，旧東欧・ソ連諸国間の著しい経済的格差や政情などに鑑みると，これらの諸国への対応も異ならざるをえなかった。EC側では，第1次的にはEFTA諸国を，第2次的には市場経済導入・経済的自立性などの面からポーランド，連邦解体後のチェコ，ハンガリーなどの加入への道を，順位をつけて予定する結果とならざるをえなかった。

しかし，こうした中にもさまざまな予測しがたい事態や困難が生じており，単線的・直線的な動きにはなっていない。以下これらの点を検討してみよう。

1 EC内での問題

観念的には，ローマ条約48条が「労働者の自由移動」を実現することを謳っ

ており，その中では，すべての加盟国の労働者間の労働条件の平等適用を規定している。

しかし，産業の不振，高失業率に悩む英国では，隣国アイルランドや英連邦諸国などからの流入人口が植民地時代以降の多くの問題を投げかけており，公的な秩序・安全・健康を理由とする正当な制限を留保することを目的とし，国境でのコントロールの撤廃や職業上の完全な自由移動を認めないという結果となった。こうした事情もあって，域内自由移動を一歩進めるべく，EC内の相互の国境の「ヒト」のコントロールを撤廃しようとする「シェンゲン協定」（1990年6月）は，ベネルックス3国，ドイツ，フランスの5カ国で先ず締結され，後にイタリアが加盟調印することになった。

他方，スペイン，ポルトガル，ギリシャなどの国については，労働移動に伴う職業上の資格や職業上の訓練の差が存在し，これらの国からの労働者を実質的に平等に受け入れようとすれば生ずるさまざまな未解決の問題があり，これらの点からシェンゲン協定加盟は遅れざるをえなかったのである。たとえば，スペインの旋盤の熟練労働者がドイツに移住し，ただちに同じ資格の職に就くだけの技能を有するのか。EC内の教育および職業訓練や，職業上の資格の統一が実質的になされるのか否かの前提を欠くままで，一気に労働移動の自由が完全な形で進むことはあり得なかったのである。次に，賃金格差や停滞しつつある経済，高失業のゆえをもってスペインの旋盤工がフランスやドイツに移住した場合には，失業者を移住先の国で引き受けるということになる。しかし，これも実際にはいかに困難であるかは想像に難くない。つまり，失業保険・雇用保険（あるいは健康保険も）は，現在のところ各EC加盟国ごとに別々の体系のもとに，独自の基金を財源に運営している。各加盟国のこれらの社会保障制度の統一は，EC統合の目標・課題として掲げられていた（ローマ条約117条以下）ものの，最も早期の1993年統合時点では不可能だとされていた。それゆえ，右のような事態を避けるために，各国はそれぞれ対処せざるをえなかったのである。

他方，最近は弱まったとはいえ，安価な労働力を求めて，EC統合後，スペイン，ポルトガルなどに直接投資が行われ，ドイツ，フランスなどEC諸国のみならず，日本や米国などからの企業進出・工場進出もこの数年間ブームの様相を呈してきた。これらの工場は，ドイツ，フランスなどの最先端技術・技能を導入された工場である。そこで，いかなる結果が生じたか。ドイツ，フランスなどに1960年代以降移り住んでいた労働者（かつての外国人労働者）の帰国

の波が生じたのである。たとえばドイツのデュッセルドルフ市の中規模のセラミック製造工場では，かつて1976年のピークには1000名以上の外国人労働者が働いていたが，最近では，これら優秀な技能を持つ労働者の多くは，故国の新鋭工場にかなり流出するとともに，企業自らも国外直接投資を行っており，帰国労働者も増えている。つまりスペインなどへの直接投資の結果，最も有利な職を得ることができるのは，こうした人々であって，現地の不熟練な労働者の地位の向上にはストレートにつながらないのである(17)。

こうした中で，前述のようにECは1993年の統合時には，社会保障制度の統一・統合を断念せざるをえなかったし，当面デッドロックに乗り上げたままとなろう。それゆえ先に職を得て移動する者を除いて，労働移動の自由も，観念的なものとならざるをえない。EC内部の経済力格差いわゆる南北問題が，労働力の豊富さ安さのゆえに，そこへの直接投資の促進により埋まっていくという仮説にも，簡単にはいかない側面が多いことを，こうした予測ははっきり物語っているのである。右のスペイン帰国労働者の例をとるまでもなく，同国人の中にすら簡単に解消しえない南北問題を生起せざるをえなくなっているのである。EC諸国間での，労働移動の自由を前提とした場合には，「関税なきヨーロッパ」とか，「ヒトの移動」の自由を抽象的に論ずる観念論がわが国には多々見られるのであるが，現実的にはこうした問題があることを知るべきである。

2　ECとEFTA諸国との関係

ECをとりまくEFTA諸国との関係もスムーズな加入への道をたどっているわけではない。端的には，1992年12月のスイスにおける国民投票において，EC加盟への前段階としての欧州経済地域（EEA）加盟反対者が多数を占めたことにもみられる。従来スイスが，手厚い農業保護や独自の金融政策をもち，労働移動についても，限定した国から，一定の枠の範囲で1年のうち9カ月間，家族を連れて来ることが認められず単身で，という方式で，外国人労働者の受け入れを行ってきたことは周知の事実である(18)。スイスにとってEC加盟は，これらのすべてを放棄することに他ならないし，あまつさえ，土地の取得を含む資本投資の自由も，EC内外の諸国や巨大企業に開放せざるをえないことにもつながる。

そのうえ，最近は停滞気味とはいえ，フランス東部，ドイツ南部，スイス，イタリア北部を一体とするライン・アルペン経済圏は実質的にできあがっており，EC加盟によって一層の利益があるとは考えられない。「ヒトの移動」に

ついてもスイス，オーストリア，ドイツのドイツ語圏の教育・訓練制度は一貫して統一されており，労働法制・社会保障法制を含みほぼ共通で相互に交流可能である。労働条件の平等取扱いが3カ国間でなされ，実質的に労働の移動の自由化もなされてきている。今さら何もというのが，国民の多数のEC加入反対投票につながったものである。

隣国オーストリアでも，EC加入の効果などのプロパガンダを連邦政府は連日のように新聞・ラジオなどのメディアも含めて行っているものの，スイス国民同様，国民の多くはEC加入によるメリットを感じていないようだ。むしろドイツ，オランダなどの強力な経済力の支配を恐れていると多くの人々は語っている。ただでさえ，オランダ人，ドイツ人に風光明媚な土地の買占めや買収をされ，多くの州・市町村（ゲマインデ）が1970年代末以降，土地取得制限をしてきたことや，第3帝国への歴史的反発がまだ残っていて，国民感情にも微妙なものがある。

スウェーデン，フィンランドでも同様で，加入を促進しているものの，国民1人1人は意外に覚めているようだ。既にEC内での就労などについては相互にほぼ自由となっており，労働許可を取るか取らないかの手続き上の差がEC国民との間にある（逆にEC国民も北欧諸国では同様）だけで，経済圏としては，英国，ドイツなどとの一体性は既定のものであるからである。

3　東からの「ヒトの流れ」

最大の難問は，東からの「ヒトの流れ」である。右のような急増する旧ソ連・東欧からの移民・国外脱出者に対応するため，1992年1月25日，EC諸国などの西欧諸国と米国，カナダ，オーストラリアなどの間で移民問題閣僚会議が行われ，今後の統一的対応について協議が行われている。この中で，ドイツは難民（申請者）の急増に対して，この当時の20万人ですら受け入れが困難だとの認識が提起されている。オーストリア，スイス，フランスからも，ルーマニアなどからの目的の不明確な移住をチェックすべきであるとの見解が示されている。

この前後，EC内でも，難民・外国人問題閣僚会議（とりわけ内相会議）が再三行われ，シェンゲン協定の実施にともない，EC内国境の「ヒト」のチェックを廃止した後も，こうしたEC外からの「ヒトの流れ」に対しては統一的なコントロール・システムを技術的にも完成させることが決定され，具体的方法を専門家会議に委ねてきた。当時の決定などについては非公開で，部外者たる

私たちは知ることができなかったが、巷間、コンピューターを用いた経済難民の一元的なチェック・システムだと伝えられてきた。この結果が、今日の難民流入への厳しいチェック・システムである。

ところが、東からの「ヒトの移動」が現実的にどのような影響を生じたか。ドイツを例にとってみてみよう。

1974年11月の旧西ドイツでの外国人労働者受け入れの停止以来、ドイツは、原則として外国人労働者の新規受け入れは行っていない。しかし、東欧ブロック・ソ連の解体後、東への援助策として新しいプログラムで受け入れを部分的に行っている。

1985年から開始された請負契約被用者制度がある。ある事業所（施工者も含む）の一定の仕事を委ねる形で、期限・人数・仕事を特定・限定し、主に東欧諸国からの労働者を受け入れている。1991年12月現在で合計7万6593人を受け入れているが、国別には圧倒的にポーランドが多く（約55％）、ハンガリーがこれに次ぐ。ポーランドからは実質的には東西ドイツ統一前にも、旧西ベルリンなどに流入するヒトの流れがあったが、これはドイツ統一の条件として、ポーランド再建への援助が合意されたためである。

ところが、こうした部分的な外国人労働者の受け入れなどが、条件や限定がなされず、新規受け入れ枠5万人という各年の受け入れ枠は無視され、多数のチープレーバーの流入を招くことになった。

ポーランド国境ではドイツ統合後、両国民の自由な往来を認め、パスポートの提示だけでフリーパスとなった。そのためもあって、国境から60キロのベルリンには、多数のポーランド人が流入することとなった。当初は西側の「モノ」のポーランドへの持込みによって、一定の販売収益を得ることの混乱がメディアでも話題になったが、今日ではむしろ、就労の機会を求めて流入・定住傾向すら出てきている。とりわけ、建設ブームの続く旧東ベルリンはじめ旧東ドイツ地域には、多数のポーランド人労働者が流入し、その数はベルリン市だけでも15万人といわれ、総数は掌握できないという。そして、いかなる結果が生じたか。

建設ブームの中で、中堅建設企業の倒産が続いているのである。つまり、ドイツ人労働者の3分の1の賃金で働くポーランド人労働者を使う悪質な企業や業者が優位に立ち、まともに労働条件を守ってドイツ人労働者を雇っている企業が倒産する結果となったのである。この引金になったのが、右の請負労働契約の導入であったのであるが、今では再停止説も浮上しているのである[19]。

第1部　日本における外国人受け入れ政策と法

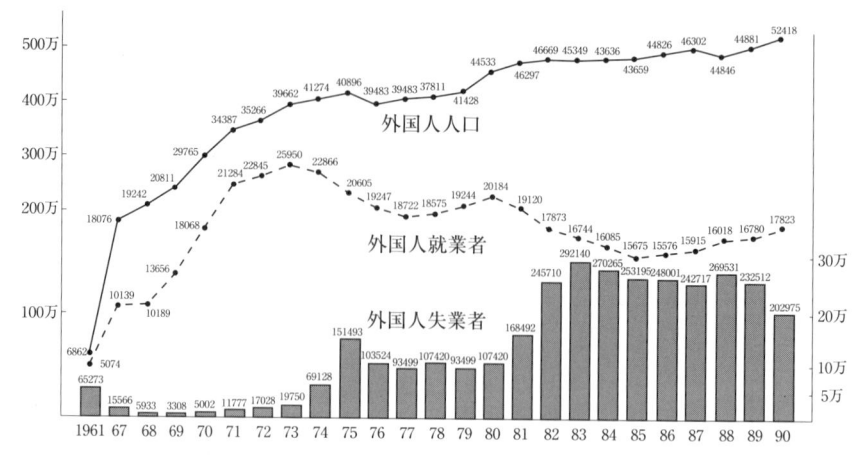

図1　ドイツにおける外国人人口・就業者・失業者数の推移

資料出所：外国人問題専門官事務所、外国人に関するデータから作成
注：①原則として各年9月末
　　②外国人人口、就業者人口は単位100人
　　③外国人失業者数は実数

4　従来の外国人労働者の現状

　ドイツをはじめとする西欧諸国が外国人労働者の受け入れを停止して以来，外国人労働者数が減じたわけではない（図1参照）。つまり，外国人労働者は定住の結果，第2世代が多数就業し，引退者・帰国者数を超えているのである。1975年から1990年までの外国人のドイツにおける出生数の，全出生数に占める割合は9.2-16.0％を各年度ごとに示しており，ドイツの7-8％の外国人人口からみるときわめて高いのである。そして今日では，毎年4万人余が労働市場に新規参入しているが，これらの外国人子弟の普通教育修了率は徐々に高まりつつあるものの，最低の基幹学校（Hauptschule 11年まで）ですら，2-3割がドロップアウトしている。結局のところは，最低限，基幹学校卒業を職業訓練への条件としているため，職業訓練を受けられない者も多く，結局，職業訓練をきちんと受け，熟練労働者としての職に就く条件を持つ者は3割ということになっている。しかも，親の世代，つまり第1世代が入国時に職場が決まっていたのと異なり，職を得ることがきわめて難しい現状である。その結果，不熟練で縁辺労働力に留まる者が大多数であるが，これらの人々が景気後退に際しては，せっかく得た職場をすら失う，つまり真っ先に解雇されるという傾向も

続いている[20]。

　1991年12月の統計で，旧西ドイツ各州トータルで外国人の失業率は13.7％（イタリア人13.3％，トルコ人12.6％，ギリシャ人11.4％など）で，1990年との比較によると，1年間でそれぞれ20％近くの増である。こうした結果，外国人の犯罪率も高いのであるが，外国人の被疑者の内訳をみると，最近では失業者のみならず就業者の比率も増大している。

　こうした事態に対し，ドイツ政府は再教育・再訓練の機会を与えている。ベルリン市では，半数が学校教育未修了者を含んでいる人々に教育・訓練を与え，ドイツ語の読み書きをはじめ，歯科技工，薬剤師，医療補助者，幼稚園・保育園保母などの資格を取るよう援助を行っているが，あまり効果がなく，1992年半ば時点で，わずか30人のトルコ人少女がこの制度により職を得ているだけである。成人については，独立，自営の道が最善の策だということである。

5　外国人排斥主義（Ausländerfeindlichkeit）

　1992年11月のメルン，1993年5月のゾーリンゲンの外国人の居住地襲撃事件は，ドイツのみならず全世界に衝撃を与えた。

　東西ドイツ統合前後から，旧東ドイツを中心に，失業，住宅難，生活苦などの不満を有する人々から，衣食住の手厚い保護のもとに各州・各地区に割り当てられている難民申請者への襲撃事件が，ついに永年ドイツに住み，働き，家庭を営んできた外国人に向けられたのである。ゾーリンゲン襲撃事件の被害者（少女）の父親がテレビのインタビューで次のように語っていたことが象徴的である。「私自身，25年間ドイツで働いており，娘はドイツ生まれで，ドイツの学校に通い，そしてドイツをハイマート（故郷）とすら思っていたのに，何故！」と絶句した。

　もちろん，ドイツ政府は1990年以来，外国人敵視の克服に全力を投入して，連邦・州・各市町村・経営者連盟（BDA）・労働総同盟（DGB）などでもさまざまなプロジェクトがもたれている。再三行われる外国人排斥に反対する人デモンストレーションは国民各層から数十万人の参加を得ている。しかし，わずかの暴力的な排外主義運動は，そのアウトローであるが故に耳目を引くものとなっているのである。

　今日，こうした少数のアウトローの容認層に，不満をもつ青年や老人などがかなり多く，その行動が，難民や外国人労働者を排除しようとする共和党やネオナチへの選挙における投票行動となっていることは早くから看破されてきて

いる。

　政府をはじめ与党は，受け入れられた外国人労働者および「難民」と，増大する経済難民とを分けて考え，後者に厳格に対処することとならんで，前者の統合策を強化したのである。

6　外国人労働者の受け入れの軌跡

　ドイツにおける最近までの外国人労働者の受け入れの基本的分析は既になされているのでそちらに譲ることとして，ここではドイツを含む西欧諸国の外国人労働者の受け入れに際しての見通しと，これに対する政策，政策の修正と今日までの経済・社会との関係，そして外国人自体のその後について時系列的に整理しつつ，分析を行ってみたい[21]。

　1961年の「ベルリンの壁」当時，未曾有の復興をとげていた西ドイツは，人手がいくらあっても足りない状況にあった。これを補う形で，東ドイツ・ソ連・東欧からの「ヒトの流れ」があったが，これらの人々は旧ドイツ領や永年の定住地を捨て，あるいは追われて西ドイツへやってきた人たちであった。その多くは，若く，技能・技術があり，やる気のあるドイツ人であり，西ドイツの「奇跡の復興」に最大の寄与をしたのである。

　ベルリンの壁はこうした流れを断ち切るために設けられたもので，事実，西ドイツにとっては新規追加労働力の確保が死活の問題となった。こうしてイタリアはじめ南欧4カ国とトルコ，ユーゴ，モロッコ，チュニジアの8カ国から外国人労働者（Gastarbeiter）を組織的に受け入れたのである。

　この時期においては，失業率が0.6-0.7％であり，西ドイツの経済の成長・繁栄と完全雇用下の人手不足が長期にわたると，ほとんどの政治家・研究者により推定されており，1988-89年の日本で有力であった議論と同一の論拠があった。つまり政府は，①2-3年の期限をつけ，人手不足の地域・職種に，同一職種同一労働条件で受け入れる。②ドイツ人の就労の少ない，不熟練でかつ求職者の少ない部門への受け入れを行う。ドイツ人はむしろ熟練・専門度の高い職種に就きうる。③一旦導入された外国人は短期的に滞在し，一定の所得を得て帰国するか，構造変化にともない国内で移動する，との予測をたてていた。

　しかし，1970年代とりわけ1974年のオイルショックを経て，右の前提が放棄された。つまり，①については，外国人労働者の帰国後の仕事は少なく，そのため帰国率は下がる一方で，家族を呼び寄せ，あるいは結婚してドイツに定住することとなった。結局，後にはほとんどが無期限の滞在許可を得ることにな

った。②については，人手不足の本質は熟練し，かつ高度な技能（ハイテクを含む）を有する者だけであって，ドイツ人といえども容易にこうした技能を取得できず，大量に不熟練労働者の失業する時代となった。③については，外国人労働者はその結果，家族ぐるみで滞在，一定のコミュニティーを形成し，子供と共にある地域に定住した。一旦ある地域に定住すれば，外国人といえども容易にドイツ国内であっても移動し得なかったのである。とりわけ，西ドイツの受け入れ策が住宅をも含み手厚い保護を与えてきたこともあって，その地でなんとか生活を維持しようとしたものである。

1974年11月23日，閣議決定により，EC諸国以外からの外国人労働者停止。この時期より，定住傾向にあった外国人労働者への統合・同化政策をとるとともに，永住権を与えることとした（8年間の在留で「無期限滞在許可」）。しかし他方では，1980年代，自主的帰国促進策（1983年11月28日帰国促進法施行）をとったが，財政的負担の重さゆえもあって，かなりの政府援助は後に停止されている。

1991年1月1日施行の新外国人法などにより，より一層の統合・帰化を促進する。欧州連合条約（マーストリヒト条約）発効（1993年11月）により，EC（とりわけ同協定加盟国）内は労働移住が自由化された。東西ドイツ統一後，東への一時的門戸開放（たとえばポーランド，チェコスロバキアへのビザ自由化）を行うものの，今日では強いコントロール（国境でのパスポート・チェックなど）を再開している。他方，統一後の経済的不況の長期化などのため，外国人失業者が急増し，また外国人排斥主義の増大基調に対処せざるをえなくなっている。

こうした流れを含めて，ドイツでの議論と，日本での1980年代半ばからの議論を対照してみるのも興味深い。

7　日本の外国人労働者の受け入れ論への影響

わが国でもしばしば，ドイツの外国人労働者の受け入れに関して言及され，これがわが国の外国人労働者に関する議論において最もよく参照されてきている。しかし，ドイツの外国人労働者受け入れに関する研究として，総合的な視角から取り組まれた研究はきわめて少ない。ややもすると自分の結論に都合のよい面を，事実や現地の状況抜きに，一部の文献から拾い上げて羅列しているとみられるものも少なくない。この点は，日本にいる外国人労働者の研究においても同様で，日本の経済・社会ならびにこれをとりまく国際環境抜きに論じている人々と軌を一にしている。

8 移民受け入れ国の現状と今後の行方

米国をはじめ，オーストラリア，カナダなどのかつて移民受け入れ国においても，現在は移民の受け入れについてはきわめて限定的である。しかも，3国とも総受け入れ枠を設定しているほか，移民としての受け入れ条件を，自国内の在住外国人とりわけ移民・難民の家族，新規難民の受け入れ以外には，自国にとって必要かつ有益なものに限定していることが重要である。つまり，米国移民法の移民ビザ（Immigrant visa）においては，右の家族優先ビザや難民ビザを除く独立移民においては，プロフェッショナル・技能者・熟練者や，雇用創出効果を有する投資者が優先されており，一般的な労働者の移民の道はない。この点は，1990年の改正法でも不変の原則であって，今日これを変えようとする議論は存しない（表2参照）。

しかし他方，毎年100万人を超える越境者に対して，1986年移民管理修正法によるアムネスティーをもってその一部を救済し，ボーダーパトロールを強化したのであるが，基本的な解決にはつながらなかった。

かくして，1994年1月1日発効の北米自由貿易協定（NAFTA）が，米墨両国の著しい労働力・経済格差を解消するものとして登場している。しかし従来，安価ではあっても技能・技術を有しなかった労働力を前提にした「マキラドーラ」（自由貿易地帯）が，日本をはじめとする他国からの部品を組み立てて米国，カナダに輸送する基地と化して，ダンピングやローカルコンテント法の発動対象となった構造が簡単に解消できるとは思われない。こうした分析は別の機会に譲ることとして，米国など移民国においても新規の移民受け入れにはきわめて限定的であること，米国などではかつて流入してきた移民や原住民との間での格差・差別解消（公民権法）こそが第一の国是であること，そしてこの点では，外国人労働者の受け入れ・定住を経た西欧諸国の今日的課題と共通するものであることを確認して論を先に進めたい[22]。

Ⅳ 日本における難民・外国人労働者

1 日本における外国人在住者の位相

日本において，難民・外国人労働者について本格的な論議がはじまったのは，1980年代に入ってからである。とはいえこの時期以前に，外国人労働者が日本に存在しなかったわけではない。戦前以来の韓国，朝鮮，台湾から日本本土に移住し，あるいは移住させられた人々は，まさにこの一つの例であるし，それ

第2章 人の移動

表2 アメリカにおける移民受け入れの変化

種別		カテゴリーと順位	1986年法 受け入れ人員数	(実績) 1987年	1991年*
I 家族優先ビザ	①直接家族親族（配偶者および未成年の子）	無制限	218,600	239,000
	②1順位	アメリカ市民の成人の子（未婚者）	54,000	11,400 (20%)	23,400
	③2順位	アメリカ住民の配偶者と子	70,200	110,800 (26%)	114,200
	④4順位	（市民権取得者以外の住民） アメリカ市民の既婚の子	27,000	20,700 (10%)	23,400
	⑤5順位	アメリカ市民の兄弟姉妹	64,800	69,000 (24%)	65,000
	⑥5順位の積み残し分			5,400	
	小計		216,000	435,900	520,000**
II 独立移民	①特別移民（含家族）	無制限		10,000
	②3順位	プロフェッショナル、特別能力者	27,000	26,900 (10%)	140,000***
	③6順位	技能者、熟練者	27,000	27,000 (10%)	
	④雇用創出効果を有する投資者		0	0	
	⑤ポイント制による選択移民		0	0	10,000
	小計		54,000	53,900	160,000
III亡命者難民	亡命者および難民			96,500	チベット難民 1,000
	その他			15,300	55,000****
	総計		270,000	601,600	700,000*****

＊1990年10月5日改正法により、1991年10月1日より、520,000人に至るまで可能とされる
＊＊総計520,000の内訳は本文参照
＊＊＊この内訳は本文参照①～⑥に配分
＊＊＊＊1986年法による特赦をうけた者の配偶者、子（ただし限度はある）
＊＊＊＊＊この他暫定ビザ（本文参照）により95,000人、なお総計は概数である

ゆえに、今日あらたに入国し、在住する外国人労働者と共通の解決すべき問題も多い。その意味では、今日わが国の在留外国人（1992年末，128万1644人）の約半数を占める在日韓国朝鮮人、ならびに台湾人などのことを抜きに論ずることはできない。これらの人々について戦後解決すべきとされてきた課題の多くは、とりもなおさず、外国人一般の問題となるともいえよう。以下、これらの点について論じてみたい。

(1)在留の権利——永年わが国に在留してきた人々に永住権・定住権を与えるべきことは今日ようやく自明となってきている（入管法21条，22条参照）。むしろ、日本に主たる居住ならびに生活事実関係をおく「常居所」を有する外国人が、日本から外国に出国し、帰国することも恒常化している。それゆえ、定住権・永住権は、日本に帰国でき、日本が日本国籍を有するもの同様に「常居所」としての意味を持つことが重要となっている[23]。

(2)社会的・政治的権利の平等——前者については日本人同様に、労働・職業選択・移転の自由を有し、その取扱いは平等でなくてはならない。社会保障・労働法上の地位についても日本人との平等扱いが前提となることはいうまでもない[24]。

しかし、抽象的に平等とされても実質的平等の面でなお大きな課題が残されている。すなわち、外国人を採用する側の自由がある限り、採用する側が日本人を優先して採用し、あるいは、有利な条件で採用する結果を生んでいることが克服されることにまで至らなければならない。こうした中で、公務員への就任権が、地方公務員についてようやく、「公権力の行使」に携わらないという条件で開放される気運がでてきている[25]。

日本在住者として、わが国の社会保障制度の中でどう位置づけられるかについても、「日本国民」だけへの適用から、実質的な権利の性質により外国人への適用を必要とする場合に適用を認めることによって、日本国民同様の扱いがされるようになってきた。とはいえ、つぶさに検討を加えると多くの社会保障の適用・運用において外国人については未だ平等ではないことが多いのである。

社会権の重大な構成要素の1つとして児童や一般人を含む教育を受ける権利が存する。しかし、ヨーロッパをはじめとする前述の例をとりあげるまでもなく、わが国の教育は外国人の教育、とりわけ民族教育に関しては不十分である。義務教育においても、ようやく平成4年度から外国人子弟（日本語のできない）への国の援助が認められた（外国人10人に1人の過配教員の給与5割援助）だけである。「初等教育を義務的なものとし、すべての者に対して無償のものとす

る」(児童の権利に関する条約28条)ためには,なお,かなりの努力を国・自治体が行わねばならない。とりわけ,「少数民族・原住民」に対する教育(同条約30条)の権利を享有するための制度的保障は未だ不十分であって,今後の課題となっている。

政治的権利については,選挙権の問題が論議されつつある。これを一定期間在住している外国人に一般的に認めるのか,また国政・地方自治体レベルにまで認めるのか,などである。これらの点については,EC国民の各加盟国内での選挙権の行使についての規定を除いて,未だ国際的な合意は存在しないのである。また,永年定住し,国民同様の義務(納税義務など,日本では兵役義務はない)を果たしている外国人の政治参加についての選挙権に代わる制度(いわゆるオンブズマンシステム,外国人代表委員会)なども未だ十分な論議がなされているとはいえない。

(3)そして最大の問題は,現在約30万人余と推計されている不法在留外国人の人権についてである。

以下では,この間に明らかになった事実[26]に即して,以上の論点を中心に,わが国の外国人労働者・難民問題を論ずることとしたい。

2　外国人労働者受け入れ論

1988-89年,いわゆるバブル経済期の人手不足に強まった外国人労働者受け入れ論の本質は,今日の不況の中で明らかになってきている。すなわち,当時かなり有力であり,かつ,その論理が成立するかに思われた見解として「人手不足」(とりわけ不熟練労働部門)は当分続く,それゆえ日本は外国人労働者を受け入れるべきである。とくに,日本の「国際化」という観点からも当然である」という考えがある。

この見解は現実の前に,全く意味をなさなくなっている。つまり,日本および欧米先進国(OECD諸国と言い換えてもよい)は,今日では,中高年層・婦人を含め,高失業時代を迎えているのであって,人手不足は永遠に続くという見解は根拠を失っているのである。バブル経済期にこのことを指摘する見解は驚くほど少なかったが[27],他の先進国の中では日本のみが例外的に過剰雇用,過剰生産,過剰サービスに陥っていたことは今日明らかである。「国際化」についての論拠も,その意味があいまいであることもあり,検討を要するのである。

要するに,日本は外国人労働者を日本人と平等な条件で受け入れられる範囲

でしか受け入れられないのであって，マスコミなどでしばしば誇張され，社会科学的にも政策的にも全く問題にならない「開国論」「鎖国論」を論じる意味はないのである(28)。

ところで，今後，日本に続くであろう，経済的な停滞や構造変革の中で，必要な技能・技術・知識・ノウハウを有し，エッセンシャルな「モノ」を作り，サービスをなすのに必要な人材として，外国人とても日本人同様に働きうる条件を整備することは焦眉の問題である。しかし，この間に明らかになったように，多数の不法就労者（約30万人）が，労働条件・社会保障などの面で不平等な条件で働き，しかも不況に際して真っ先に解雇されるという雇用関係がある。このような雇用は次の理由からも根絶する必要がある。

つまり，これこそ，不法・不公正競争で，個別企業主にとって一時的に有利であっても，ベルリンの建設業の前例のごとく，経済全体の公正な秩序を乱すことにもなるからである。

他方，不法就労外国人のみならず，就労の認められている日系人（筆者は当否は別として日本ではじめて受け入れられた「外国人労働者」であると考える）ですら，派遣業者やブローカーの手配で仕事をさせられ，実際上の雇用主は労働契約・社会保障・医療などになんらの責任を負わないという実情が明らかとなり，労基法をはじめとする労働法違反，人権侵害が跡を絶たなかったことを考えると，日本社会はこれに対する徹底した世論を形成する必要がある。少なくとも，不法就労外国人にも労働法上の保障や，医療上の保障（社会保険に加入するか，基金によるかなど考えられる方法は多い），家族形成と子供の権利(29)は十全に守られなければならない。

最後に，ベトナム戦争以来受け入れてきた難民については，日本はより積極的に社会に受け入れることをしなければならない。その人数が，欧米の受け入れ数より少ないだけではなく，訓練・就労などにおいて，日本への社会的受け入れが実質的に可能でないといわれている現状から脱却することは，日本の21世紀への1つの試金石だといえよう。

(1) 「難民の地位に関する条約」（1951年国連全権会議で採択，以下本稿では「難民条約」とする）1条A2号，ならびに「難民の地位に関する議定書」（1966年国連経済社会理事会承認，「難民議定書」）1条。この基準も，当初，難民条約で1951年1月1日以前に生じた事件に限定したのを，難民議定書によ

り，時期的条件を取り除きすべての難民に適用したものである。
(2) 「国際化」という言葉があたかも，確固とした概念であるかのように論じられ，しかも悪いことに，それが議論の前提とされ，結論とされているという二重の誤りを引き起こしている。そもそも「国際化」という言葉は，適当な英訳も独訳も仏訳もないのである。あえて internationalization としても，きわめて具体的な意味しか持たない。そもそも曖昧模糊としたこの概念が一人歩きし，研究者の一部までもがこれにとらわれていること自体が，日本的特殊性と思われる。この点，半世紀前の理念を掲げる日本国憲法前文においても，こうした安易な「国際化」という用語は使われていない。本稿のテーマは「国際化」という概念をめぐる社会科学の方法論を論ずることではないので，若干の指摘をするにとどめる。
(3) 詳細については手塚「国際的な『ヒト』の移動と21世紀」(「千葉大学法学論集」第6巻第2号，本書第2部第2章) 参照，および手塚『外国人労働者』(日本経済新聞社，1989年) 147頁以下参照。
(4) 英国におけるこれらの問題については，前掲「国際的な『ヒト』の移動と21世紀」参照。在日韓国朝鮮人のこれらの問題については，大沼保昭『単一民族社会の神話を超えて』(東信堂，1986年) 他参照。
(5) オーストリアの多民族国家論やミッテル・オイローパについては，日本では最近ようやく注目されはじめたといってもよい。辻通男『統一ドイツへの読み方』(新潮社，1990年) などが問題提起をする。
(6) 手塚『外国人労働者』195頁以下参照。
(7) ワイマール憲法161条，162条参照。
(8) これらの分析は日本ではほとんどなされていない。わが国の社会科学研究の実情からみた時，旧ソ連研究者のほとんどと，その体制の容認者のほとんどが，こうした事態を分析することなく，社会主義体制の表面の変化だけを追ってきたことは，今日，多くの出版物からも明らかである。他方，厳しい報道管制下にあった中で，こうした流れを的確にとらえてきた西欧ジャーナリストやシンクタンク等に比べて日本のジャーナリストの動きは，「ベルリンの壁」崩壊によってすら眼を覚ましたとは言えなかったのではないか。詳細は，前掲拙稿参照。
(9) この間のドイツを中心とする変化については，手塚「ドイツ統一の行方（上）（中）（下）」(「エコノミスト」1990年9月4日，11日，18日号)，「統一ドイツ市場経済化への苦難」(「エコノミスト」1991年5月14日号)，「『東』からの波に翻弄される統合——大ヨーロッパ実現の難しさ」(「エコノミスト」1993年1月26日号，本書第2部第1章) 参照。
(10) 1992年10月の現地調査による。そのまとめは，『先進諸外国における外国人

研修生及び労働者受け入れ等に関する調査研究』（産業研究所，1993年）参照。北欧2ヵ国については，小野五郎氏執筆分である。
(11) スウェーデンにおける1989年の重要国籍別外国人数は以下のとおりである。

　　　　フィンランド　　　12万4000人
　　　　ユーゴスラビア　　 3万9600人
　　　　イラン　　　　　　 3万5100人
　　　　ノルウェー　　　　 3万5000人
　　　　デンマーク　　　　 2万8000人
　　　　トルコ　　　　　　 2万4100人
　　　　チリ　　　　　　　 1万9000人
　　　　ポーランド　　　　 1万4700人
　　　　ドイツ　　　　　　 1万2000人

(12) 旧ソ連による占領・領有後の少数民族の実例としては，サハリン在住の日本人や韓国人との比較が問題となろう。
(13) スウェーデンへの難民申請者数は，1986年1万5600人，87年1万8000人，88年2万人，89年3万人，90年3万人，91年2万6000人であったが，1992年は8月までに5万7476人と急増している。
(14) 手塚和彰「晴れ間も見えぬ統一3年後のドイツ経済」（「エコノミスト」1993年11月26日号）参照。
(15) 1992年のドイツへの難民申請者の国別の内訳は，旧ユーゴスラビア12万2666人，ルーマニア10万3787人，ブルガリア3万1540人，トルコ2万8327人，ベトナム1万2258人，旧ソ連は10万833人，ナイジェリア10万486人となっている。従来は，庇護の対象ではないとされても，事実上国外追放はなされなかったので，居住する結果となっていた。
(16) 1990年6月の「難民の権利に関する協定」（ダブリン協定）は，難民からの受け入れ申請を1ヵ国の政府が窓口となって審査するものである。「シェンゲン協定」は，1990年6月フランス，ドイツ，ベルギー，オランダ，ルクセンブルクが調印，後にイタリア，スペイン，ポルトガル，ギリシャが調印したものであるが，EC域外の国民も含めてEC域内国境での警察チェックの全廃を目指すものである。
(17) 前掲『先進諸外国における外国人研修生及び労働者受け入れ等に関する調査研究』の「ドイツ」についてのⅠ（手塚）参照。
(18) 手塚『続外国人労働者』（日本経済新聞社，1991年）299頁以下参照。
(19) 前掲(17)参照。
(20) 以上の詳細については手塚『労働力移動の時代』（中公公論社，1990年）参照。

(21) これらの詳細については前掲(3), (18)を参照されたい。
(22) 前掲(3)参照。
(23) 芹田健太郎『永住者の権利』(信山社, 1991年) 参照。
(24) 労働法上の平等および適用をめぐる問題については, 手塚「外国人労働者と労働法」ジュリスト1000号, 社会保障については, 佐藤進編『外国人労働者の福祉と人権』(法律文化社, 1992年) 参照。
(25) 江橋崇編『外国人は住民です』(学陽書房, 1993年) 158頁以下参照。
(26) 外国人労働者について論ずるものが多い中で, その実態についての調査や把握はきわめて少ない。社会科学研究として, 実態を把握し, それを前提に論ずることが必須であるが, かなりの研究者が, 欧米の文献 (の一部) を読み, これを用いて抽象的観念論を展開していることにこそ「外国人労働者研究」の問題がある。従来の実態分析としては, 手塚・駒井・小野・尾形編『外国人労働者の就労実態』(明石書房, 1992年) 所収のものなど数少ない。毎日新聞東京本社社会部編『じぱんぐ』(毎日新聞社, 1989年) など, ジャーナリズムからのアプローチも多いが, 優れたものは少ない。なお, 社会学的に実態をおさえたものとしては駒井洋『外国人労働者定住への道』(明石書房, 1993年) がある。
(27) 前掲『続外国人労働者』65頁以下で, 最も人手不足といわれた1987, 8年の人手不足論を批判したが, 労働経済学者にはこの指摘が少なかった。最近の注目すべき業績としては, 後藤純一『外国人労働者と日本経済』(有斐閣, 1993年) がある。
(28) 最近のこれらの政策論の展開としては, 島田晴雄『外国人労働者問題の解決策』(東洋経済新報, 1993年) および, 花見忠・桑原靖夫編『あなたの隣人外国人労働者』(東洋経済新報, 1993年) がある。
(29) 「児童の権利に関する条約」は, 186通常国会での批准が解散などで流れたが, 1994年中に批准されるであろう。

(『岩波講座社会科学の方法 第11巻グローバル・ネットワーク』(岩波書店, 1994年) 所収)

第3章　外国人労働者の導入の問題点

「ヒト」の国際化時代来る

　わが国は，本格的な「国際化時代」を迎え，「モノ」「カネ」「ヒト」について，それぞれ国際化を迫られている。

　しかし，われわれは「国際化」（grobalization）という包括概念によっては何ら具体的内容を明確にできない。この点，とかく，わが国が250年間「鎖国」をしていたこともあって，「国際化」とはその反対に，無条件の「開放」ないしは「自由化」だと認識されがちであるが，およそこれほど事の本質を混乱させる短絡的な発想はない。「ヒト」については，一層あてはまるのである。

　だが，多国籍企業の日本への進出や日本企業の多国籍化（補説：現在では，WTO, FTA〈二国間協定〉，EPA〈二国間経済連携協定〉）により大量の外国人がわが国で働くことは当然であり，また必要ともなっている。しかも，公共事業にも，アメリカ政府が参入を求める現状だ。これらをまつまでもなく一層の人の国際化が進むであろうということが予測される。

　それでは，一体，この問題に如何なる解答を与えるべきか。わが国は，その結果をある程度見越した具体的な対応を余儀なくされている。

　ところで，現在まで公表されている見解の一方には，まず外国人労働者を解禁し，問題がでたらその時点で対応すればよいというもの（たとえば黒澤洋，朝日新聞昭和62年10月11日）があり，他方には，わが国は国際社会の一員として日本人と同等の人権を与え，平等化を推進すべきであるとするものがある。前者は，財界，経済界に近い人々，つまり経済重視論者の一部から，後者は，人権論者の一部により主張されている。

　実際，近頃頻繁に筆者の耳に入ってくる現実的問題は次の例が典型的なものである。つまり，日本人の「人手」が得にくい深夜労働や単純重筋労働に外国人，主に東南アジアの人々を雇えないかどうか。人によってはわざわざ電話で，筆者の大学の留学生を募集できないかというような話にすらなる。その理由を問うと，日本人だと，人件費が高い。人材が少ない，雇用の保障や福祉など様々の配慮が必要だからだという。

　このような状況は，あたかも，「ベルリンの壁」（1961年）以降，東側からの

第3章　外国人労働者の導入の問題点

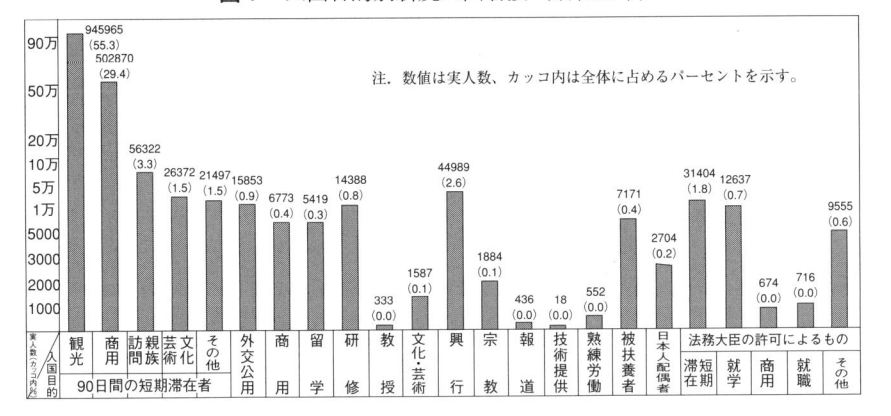

図1　入国目的別新規入国者数（昭和61年）

注．数値は実人数、カッコ内は全体に占めるパーセントを示す。

入国目的	観光	商用	訪問親族	芸術文化	その他	外交公用	商用	留学	研修	教授	文化・芸術	興行	宗教	報道	技術提供	熟練労働	被扶養者	日本人配偶者	法務大臣の許可によるもの 滞短期	就学	商用	就職	その他
実人数 (カッコ内は％)	945965 (55.3)	502870 (29.4)	56322 (3.3)	26372 (1.5)	21497 (1.5)	15853 (0.9)	6773 (0.4)	5419 (0.3)	14388 (0.8)	333 (0.0)	1587 (0.1)	44989 (2.6)	1884 (0.1)	436 (0.0)	18 (0.0)	552 (0.0)	7171 (0.4)	2704 (0.2)	31404 (1.8)	12637 (0.7)	674 (0.0)	716 (0.0)	9555 (0.6)

（区分：90日間の短期滞在者／法務大臣の許可によるもの）

新規労働力としての難民の受入れが不可能となった西ドイツをはじめとする西欧諸国の動向によく似ている。自らの連邦諸国（あるいは直轄領）である旧植民地諸国から，コンスタントな流入（この場合は外国人扱いではない）の続いているイギリス，フランスを除く西欧諸国のこれまでの経験と施策は，ここで具体的に検討するに値するといえる。その中で，わが国との諸条件，諸前提の相違を明らかにし，今後どのように対処すべきかを考慮することを本稿の課題としたい。

特に，西ドイツは，第2次大戦後，西欧諸国では，最も外国人労働者が少ない国であったが，1960年代に一挙に積極的導入策をとった。その経験は，今後のわが国を占うのに最も必要な鍵を与えてくれる。

何が問題なのか

今日，わが国で高まりつつある議論を一言で要約すると，外国人をその資格如何を問わずに，つまり非熟練単純労働者として雇用するために在留を認めるべきだ，という点にある。

「モノ」と「カネ」についての開放要求が主として外国からの声であるのに対して，「ヒト」についての開放要求が国内から起きているのが特色である。つまり，チープレーバーを求めての声と究極的に一致する。まず，現在の実態をみてみよう。最近の入国目的別新規入国者数をみると図1のようになる。

いうまでもなく，わが国は，国際社会の一員として，従来も必要に応じて外国人の在留を認めてきている。つまり，外交，公用，留学，研修，教育，宗教，

報道など一定分野の活動，身分を前提に在留を認めてきた。そして，これらの者の配偶者と未成年の子で配偶者のない者についても門戸は開放されている（「出入国管理及び難民認定法」［以下入管法とする］4条）。この点については諸外国と比べて違いはない。

ところが，わが国で雇用される外国人に対しては，入管法は技術提供と熟練労働に従事する者だけについて在留を認めているだけで，不熟練単純労働については門戸を開放していない。しかも，熟練労働に関しては，従来ほとんどが中華料理のコックである中国，台湾，香港の中国系人で占められる（昭和60年，74.6％）実情にある。

だが，そうだからといって，わが国の企業や事業の必要とする外国人の就労を前提とする在留の可能性がないわけではない。図1にみる右側の部分は，入管法4条1項16号により「法務大臣が特に在留を認める者」として，社会生活，経済生活から生ずる必要な在留や，社会情勢，国際情勢の変化に伴って生じる新たなカテゴリーの外国人の在留を認めているのである。つまり，法務省は，「技能者については，日本社会への積極的有用性が認められ，日本人による代替が不可能な場合に限って入国・在留を許可する」し，「技術者については，申請があった場合には，日本社会への有用性が認められ，日本人による充足が困難なものについてはかなり幅広く，入国・在留を許す」している。だから，最近の企業からの積極的採用の動きには十分に対応できているといえよう。たとえば大阪での調査をみても，その職種も広い範囲に及び，評価も具体的でポジティブである（図2，3参照）。

これに対し問題は，主に単純労働者の採用で，観光ビザしかない者を就労させる不法就労者が激増していることである。昨年上半期に，女子は1.52倍となったのに対して男子は2.7倍に倍加しており，いわゆる「ジャパユキ」さん以外にも，「男ジャパユキ」さんとしての土木雑役への就業が問題となっている。また，最近の報道（毎日新聞昭和62年11月12日）では，高失業，高インフレ国のブラジルから移民の一世を呼び寄せ，製造業に法的な手続きをとらず派遣をしていた例が伝えられている。

このような状況のもとに，いったんこの垣を取っ払えば，今日，わが国のおかれた国際的な経済・政治的状況から，数十万，場合によってはそれ以上の外国人が就労のために殺到することは想像に難くない。以下，20年来，このような経験をした西ドイツなどヨーロッパ諸国で現実に生じた問題点を検討してみることは「前車の轍」を踏まないためにも必要である。

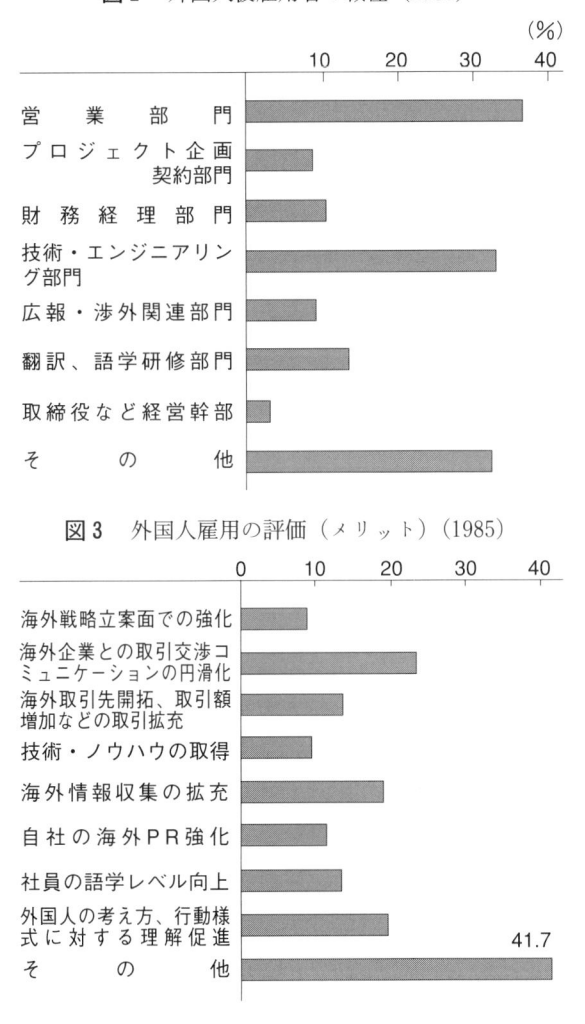

第3章　外国人労働者の導入の問題点

図2　外国人被雇用者の職種（1985）

（％）
- 営業部門
- プロジェクト企画契約部門
- 財務経理部門
- 技術・エンジニアリング部門
- 広報・渉外関連部門
- 翻訳、語学研修部門
- 取締役など経営幹部
- その他

図3　外国人雇用の評価（メリット）（1985）

- 海外戦略立案面での強化
- 海外企業との取引交渉コミュニケーションの円滑化
- 海外取引先開拓、取引額増加などの取引拡充
- 技術・ノウハウの取得
- 海外情報収集の拡充
- 自社の海外PR強化
- 社員の語学レベル向上
- 外国人の考え方、行動様式に対する理解促進
- その他　41.7

何が起こったか

　西ドイツのガストアルバイター（Gast-arbeiter）という言葉は，見事に彼等の置かれた位置を示している。すなわち，東との交流（流入）がベルリンの壁により閉ざされた西ドイツは，わが国同様，未曽有の経済成長を続けた1960年

57

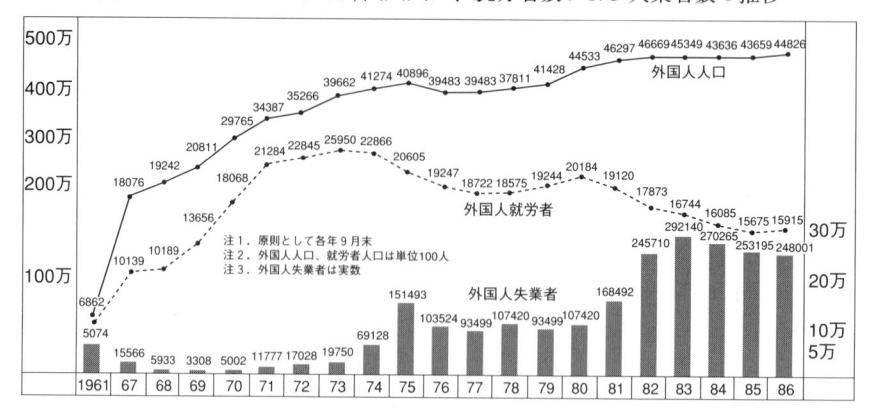

第1部　日本における外国人受け入れ政策と法

図4　西ドイツにおける外国人人口、就労者数および失業者数の推移

注1．原則として各年9月末
注2．外国人人口、就労者人口は単位100人
注3．外国人失業者は実数

代，つねに労働力不足に悩まされてきた。経済規模と人口の対比からいって，当時西ドイツの経済規模はわが国の1.5倍，人口は半分であった。これをみても，西ドイツの労働力不足は当時の日本の比ではなかったことがわかる。

この中で，西ドイツはEC加入前1955年のイタリアとの条約による8万人の労働力導入を契機に，ポルトガル，スペイン，ギリシャなど後のEC加盟国，準加盟国トルコなどから積極的に外国人労働者を受け入れてきた。その導入に際しては歓迎される「ゲスト」であり，景気が後退し，20年前には予想だにしなかった高失業国となった現在では，「お荷物」「カヤの外」といったニュアンスでの「お客さん—ゲスト」でしかない。

今日，西ドイツをはじめとするヨーロッパ諸国では，導入した外国人労働者が，かくも広範な問題を投げかけるとは夢想だにしなかったという声が聞かれる。導入当初は，現在日本に見られる出稼ぎ労働者と同様に一定のマルクを稼げば故国に帰国し，ほどほどの出入りで，安価な，自国民のいやがるダーティー，重筋，深夜労働の分野での労働力不足を補えると考えていたのである。

しかし，今日問題は多岐にわたって生じてきた。西ドイツ政府の最近行った調査（1985年，フリートリッヒエーベルト財団に依託）を中心に問題点を明らかにしたい。

(1)　いったん外国人労働者を導入すれば，その数は減ずることはない。

図4は，西ドイツにおける外国人人口，就業人口ならびに失業人口をベルリンの壁以降最近まで示した統計である。これによると，外国人人口は1961年以

降増えつづけ、82年には467万人（全人口の7.6％）となり、その後若干減少し、今日（86年448万人、全人口の7.3％）に至っている。この間、西ドイツの現在までの2回の不況期である73〜76年（オイルショック）と、80〜83年の時期に著しい就業人口の減少を示しているが、その結果は、外国人人口の減少につながらず、失業人口の急増となって国内に滞留していることが明らかになる。ちなみに、最も失業者数の多かったのは83年で29万2000人を記録し、外国人の14.7％が失業していた（全体では9.1％の失業率）。また、この二度の不況期と1966〜67年の不況期には、外国人の国外からの新規の募集を禁止した。それとともに在留外国人自身は高失業のため、新たに職と労働許可を得るのが困難となった。また、こうした事情と80年代の帰国促進策（後述）によって、それぞれ40万人（66〜67年、全外国人人口の約31％）70万人（73〜76年全外国人人口の約26％）、40万人（80〜83年、全外国人人口の約16％）が帰国したとされている。

それゆえ、外国人労働者は西ドイツでは「景気の調節弁」、換言すれば経済的危機の最初の犠牲者であり、故国に対して帰国者は「失業の輸出」であるとの批判もみられる。さらに注目すべきは、長期の傾向としては、西ドイツにおける外国人労働者が期待するほどには減らなかったことである。

これは、外国人労働者の入国による増加より、滞在期間が長期にわたり、配偶者の母国からの呼びよせと、ドイツ人に比較して出生率が高い（2倍を超える）こともあって、西ドイツ生まれの子供（子供の3分の2）が増大したことが原因である。

その結果、しばしばドイツ人から、彼らは失業しても「児童手当が保証だ」などといわれる。事実、最も児童手当の高額であった79年当時は第1子50マルク、第2子は100マルク、第3子以下は1人200マルクで5人も子供がいれば、750マルク（当時は1マルク約120円で9万円に相当）を支給されていた。児童手当は、もともとドイツ人の出生率を上げるために収入如何を問わず（後に収入制限がついたが）全員に支給されたのであるが、思わざる結果になったとの意見もある。

この間、西ドイツは、次にみるような流入制限政策により、増加を抑えてはいるものの、減少効果にまでつながっていない。

最近の西ドイツ政府の外国人政策は次のように要約しうる。それは83年5月3日のコール首相の声明にいみじくも示されているが、第1は5年以上の在留（通常「滞在」として使われているが、わが国の用語例にならい「在留」とした）者はドイツに統合するようにする。第2は以後の流入制限を実効あるものにする。

第3は帰国促進策を進め，母国への再統合を促進する，というものであった。しかし，この3つの方針は，それぞれの間に矛盾があり，必ずしも整合的なものではない。以下この声明にもとづいた政策の問題点をみてみよう。

(2) ほとんどの外国人は統合の対象となるが，それは困難である。

コール声明の第1点を検討すると，外国人のほとんどが長期滞在者で統合の対象となってしまう。86年のデータによると，コールのとる5年以上の在留者（在留資格を与えられる）は90.9％となっている（10年以上の在留者ですら6割である）。さらに，これに5年未満の在留者に加えられている配偶者，子を考慮するとほとんどが統合の対象ということになるが，この統合策も，後にふれるようなわが国では想像できないくらいの施策を尽くしても十分とはいえない現状である。

(3) 流入制限には少なからぬ限界がある。

コール声明の第2は，流入制限である。西ドイツにおいては，EC条約（48，49条）により，EC諸国民の移動，職業選択は制限できないものとなっている。それとならんで，東側諸国からの難民（認定手続があり，きびしくはなっている）についてはほぼ無条件受入れが原則となっている。

これに対して，EC以外の第3国，トルコをはじめとする諸国からの流入を，国の方策としての募集停止（73年11月）以降厳格にし，家族の呼び寄せ制限を特に16歳（84年からは10歳，さらに6歳に改訂）以上の子について厳格にする（81年12月）などを行っている。それにもかかわらず，旅行者としての流入者，在留期間の切れた者，労働許可のない者など外国人の違法就労は後を断たない。これらの人々は正式に西ドイツ法の保護下にないがゆえに，後述のごとき極端なピンハネ，悪条件で危険な作業についており，ダーティーな労働市場を形成している。

(4) 帰国促進策は金がかかる。

第3の帰国促進策については，83年11月28日の「外国人帰国促進法」ならびに86年2月18日の「帰国外国人住宅取得援助法」により実施されている。前者は，当時，西ドイツを襲った未曾有の不況（約10万人の従業員を有し，ジーメンスとならぶ売上高10位の巨大電機会社AEG・テレフンケンの倒産は記憶に新しい）の中で，事業所・工場閉鎖，倒産による失業者ならびに申請の時点で最低6カ月操短による休業中の者でEC以外の外国人に，1人当り1万500マルク（子供1人当り1500マルクを追加，それぞれ84万円と12万円に相当する）を帰国補助として支給するというものであった。この他，年金の掛金の一括払込みの特例，

母国での住宅取得のための6万マルク（約480万円）の融資などがなされた。週刊誌『シュピーゲル』（84年9月17日号）によれば，このうち年金の補助だけで200ないし300億マルク（1兆6000億ないし2億4000億円に相当）の負担になると見積られている。

この他，西ドイツで教育を受けたため，母国語に関しては十分でない子供たち，いわゆる「ハイマートロス」（故国喪失者）となる可能性のある者に対し，約200人のドイツ人教師をトルコその他に派遣してそれぞれの母国語（トルコ語など）教育を行っている。

このように，いったん在留した外国人の帰国促進策は，財政上極めて大きな負担がかかる。右にあげた2つの法律も財政上の限界から時限立法（各々2年間）としてしか行われなかった。結局84年の帰国促進法の申請締切りまでに，1万7000人が申請し，1万4000人が補助を受けて帰国したとされている。全体としては，83～84年には25万人が帰国したと推定されるが，促進策の効果はあまりにも小さいのである。結局，廉価な労働力を求めた外国人労働者導入は，国全体として，また現時点でみると非常に高くついたということである。

外国人同化策の問題点

先にふれたように，外国人の西ドイツへの同化策を促進しようとしているが，必ずしもうまくいっていないことは最近の調査結果でも明らかである。つまり，学校教育と職業教育も不十分で職（とくに上位の）をうることがむずかしいし，住宅，結婚，交際などについても，ドイツ人との交流が困難である。その理由は，外国人側にもあるが，ドイツ人の側の外国人に対する姿勢にも帰しうる。政府は，外国人に対する敵意や無理解について，戒めているが克服されてはいない。以下主なポイントをみてみよう。

① 学校教育と職業教育は不十分

ドイツ生れの2世がほとんどを占める15歳から24歳の外国人の子のうち，西ドイツで就学した者は80年の59％（小数点以下四捨五入，以下同じ）から85年の83％に上昇してはいる。しかし，わが国でいう中学校程度のハウプトシューレ卒までいった者51％，高卒（ギムナジウムやゲザムトシューレ）程度は16％，大学卒に至っては0.5％にすぎない。

これと，西ドイツでは学校卒業後の職業訓練が就職資格となるのだが，この年代の外国人のうち32％だけが訓練に参加しているだけである。つまり，若い外国人の大半は非熟練労働者の予備軍として社会に放り出されているのが実情

だ。

　この学校教育も，小学校のクラスの7割以上が外国人の子供だということすら生じ，ケルン市などでは，市当局が交通費を負担して，周辺に分散通学させるという事態すらおきている。
　②　職業上の地位は低い。
　右の教育訓練の結果もあって外国人の大部分は非熟練労働者として職をえているにすぎない。85年の外国人の雇用は，ブルーカラー労働者が86％（80年では92％，以下括弧内は80年）で，その内訳は不熟練29％，熟練36％，専門労働者18％，工長，マイスター3％である。ホワイトカラーの職員層は，これに対して10％（6％）にすぎない。
　③　結婚と配偶者はほとんどが同国人。
　外国人の64％は既婚者で，そのうち94％が同一国籍，5％が西ドイツ国籍，2％がその他の国籍の配偶者を有する。既婚者のうち13％は西ドイツの外に配偶者がおり，33％が子供を母国に残している。そのためもあって結局，37％が母国へ送金しているという。
　入国制限の結果，30歳未満は西ドイツ生れの2世ということになるが，そのうちの半数は配偶者を母国から連れてくることを望んでいる。また，母国人同士の親は半数がドイツ人との結婚に否定的で，肯定・不明が4分の1を占めている。未婚の子はドイツ人との結婚を半数が肯定するが現実には相手がいないということになる。西ドイツ国籍の取得についてもわずか6％が希望するだけで大半が否定的（未定）である。
　④　満足のゆく住宅はえにくいし，外国人地区ができる。
　西ドイツにおける外国人のわずか4％が自宅を所有し，残りは借家または公共住宅である。
　外国人の半数は最終的に満足のいく住宅を探すことがむずかしいとし，その理由は家主の外国人ぎらい，長期の家探し，高額家賃，子供づれ拒否などをあげている。結局，外国人が集まる一角に住む者45％（41％），ドイツ人と雑居23％で，外国人の集中傾向があり，一部ゲットー的様相を呈している。
　⑤　ドイツ人との交際はむずかしい。
　自由時間つまり職場以外でのドイツ人との交際（コンタクト）については，あるとする者男子52％，女子47％で，若い者ほど機会は多い。その評価も9割余りが良好とするが，注意すべきは外国人側からドイツ人との交際を望まぬ者が13％もあり，逆にドイツ人が外国人と交際を望んでいないとする者が2割もいることである。

⑥ 語学能力も不十分なまま生活せざるをえない。

ヨーロッパ以外からの外国人がドイツ語を習得するのはむずかしく、会話能力が不十分な者は14％、書く能力は半分以上がないとしている。一方、ドイツの学校教育を受けている若者（15〜24歳）は8割が十分だとしている。国や自治体が無料（安価）の外国人のためのドイツ語コースを整備しているにもかかわらず、言葉の壁は厳然として存在する。

⑦ 帰国希望者は意外に少ない。

結局、以上のように統合に限界があるにもかかわらず、長期の滞在を希望する者が49％、帰国希望者15％、滞在しても帰国してもよいと考えている者32％となっている。最後の場合の決定要因は、年金、母国での職などである。

滞在許可と労働許可

西欧諸国では、EC諸国以外の国民が雇用されるか、非自営業に就労するためには労働許可を必要とする。この労働許可制の本質は当該国の労働市場の混乱・悪化を防ぐため、究極的には自国（あるいは自国扱い）の労働者との労働市場での不必要な競合を防ぎ、自国の労働者の労働条件の悪化を防ぐことにあるといえる。

しかも、この許可の判断は、国（その地方）によっても異なっており、時期的にも、その外国人の就こうとする職種の失業者と求人数（いいかえれば求人倍率）の如何によって異ってくる。この許可が当局（雇用担当省やその傘下の労働局）の裁量によるため、しばしば特殊な技能労働者について、使用者の要請をもってしても不可能なときがある。数年前、イギリスで活躍中の日本人バレリーナが労働許可をえられなくて出国した件はこの一例として記憶に新しい。

以下に、西ドイツとオランダの制度を比較、概観してみよう。

両国の外国人の取扱いを対比すると、いわば、西ドイツは経済志向であり、オランダは人権志向にあるといえる。西ドイツが、外国人の流入に関し、その経済に労働市場との関連で外国人の取扱いを変えているのに対して、オランダは経済状態だけではなく、外国人の人権を強化、自国民に近づけることにも配慮をはらっている。

たとえば、オランダではスウェーデンなどの北欧諸国とならんで外国人にも選挙権を認めようとしている。この3年間、その第一歩として、地方自治体のレベルまで選挙権を認めるようになった。

このような外国人の取扱いの差は、現在の経済・政治状況にもよるが、歴史

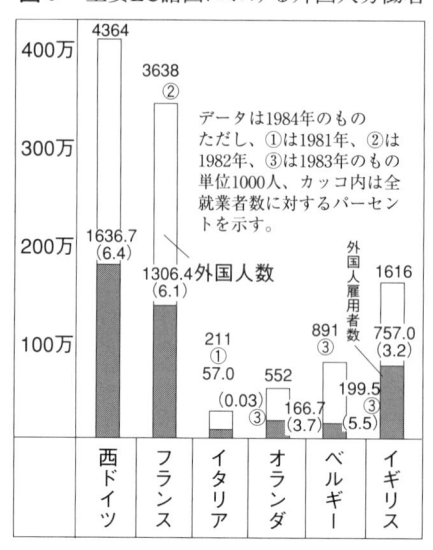

第1部　日本における外国人受け入れ政策と法

図5　主要EC諸国における外国人労働者

	西ドイツ	フランス	イタリア	オランダ	ベルギー	イギリス
外国人雇用者数	4364	3638②	211①	552	891③	1616
外国人数	1636.7 (6.4)	1306.4 (6.1)	57.0 (0.03)③	166.7 (3.7)	199.5 (5.5)③	757.0 (3.2)

データは1984年のもの
ただし、①は1981年、②は1982年、③は1983年のもの
単位1000人、カッコ内は全就業者数に対するパーセントを示す。

的伝統からくるところでもある。オランダの歴史は、13世紀からつづいているユダヤ人の受入れ、ことに古くは大哲学者スピノザが、新しくは第2次大戦中のアンネ・フランクが想起されるし、16世紀、当時の先進工業国フランスからの大量のユグノーの受入れによる工業的発展（紡績業など）に思いあたるであろう（たしかに、フリートリッヒ大王下のプロイセンでも同様な受入れはあったが一貫性に欠けている）。

もちろん今日、ヨーロッパ社会においては、外国人といってもさまざまで、かつてのヨーロッパ内からの受入れでなく、アジア、中東など異る文化圏からのものについて、必ずしも統合・同化がうまくいくとは単純には考えられない。依然ヨーロッパでの弱者として、非白人、高齢者、婦人、非キリスト教徒という座標の存在を否定できない。

他方、経済的には図5にみるようにEC諸国の中で両国とも外国人労働者の労働市場に占める比重は高い。今日オランダのチューリップやチーズに代表されるあの牧歌的な園芸、牧畜農業は意外に労働条件としてはきびしいものであり、外国人労働者の力が必要なことは知られていない。

また、両国とも、重筋あるいはダーティーな単純労働のかなりの部分は外国人によって行われている。

しかし、外国人法と労働許可制度を比べてみると、オランダでは、適当な住居と労働許可を含め経済的基盤というゆるやかな要件で外国人の滞在を認めている。もっとも、要件が一般的なだけに、当局の裁量によって経済情勢に応じてきびしくなることもありうる。また、労働許可も西ドイツと異り、オランダ語の習得といった要件を課さず、しかも、労使双方からの雇用関係を前提とする申請により認めているので、比較的容易である。

また、正当な滞在を3年間続ければ、労働許可を受けることを免除しているのも特色だ。

それゆえ、ここ数年、西ドイツから大量のトルコ人が移住しているし、西ドイツ当局からは、オランダは「ラジカルな民主主義」だとの声も聞かれる。

これに対し、西ドイツでは制度的にきびしいだけでなく、しばしば変更され複雑である。さらにその取扱いを任されている州、自治体間の差も大きい。日本人が経済的な「客」となっているデュッセルドルフ市などの外人局の窓口は、友好的。ドイツフォード社などがあり多数の外国人労働者をかかえる隣接するケルン市などでは極めて非友好的、不親切だといったことがある。

制度的にみても、当初（3ヵ月以上1年未満）は、特別労働許可を前提に、十分な住居、単純なドイツ語の会話能力、学齢期の子の就学が条件、1年以降は2年ずつ2回の在留許可を経て、5年でようやく無期限の在留資格が与えられる。この間、ちょっとしたことを理由に使用者に解雇されて職を失っても、在留資格を失うことになる。こうして、さらに3年後（つまり8年後）に、経済的安定、ドイツ語の読み書き能力を有する者に優先在留資格（ドイツ人と同一扱い）が与えられる。

労働許可も、当初は一般労働許可しかえられず、その場合はドイツ人を募集し、空席のある場合に限り雇われるという制限がつく。ようやく8年間在留し、この間継続的な一般労働許可を5年以上有する場合にのみ特別労働許可が与えられ、西ドイツ人なみとなる。ただし、ドイツ人の配偶者と亡命難民は特別労働許可が与えられる。この許可にも当初は期限が付され、8年以上の勤務者にはじめて無期限となる。

このように、西ドイツでは、あくまでも西ドイツ国民の労働市場を混乱、悪化させないことを第一義としており、しかも、西ドイツでの正規の雇用は労働局（日本の職安に相当する）の窓口によるが、新聞などを通じての直接雇用も労働局への届出が義務づけられているので、この規制をしやすいともいえる（いわゆる労働当局の労働市場の「モノポール」で今日批判が多い）。

にもかかわらず，この手続に従わず，しかも違法なルートによる違法就労が膨大なものであることは前述のとおりである。それゆえ，このような違法就労に対しては，罰則強化により，違法就労者，違法就労幹旋者だけではなく，雇い主をも処罰できるようになった（最高3年の懲役刑）が，未だ取締りの効果は上っていない。

西ドイツでは，労働市場を労働局が，職種別，資格別に把握できるよう整備されている。そうしてはじめて，このような労働許可制の効果があることを忘れてはならない。

天は人の下に人をつくる

これまで説明したように，外国人労働者は，いったん西ドイツなどEC諸国に住みついたとしても，継続した職場と労働許可を得ないと安心して生活できない。仮に，失業したとすると，失業保険受給期間中に次の職を見つけなければ，生活扶助を受けることになり，その場合には，一定の受給期間後に在留資格をも失うことになる。結局，このように，在留資格と労働許可のない者（旅行者として入国し労働する者も含む）は違法就労をする以外に生活できない。

このことは，とりもなおさず，法の保護外におかれ，いつ国外退去を求められるか恐れながら毎日を送ることにほかならない。逆に，違法就労外国人を使用する者（これは雇用関係に直接なく，他の幹旋業者から派遣された者を使う者と幹旋をして極端なピンハネをする者とに分れる）は，法の取締りがゆるければ，「濡れ手に粟」で，違法就労者のコストを買いたたけるのである。

西ドイツの著名なジャーナリスト，ギュンター・ヴァルラフ扮するところのトルコ人アリが告発する外国人違法就労の実態は，ヨーロッパ中にたちまち大反響を生み，その著 "Ganz Unten" は10数カ国に翻訳されベストセラーになった。（補説：ただし，後に「やらせ」やゴーストライターの存在とヴァルラフがシュタージであったことなどが発覚し，この書は権威を失っている）

これに対し，コール率いる連邦政府の対応はにぶく，最も外国人の居住者の多いノルトラインヴェストファーレン州（86年で全国の451万人中136万人が住む）の次期連邦首相候補であったヨハネス・ラウの社民党州政府が公聴会を開いているだけである。筆者も86年6月この公聴会に出席したが，ヴァルラフの実例にもあったアウグスト・ティッセン鉄鋼会社をはじめ，フォードなどの地元大企業の人事担当部長の20分ずつの陳述では，当社での派遣労働者は20人とか30人とかいう数字が示されただけで，それ以外の者は，下請け会社の労働者で関

第3章 外国人労働者の導入の問題点

知しないところであるというに終始した。

ただ，興味深かったのは次の点であった。つまり，従来西ドイツには，大企業と中小企業ないし下請け企業との労働条件上の格差，いわゆる「二重構造」は存在しないとされてきた。そして，日独比較で，しばしば日本の二重構造が指摘されてきた。ところが，西ドイツでは，わが国とは質の違う法の保護の圏外におかれた膨大な労働者（この中には，ドイツ人でも年金受給者などでヤミで働く者も入る）が就労しているのである。

84年，連邦雇用庁の調査によれば，派遣関係における法違反は16万件で，そのうち8万3000件は少くとも罰金か警告に値するとされている。また，ブレーメンの労働当局は，合法な派遣労働者と非合法なそれは，1対6ないし10であるとされ，前者が3万3000人なので，違法な派遣労働者は20万から33万人であると推定している。

この他に，請負契約の名の下に建設業などに，東欧諸国（ユーゴ，ハンガリー）から大量の外国人労働者が入っており，名目的には下請け会社があっても，その実体は幽霊会社で，実際には新たな派遣，労務供給形態であるとされている。

ちょっと待て

以上，西ドイツを中心に外国人労働者導入の問題点を明らかにしてきた。そこで，結論として，わが国の今後の問題について検討する。

第1に，一般的に，不熟練単純労働者としての外国人労働者の導入を認めるわけにはいかない。堰を切ったように大量の労働者が流入し，それをおしとどめることは不可能となり，その帰国促進策も成功しないであろうし，減少することはありえないであろう。

第2に，それゆえ，技術者，技能者の個別的事情を検討しての許可制度を中心に外国人に対するわが国労働市場の開放を行えばよい。ただし，その場合も技術など企業秘密流出や知的所有権の未確立ゆえの問題が続出する可能性もある。

第3に，国際化とともに家族を含む外国人が多数在留することになるが，その結果，問題は多岐にわたる。教育，住宅はもとより，日本語教育，社会保障そして犯罪の国際化などである。これらの点について，現在，総合的な施策を検討する政府機関は存在せず，個別担当官庁のもとでばらばらに施策がなされているが，総合的な対策を必要としていることはいうまでもない。

この中で，労働法上の保護は外国人にも同等に与えるべきことは当然である

（労基法3条）。これに対して社会保障などは，2国間協定による相互主義をとっているが，抜本的対策が必要となってきている。目下のところ，被用者保険としての性格の強い労働保険（労災保険，雇用保険）や健康保険の適用については財政面を除き，手続上の困難は少ないが，公的年金，公的扶助などについては検討を要する。貧困のため，餓死したバングラデシュからの留学生の例をひくまでもなく，教育扶助，生活扶助の外国人への適用の道が必要となっている。

　第4に，それゆえ，東南アジア諸国をはじめ近隣諸国の人々を迎え入れるための基盤づくりは長期のパースペクティブにもとづいてなされなくてはならない。せっかく志を抱いてわが国に来訪した人々を，技能や技術を習得し，それなりの生活をする条件を与えずに，チープレーバー獲得のためにだけ使い捨て的に使用し，故国に帰国させたとするならば，日本のアジアを中心とする国際社会におけるプレステージはどのようなものになるかは自ずから明らかである。

　第5に，右に述べてきたような，外国人の労働力を導入することは，財政的に極めて大きい負担を長期にわたって負うことになる。長期的にみれば，外国人はチープレーバーではありえないのである。

　第6に，外国人労働の導入にともなう表裏一体といってもよい違法就労者の問題である。前述のブラジル在住日本人の違法就労（派遣業法違反）の推進者が，当局の行政指導に従って改善する旨の発言を悠々としていたが，これなどは，行政当局がいかにナメられているかの1例である。労働者派遣業法制定の時点から違法な派遣を行っている者への監督が不十分で，しかも事後的には起訴，処罰を免れる例が続出することが推測されたのである。決然たる処置（起訴）が必要であろう。

　労働市場を混乱，悪化させることに対処しえない行政の下では，労働許可制の導入などは画餅に帰するであろう。

　第7に，西ドイツの例にみたように，わが国が外国人に門戸を開く以上，永住を前提とする統合策が必要である。他方，国民一人一人が，外国人を受け入れるだけの姿勢を持つことを教育や宣伝を通じて高めなければならない。今なお，公私を問わずわが国に外国人に対する壁があるこは否定できない。

　第8に，わが国がかねて国際的にも批判されている難民受入れについてである。その詳論は他の機会にゆずるが，重大な課題であることを指摘しておこう。

　　　　　　　　　　　　　　　　　　　　　（「中央公論」1988年2月号所収）

第4章　外国人労働者問題の新局面
―― 難民問題 ――

はじめに

　5月末から連日マスコミをにぎわせている，ベトナム難民とその中継地から乗りこんだ中国系偽装難民問題が日本をゆるがせている。

　他方，東ドイツをはじめとする東欧圏からの大量の移住者と帰還者や，ポーランドなど東欧圏をはじめ世界各地からの難民の急増に直面している西ドイツ。

　アジアと西欧の経済的繁栄を誇る両国にとっては，従来からの外国人労働者問題に加え，おし寄せる難民，そして難民に名を借りた出稼ぎ等のための偽装難民（経済難民）問題は，その繁栄の一端ととらえることも可能である。

　この両国で，偽装難民問題をふくめ「難民問題」にどのように対処し，あるいは対処しようとしてきたのか。とりわけ，基本法16条2項で「難民の受入れ」を国の義務として掲げている西ドイツでは，第2次大戦後，アメリカ合衆国とならんで一貫して難民を受け入れてきた実績があり，偽装難民問題にも早くから対応をしてきた国でもある。

　これに対して日本では，以前からアジアの戦乱だけでなくアジア諸国との経済格差の大きさ，そして，各国の政情不安と経済的失政もあって，経済難民問題に早晩直面することが予測されていたにもかかわらず，行政，立法部内の対応は遅れ，後追い的であり，なかには，全く本質をはずれた見当違いの発言もとび出すなど，混乱の謗りをまぬがれなかった。政府は，9月13日より，スクリーニング（「一時庇護のための上陸」の審査）を行い。インドシナの政治難民だけを受け入れ，中国からの出稼ぎを目的とする経済難民の入国を認めないことを決め，実施した。

　ところで，この間，この問題に対する内外での論調は，混乱の極に達している。

　日本の「ヒト」の受入れをめぐって，誤った認識にもとづいて，感情的あるいは意図的にわが国の「ヒトの開国」を論じている論者もあり，その誤謬を正すことなく，鵜呑みにしてとりあげているマスコミの責任も大きい。

　とりわけ，西ドイツの状況を報ずるマスコミが，東ドイツからの移住者，ソ

連,ポーランドなど旧ドイツ領からの帰還者を難民と同一視していることが混乱の最たるものである。これらの人々は「かつてドイツ国籍を有していた者あるいはドイツ民族」の子孫である限り,西ドイツ入国後,直ちに西ドイツ国籍を有する者として取り扱われるのである。

一方,他国籍を有し,ドイツ国民(西ドイツ基本法では,東ドイツも国土の一部でありドイツ国民と認めており,さらに,1937年時点での旧ドイツ領の残留ドイツ人とその子孫もドイツ国民としている)でない者で,政治的,民族的,宗教的迫害により,身体生命上の危険のある者のみが,「難民」として受け入れられ,取り扱われるのである。よもや,日本のマスコミが,中国残留孤児や未帰還旧日本兵を「難民」として取り扱っているわけではあるまい。

以下,本稿では,筆者の最近の西ドイツにおけるこの問題に関する調査結果も含め,日独における難民問題および「ヒト」の国際的流れの状況と方策(とりわけわが国にとって緊急を要する施策)について検討する。

なお,偽装難民問題は,外国人労働者の流入を停止していることが最大の要因であると考えられている。事実,相も変らず2,3の論者は,この問題を関連させ,外国人労働者を受け入れれば,偽装難民問題が片付くかのような発言をくり返しているが,はたしてそうであろうか。この問題に関連して,外国人労働者の受入れ論についても,右のコンテキストとの関連において検討することにしよう。

西ドイツに向かう「ヒト」の流れ

1987年以来,わが国同様,好況を呈している西ドイツ経済。成長率こそ1.7%と低いが,国際収支は659億(同年日本は803億ドル)と戦後最大となったことにも,その活況ぶりがうかがえる。

こうした西ドイツに向け,多くの国から,自由,より良き生活,就労の場を求めて約60万人の「ヒト」の流入があったとされる。

ただ,最近の「ヒト」の流れには,若干の変化が出てきたことが注目されよう。

その第1は,東ドイツおよびソ連,ポーランド,ハンガリー,ルーマニア等の東欧圏からの旧ドイツ国民の移住である。

西ドイツでは,東ドイツからの移住者(Übersiedlerという)を文字通りドイツ国内の移住者扱いをし,しかも後に詳しくみるように移住申請者1人当り200マルクの移転手当をはじめ当面の生活費の補助(現金と現物)等が支給され

るのである。

　これに対して、旧ドイツ領の東部地域（現ソ連、ポーランド、チェコ、ハンガリー、ルーマニア等）に居住し、かつてドイツ国籍を有していた者あるいはドイツ人とその子孫も帰還者（Aussiedler）として、右の移住者と同等ないし、それ以上の保護が与えられる。

　1988年には、東欧諸国からの帰還者は、ソ連からの14万226人、ポーランドからの4万7572人、ルーマニアからの1万2902人など合計20万2673人にのぼり、1987年の7万8523人の三倍強を占めるに至っている。

　西ドイツは、この数年間、東ドイツ側との長年にわたる交渉の結果、東ドイツ市民の西ドイツへの移住許可による移住者受入れ政策を追求してきた。その実績は、1961年のベルリンの壁以来漸増し、1988年までに38万2481名にのぼっている。

　当初は、西ドイツに年金保障などを転嫁しうる55歳以上の者や、東ドイツへの敵対者（政治犯や逃亡計画者）が主体であったが、最近では、年齢如何を問わずに広く移住許可（ただし、年齢、教育などにより一人当り4万ないし7万マルクを西ドイツ政府が支払う）を与えるようになり、1988年は2万9033人、1989年は6月の上半期までに3万7071人に達している。

　これとならんで、いうまでもなく、追放者や亡命者として東ドイツを逃れてきた者、許可なしに逃れてくる者など後を断たなかったことも周知の事実である。

　これに加えて、昨今新聞等をにぎわせているように東欧諸国の対西欧政策の変化から国境の障壁の撤去にともなう東ドイツ市民の第三国（ハンガリー）を経ての西ドイツへの移住の波がある。

　東西両ドイツ分断後東ドイツにとどまり、あるいは東ドイツに生れた若者たちに、鉄のカーテン、ベルリンの壁以来の移住の希望を与えたのが、ソ連のペレストロイカ、ユーゴスラヴィア、ハンガリー、ポーランドの政治改革と、東西の平和・デタントの推進である。オーストリア・ハンガリー間の往来自由（旅行自由）は、ついには国境の事実上の撤去と国境の平和地帯への転換提案に至っている。その結果今夏、ハンガリーへ旅行中の東ドイツ国民の大量越境（9月15日までに約1万4000人）の引金となったのである。

　既に、西ドイツ外交当局は、ソ連、ハンガリー、ポーランドなどの改革推進派とこの問題の検討を終え、改革の前途に希望を見出さない人々の大量移住が東ドイツ、チェコなどの保守派への政策変更を迫る鍵にもなると考えているし、

そのような発言を筆者は7月のヒアリングで政府高官から得ている。

そして，内政上もこれらの移住者，帰還者に対して，連邦首相ヘルムート・コールが，「……われわれは，こうした帰還者がドイツ人であることを決して忘れてはならない。しかも，これらの『ドイツ人』については，われわれ全員が第2次大戦の結果被った以上のものを被っているのだ」(1988年7月11日記者会見)とし，手厚い保護政策を打ち出していることも注目すべきである。

たとえば，東ドイツからの移住者には，1人当り200マルク（1万5000円）の移住一時金，住宅については，当面の施設を準備する他，「社会住宅の提供」（所得の低い者），「住宅取得資金貸付け」のほか，移住後4年間，家族状況，家賃（広さ，古さ）によって，最高年2400マルク（18万円）までの「家賃補助」があり，家具，家財をほとんど持って来られない移住者の実態に鑑み，「家具，家財に対する無利子貸付け」が，単身者につき3000マルク（22万5000円），家族が増えるにつれ1万マルク（75万円）まで行われる。

職業上，教育上も，東ドイツでの職業資格（マクスターや手工業上の資格），学歴をそのまま認め，入国後即時に就業が可能だし，職探しの間の求職手当，旅費，生活費援助も与えられる。求職がうまくいかない場合は，失業手当，失業扶助も与えられる。教育上も大学入学，卒業資格がそのまま認められ，ガイダンス後適当な大学で学業が継続できる。つまり，難民とは全く違い，ドイツ人扱いなのだ。

社会保障上も，16歳未満の子は児童手当（第1子50マルク，第2子100マルク，第3子220マルク，第4子以下240マルク）が即時に支給され，年金保険も東ドイツでの期間や就業をすべて加算する。疾病保険，労災保険，軍人・捕虜補償もすべてドイツ人一般同様に支給されるのである。

そして，東ドイツに残した財産などについても若干の補償と税金の控除が行われる，等々である。

一方，東ドイツ以外の国々からの帰還者は，ドイツ語を話せず，これらの国に組みこまれていた人々や，ドイツ人であるため差別を受けていた者も多い。

そのため，政府は，東ドイツからの移住者に与えた以上の配慮を行わねばならない。たとえば，帰還一時金援助は1人当り200マルクの他，単身者に30マルク，家族1人当り15マルクの上乗せを行い，相手国との関係での国籍（があった場合）離脱などの費用負担，身分関係の証明や登録費用の援助を行う他，ドイツ語の講習，ドイツ語学習促進の特別の費用を負担することとなる。

なお，これらの人々が被追放者であったり迫害により逃れた者の場合，右の

保護の他に，難民に与えられる「庇護」のうちで，移住者，帰還者への保護にない手当などを受けることもできるが，法的には，難民とはあくまでも区別されているのである。

移住者への政治的反応

　勿論，そのための費用は膨大なものとなる。帰還者，移住者に与えられる住宅費扶助の支給を含む手厚い保護政策は，従来外国人労働者や外国帰りの人々に対して根深い反感を有していた，失業中の人々とりわけ中高年齢者や農民の政治的運動としての共和党（Republikaner）への参加の引金となったとされる。

　たしかに，西ドイツの高齢者の中には，何十万人もの年金受給資格のない者（いわゆる年金ギャップ）があり，1987年から「がれき（から立ち上った）の婦人」（Trümmer Frau）として月60マルクの手当が与えられることとなった。これらの者からしても帰還者や移住者の優遇に対する不満は否めないところがあろう。

　そして，今年1月29日のベルリン市議会選挙で7.5％，9万人余の得票を得た共和党支持者は無視できない勢力である。それはたしかに，ただでさえ悪い西ベルリンの住宅事情を外国人労働者や増えつづける帰還者と移住者がさらに悪化させていることも一要因であるといわれている。

　しかし，実際に調査をし，得票を分析してみると，たしかに60歳以上が支持の中心ではあるが45〜60歳という世代以下，とりわけ30歳未満の男性（ブルーカラー労働者層でせいぜい大学卒業者まで）に共和党支持者が多かったことも注目されている。だが，共和党支持者が失業者，無職の者や外国人の比重の高い地域に限られるわけではないという。

　また，このような動きが西ドイツ全体に広く，深く，浸透しているとは今のところは断言できない。

　現在のところ，外国人の人口比率が高く，同時に失業率の高い一部の大都市，典型的には，西ベルリン（外国人人口13.3％，失業率18％），フランクフルト（外国人人口24.5％，失業率21％）などで，この1月と3月の両市議会（西ベルリンの場合は州議会と同格）選挙の結果，5％の壁（ベルリン7.5％，フランクフルトは共和党の友党の国民民主党が6.6％）を超えたというにとどまる。つまり，外国人人口が多く，失業率も高い，伝統的工業地帯のルール，ライン地方のケルン，エッセン，デュイスブルクなどにはこのような動きはないし，外国人人口が多くても経済好調な，バーデン・ヴュルテンベルク州のシュトゥットガルト（外国人人口15.7％，失業率4.4％），ルードウィッヒスブルク（同上各，16.2

％，4.3％）などにはこうした動きはみられない。また，フランクフルト市議会と同時に行われたフランクフルトを含むヘッセン州議会で国民民主党はわずか1.4％を獲得したにとどまった。

こうしてみるとむしろ，政治的影響としては，農民を中心に圧倒的に保守的な層を形成するバイエルンで，コール政権下のキリスト教民主同盟（CDU）の友党であるキリスト教社会同盟（CSU）において最も深刻な影響を与えており，CSUのバイエルン内でのカリスマであったヨーゼフ・シュトラウス前党首の死後，この勢力下の農民を離脱させることにもなっているといわれる。

そのため，コール首相は，与党内の自由派，進歩派を却け（例えば7月のガイスラー書記長の更迭）右寄りの姿勢をとらざるをえないであろうとも推測されている。

ともあれ，日本の経団連に相当するドイツ経済連盟（BDI）や日経連に相当するドイツ経営者連盟（BDA）の共同付属研究所であるドイツ経済研究所も，こうした共和党の潮流は「ナチズム」の再来であると分析している。

つまり，生活・住宅事情の悪化や高失業率の原因は他にあるにもかかわらず，それがすべて外国人労働者（帰還者もしばしば槍玉にあがる）のためだとされている点に，ナチズムとね共通項が見出されるのである。

しかしながら共和党など一部の者を除いて，移住者，帰還者に対する国民の支持は強い。多くのボランティアや福祉団体が受入れを援助しており，むしろ，熱狂的ですらある。

そして，これらの移住者，帰還者の年齢層は若く，教育程度，職業能力も高いのである。とりわけ，東ドイツからの移住者は，ドイツ語等全く問題はなく，1988年の年齢構成でも25歳以下が43％と圧倒的に若く，また家族，子供を随伴していても，ドイツ人の出生率低下の著しい今日（夫婦2人で0.6人前後），大いに即戦力ないし21世紀の力として期待できるという。

こうした年間40万人にも及ぶ「ヒト」の流れの構造は，「ベルリンの壁」により，それ以前約2600万人の東方からの引揚げ，移住者，追放者からなるドイツ人により，奇跡の復興をなしとげた時代の再現ともみられなくない。ただでさえ，3億4000万人の市場人口をかかえる，ECの市場統合強化（1993年1月1日スタート）に向け，西ドイツのEC内での地位固め，つまり物的な力だけでなくマンパワーが話題となっている今日である。政府当局によれば，こうした「ヒト」の流れがある限り，外国人労働者の受入れは，必要もなく，ありえないということになる。

激増する難民

　西ドイツにおいても，1988年から今年上半期，難民の激増ぶりが注目されている。

　1988年には，10万3076人と対前年比で80％増加し，この8年間で最高の難民数を示している。この傾向は，今年になっても続き，本年上半期5万7822人と前年上半期3万9885人を45％もオーバーしている。

　国別に難民数をみると，1987年以来政情不安と経済的停滞からポーランドがトップの座を占めるに至っている（1988年2万9023人で28.2％，1989年上半期1万4639人で24％）。

　次いで，同じく経済的不況にあるユーゴスラヴィアからの人数が，1987年末から激増している。また，第3位をトルコが占めている（1988年，ユーゴスラヴィア2万812人で20.2％，トルコ1万4873人で14.4％，1989年上半期ユーゴスラヴィア1万885人で17.9％，トルコ8280人で13.6％）。

　このデータからみて注目されるのは，従来の外国人労働者送出し国であったユーゴスラヴィア，トルコである。1973年以後の外国人労働者の受入れ停止の結果，今もなおこれらの国からの人の流れが偽装難民や観光ビザ等により入国後不法就労の形態をとっており，これが西ドイツの悩みであると政府側はいう。

　それとともに，従来にも増して，経済的不況の続くポーランドからの難民の流入も大きな問題となっている。既に，ポーランドの余剰労働力は，出稼ぎ農業労働者として，毎年秋の，ワイン畑の収穫等に約20万人が働きに来ることを，ポーランド，西ドイツ政府が事実上認めており，なお鉱工業部門についてもポーランドとの協力関係のため人の受入れを検討しはじめているが，これに加うるに，定住を求めて難民申請する者が続出しているのである。

　しかし，こうした「人」の流れを無限定で受け入れることはおよそ次のような現状から不可能だ。1973年以後外国人労働者の受入れを停止しても，なお，1988年6月末現在471万6896人と対前年比で7.6％も増加している外国人人口があり，そのうち25万6879人が失業者である。人口比において外国人は全人口の7.6％であるが，失業率は全体の8.1％に対し，13.6％と相変らず高い（失業人口，失業率については1989年3月のデータである）。結局，西ドイツは，70年代前半までの無制限な外国人労働者受入れの「つけ」を支払っている状況なのである。

　今年，年頭に連邦内務大臣のフリードリッヒ・チンマーマン（当時）は，い

みじくも次のように語っている。
「1988年をみると，われわれの庇護権（Asylrecht）は，ますますはてしのない流入者の突破口となるであろうし，この傾向はますます強まろう。われわれは政治的迫害からでなく，物質的窮乏から逃亡するすべての者に避難所となることはできない。西ドイツはそれにはあまりに小さな国である。……（そしてわれわれがこの問題に厳格に対処するのに）仮に，憲法の変更にあたらなければ，何らこの問題にきびしくすることについてタブーは存しない。勿論，真に政治的迫害をうけている者は常にわれわれの下に来ることができる。しかし，経済的理由によって来る者については，法によることを要求し，法を強化することもやむをえないのである」と。

事実，西ドイツの難民認定率は極めて低い。1987年には9.4％，1988年には8.6％が難民と認められているにすぎず，1989年6月30日までの上半期をとっても5万7202人の難民申請に対し，わずか3655人（6.4％）が難民と認められているにすぎない（とりわけ1988年ユーゴスラヴィアは0.3％しか認定されていない）。これは，政治的，宗教的，人種的迫害の要件の立証は故国に政治的動乱や不安があっただけでは成り立たず，本人に具体的「迫害」「身体生命上の危険」のあったことと，第三国で保護されていないことの立証までを要するからである。

この立証は，入国以降順次，国境警備当局，各地の外国人局，連邦難民認定局において難民と認定されるまで常に必要であり，認定局での審判に対して異議を行政裁判所に提起した者も立証責任を免れないのである。

勿論，各段階での立証の方法，内容，程度は異なるが，国境警備当局，外国人局において難民申請が「考慮に値しない」ものであるかを判断し，一時的庇護を与える（日本で今回とり入れられたスクリーニング）ことにより，ほとんどの難民を難民認定局で難民申請の実質的理由の存否を判断していた時代に比べて経済難民の激増と認定手続の遅延を改善することとなったのである。

とりわけ，西ドイツは憲法上「政治的に迫害される者は庇護権（Asylrecht）をもつ」（基本法16条2項）とし，単に迫害国への追放禁止のみを原則（ノン・ルフルマン原則）だけでなく，国としての人道的配慮を外国人（難民）にもドイツ国民同様に基本権を与えている点で，1948年の世界人権宣言をこえていると評価されてきた。

そのゆえに，約100万人の難民を受け入れてきたアメリカ，次いでカナダ（35万3000人）といった難民受入国とならんで，西ドイツは約14万6100人の難民

を受け入れてきたのである（なお、周辺諸国からの難民を28万600人受け入れている中国、西ドイツ同様人権宣言以来の伝統により17万9300人を受け入れているフランスがある）。

難民の認定をめぐって

しかし一方では、西ドイツでは今日、スクリーニング制度を含み難民認定法が整備され、難民認定局の決定に対し、行政裁判所に抗告が認められている。そのため、最終的に難民認定の結果が出るまでには一人平均12～13カ月かかるとされる（これでも、1978年以降3回にわたって庇護手続の迅速化がはかられ、平均18，9月かかったそれ以前より短くなっている）。その結果、当然、難民を一時収容するコストも膨大になる。難民申請をした州、自治体に一時収容施設を設けることとなっているが、1987年には20億マルク（1500億円）、1988年には25億マルク（同1875億円）の費用がかかったという。

しかも、かつてはこれらの難民については、生活費の一部を補助し、児童手当が支給されており、仕事をしたい者には雇用許可を与えていた。

その故もあって、1969年のチェコ動乱に際しての1万1654人の申請を除くと5000人台を推移していた難民申請者（庇護権保有者資格承認の申請者）数は、外国人労働者受入れ停止後は1万人台から一挙に三段跳び（1973年5595人、1974～77年9000～1万人台、1978年3万人台、1979年5万人台）に、1980年には10万7818人を記録するに至った。

1979年以後はトルコ人の増加が顕著に右の外国人労働者受入れ停止との相関関係を示したのであった。

そして、西ドイツは、1978年、80年の立法を経て、1982年7月16日の「庇護手続法」によって、スクリーニングの徹底による経済難民の選別、退去と、手続の迅速化を実現することであった。

この時期は、西ドイツの失業率は、7.5％（1982年）、9.1％（1983～84年）を経て、9.5％（1985年）へと急上昇した時期にあたり、また、右の「庇護手続法」が、社会民主党ヘルムート・シュミット政権最後の立法であったことも皮肉なめぐりあわせであった。

このように、今日では、西ドイツではベトナム等から事前に人道的枠内での難民引受けの枠が決まっていて受け入れられる「分担難民」と、各個別の審査によって受け入れが判断される認定による「難民」「経済難民」が、明確に分けられることになった。

難民申請者の取扱いも，生活扶助，児童手当の支給はもとより，外国人労働者受入れ停止後の経済難民の動機が西ドイツでの就労目的にあることからも難民認定手続（庇護申請手続）中は，当初1年，その後は手続が終了するまで延長され，最長5年間（裁判で争えばこのくらい長期にもなる）は労働許可は与えられないのである。

そして，西ドイツ政府は，外交ルートを通じて，ユーゴスラヴィア，トルコへのビザ免除の停止（トルコ人は1980年からビザ取得を要するようになる），ビザ取得を義務づけるようになった。

このように，入国の厳格化，難民認定の厳格な運用があっても，外国人労働者の受入れを停止している結果，経済難民流入は増加する。しかも，そのためのコストも止むをえないと，国や国民は考えているのである。

それにもまして，西ドイツをはじめ難民流入に悩むEC諸国は，1993年1月1日のEC統合強化に際して，国外退去の経済難民がEC内に滞留する可能性があることもあって，1988年11月8日のアテネでの担当大臣会議で，EC共通の亡命，難民政策の確立をはかることが緊急に必要であると決議し，現在具体策を検討中であるという。

西ドイツ一国の外交だけでなく，ECを背後にした外交力が期待できるところも，日本とは大きな違いである。

誤解される西ドイツの外国人労働者問題

前述のように，1988年6月30日現在の外国人人口は471万6900人と対前年比で18万1600人，4％増である。しかし，その増加実態は移動による5万6077人増よりむしろ自然増（出生）による方が多い。

そして，外国人就業者数は162万4122人で，全人口の34.3％，つまり3分の1をわずかにこえているにすぎない。これに対して失業者数（1989年3月）は25万6879人，外国人失業率は13.6％と相変らず高い（ドイツ人を含む全体では8.1％）。

ところで，最近，多くの論者により誤った主張がなされ，これがマスコミ等を通じて流布されている。2，3の重要な点につき検討してみよう。

筆者の本年7月のBDAでの聴取りに際して，日本からの調査団がしばしば「外国人労働者を導入したので，西ドイツの失業率は上ったのか」という誤った質問をするが，非常に弱っているとのことであった。

事実は，次の通りである。

ベルリンの壁を契機に、1961年以後外国人労働者が炭鉱などの鉱山、造船、繊維、鉄鋼建設、そして自動車などへ大量に導入された。この当時は、受入れ先が労働契約上の具体的諸条件（職種、就労場所、契約期間、平等取扱い、賃金、時間外・深夜・日曜出勤手当、所定労働時間、宿泊施設提供とその広さおよび費用、食事の提供とその費用、年次有給休暇、西ドイツへの旅費の支給）を定め、使用者側の署名をして、受入れ国職安当局への応募者を各国に設置した連邦雇用庁（その前身の職業紹介・失業保険庁）の出先が選考をし、選考された外国人が署名をすれば労働契約は成立したのである。

西ドイツは1955年のイタリアをはじめ、二国間協定を締結した各国（1955年のイタリアをはじめ、1960年スペイン、ギリシア、ポルトガル、1961年トルコ、1963年モロッコなど）に、連邦雇用庁の前身である連邦職業紹介・失業保険庁（以下連邦職業庁と略する）の現地連絡事務所を設け、外国人労働者の募集、斡旋を行っている。最終的には北アフリカ諸国（モロッコ、チュニジア）を含む8カ国に約100人が連邦職業庁から派遣されて任に当たっていた。

この間の二国間協定は、ドイツ側の国の機関（職業庁）の出先機関（現地連絡事務所でドイツ委員会その他の名称をつけた）を受け入れ、この機関と相手国の職安当局とが協力して職業紹介、斡旋を行うこと、右連絡事務所の設置ならびに職業的、医療的業務の遂行の可能なよう協力する。相手国も必要に応じて、自国からの労働者の世話をする専門官を西ドイツに派遣しうることとなっていた。

こうした、現地の公的な連絡事務所を通じてのみ、西ドイツの使用者、企業は外国人労働者を雇い入れることができた。

その際、職業庁は、西ドイツにおける一般的労働条件、生活条件や当該職種の賃金データ、税金、社会保険料の控除、児童手当をはじめ社会的給付についてはドイツ人と同等の扱いであることなどの情報、在留資格（ビザ）と雇用許可についての保障（当面の証明書発行を含む）などについて二国間に協定上の規定がおかれた。

そして受入れは、あくまで職業庁に職場を具体的に届け出、確保してから行われたこと、旅費、宿泊施設も使用者が提供したこと。受入れ後約1000カ所の公的あるいは民間（この場合コマーシャル・ベースの私人ではなく、教会関係や慈善団体が運営）のドイツ語学校で、平均20週の初級コース、その上の専門コースを終えることとされた。それと並行して、職業教育、訓練も行われ当該職務につくことを促進したのである。

したがって，この時期西ドイツに入国した外国人労働者は全員就職先が特定しており，たとえば，1969年（9月）には外国人人口208万1100人，就業者136万5600人（何と雇用率66％），失業者3308人（失業率0.3％），超完全雇用の情況にあった。この年の全体の失業率をみると0.7％と，外国人労働者の失業率より高いのである。

このような情況は，1973年まで続き，外国人労働者が文字通り，汚ない，きつい，不熟練労働に従事し，西ドイツ経済の成長を支えてきたのである（いわゆる不熟練・補助的労働者である）。

オイルショック以後の問題

だが，オイルショック以後，状況は一変する。炭鉱，鉄鋼，造船，繊維，建設といった産業の構造不況につづく，大量解雇の時代となる。外国人の失業率は全体の失業率を超えて一気に5％（1975年6.8％）から10％（1982年11.9％）を超え，全体の失業率（1975年4.7％，1982年7.5％）をしのぐことになったのである。

つまり，いわゆる産業構造の変化にともない，重厚長大型産業からはじき出されたのが外国人労働者であった。この段階で，遅ればせながら西ドイツやフランスは外国人労働者の受入れを停止した。しかし，時既に遅く，ほとんどの外国人労働者が無期限の在留資格を有する5年以上の滞在者であった。1987年には，5年以上の者77％，10年以上の者60％である。

しかも，65.4％（1985年調査）が専門ないし熟練労働者としての資格のない不熟練ないし半熟練労働者であって，これらの長期滞在者が堺屋太一氏（日経1989年7月2日）などの言うように，熟練工であるから，ローテーションシステム（3年契約）がくずれたわけではない。

そもそも，ローテーションシステムは，雇主がこうした不熟練労働者を大量に必要とし，その仕事に慣れれば慣れるほど，ドイツ語やドイツの生活にも慣れた者を帰国させ，新規に他の者を再雇用することを望まなかったことにある。また調査によれば，外国人労働者の出身地は牧畜地帯や大土地所有農業地帯であったり，農地が貧困であったりして，帰国・帰農には向かない地域から来ていたこと，ランプ生活から一定の文化水準の西ドイツでの生活を家族ですることができれば，元の生活には戻れなかったとされ，仮に帰ったとしても商売，飲食業，自動車修理業くらいしか故郷でつくることのできる仕事がなかったのである。

ところで、外国人労働者の犯罪率が高いことを論ずる評論家がいるが、全く事実に反する。すなわち、外国人の犯罪（1988年、嫌疑者の率）のうち、外国人法や難民手続法上の届出義務違反等の不法行為を除けば、外国人人口比率7.4％に対し、単純窃盗（戸外のものを盗んだり、万引など）が29.8％、詐欺が12％、重窃盗（鍵をこわして建物に入って盗むなど）7.6％であるほかは、軽傷害6.5％、公文書偽造5.9％、重傷害5.3％、麻薬・覚醒剤違反4.9％、強盗1.6％と暴力、悪質事犯は人口率より少ない。

その理由は、外国人に失業率が高いゆえに生活上の苦しさから単純窃盗のような犯行に走るが、外国人労働者（ただし、犯罪統計上は、旅行者、不法入国・就労者も外国人として一括されているので、外国人労働者の比率はもっと低いと推定される）は、在留の打ち切られるような暴力事犯などは少ないということになる。

しかし、それ以上に由々しき問題は、外国人の未成年者、児童（14歳未満）の犯罪率の著しく高いことで、10万人当りの犯罪数を、ドイツ人に対して比べると、未成年者で2.4倍、児童で2.6倍となっている。

このことは、若者の教育、職業訓練とも関係する。1987年に外国人の子弟の70％が西ドイツ生まれであるが、これらを含めて1980年段階で学齢にある外国人の子供の92％がドイツの学校に通っている。そのうち、基幹学校（9年目まで、日本の中学校程度）も卒業できない者が3割余で、それ以上の中等教育終了者は15.9％、大学入学資格に至っては0.5％だけである。結局、初等教育を終えていない者は学校に行かない者を含め職業訓練を受けられず、最下層の労働につくか、街の中でブラブラするより他に途がないのである。必然的に未成年者が犯罪に走ることになる。この点が最も頭の痛い問題だとは連邦内務省の高官の言であった。

問われるべき日本の体制

以上のように、西ドイツでは、外国（ないし旧領土）からの「ヒト」の受け入れについて、東ドイツからの「移住者」、東欧圏などからの「帰還者」そして「難民」（この中には、「割当て難民」と「認定による難民」がある）、「EC内の外国人」、EC以外の国からの「外国人労働者」、そして「偽装・経済難民」を含む、「不法入国者」とを峻別し、それらに対する受入れ体制を厳格に区別し、整備しているのである。

それゆえ、西ドイツでは次のような混乱や間違いは生じていない。すなわち

わが国では，多くの人々の陥る政治難民と経済難民を選別するのは困難であり，そうであるならば受け入れて人のきらう労働につくことを進めるべきだとの意見や，経済大国としてアジアから人を受け入れるべきだとの速断や，東ドイツから西ドイツへの移住者を亡命難民と間違え，その上，ボートピープルも，今回の偽装・出稼ぎ難民もすべて一緒に「人道上」受け入れろという議論もあり，今もって混乱の一途である。

　他方，当初難民受入れに積極的であった自治体も難民の移送，廃船の焼却，食糧・衣料品の提供に使った費用が，偽装難民であったため，難民対策費（国連難民局高等弁務官事務所）から補填されないことを知り，国との間でやり合っているという（日経新聞1989年9月18日）。

　そして，今回，スクリーニング制度（「一時庇護のための上陸」可否についての審査））の採用と，その後の難民認定とが明確に区別されることになったものの，両者にかかわっている難民グループが同一場所に収容されているための喧嘩，傷害沙汰といった混乱も生じている。

　しかも，実務上，一時庇護を与え難民認定申請を行うか否かに関して国籍（言語上の区別）によっていることにも限界がある。

　ただ，こうした審査や，認定には時間がかかることも予測され，西ドイツのように迅速化されて12～3カ月とはいわないまでも，かなり長期の時間がかかり，コストの上昇も見込まれる。

　しかし，日本にとっては，このコストも，西ドイツ同様，「経済大国」としてのツケであり，当然生じるコストであると考えるべき時代に入っているのである。

　と同時に，「難民」と認定された者の受入れも進めなくてはならないのである。この点でも日本の対応が遅れていることも否めない事実である。

　以上みてきたように，今回の難民問題は，日本の外国人労働者受入れ問題と**表裏一体**の関係にある。

　従来，筆者は，日本の側での外国人の受入れ，研修体制の遅れについて再三強調してきたが，政府部内でも，ようやく「外国人研修生受入れ機構」（仮称）がまとまり，スタートすることが決まった。

　このスタートに際して，重要なことは，先ず具体的に，どの国から，どういう人達を，どのくらい受け入れるか明確にする必要があることである（外交政策としてもODAがらみで重要な課題となっている）。

　その場合，前提になるのは，あくまでも，長期（たとえば従属人口率が67％に

なるという2017年に向けて）にわたっての産業構造の分析とそれに沿って，どの分野にどのくらいの人が必要かという責任ある判断が不可欠である（経済官庁の重要な任務となろう）。

　しかし，それには，研修体制や外国での受入れ，そして技術移転を含む帰国後の生活（再就職，年金等）を含む受入れ体制の整備が国や自治体だけでなく，民間の協力を含めて重要であることはいうまでもない。

　しかも，外国から入ってくる人々は，単なる「労働力」ではなく，労働法，社会保障上も日本人とう同等扱いさるべき「ヒト」であることを忘れてはならない。受入れを急ぐまり，この点を忘れた場合，西ドイツよりも大きな「ツケ」を後世代が支払うこともありうるのだ。

　一時的な労働力不足やテープ・レーバーを求めての安易な受入れは，日本だけでなく，アジア諸国にとっても不幸な結果となろう。

（「中央公論」1989年11月号所収）

第5章　外国人労働者はどこへ行く？

　この4月、北海道根室市の小型サケ・マス漁船が九州近海で中国からの密航者を乗船させ、手引きをした事件は大きな話題となった。当初、一部の報道では、北海道のサケ・マス漁船の不振ぶりだけが強調されていたが、問題の本質は別にある。

　中国沿海地方とりわけ南部から、日本への入国を求める人々の圧力が異常に高まり、これに目をつけた日本側の暴力団組織が斡旋に乗り出したことこそ問題なのである。しかし翻って考えてみれば、彼ら外国人を雇って働かせている経営者の無責任ぶりは、これらの悪質ブローカーや暴力団に勝るとも劣らないといえよう。

　現在、永住者を除き約60万と推計される外国人就労者のうち、半分が不法就労者と考えられている。この数年間、毎月1万人ずつ増えつづけた不法残留者も、増え方こそ毎月2000人強程度になったが、合計すると30万人に上るという。平成4年11月1日現在の法務省発表では、29万2791人となっている。

悪質な雇主は処罰すべし

　要するに、不法残留者はほとんどが不法就労ため残留していると考えられるのだが、バブル崩壊後の日本では、雇用関係は明らかに変わった。中高年層にとっては、ある日突然退職勧奨や肩たたきがやって来て今までの安住の職が奪われたり、若い人々にとっても、就職の内定取消しすら続出しているのは周知の事実である。彼ら外国人の就労の機会が減るのも当然で、まっとうな就労によらず、変造テレホンカードの売買や売春に走る女性など、犯罪事件も跡を絶たない。しかも、こうしたケースも、実際には日本人のボスの下で行なわれているのがほとんどなのである。

　例えば、不況に突入した昨年以来、派遣先企業（雇主）から数億円の資金や所得税などを受け取って偽装倒産する派遣業者（ブローカー）は跡を絶たない。このような悪質ブローカーの被害を被っているのは、在留資格上就労できない、いわゆる不法就労外国人だけではなく、この数年間で約15万人に達した合法就労者（日系ブラジル人、ペルー人など）についても同様だ。

　1989年から1990年にかけて、「今後とも日本の人手不足は解消しないだろう

し，このような状況の中で人を雇うことのできない企業は，外国人労働者を雇うより仕方がない」という，もっともらしい議論が横行した。経済界の一部もこうした考え方に同調したため，一時は社会的コンセンサスを得たかのような様相を呈した。しかし実際には，この間はっきりしてきたのは次の2つの点である。

その第1は，日本で働く外国人約60万人（戦前から日本にいる在日韓国・朝鮮人等を除く）のうち，専門職として日本で就労を認められている10万人足らずの人を除くほとんどが，最後に雇われ，最初に解雇される対象であったということである。つまり，仕事が多く忙しい時期に雇主は暫定的に雇える労働力を必要としただけ。彼らは労働力需給関係のバッファー（緩衝材）にすぎなかったのだ。

第2の点は，これら外国人の雇主にとっての第1の魅力が人件費の低さだったという点である。パート・アルバイト労働者よりも幾分ましな時間給で雇われるとしても，そのほとんどはボーナスやその他の手当を支払われないし，しばしば時間外手当すら支払われない。もちろん退職金の恩恵にも浴さないし，社会保険，たとえば健康保険や労災保険に加入しないことを前提に雇われている，など，雇主の支払う人件費は全体として確かに安い。

だが，このことは，彼らが労働力需給のバッファーとしてうまく機能したことを意味しない。別の，より重要な問題を惹き起こしたのである。

その1つは，彼らの医療問題である。外国人に対しても，当然雇主が50％を負担し，日本人従業員同様の健康保険に加入しなければならないが，現実には，健康保険に加入している例は専門職労働者を除いてきわめて少ない。日系人を始めとして，本来加入を認められていない国民健康保険（独立自営業者や仕事を引退した高齢者などが入る）に加入する結果となっている。それだけなら一見なんの問題もないが，実はこれが悪用されているのである。

健康保険は厚生年金と一体であり，月平均1万5000円から1万6000円を労使で折半せざるを得ないのに対し，国民健康保険については前年度の所得・資産，そして被保険者数などにより決まってくるので，日本に来た当座の外国人は，結局最低額（月額800円）だけ支払えばよいということになる。雇主はこれを悪用するのである。「外国人に日本の社会保障を」という声は美しいが，実際には，このような制度的不備が雇主や派遣（請負）業者によって巧みに利用されていることも多いのだ。

しかし，こうした形でも社会保険等に加入しているのはまだいい方で，不法

就労者を含み，保険に未加入の外国人も多い。彼らは払いたくても金がないから，医療費の不払い事件が急増している。先日の東京都の都立病院・産院などの発表データを見ても，1990年，91年，92年と未払い件数・未払い額はすべて倍増してきている。このツケは結局，公的病院の場合税法上損金扱いなどとしても，市民の税金で負担する以外にないのである。

何のことはない。「国民一般が，ある程度の負担を甘受しても外国人と共生できる社会を造る」というスローガンの蔭で，一方では外国人を雇い，安く使い，自分の利益を上げることに汲々とする雇主がまったく免罪され，他方では国民がこれらのツケを負担させられているのである。現実に自らの負担ということになった場合に，どこまで日本人が我慢できるのか，スローガンとは別に考えねばならない問題である。

日本に先立ち外国人労働者を受け入れたドイツでは，国際貢献，総合というスローガンの前に，国民が現在大いに揺らいでいる。昨年44万人を越えた難民申請者は，今年もすでに11万8000人を数え，前年同期を21％上回っている。

これら難民の大半は，不況と貧困の中にあるルーマニア，ブルガリア，トルコ，そして戦乱の中にある旧ユーゴスラビアなどから流入した人々である。ドイツはこれらの人々に対し，憲法（基本法16条2項）で「政治的に迫害される者は庇護権を有する」と規定している。このこともあって，難民申請をした人々を難民認定するまでの間の1年半前後，衣食住すべての面倒を見なければならない。昨年，これらの費用は1人年間平均で120万円かかったと言われている。

しかも6カ月経った後，生計の道がない者に対しては就職を勧め，特定の仕事が見出せない者に対しては生活保護を認めるということも行なってきた。しかし昨年10月，コール首相は与党の大会において，この問題をドイツの「国家的緊急事態」ととらえ，基本権16条の憲法改正を提起した。これに対し11月，野党の社会民主党も，侃々諤々の議論の末，憲法の改正に同意するに到っている。

ドイツには難民と並んでこの他に，524万1800人の外国人が従来から受け入れられている。このうち400数10万人が，かつて外国人労働者として受け入れられた人々及びその家族である。これらの外国人はすでに2，3年の滞在予定を10年，15年，20年と延長しており，実際にはドイツに永住権を有している人々である。しかもこれらの人々，及びその子供たちの失業率はドイツ人の約2倍といわれ，実際に犯罪に走る傾向も多い。

では，翻って日本の場合はどうであろうか。日本での外国人の凶悪犯罪は，この5年間で4.9倍に急増している。しかも，日本人が被害者となる殺人，強盗も増えているという。犯罪についても国際化は着実に進んでいるのである。

もちろん外国人の立場からいうと，日本に来ても生計の道がなく，やむを得ず，例えば代々木公園で変造テレホンカードの売買をせざるを得ない，ということだろう。しかし，そもそも日本がいつまでもジパングであるわけはないのだから，この理屈は成り立たない。実際には仕事がなくなることも当然考えていなければならないはずである。にもかかわらず彼らが日本を目指したのは，日本が永遠にジパングであるかの如き幻想をふりまいた一部識者とマスコミのせいであろう。同時に，これら外国人を不法に雇い入れる雇主並びにブローカーが跡を絶たなかったことが，最大の問題であろう。

国際的にみても，不法就労外国人の雇主やそれを斡旋するブローカーが処罰されない国は日本だけである。ドイツやアメリカでは1985年以降，これらの雇主やブローカーに対する厳しい処罰規定を設けている。例えばドイツの場合，公共事業への算入を2年まで停止するほか，罰金は3カ月以上の自由刑が科せられているのである。

確かに，日本人と同等の条件で，しかも住宅などの生活上の配慮を行なった上で外国人を雇っている良心的な雇主がいないわけではない。だが，今まで明らかになったところでは，80％から90％の雇主が，自らの都合と自らの利益のためにだけ外国人を雇っているにすぎない。

こうした事態に対し，政府は今年4月から技能実習制度という新しい制度を発足させた。研修後一定の技能水準に達した外国人を研修期間まで含め2年間雇用できる，という制度である。この制度を検討してみると，2つの点が明らかになってくる。

その1は，住宅，研修指導，日本語指導等を含め十全な対策を行なって外国人を受け入れ，仮に1年数カ月就労させることができたとしても，雇主にとってそのコストと手数は日本人を雇う以上にかかる，ということである。

そこから直ちに第2の問題点が浮上してくる。雇主たちが，研修その他のコストを取り戻すために，2年間の滞在期限を延長したがるのは目に見えているのである。これは外国人問題に悩むドイツが，かつて辿った道だ。

今のところ政府は，第2の点については態度を明らかにしていない。しかし日本にとっても，これらの人々が定住するということを含めた施策も，いずれは考えざるを得まい。その前に，30万人を越える不法就労者をどうするのか。

悪質な雇主根絶のための罰則強化も重要であるが，帰国費用を負担させるなどのペナルティーを科すことも検討してみるべきではなかろうか。

(「文芸春秋」1993年6月号所収)

第6章　日本の中の外国人

はじめに

　日本に住む外国人（登録者）は，平成9年（1997）末で148万2,707人にのぼり，これは総人口の1.18％にあたる。この数字はまた50年前の昭和22年（1947）の約2倍，80年前の150倍にあたる。

　それゆえ，今日どの町や村に行っても外国人がいる。外国人が日本で働き住むことは，もはや珍しいことではない。その最大の原因は経済の国際化である。モノ・カネそして情報の国際化は，同時に人の国際化（移動と居住）をうむ。重要なことは，こうした人の国際化が平和裡に，自由意思に基づいて行われ，かつ，基本的人権が尊重されつつなされることである。このことは，「われらの一生のうちに二度まで言語に絶する悲哀を人類に与えた戦争の惨害から将来の世代を救い，基本的人権と人間の尊厳及び価値と男女及び大小各国の同権とに関する信念をあらためて確認し，……一層大きな自由の中で社会的進歩と生活水準の向上とを促進すること並びに，このために，寛容を実行し，且つ，善良な隣人として互に平和に生活……」（国際連合憲章前文）するために努力することが，すべての国と人に求められていることを意味する。

　この理想を実現しつつ外国人と日本人が，ともに住みかつ理解しあえるのか。21世紀は，過去を，少なくとも1世紀の歴史をふりかえりつつ，その努力を積み重ねなければならない。

1　20世紀前半の日本における外国人

　後進の資本主義国として富国強兵に邁進してきた日本が，明治の新政府となって先ずとった政策は，いわゆるお雇い外国人による技術・文化等の導入であった。

　これを開国第1期とすれば，まがりなりにも産業の育成ができ，ついで日清・日露のアジアでの戦争に勝利してからは，一気に市場経済の影響下におかれる第2期に入った。こうして，最も後発の植民地政策とともに日本の20世紀がスタートしたことから，人の国際化は，これに強く影響されることとなる。

　幕末の1859年（安政6年）の開国以来，門も多く日本に移住してきたのは，

長崎・神戸・横浜などの諸都市に中華街を形成した華僑である。

1880年（明治13年）には，横浜を中心に2,172名を数えた神奈川県を筆頭に，長崎・神戸に500人余が住みついたが，当時日本では，華僑を苦力に用いることには慎重であり，例えば1875年，神奈川県令の大江卓が，横浜港にきたペルーの苦力運搬船マリア・ルーズ号を人道に反するものとして，マカオに追い返した事件が銘記されるべきである。

また，農漁村に過剰人口をかかえる日本は，明治初年からハワイのパイナップル畑への出稼ぎ移民を出し，後には米国本土のカリフォルニアへの農業労働者としての移民が始まった。こうして，日本は終始移民送り出し国であり続けたといえよう。

しかし，1910年（明治43年）の日韓併合は事態を一変させた。日本統治下におかれた朝鮮から労務省が大量に日本内地に移住するようになった。これは，農地の兼併・収奪による離村者や一時的な出稼ぎが主であったが，一方では，1910年末1,300万人から終戦時の3,000万人へと爆発的に増大した人口の移動でもあった。その数は1911年の2,527人から1920年10月には10万人を超え，1930年10月に約42万人，1938年末に約80万人，終戦直前には200万人を数えたとされる[1]。

ちなみに，1911年（明治44年）と1916年（大正5年）の在留外国人数をみると，イギリス人（2,755人，2,533人，前の数字が1911年，後の数字が1916年，以下同様），米国人（1,777人，1,712人），ドイツ人（812人，685人）フランス人（530人，422人），ロシア人（127人，263人），ベルギー人（19人，23人），オランダ人（87人，79人）などとなっており，圧倒的多数は中国人（8,146人，11,869人）であった。この時期における台湾人・朝鮮人（それぞれ，14,974人，18,310人）を除く日本の総人口約5,500万人余と比較しても，いかに少ない在留外国人数であったかが明らかである[2]。

この間，植民地として統合した台湾・朝鮮からの移住については，1920年代後半の昭和恐慌期にあっては，不況のさ中に，教育がなくしかも日本語も不十分な朝鮮の農村出身者が労働者として出稼ぎに来ることは「失業の移入」だとして，行政措置により生活の見通しのたたない者の渡航禁止を行っている[3]。

日本のみならず欧米をも同時に襲ったこの世界恐慌が，1908年の日米間での移民禁止の協定，これに続く1924年の米国議会の日本人を名指しで帰化不適格外国人とした移民法の排外主義的な改悪などとともに，以後の日米関係に最悪の影響を及ぼしたことは，今日から見て明らかである。

こうした中で日中戦争勃発後，とりわけ，戦時下の国家動員計画により，1939年9月からは企業主の朝鮮の指定地域内での渡航希望者の募集，1944年9月からは総督府のあっせん開始，1944年には国民徴用令による移住が行われた。中には，強制連行も多数あったことも事実である。その後，1945年3月末には，関釜連絡船の運行不能により，こうした移動は不可能となったが，結局，終戦当時，日本内地にいたものは，事業現場に32万2千人余，軍人・軍属として約11万人と推計されている[4]。

2 戦後の出発点と日本における外国人

戦後，これらの旧植民地の人々は祖国の独立や返還により日本人としての国籍を失い，外国人として日本に住むこととなった。とりわけ，対日講和条約の結果，一律にすべての人々が日本国籍を失ったことは，今日も，大きな諸問題を投げかけている。対日講和条約の発効前には，たとえば，「日本在住の朝鮮人は現在日本国籍を失ったものとは解せない」。(昭和24年4月28日，参議院法制局長あて法務調査意見長官回答) として扱われていたのである。

しかし，対日講和条約では，占領国（連合軍）側の意向や新たに独立した韓国の要望から，全員が日本国籍を離脱することとなった。

これを，ドイツの占領と講和の場合に比較すると，ドイツでは，旧ドイツ占領地で単に兵士としてドイツに協力してきた人々についてすら，大戦後にナチへの協力者として解放後の祖国から追及され，さらには逮捕にまでいたったことがあり，その結果，ドイツへの引き揚げ者にはドイツ国籍を与える措置をとっている。こうした戦後の出発点での差が，日独の外国人への政策の差をもたらしていることは否定できない。

こうした背景の中で，戦後の日本における外国人は，圧倒的に多数を連合国の占領関係者と日本国籍の離脱者によって占められていた。

このうち，占領関係者については，日本法の圏外におかれてきた。こうして，対日講和条約発効後，日本法の中の外国人の圧倒的多数は，日本国籍を離脱した人々（以下，在日韓国・朝鮮人，在日台湾人とするが，端的にはこれらの人々が今日の法制上の「特別永住者」である）であった。1946年3月末までに祖国に帰国した韓国・朝鮮人は約130万人で，GHQの指示により登録した在留者数は64万7,006人であったが，そのうち51万4,060人が帰国希望者であった。しかし，朝鮮半島の南北2分，1950年7月の朝鮮戦争の勃発は，在日韓国・朝鮮人の永住を余儀なくしたのである。

こうした背景の下にあって、戦後の外国人の法的関係は、米国を中心とした占領軍の法制下におかれた。今日の「出入国管理及び難民認定法」（以下、入管法とする）のもととなった「出入国管理令」（昭和26年11月1日施行）は、アメリカ移民法の系譜をとりつつ、日本が移民国でないこともあって、移民の規定を持たず、国籍法と別途の法体制をとった。

この間、当初は在日の韓国・朝鮮・中国（台湾）の人々を圧倒的多数の外国人としてきた日本も、1970年代から、新たな外国からの新規入国者を迎えることとなった。1973年約73万人余（総人口比0.68％）だった在留外国人が、開放経済下に1997年末には148万2,707人（総人口比1.18％）となっており、在留外国人の中に占める特別永住者の比率は50％を切っている。このように、今日、WTO、APECなどに代表される国際経済の自由化の流れは、モノ・カネ・情報の自由化を促進すればするほど、外国人の日本での居住を増加させるのである。

3　外国人の基本的人権の保障

こうした状況にともなって、外国人の基本的人権の保障が具体的に要請されている。以下、今日の主要課題について検討したい。

(1) 国際条約との関係

いうまでもなく、国際人権規約（A規約、B規約）、児童の権利条約、人種差別撤廃条約をはじめとしてILOの移住労働者に関する条約などの遵守は、法制上当然の課題である。むしろ、法制上はともかく行政の扱いなどがこれらの条約違反にあたることがしばしば見られるのである。たとえば、児童に対する社会保障の権利、義務教育の確保などが、不法残留者の子を含めてどこまで保障されているかが問われるべきである。

(2) 入国と在留権

外国人でも永住者とりわけ特別永住者の再入国許可の期間の延長などが、今国会（第145国会）での入管法改正で実現された。また、在留外国人に対する指紋押捺を全廃することとなった。

(3) 労働と社会保障に対する権利

これらについても在留外国人に平等な権利が与えられるべきことは当然だが、実際にはバブル経済崩壊後、外国人労働者の解雇や賃金不払いが続出している。これに対する権利救済の具体的実現が課題となっている。

このところ、不法在留外国人の権利の侵害が、著しく増えている。とりわけ

第 6 章　日本の中の外国人

問題なのは，バブル経済期の人手不足に際し採り入れられた技能実習制度においても，中国からの水産加工の技能実習生に対する確認されただけでも 5 億円にのぼる不当ピンハネ（中間搾取）事件（1998年銚子事件）があり，強制捜査によって労基法 6 条，刑法253条違反で起訴されている。いわば単純労働への技能実習制度の適用が問題が多いことの最たる事例であった。

今国会に上程審議中の職業安定法・労働者派遣事業法の規制緩和法についても，外国人への配慮と保護の強化が必要だが，これらの点は目下議論されてもいない。ドイツでは外国人の派遣労働は禁止されている。

(4)　参政権・公務員就任権

「地方公共団体の長およびその議会の議員の選挙の権利を日本国民たる住民に限るものとした地方自治法11条，18条，公職選挙法 9 条 2 項の各規定は，憲法15条 1 項，93条 2 項に違反するものとはいえない」とした最高裁判決（最判平成 7 年 2 月28日）が，一方では，永住者については，法律をもって地方自治体レベルの選挙権を付与する措置を講ずることは，憲法上禁止されているものではない，と判示したことから，右の法改正の是非が論じられている。

また，地方自治体の公務員への就任権，とりわけ管理職への昇進が，従来のように「公権力の行使にあたるか」否かにより決するという基準の是非も検討されよう。

(5)　国籍取得，二重国籍

移民受入国と異なり血統主義をとる日本の国籍法に関して，帰化手続きの簡素化をどこまでに止めるのか，更には永住者などに二重国籍を認めるのか，今後議論が出よう。日本同様，血統主義に基づき帰化だけについて国籍取得をみとめていたドイツで，この原則の変更が提案され成立した。 4 月のヘッセン州議会で二重国籍を定住外国人に認めるとの原則をかかげた社会民主党・緑の党の連邦の連立与党が敗北し連邦参議院での多数を失ったが，自由民主党との妥協により，可決したものである。これにより，定住外国人には 8 年の定住で帰化を容易にし，また2000年 1 月からドイツ生まれの定住外国人の子にドイツ国籍を与え，二重国籍となった場合には23歳でどちらを選択することとした。

お わ り に

以上，日本の中の外国人についての20世紀を振り返りつつ，今後の展望も行った。現行の外国人と法については，拙著[5]の中に詳しく論じたので，参照されたい。

93

第1部　日本における外国人受け入れ政策と法

　いずれにせよ21世紀には1割に近い数の外国人の日本への居住が予測される。これに対処するための法制度のみならず，隣人としての心を持ちうるか。日本人への課題である。

　　(1)　法務省入国管理局『出入国管理とその実態』(1959年)
　　(2)　内務大臣官房文書課『内務省統計報告』第32巻179頁以下。
　　(3)　森田芳夫「数字からみた在日朝鮮人」(外務省調査月報告第1巻9号)
　　(4)　注(1)と同じ。
　　(5)　手塚『外国人と法』〔第2版〕，(有斐閣，1999年)

　　　　　　　　　　　　　　　　　　　　　　　(「書斎の窓」1999年7・8月号所収)

第7章　景気の「緩衝役」にされる外国人労働者

　1991年から3年に及ぶ不況の中で，多くの外国人が職を失うこととなった。つまり，外国人のうち特別の技能，技術，知識などを有さないか，そうした技術などを生かせる職場を持たず，不熟練労働に就いていた外国人は不況の中で真っ先に解雇されたのである。そのため，多くの外国人は，仕事を求めて全国に散り，職種も製造業や建設業から，クリーニングや旅館，飲食店などのサービス業まで広く求めることになった。

　この間，不法残留者数は，93年5月1日現在の29万8,646人から同年11月1日現在29万6,751人へと初めて減少に転じたとはいえ，約30万人である。これらの人々と資格外活動を行っている（在留期間内の）外国人を合わせると，不法就労外国人数は30万人を超えていると推定される。

　ところで，これらの不法就労者のみならず，就労が認められている，15万人と推計される日系2，3世の南米（ブラジル，ペルー）からの外国人も，その就労は，派遣業者などブローカーの手によってあっせんされている。こうした中で，相変わらず，派遣業者などの法外なあっせん料や中間搾取（ピンハネ）が横行している。たとえば，約200人の偽装日系ペルー人を1人当たり約80万円のあっせん料で企業に紹介し，約1億6,000万円の暴利を得ていた例（熊本・92年8月）や，派遣業者が数カ月分の賃金などを派遣先企業から受け取りながら，労働者に賃金不払いのまま倒産する例が続出している。解雇に際しても，解雇予告手当（30日分）を支払わず即時解雇するなどの事例も多い。

　こうしてみると，スペシャリスト，技術者などの10万人を除き40数万人の外国人は，入管法上合法であると否とを問わず，景気に応じて雇われ，解雇されるある種のバッファー（緩衝役）であったといわざるをえない。また，言葉の問題などで安全教育や安全対策が不十分なまま危険作業に従事するため，外国人労働者の労災罹災率は日本人の倍となっている。

　他方，94年1月末現在，全国平均で，完全失業率2.7％，有効求人倍率0.67という人手過剰の下でも，業種によって，人手不足が進行している。それは，相対的に低い賃金と長時間労働に原因があるのであって，この構造が変わらない限り，人手不足は解消すべくもない。

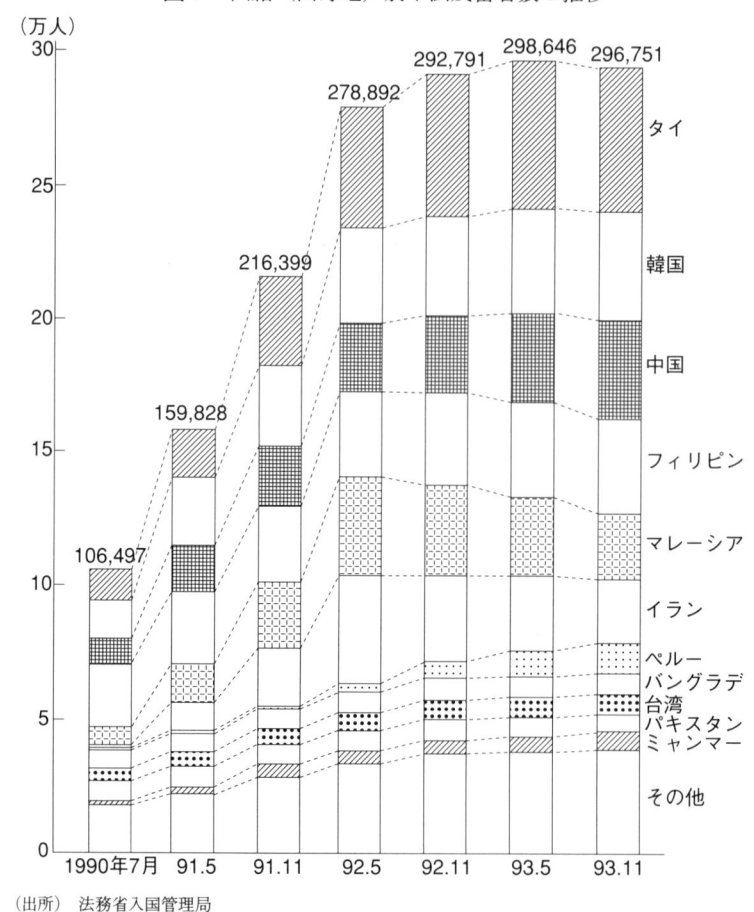

図1 国籍(出身地)別不法残留者数の推移

(出所) 法務省入国管理局

長期展望に立った論議を

 93年から政府の施策として,一定期間の研修(6カ月ないし10カ月)後,研修期間を合わせ2年間を限度として就労を認める「技能実習制度」が発足した。研修から技能実習に移行するためには,研修後の技能検定試験(「基礎級」と呼ばれ,27職種36作業に対して新たに設けられた)をパスしなければならない。
 この制度は,本質的には日本人のやらない仕事を外国人に安くしてもらう,というものではない。研修は故国への技能,技術移転に役立つものでなくてはならないし,そのためのコストや世話はかなりのもので,若い日本人を1人雇

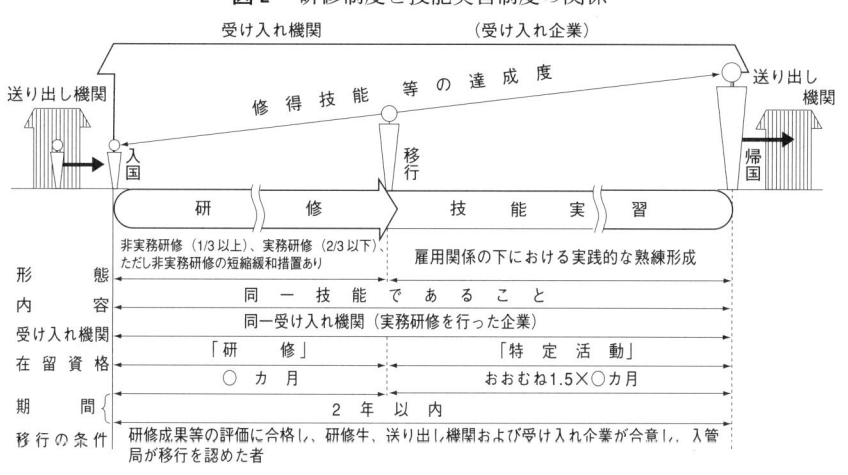

第 7 章　景気の「緩衝役」にされる外国人労働者

図 2　研修制度と技能実習制度の関係

(出所)　国際研修協力機構「国際研修協力」1994 年 2 月号

用するよりも大変である。

　要は，日本で受け入れ可能な職種について，日本語を含む基本的なトレーニングを経て，日本人と平等な条件で就労できる外国人をどの位受け入れるべきかという議論を長期展望の中で行うべきであって，個々の企業の人手不足如何のみを前提とするものではないのである。

(「エコノミスト」1994 年 5 月 9 日号所収)

第8章　外国人労働者
――現行法と立法論――

1　はじめに

　平成2年6月1日から改正入管法（出入国管理及び難民認定法，以下入管法とする）が施行された。同法の改正は，わが国の経済社会の国際化の進展に伴い，外国人の入国，在留目的が多様化している状況に対応するため，入国，在留のための在留資格の種類及び範囲の見直しを行い，従来の18の在留資格を28とし，これを明確化した。また，入国審査基準の明確化の手続の簡易迅速化を図ったものである。

　これを同時に，従来わが国では，入管法上，工場，事務所，建設現場等での外国人の現場労働を認めてこなかった。そのため，この間の円高と人手不足現象もあって，観光などの在留資格でこれらの労働に就く（いわゆる資格外活動）外国人や在留期間を超えて滞在，就労する（不法残留）外国人が増大の一途をたどった。平成元年の不法就労者は，前年比16％増の16,608人に達している。これは，法務省入管当局の把握した数値であって，実態は，この10倍にも及ぶと推定されている。

　他方，これらの不法就労外国人は，入管法上の不法就労であることもあって，労働契約も不明確であり，長時間労働をさせられたり，時間外手当が支給されなかったり，あるいは，入職の際にあっせんブローカーや派遣業者が関与しているため，中間搾取や違法な派遣が絶えないという。また，労働安全法規も守られずに危険作業に就くことから労働災害率も高い。何よりも，女性の一部については，強制により売春等をさせるなど刑法上もゆるがせにできない問題が続出している。

　このような，人権侵害や労働法違反の現状については，たとえ入管法上違法な労働であっても，法的な保護を与えなければならない。

　ところで，入管法の今次改正では，就労することのできる外国人に希望により就労資格証明書が交付され，外国人，雇主に明確な関係を定立しうるようにする（入管法19条の2）とともに，不法就労外国人の雇主，あっせん者等に処罰規定（入管法73条の2，3年以下の懲役又は200万円以下の罰金）を設けたもの

である。

以下，労働法上の論点を中心に論ずることとする。

2 外国人就労の実態と問題点

外国人の不法就労の実態は従来明らかでなかったが，首都圏（東京，神奈川，千葉，埼玉，群馬）と大阪など約1万6000の事業所で，実態調査がなされ，その結果が集約された（企業活力研究所「わが国における外国人就労の現状と問題点」平成2年3月，参照）。

これによると，外国人の雇用形態は，正社員と契約・嘱託社員合計では大阪（76.7％），東京（64％）と高く，神奈川（50.6％），千葉（35.1％），埼玉（36.6％），群馬（42.5％）となっている。正社員，契約・嘱託社員以外の臨時・パート，アルバイト，派遣と研修が残りを占めることになる。

とりわけ，派遣について項目を設けた神奈川，埼玉，群馬ではそれぞれ4.8％，5.8％，10.0％を占めている。

結局外国人の半数が正社員，契約社員，嘱託社員として比較的安定した契約上の地位にあるといえる。これを契約期間でみると，期間の定めのないものが約半数を若干上まわっている（東京51.8％，大阪41.3％，神奈川55.4％，千葉58.4％，埼玉，群馬とも58.3％）。

外国人雇用の最大の問題点は労働契約書の作成のないことである。労働契約書を作成するものは，東京（正社員53.8％，契約・嘱託社員87.5％），神奈川（54.8％），埼玉（51.4％），群馬（34.3％）で残りは，契約書は作成しないか，場合によって作成するだけである。労働者契約書に代わりうる就業規則に関しては，外国人用就業規則をもつものが東京（正社員6.9％，契約・嘱託社員19.9％），神奈川（4.7％），埼玉（4.6％），群馬（8.8％）で，一般就業規則の適用のあるものは，東京（正社員88.9％，契約・嘱託社員66.7％），神奈川（82.8％），埼玉（77.3％），群馬（70.6％）である。

労働条件に関して賃金形態は年俸，月給制を合わせ，東京90.7％，大阪65.0％，神奈川41.9％，埼玉27.0％，群馬16.7％となり，ボーナスの金員支給も，支給しているのは，大阪79.8％，神奈川53.8％，埼玉52.1％，群馬50％となっており，パートタイマーの日本における平均80.1％より低いのが分かる（日本人正社員はほぼ100％支給が慣行である）。

社会保険も，健康保険（東京82.2％，大阪73.7％，神奈川47％，千葉37.2％，埼玉48.8％，群馬24.3％が加入），労災保険（大阪79.8％，神奈川55.4％，千葉65.5％，

埼玉77.8％，群馬48.6％が加入）とも地域毎にかなりの加入率の差がみられるほか，厚生年金，雇用保険も，東京・大阪が70％前後加入しているほか，他県は，30％前後の加入率にとどまっている。

そして，実際働いている者のうち約7割から3割近くが，製造作業員，土木建設作業員，店員その他の現場労働であるが，これらの外国人は若く，学歴も高く（8割以上が高校卒以上），良く働くという評価がでている。

こうした現実の就労形態からいくつかの問題が生ずる。

それは，①労働契約，就業規則の適用が不明確であるため賃金の額，昇給，支払の内訳に問題が生じ，時には賃金不払も続出する。②労働時間も不明確であり，法定労働時間が守られぬばかりか，時間外，深夜労働手当も不支給のケースが続出する。③安全衛生上の使用者の管理や措置も不十分で，労災，病気（たとえば結核）も続出し，労災補償がなされず，泣き寝入りのケースも多い。④多くは，雇用保険もなく，雇主の都合で解雇される。⑤そして，最大の問題として，あっせん者，ブローカーが介在し，中間搾取を行っていること，しばしばパスポートを取り上げ，監禁状態で就労（売春等も含む）させられるという人権上最悪のケースも続出している。

3　外国人労働者と労働法・社会法上の問題

先ず，第1に，労働法については，外国人，たとえ不法就労外国人といえ，適用がなされ，労働者としてその保護下におかれる（労基法3条，職案法3条および労組法5条2項4号参照）。

労働契約上，いずれの国の法律により規制されるか明示されていなければ，原則として日本法による（法例7条）が，ほとんどの場合，明示されておらず日本法によることになる。なお労働契約上，使用者が外国に本拠をもつ法人でそちらの契約法による場合といえども，集団的労使関係法は日本法によるとみなければならない。（法例30条参照）。

右の就労実態からみると，労働契約の明示原則（労基法15条1項）に反することが多いし，就業規則や労働協約の不適用も，労基法2条2項・3項などから問題である。外国人の側は，就業規則や労働協約を根拠にそれに満たない契約内容の改善を求めうる。

外国人が来日して，当初の明示された労働条件と異なる場合，帰国旅費を請求して帰国することも可能である（労基法15条3項）。

国籍による差別が問題となったケースは，在日朝鮮人であることが採用後判

明して，これを理由に解雇したことが問題となった日立製作所事件（横浜地判昭和49・6・19労民集25巻3号277頁）が唯一の例であるが，採用，労働条件，解雇などについて外国人を国籍故に不利益に取り扱うことは許されない。前述の調査では，当初の賃金等の格付けはもとより，その後の昇進と昇格を行わないと答えた事業所が40％前後あり，昇給も日本人を有利にと答えた事業所が3％〜18％存する。この点についても問題となろう。

賃金（最賃法の適用，労働協約・就業規則の賃金支給規定の適用），労働時間，時間外手当の支給，安全衛生その他の労働条件について外国人であることを理由に差別することはできないのである。

第2は，採用，就労に際し，あっせん者，派遣業者，ブローカーの手を経て外国人が手配されることが多いのは公知の事実である。

労基法上，中間搾取の禁止（労基法6条）があり，その趣旨は，募集を行う者の報償受領の禁止（職安法40条），募集を行う者の募集従事者への財物等の給与の禁止（職安法41条），派遣の名目による，労働者派遣事業法上認められていない製造業，土木建設業などへの外国人の派遣は，法的には労働者供給事業の禁止（職安法44条および労働者派遣事業法4条3項等）に該当するものであった。また，職業紹介についても，無許可の職業紹介が横行してきた（職安法32条1項）。

最近数年間の外国人労働者の就労をめぐる実態は，こうした職安法の体系を根底からゆるがしている。つまり，外国人を雇う側（つまりあっせんを受ける側）も，外国人をあっせん，派遣，供給する側も，これらの法違反については，全く顧慮することなく，順法意識も根底的にゆらいできているといえる。

これに対し，職安行政は，右のような職安法上あるいは労働派遣法上も大いに問題のある外国人就労に対し，手をこまねいてきたといって過言ではあるまい。しかし，職安法63条（身体の自由拘束による労務供給，公衆道徳上有害業務への就労のための職業紹介，労働者供給を行った者への処罰規定），労働者派遣業の無許可営業（労働者派遣事業法5条1項），公衆衛生，公衆道徳上有害な業務に就かせる目的での労働者派遣の禁止（同法58条）などがあり，そのための，労働当局（職業安定所）の立入検査（職安法49条，労働者派遣事業法51条）などの措置がとれるにも拘らず，その権限は行使されずに放置されてきたのである。

結局，こうした帰結が，改正入管法において，不法就労助長罪（入管法73条の3）を設け，不法就労外国人の雇主，あっせん者，派遣者などの警察の取締りに委ねる結果をもたらしたといえはしないであろうか。この結果は，第2次

大戦後，労働行政を旧内務行政，警察行政からの別途の労働行政を設けた趣旨を労働行政自ら怠慢の故に否定したといっても過言ではあるまい。

筆者はかつて，「たしかに，これらの法律の施行時にはかくも多くの外国人の不法就労が予測できなかったともいえよう。しかし，現行法でできる対応をした上に，法改正，制度改革を論ずるのが本筋といえはしないであろうか」（手塚「外国人労働者をめぐる法的問題」ジュリスト909号32頁）との問題提起を行ったが，こうした対応の暇もなく，また実質もなく，入管法改正に至ったといえよう。この上は，労働，入管，警察等の関係当局間での連絡，協力（職安法53条および53条の2）による進展を期待するものである。とりわけ「派遣」については，西ドイツにおけると同様外国人については認めないとの法制も場合によっては必要である。

第3は，外国人労働者の労働保護法違反の就労実態に対する法的問題である。

いわゆる，製造業，建設業等の現場労働につく外国人の多くについて労基法等の労働保護法違反が続出している。

ほとんどが，時給，日給制で賃金支払がなされている外国人が，最近の調査でも，時給1,200～1,500円を雇主が支払い，仲介者の手を経て外国人本人にはパートなみの800円前後が渡されている実情，仲介者を経ない場合も，宿舎の費用や食事代ということで控除され，結局パートタイマーなみの手取りとなっている実情，さらには，時間外，深夜労働手当も支払われずにいるか，その分をブローカーが中間搾取してしまうケースも多い。

また，解雇手続（労基法20条）違反の即時解雇や，賃金不払のケースなど問題は山積みである。とくに，入管法改正前後，処罰を恐れる使用者が，即時解雇したケースが多いといわれる。

しかし，労働法上は，労働者を路頭に迷わせないための解雇手続は守られるべきであり，予告手当の支払をなすべきであろう。

労働行政上も，取締権限のない公共職業安定所と異なり，取締，捜査権限のある労働基準監督署は，使用者の労働者名簿，賃金台帳その他労働関係に対する重要な書類を作成，保存しているか（労基法107条以下），臨検，書類提出，尋問を行う（労基法101条1項・102条）などして，外国人労働者の保護に先ず努めなければならない。その場合，労働基準監督官の公務員としての入管への通報義務（入管法62条2項）は，労基法違反等労働保護法違反の解消されるまでは停止すると考える（通報を原則として行わないが，不法就労者が多数である等労働基準行政として問題があれば通報を行うとする，平成元・10・31基監発41号参照）

べきであろう。こう解するのが監督官に秘密漏洩を禁止している（労基法105条）こととの関係でも妥当であろう。

　第4は、外国人が労働災害を被り、病気になる場合が多い。労働省の調査（平成元年12月）によっても、外国人労働者の労災被災率が高いことが明らかとなっている。

　この理由の最大の原因は、日本語の壁もあって安全衛生教育もきちんと行われず、しかも慣れない危険作業等に就くことにある。労災被災外国人の場合、使用者の安全衛生義務違反のケースも多い。

　不幸にして労災を被った場合、たとえ、使用者が労災保険法上の届出をしていない場合にも、その事故に対する補償はなされる（労災保険法25条1項1号参照）。問題は、不法就労外国人について、所定の手続を終え、労災の補償を請求し、認定がなされるまでの間に、不法就労外国人として、行政当局により入管に通報され、収容されたり、強制退去させられたりすることがありうる。しかし、こうした場合、労災事故による傷病の療養、休業などの補償が優先するのであり、労働署等労災保険関係当局は、右補償を認定することに専念すべきである。仮に、入管に収容される場合にも、「監獄、労役場その他これらに準ずる施設に拘禁されている場合」として休業補償を行わないケース（労災保険法14条の2）と解されてはならない。

　障害補償については、長期にわたる療養を要する場合も含め問題は多い。できるだけ速やかに、障害認定を行い、障害補償年金前払一時金等の制度（労災保険法59条-62条）により一時金により支払を行うこととなろう。

　次に、研修生として受け入れられた外国人に対しては、実習中の災害に関して、労災補償の対象とならないという問題がある。この点「事業場における学校の実習生も就業に関する当事者間の契約並びにその取り扱い規則の内容から使用従属関係があれば労働者である」（昭23・1・15基発49号）との行政解釈を拡大して、受入れ企業の指揮命令下に労働している間の事故に関しては労災補償の対象とすることが可能である。もし、行政解釈によって拡大しうる余地がないとすれば、立法により特別加入制度を設けるべきである。このことは、「ヒト」の国際化時代に向け海外派遣者の特別加入（労災保険法30条）が認められていることなどからも、均衡を失することにはならないであろう。

　通常の疾病等についても健康保険法上外国人労働者の保険加入は何ら障害は存しない。むしろ、使用者に厳格に健保加入を義務づけることが重要である。とりわけ、外国人の場合、勤務先がひんぱんに変わることが多いであろうが、

今後の方向として，社会保険カードのようなもので継続的保険関係の維持をはかることも重要な立法策ではないかと筆者は考えている。

年金，雇用保険に関しても，比較的勤務年限の短い外国人に対しては，特別の制度（雇主の変わった場合の基金の保持のシステム，年金の一時金制度など）も考察されなければならない。

第5は，国際法的観点からの問題である。今日，否応なく，日本は国際的な場で，人権を遵守することが求められているといえる。

とりわけ，国連人権規約上の労働権，社会権的規定（国際人権規約B規約前文と第4条では人種・国籍等による差別禁止を定めているほか人権上の規定を設けている）は，日本が未批准とはいえ，ILO条約のうち，雇用・職業上の差別禁止条約（ILO 110号）が人種，皮膚の色，国民的出身等に基いて行われる差別を禁じ，雇用，職業における機会，待遇の均等を害することを国内においてなくすことを求めている。

また，一連の移民に関する条約（66号，97号条約等）は，募集や受入れ情報，職業紹介のやり方を規制し，外国人労働者への無料施設提供，正確な情報を与える一方，衛生状態，健康状態の管理，平等取扱い，稼いだ金の送金等に便宜をはかることなどを定めている。

日本が従来のように，「モノ」「カネ」「ヒト」において孤立していることが不可能な今日，外国人労働者を受け入れ，これらの条件整備を行わず，人権侵害が問題となる場合には，国際的問題として，右の条約等に盛り込まれた諸内容が日本側に要求されることになる。むしろ，問題は，外国人労働者を受け入れるか否かではなく，受け入れた外国人に対して，このような事態が生じないことを，とりわけ使用者，国，自治体が留意することである。

4 おわりに

現在，国内で主張されている（とりわけ一部の企業主からの）意見は，その実態をみてみると，入手不足を理由とするチープレーバーの導入論である。

これに対し，各使用者，行政側とも，綿密な労働，社会法上の，そして，「ヒト」としての生活をすれば自ずから生ずる，家族，教育，住宅，国内での生活の保障といった施策の具体的な方策は，未だ不十分といわざるをえない。

少なくとも，目下不法就労外国人として扱われている外国人労働者の受入れは，企業レベルの実態をみると，そのほとんどが，人件費が安く，短期的人手不足を補ってくれる外国人で，若くて，力があり，文句も言わずに，良く働く

者として，自ら，個人の「経済の論理」によってなされているだけである。その結果，働く側も大抵は2〜3年の就労後，自国に，家が建ち，商売の資金となりうる，法外な金を持って帰ることになる。

しかし，筆者の調査によれば，彼等の大半は，日本での最低生活に甘んじ，しかも，日本人と異なる待遇で，雇われてきたことを知っており，そして，自らの学歴，職歴等を生かしうる途もないことを承知しているのである。しかも，彼等の大半は，日本嫌いになって帰国している。

この現実の上に，労働，社会法関係の徹底した適用がまずなされるべきであり，次いで，改正，手直しを行う作業がなされなければならない。

しかも，これらの法関係だけでなく，生活の多面における条件整備も求められているのである。

円高，日本経済の好況といった局面で，「ヒト」の受入れの条件を整備することは21世紀への課題である。外国人が，「ビジネス」「労働」「就業」という目的であっても，長期，背後にある「ヒト」としての側面を忘れてはならない。

最近外国人労働者を中心とする労働組合の活動も行われるようになった。労働組合は日本人だけでの組合活動というのではない，国際的な組織といえる色彩もおびているのである。

(『労働法の争点』ジュリスト増刊1990年11月所収)

第1部　日本における外国人受け入れ政策と法

第9章　外国人労働者受け入れ
——規制効果乏しい二国間協定——

公的あっせん比率低い西独

　最近，日本での外国人労働者の雇用をめぐって，アジア諸国との二国間協定による受け入れを主張する向きが多い。先日もある経済界の首脳がそうした考え方を表明した（補注参照）。

　しかもそうした論者の中には，二国間協定を結べば日本に入ってくる外国人労働者を量的にも，質的にも規制できるという，あたかも「打出の小槌（こづち）」のようにとらえている人さえいる。しかし，ことはそう単純ではない。以下，西独でのケースを中心に検討してみたい。

　西ヨーロッパの主要国は第2次世界大戦後，自国の出生率の低下や，戦争で失った労働力をカバーするため，外国人労働者を導入した。とりわけ西独は1961年8月の「ベルリンの壁」により，東欧圏からの「ヒト」の受け入れができなくなり，イタリアをはじめ8ヵ国と順次，二国間協定を締結した。

　その内容はまず，両国が公的な当事者（西独の場合は連邦雇用庁）を定め，西独側が相手国内にその出先機関を置く。次に連邦雇用庁の職員を出先機関に派遣し，相手国内での採用した職員と受け入れの仕事（広報，あっせん，健康診断など）にあたる。

　一方，相手国側はオフィスを提供し，その活動を援助する。また西独側が提示する労働条件にかなった求職者を募集し，あっせんするほか，一定の専門職に就くことが可能な者のデータなどを西独側に通知する。

　この協定のポイントは①西独側は，あくまでも使用者が国内で求人をしても求職者が見つからない場合に，あっせんを依頼する②雇用が決まった労働者の旅費や手数料は使用者が負担する③あっせんを依頼する時には，使用者の署名入の労働契約書をつけ，職種や契約期間，賃金，労働時間などをきめ細かく明記し，労働条件などについては，ドイツ人労働者との平等を保障して，契約するなどである。

　そして西独の現地出先機関が，相手国から推薦を受けた労働者を対象に選考し，その労働者が署名をすれば労働契約は成立する。

第9章　外国人労働者受け入れ

西独における外国人労働者受け入れ数の推移
(単位人、％)

年数	外国人労働者総入国者数	出先機関によるあっせん数	あっせん率
1960	191,372	111,706	58.4
61	261,611	156,485	59.8
62	284,049	155,978	54.9
63	274,091	131,083	47.8
64	339,905	168,794	49.7
65	402,212	154,143	38.3
66	261,800	106,673	40.7
67	90,516	17,249	19.1
68	268,564	104,120	38.8
69	580,997	281,605	48.5
70	632,460	322,521	51.0
71	487,508	219,560	45.0
72	401,620	170,337	42.4
73	274,896	238,147	86.6

　このようにして受け入れた外国人労働者数は表の通りである（74年度以降は例外的な受け入れだけに限定）。

　注目すべきは、外国人労働者として入国した者のうち、連邦雇用庁の公的出先機関によるあっせん比率が、年によってバラツキはあるものの、全体として5割程度にとどまっていることである。これは、使用者と直接、間接にコンタクトをとって入ってくる労働者が多数に上ることを示している。

　それ以上に大きな問題は、二国間協定に基づく公的な受け入れを開始すれば、マクロベースでの量的制限ができず、個別の使用者の需要に応じて受け入れざるを得ない結果につながっていることである。

　連邦雇用庁は、受け入れ数を制限するため手数料の値上げなどを実施したが、逆に出先機関のあっせん率は下がってしまった（71-2年度）

　詰まるところ、二国間協定は外国人労働者を採用する際に、手続き的（ビザ、労働許可を出先機関の証明書で当面、代替し得る）にスムーズで、しかも平等かつ明確な労働条件を確保するには効果があったものの、量的な規制の点でははどんど効果がなかたのである。

持ち家政策で定住する傾向

　在留外国人労働者数が百万人を突破した68年、西独政府の専門委員会は次のような予測を立てた。

　外国人労働者の受け入れは、西独経済にとってメリットがあり、①西独の労

働者がより高いスキルの仕事につく上でプラスに働く②地域的な労働力需給のアンバランスを埋め合わせる効果を持つ③外国人労働者は不熟練・補助的な労働が主体であり，一定期間働いたあとは母国へ帰る――という内容である。

しかし，この予測はことごとく外れる結果となった。

第1に，不熟練型の単純労働に西独人は就かなくなったものの，スキルのより高い熟練労働者にシフトしたかと言えば，必ずしもそうではない。

70年代に入ると，そうした種類は機械化・ME（マイクロエレクトロニクス）化の進展によって，従来以上に高い能力を要求されるようになったからである。例えば，機械工には電気やコンピューターの知識が，逆に電気工には機械の扱いや機械のメカニズムの知識が要求されることになった。

その結果，熟練労働者になり切れず，逆に機械化，ME化によって失業するケースも多かったのである。実際，こうした失業者は失業者全体の6割を超えている。

第2の地域的な労働力需要バランスの問題にしても，外国人労働者の滞在期間が長くなるにつれて，その効果は乏しくなっている。

とりわけ西独の場合は，在留資格を得るためには一定（家族数に応じた）の住宅を確保することを要件とした。そのための住宅政策を進めた結果，80年代半ばには外国人労働者の9割が持ち家を取得するに至っている。

このため，失業しても他の地域に移動することなく，定住する傾向が出てきたのである。そのほか，子供の教育問題や同じ国の出身者同士のコミュニティーを通じたきずなの深さなども"流動性"を失わせる一因となった。

第3の母国への帰還という仮説も見事に裏切られた。仕事に慣れた外国人労働者を使用者が離そうとせず，契約更改を繰り返したためである。

それは当初，5割近くに達していた帰国比率が，60年代末から2割以下にとどまっていることからも明らかである。

87年には，滞在年数別にみると67％が8年以上の在留を経て，永久在留資格を求め得る立場にある。

西独の外国人労働者の受け入れは，当初は補助的労働ないし不熟練労働を中心に募集された。この背景には当時，最も成長が著しかった金属機械産業において自動化などに伴う軽作業化により熟練がなくても，またドイツ語の能力がなくても，仕事がこなせる補助的な労働力を大量に必要としていたことがある。

しかし，60年代後半には不熟練労働者の過剰と，熟練労働者不足が表面化し，一転して連邦雇用庁の出先機関は熟練・経験労働者の募集に切り替えた。

第9章　外国人労働者受け入れ

このため，西独に似た職業訓練制度を持つユーゴスラビアからの熟練労働者の大量導入も行われた。しかし，それもおのずと限界があり，受け入れ労働者全体に占める職業資格保有者の比率は71，72年は29.2％，73年も29.1％にとどまった。

圧倒的多数の不熟練労働者は，西独に来てから現場で経験を積み，研修を受けたのである。しかも，企業内の職業訓練体制はあまり整っておらず，OJTとはいっても名ばかりのものだった。

企業責任で帰国させるしか

このようにみてくると，西独での二国間協定による外国人労働者の受け入れは，研修や職業訓練を経て職に就かせたり，熟練労働の分野に外国人を使う努力を怠った結果，質的な面でも十分な効果を上げなかったといえる。

とすれば，日本で検討されている二国間協定はどのような内容にすればいいのであろうか。量的な制限をするとすれば，「国別割り当て制」か，「優先順位制」をとるより方法はない。

前者は米国が試みたが，65年に不評のため廃止した。優先順位制についても米国では，親族であるかどうかなどに従って，第1位から第7位まで受け入れの優先順位をつけるなどして量的な制限を加えている。しかし成果は上がらず，不法入国者が後を絶たない有り様である。

結局，現在，国会上程中の入国管理法改正によって徐々に枠を広げ，次いで研修体制を強化し，企業の責任の下に帰国させる方法しか有効な策はないように思われる。

いったん入国をした外国人に故国の政府が帰国命令を出したり，入国の期限を守らせたりするような二国間協定など，国際法の常識からしても不可能と言えよう。

（補注）

ここで言う二国間協定は，外国人労働者受け入れのためのみの協定である。最近では，「関税及び貿易に関する一般協定」（WTO協定によるGATT）24条などに基づき，二国間の貿易協定（FTA），二国間の経済連携協定（EPA）などがなされ，これによりサービス貿易の一環としての「ヒト」の受け入れが，国際法上，とりわけすべての国に等しく最高国待遇を行うことの例外として認められるようになったことを付記しておく。

（「経済教室」日本経済新聞　1989年10月20日）

第10章　外国人労働者と自治体

1　はじめに

　平成4年末現在，日本に在住する外国人（短期滞在も含む）は，128万1千人余りである。このうち戦前からの永住者並びにその子女を除くと，約64万4千人が最近外国から入国した外国人である。
　実際に就労している外国人は，第1には永住者のカテゴリーの人々を除いて，在留資格として在留可能な資格を持った者が約10万人，第2に，定住者のカテゴリーの日系2世・3世の人々，並びに難民認定を受けた人々，及びベトナム難民については約15万人である。なお，この他に留学生・就学生が約10万人在留しており，1日4時間の枠（補説：現在は週20時間）内で就労が認められている。また，研修の資格で在留している者も約2万人いる。これらの人々は一応外国人登録をしているのが通例である。これに対し，残りの30数万人は短期滞在やその他の理由により，日本に来た人々であり，これらの人々は殆んどが不法残留をしながら就労をしているということになる。各自治体毎の登録者数をみると，東京都が24万7,446人（全体の19.3％）と最も多く，次いで大阪府，愛知県，兵庫県，神奈川県，京都府，埼玉県，千葉県，静岡県，福岡県の順になっている。これら10都府県合計は98万4,067人となり，全体の76.8％を占めている。平成2年末と比べると順位では，愛知県が兵庫県と，静岡県が福岡県とそれぞれ入れ替わっている。
　外国人登録者は東京都を中心に栃木県（昭和61年末3,704人から平成4年末16,742人，増加率352.0％，以下昭和61年末と平成4年末の比較），群馬県（4,918人から20,577人，増加率318.4％），埼玉県（18,509人から52,684人，増加率184.6％），茨城県（7,262人から19,387人，増加率167.0％），千葉県（19,007人から43,436人，増加率128.5％），及び神奈川県（49,014人から96,646人，増加率97.2％）などその周辺地域で増加を続けており，関東地区の1都6県全体（496,900人）では昭和61年末に比べ239,652人，93.2％増となっている。更に，静岡県（10,650人から37,432人，増加率251.5％），山梨県（2,237人から6,722人，増加率200.5％），長野県（6,633人から14,571人，増加率119.7％）などの近隣地域においても増加が目だっている。

都道府県別外国人登録者数の推移を構成比について見ると，大阪府が昭和61年末の23.3％から16.7％と低下し，同様の傾向が兵庫県（10.1％から7.6％），京都府（6.0％から4.4％）に見られるのに対し，東京都が17.9％から19.3％へ上昇しているのをはじめ，関東地区の埼玉県（2.1％から4.1％），神奈川県（5.7％から7.5％）が著しく上昇しており，中京地区の愛知県（7.1％から8.2％）も上昇している。

都道府県人口との比較では，大阪府が人口2.45％，東京都が2.08％，京都府が2.14％となっている（表1，表2参照）。

本稿ではこれらの人々を含み，戦前からの永住者を除いて，最近来た外国人の在住，就労と自治体の施策との関係について検討してみたい。

2　外国人の在住と地方自治体

外国人の在留及び就労そして，生活上の問題は国の施策によって決められているとはいえ，その実際の施策はむしろ地方自治体，なかんずく，市町村に委ねられている。今回私どもの研究により，地方自治体や都道府県の施策もさることながら，市町村の施策の比重が大きいことが明らかになった。実際生活をする市町村では，就労のみならず，生活上の医療，住宅そして教育等々につき配慮をせざるを得ない立場に先ず置かれるのである。

今回，私たちは70市町村と，19の都道府県をフォローし，次のような結論を得た（1993年6月現在）。

第1には，表3〜表6に見るように，外国人居住に対する取組みの主要なものは，外国語による相談窓口を置くこと，学校に加配の先生を置くこと，そして通訳により医療，生活，教育相談を受けることであるが，これらの比率は都道府県レベルではかなり高いものの，市町村レベルでは未だ4分の1以下であることが分かる。また，最も外国人居住に対する対応の進んでいる神奈川県では平成4年度，「内なる国際化の推進」として約3億円の予算措置ををとりつつ図に示したような施策をとっている。

しかし，具体的に都道府県レベルで例えば加配教員を置くことを決めたとしても，実際に教員を配置するのは市町村の教育委員会であるので，県の施策があっても市町村が実際の実施をするかどうかは別問題なのである。

また，医療についても医療の実態は外国人の半数が国民健康保険（以下「国保」とする）によっているというデータがでており，これによれば，市町村が第一次的に国保の窓口になり，財政的にも処理をすることになるのである。そ

表1 都道府県別外国人登録者数の推移

(各年末、単位：人、％)

都道府県	昭和61年(1986)	構成比	昭和63年(1988)	構成比	平成2年(1990)	構成比	平成4年(1992)	構成比	対平成2年増減比
総　　　数	867,237	100.0	941,005	100.0	1,075,317	100.0	1,281,644	100.0	19.2
東 京 都	154,834	17.9	196,400	20.9	213,056	19.8	247,446	19.3	16.1
大 阪 府	202,449	23.3	204,916	21.8	209,587	19.5	213,935	16.7	2.1
愛 知 県	61,828	7.1	62,967	6.7	79,161	7.4	105,336	8.2	33.1
兵 庫 県	87,611	10.1	87,805	9.3	90,084	8.4	96,716	7.6	7.4
神奈川県	49,014	5.7	54,721	5.8	76,676	7.1	96,646	7.5	26.0
京 都 府	51,899	6.0	52,569	5.6	54,288	5.1	55,747	4.4	2.7
埼 玉 県	18,509	2.1	25,392	2.7	37,249	3.5	52,684	4.1	41.4
千 葉 県	19,007	2.2	24,115	2.6	32,329	3.0	43,436	3.4	34.4
静 岡 県	10,650	1.2	12,807	1.3	23,086	2.1	37,432	2.9	62.1
福 岡 県	30,414	3.5	29,964	3.2	31,551	2.9	34,689	2.7	9.9
そ の 他	181,022	20.9	189,349	20.1	228,250	21.2	297,577	23.2	30.4

表2 平成4年末都道府県別国籍（出身地）別外国人登録者数及び人口との比較

(単位：人、％)

	韓国・朝鮮	中国	ブラジル	フィリピン	米国	ペルー	その他	平成4年度外国人登録者数	平成4年10月1日の現在総数	総人口に占める割合
東 京 都	95,955	72,958	6,508	13,437	16,266	2,166	40,156	247,446	11,874	2.08
大 阪 府	183,322	16,352	4,614	2,034	1,815	793	5,005	213,935	8,735	2.45
愛 知 県	54,581	8,278	29,607	3,408	1,645	3,318	4,499	105,336	6,766	1.56
兵 庫 県	71,108	12,491	2,173	1,068	2,232	856	6,788	96,716	5,466	1.77
神奈川県	34,188	17,915	14,698	5,163	4,394	5,739	14,549	96,646	8,104	1.19
京 都 府	46,671	4,187	725	660	1,114	264	2,126	55,747	2,606	2.14
埼 玉 県	15,233	12,735	9,617	4,667	1,396	2,237	6,799	52,684	6,561	0.80
千 葉 県	15,754	8,182	5,369	4,649	1,541	1,796	6,145	43,436	5,673	0.77
静 岡 県	7,801	2,239	19,803	2,128	545	2,354	2,562	37,432	2,080	1.80
福 岡 県	25,502	4,589	411	1,404	894	320	1,569	34,689	4,852	0.71
そ の 他	138,029	35,408	54,278	23,600	10,640	11,208	24,414	297,577	61,735	0.48

表3 外国人居住に対する取組み（70市町村）

(単位：％)

	行っている	行っていない	無回答	不明
相談窓口をおく	24.3	70.0	4.2	1.4
学校に加配の先生をおく	24.3	71.4	4.2	0.0
通訳により医療・生活・教育相談をうける	21.5	72.9	4.2	1.4

表4 外国人居住に対する取組み（19府県）

(単位：％)

	行っている	行っていない	無回答	不明	市町村によって違う
相談窓口をおく	57.9	21.1	0.0	10.5	10.5
学校に加配の先生をおく	57.9	21.1	0.0	10.5	10.5
通訳により医療・生活・教育相談をうける	42.1	36.9	0.0	10.5	10.5

第10章　外国人労働者と自治体

表5　外国人居住に関する具体例

- 外国語によるパンフレット等作成
  酒田市・仙台市・つくば市・久喜市・幸手市・浦安市・甲府市・中野町・柏崎市・浜松市・鳥羽市・武生市・富山市・堺市・光市・長崎市
- 日本語教室
  久喜市・茂原市・甲府市・浜松市・加西市
- 市内に外国語の表示がある（ゴミの集積所等）
  飯田市・畠山市
- リサイクル生活用品等の提供
  柏崎市
- 国際交流室の設置
  焼津市・北九州市
- 相談員の配置
  浦安市・藤枝市・安城市・野洲市・福山市
- 国保の補助（私費留学生のみ）
  富山市
- 外国語の問診表設置
  加西市
- 外国人観光客用オフィス設置
  別府市

表6　外国人に対する取組みの具体例

- 福島県
  一般相談……県政相談室で対応
  婦人相談……児童家庭課で対応
  国際課では在住外国人向け相談ハンドブック「日英版」「ポルトガル語版」を作成
  （中国語版については本年度作成予定）
- 千葉県
  日常生活を送る上で必要となる情報を提供するため、英文による Hello Chiba、ポルトガル語による Ola Chiba を作成し、希望者に布してる。また、県政の状況、時々のイベント、生活情報等を紹介するための英文情報誌「クロスロード」を隔月に発行（1万部）している。
  ㈶千葉県国際交流協会において、日本語講座、日本文化講座を開催するとともに日本語ボランティア養成講座の開催などのボランティアの育成、活用をはかり、県民との交流機会を提供するほか、県主催の各種イベントに招待し、参加を呼びかける等により、相互理解の促進を図っている。
- 長野県
  外国人ハンドブックを作成提供（6ヵ国語）
  長野県国際交流推進協会で News letter の発行と情報提供
- 熊本県
  相談コーナーについては、居住に限らず在住外国人の総合窓口として、平成5年6月開設。
- 埼玉県
  外国人増加に伴い、顕在化している諸問題に対処するため、当面する課題等について解決策を見いだす場として、平成4年度に「外国人が暮らしやすい環境作り会議」（庁内38課室、92市町村等）を設置した。
  平成5年度からは、さらに検討を進めるため、専門部会を設置することとし、当面医療・社会保障部会・住宅部会を設置している。
- 福井県
  外国人に対する情報サービスの提供の実施（外国人向け情報誌の発行　英語・中国語）
  各警察署管内単位での関係機関の連絡協議会の設立（事故や災害、犯罪からの予防）
  外国人と地域住民との交流機会の提供
  外国人向け日本語教育講座や日本文化の紹介
  講座の開催（於：国際交流協会）
  道路・施設等の外国語表示の促進
- 京都府
  現在、府民相談室・地方振興局などで一般府民と同様の扱いとなっているが、外国人を対象とした多言語サービスを含む窓口相談の在り方について検討を進めている。
  外国人は大半が京都域に集中（約78％）しており、市国際交流会館において専門相談員及び弁護士による生活・法律相談が実施されている。

れゆえ，現実に外国人に対する施策は市町村で行われる場合にかなり問題点の認識が切迫しているのである。国保適用者は企業等に雇用されていない留学生，就学生，自営業者，文化活動などに従事する者が多いことは当然であるが，実際上企業に雇われている中南米からの日系2世・3世からなる「定住者」（入管法2条の2）で国保適用がなされている者が多いのである。これらの日系2世・3世のうち，直接企業等に雇われている場合と，派遣業者から企業等に派

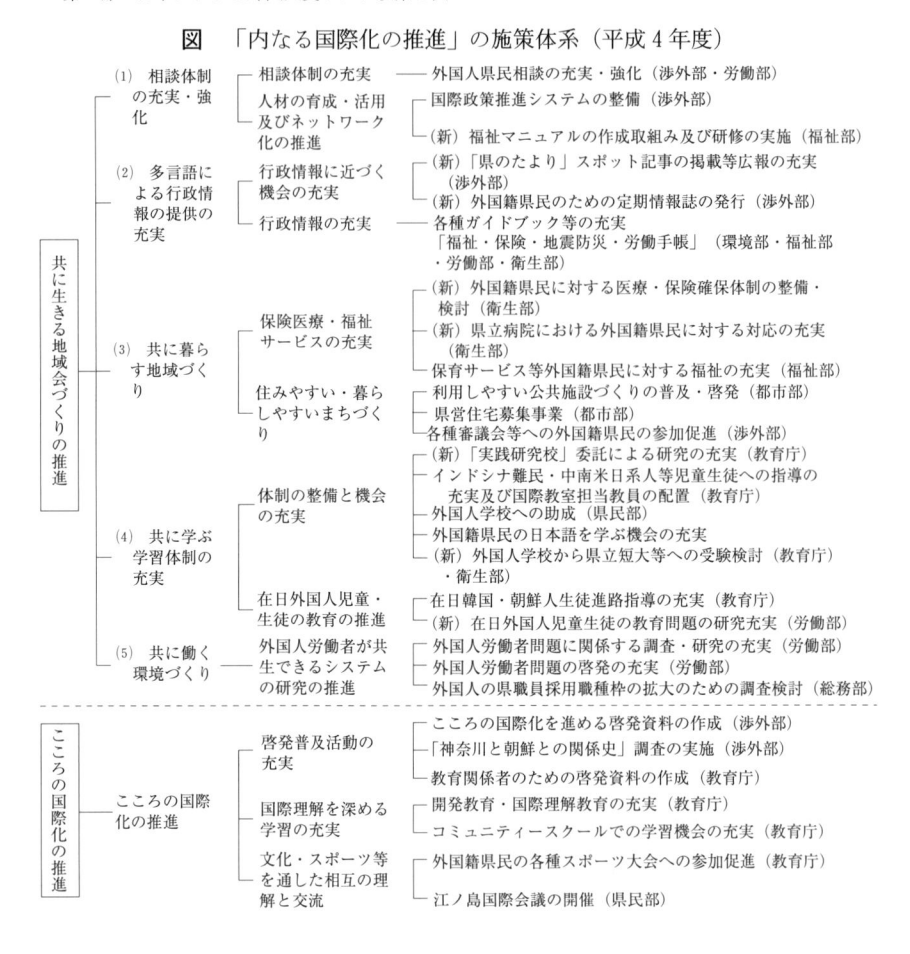

図 「内なる国際化の推進」の施策体系（平成4年度）

```
                    ┌ (1) 相談体制  ┬ 相談体制の充実 ── 外国人県民相談の充実・強化（渉外部・労働部）
                    │   の充実・強  │ 人材の育成・活用 ── 国際政策推進システムの整備（渉外部）
                    │   化          └ 及びネットワーク ── （新）福祉マニュアルの作成取組み及び研修の実施（福祉部）
                    │                  化の推進
                    │ (2) 多言語に  ┬ 行政情報に近づく ┬ （新）「県のたより」スポット記事の掲載等広報の充実
                    │   よる行政情  │ 機会の充実       │ （渉外部）
                    │   報の提供の  │                  └ （新）外国籍県民のための定期情報誌の発行（渉外部）
                    │   充実        └ 行政情報の充実 ── 各種ガイドブック等の充実
                    │                                    「福祉・保険・地震防災・労働手帳」（環境部・福祉部
                    │                                    ・労働部・衛生部）
共に生きる           │                                  ┌ （新）外国籍県民に対する医療・保険確保体制の整備・
地域会づくり         │                                  │ 検討（衛生部）
の推進           ────┤ (3) 共に暮ら  ┬ 保険医療・福祉  ┤ （新）県立病院における外国籍県民に対する対応の充実
                    │   す地域づく  │ サービスの充実   │ （衛生部）
                    │   り          │                  └ 保育サービス等外国籍県民に対する福祉の充実（福祉部）
                    │               │ 住みやすい・暮ら ┬ 利用しやすい公共施設づくりの普及・啓発（都市部）
                    │               └ しやすいまちづく ┤ 県営住宅募集事業（都市部）
                    │                 り               └ 各種審議会等への外国籍県民の参加促進（渉外部）
                    │                                  ┌ （新）「実践研究校」委託による研究の充実（教育庁）
                    │                                  │ インドシナ難民・中南米日系人等児童生徒への指導の
                    │ (4) 共に学ぶ  ┬ 体制の整備と機会 ┤ 充実及び国際教室担当教員の配置（教育庁）
                    │   学習体制の  │ の充実           │ 外国人学校への助成（県民部）
                    │   充実        │                  │ 外国籍県民の日本語を学ぶ機会の充実
                    │               │                  └ （新）外国人学校から県立短大等への受験検討（教育庁
                    │               │                    ・衛生部）
                    │               │ 在日外国人児童・ ┬ 在日韓国・朝鮮人生徒進路指導の充実（教育庁）
                    │               └ 生徒の教育の推進 └ （新）在日外国人児童生徒の教育問題の研究充実（労働部）
                    │                                  ┌ 外国人労働者問題に関係する調査・研究の充実（労働部）
                    └ (5) 共に働く  ── 外国人労働者が共 ┤ 外国人労働者問題の啓発の充実（労働部）
                        環境づくり     生できるシステム └ 外国人の県職員採用職種枠の拡大のための調査検討（総務部）
                                       の研究の推進

                                     ┌ 啓発普及活動の   ┬ こころの国際化を進める啓発資料の作成（渉外部）
                                     │ 充実             ├ 「神奈川と朝鮮との関係史」調査の実施（渉外部）
こころの          こころの国際        │                  └ 教育関係者のための啓発資料の作成（教育庁）
国際化         ── 化の推進       ────┤ 国際理解を深める ┬ 開発教育・国際理解教育の充実（教育庁）
の推進                               │ 学習の充実       └ コミュニティースクールでの学習機会の充実（教育庁）
                                     │ 文化・スポーツ等 ┬ 外国籍県民の各種スポーツ大会への参加促進（教育庁）
                                     └ を通した相互の理 └ 江ノ島国際会議の開催（県民部）
                                       解と交流
```

遣されている場合，さらには構内下請業者に雇われる場合とに分かれる。前二者については，外国人であれ，日本人であれ，雇入れ企業（派遣業者も含む）の健康保険に加入すべきことは当然である。しかし，企業に派遣されている者の大半は，派遣業者が労働者派遣事業法上の許可を得ず，また派遣の認められていない製造業や建築業などへの派遣であることから違法なものであって，根絶すべきものである。しかしながら，こうした派遣業者や構内下請業者から国保適用の申請のあった場合，当該外国人の健康や安全を保障するためにも，適用をせざるを得ないのが実状である。この点で国は，違法派遣の排除と，雇用責任（健保への加入）を徹底させなければ，こうしたしわ寄せが，市町村の国

保制度や財政に歪みを与えることも少ないのである。
　結局，市町村の職員が調査し回答した結果によれば，外国人の在住，就労について次のような問題点が指摘されている。つまり第1は生活上の問題，第2は社会保険を含む医療の問題，第3は教育の問題である。そして，根底的な点として行政サイドにとっては外国語に対する問題点，例えば日系ブラジル人の場合にポルトガル語に対する通訳や教育面の問題点などが痛感されているのである。
　これに対し都道府県レベルになると，相談室の窓口を設けるというようなこともあるが，その大半は，施策として外国人に対する情報サービスに終わることが多い。これは都道府県と市町村との権限の配分からして当然と言える。しかしこの間，最大の問題は外国人の就労の問題であるが，雇用に関する多くの問題が都道府県レベルで，対処を迫られている。
　1988年，1989年人手不足が極端なまでに進んだ折りには，都道府県は就労の機会，雇用問題をあまり論ずる必要はなかった。しかし今日の雇用不安，失業増大の時期においては，200人，100人といった大量の外国人の解雇が生じ，そのことにより都道府県の職安，あるいは関係労働行政機関を通じてこれらの問題についての対処に迫られているのである。
　例えば，静岡県，愛知県などで自動車産業の不況が深刻化するのに伴い，第1次，第2次下請け企業において，100人単位の日系2世・3世が解雇される事例が続出している。これらの人々を職安は受け入れることにもなる。
　そして，第3には都道府県レベルで考えなければならないのが，外国人の居住に伴う社会的な摩擦の問題がある。つまり，犯罪あるいは，ゴミの出し方などに見られるように，言語・生活習慣の違いに伴うトラブルが多出している。
　これと並んで各都道府県が対処を迫られている問題には，外国人の医療費不払いの問題がある。これは国保・健保に加入していない外国人，その大半はいわゆる不法就労外国人であるが，これらの人々の医療費不払いの問題には，市町村は対応できそうにもない。
　こうした中で，先進的都道府県，例えば神奈川県，群馬県などでは医療費の一部負担払いが行われるようになったのである。
　このように医療の問題一つとっても，市町村においてカバーできない問題については，都道府県が施策を行わなくてはならないのである。勿論医療不払いについては，厚生省の方針が定まり，国レベルの施策が必要であるけれども，現在のところ，このような施策は決定されていない（補説：平成5年より上限

100万円までの5割を国が負担するようになったが，その後更に上限が200万円に引上げられた）。とすれば，外国人に対し自治体としての対応が迫られているのである。

以上の具体的な問題と，さらには都道府県と市町村との相互の関連性が大きな問題になっている。日本の地方自治体は従来国の予算の配分（補助金や地方交付税）などによって一つの流れが都道府県と市町村の間にできていたが，しかしながら今回の外国人労働者と自治体の問題においてはこのような関係は成り立たないことが多いのである。従って当初から実際（外国人の在留と様々な問題の発生）が先行し，そして都道府県，市町村が対応を迫られるという図式になっている。

こうした中で最終的に考えると，都道府県の中でどれだけ施策を練ってきているのか，ということがその市町村に対する影響は多大なものというのがわかる。筆者の調査によれば，先進的にこのような施策をなしてきた神奈川県の場合には，県・市あるいは町村という相互の関連，協力がかなりできあがっているのである。

3　自治体における今後の外国人労働者政策

この数年の経験によれば外国人は常に，職を求め居住を変えるということがある。そのこともあって，一つの自治体ではなかなか外国人労働者に対処することは難しい。この意味で外国人に対しても最低限の基準を全国的に設ける必要がある。例えば子弟の義務教育などについてはこの代表的な例であるし，社会保障，あるいは社会保険の取扱いなどもその1つの例である。

しかし現実にはこのようないき届いた行政の統一的運営は今もってなされていないので，このことは中央省庁の極めて大きな問題ではある。しかし逆に言えば市町村や都道府県によって，より以上のものを作り出すことが可能であり，そのような努力がなされていることも間違いない。

例えば，静岡県浜松市における国の基準である生徒10人に対する加配教員に対し，5人に1人という教員の配置，あるいは，群馬県大泉町において加配教員とならんで，非常勤職員としての町役場への日系人の採用など，先進的な試みがなされている。そして，多くの都道府県ではこれらの1つの施策をとっても，従来の行政の課や係りの仕事をはみ出した大きな仕事であるが故に，人的，財政的な裏付けが必要となっているのである。

つき詰めるところこうした負担を，市町村や都道府県がどこまでできるか，

という問題には今もってなってはいないのであるが、将来的には考えねばならない問題なのである。つまり、外国人とりわけ労働者を雇っている雇用主の負担すべき責任と、外国人自身が負担すべき責任、例えば健康保険の加入と、社会保険料の支払いなど、といった問題を放置し、それを自治体、換言すれば、市町村民に負担させることはできない。

　この点で、外国人を受け入れる場合の雇用主もしくは受入先への啓発活動も、大きな仕事になっている。そして外国人自身に対し、地域住民との交流、そして外国人向け日本語講座等々の対応、そして情報の流れ、パンフレット等々というものが、かなりのレベルで要求され始めている。これらの活動については、市民のボランティアの協力を得られるか否かも成功の鍵である。

　これらを実際に個々の市町村や、都道府県が行うよりも、国の何らかの統一的施策の確認と推進を各領域における省庁によって行わねばならないし、商工会議所などの経済団体、労働組合、社会団体のほか市民からなるグループの果たす役割も大きい。

（「自治研究」1994年10月号所収）

第11章　人はどうして移動するのか
――21世紀の人の移動を考える――

　21世紀は,「モノ, カネ, ヒト」の国境を越える国際的な移動が自由化され, 相互に認められる時代だ, と言われている。そのよい例が, 欧州連合（EU）15カ国の統合である。かつて, 国境を越えるたびに通貨を交換し, 物の移動についても関税を支払っていた国々が, とうの昔に関税を撤廃しただけでなく, 共通の通貨ユーロを12カ国にまで流通させ, 統一経済圏を作ろうとしている。しばしば訪ね, ワインを分けてもらったドイツモーゼルのワイン農園の親父さんは, わずか50キロしか離れておらず, ケルンやボンよりも近いベルギーのお得意さんにワインを持っていくのに, 数十通の税関のための書類を作らなければならないとよくぼやいたものである。1980年代はじめの時期のことである。この家族経営のワイングートには, 第2次世界大戦でソ連の捕虜になったが, 無事帰還できた弟がいた。彼は, ソ連嫌いというわけではないが, かつて日ロ戦争でロシアを破った日本があこがれの国であるといつも言い, 日本語を習って日本に行きたいとよく言っていた。しかし, モーゼルの田舎町では当時日本語を習うすべもなかったのである。また, フランスとすらわずか数十キロの距離であるのに, 独仏が戦った2度の大戦前後はフランス人との結婚なぞはまったく考えられなかったというのだが, いまや独仏の関係はきわめて親密であり, このワイン農園の息子のお嫁さんはフランス人である。
　その背景にはEU統合もあるのだが, 約50年前に, コンラッド・アデナウアーとシャルル・ドゴールとの話し合いによって始まった, 毎年青少年10万人を, 独仏間で夏休みの間相互に相手国にホームステイさせるという計画を起源とし, 今日ではEU内の大学を自由に動けるというエラスムス計画に結実しているような若い世代の交流が実っているのである。
　EU構成国間の物, 人, 役務および資本の自由移動に関する障害の除去は, 欧州経済共同体（EEC）設立当初からのEUの基本政策（ローマ条約3条）である。「ひと」の移動については, すでに域内の移動, 居住, 職業選択の自由・営業の自由を掲げてきた。また, 域内のすべての労働者間の労働条件に関する国籍に基づく差別待遇の禁止を掲げている。
　しかし, 他方で地球上では, 残念なことであるが, 今次イラク戦争を例にと

るまでもなく，常に戦争，内乱，飢饉，そして伝染病の蔓延などがあり，これを免れるために故郷を捨てざるをえない多くの人々がいる。難民である。この不幸な事態は21世紀の今日も，変わりなく起きている。この問題の解決は21世紀の最大の課題である。難民のほとんどは自らの意思に反して，故郷を捨て他国に移動せざるをえないのである。

　ここでは「人は何を求め，何によって人は国境を越えて移動し，求めるものが得られるのか」について考えてみた。

憧れと現実──外国人労働者の受入れの帰結

　すべて人には，ふるさとが存する。しかし，生まれた土地に，ずっと一生暮らす人も，故郷を離れ，他国で一生を送る人もいる。メディアの発達していなかった時代のように，自国のしかも一部の土地しか知らないで一生を送ることが通例であった時代と21世紀の今日は異なる。ひとは，自国，故郷以外にチャンスを求めて移動する。とりわけ，国境を越えての移動は，マイグレーションととらえられ，学問対象にされてきた。その学問上のセオリーは，米国，カナダ，豪州などの移民国家と移民国家ではない西欧諸国や日本の場合に共通することも多いのだが，両者の間では国の成り立ちから異なる点も多い。しかし，自国から移住する人々の多くは，「人種，宗教，国籍もしくは特定の社会集団の構成員であることまたは政治的意見を理由に迫害を受ける恐れがある」（難民条約1条）者を除いて，自らの利益やチャンスを求めて移住する。これに対し，受け入れる側の国は，その国に必要であり，有為な人々のみを受け入れることになる。多くの外国人が，日本にも憧れや希望をもってやってくる。これらの人々が，日本でどのような受け入れられ方をするのか。日本の今後の方向は，こうした人々の力を十分に活かせるか否かにかかっている。

　日本に入国し，住み，生活する外国人には，難民もいるし，留学生など日本で学ぶ者もいるであろうが，最も多いのが一定期間，働こうとする者である。出入国管理及び難民認定法（入管法）はこの人々の中でも，日本に必要であり，十分にその職種に必要な技術や技能や能力を備えている専門的な人々に限り受け入れることとしている。特別の職種に必要な技術，技能などを有しない，いわゆる単純労働者への受け入れについては，後述の日系人を除いて，現在までも認めていない。しかし，21世紀に入り，今後，少子高齢化の結果労働力人口が長期的には不足するとして，単純職種にも外国人労働者を受け入れるべきだとの意見も存する。以下，一時的に受け入れを認められる外国人労働者について

検討してみよう。

ヨーロッパ諸国の経験

　移民の場合のように永住が目的ではなく，一時的に受け入れられるのがいわゆる「外国人労働者」である。すでに，欧米では外国人労働者やマイグレーションに関する研究の蓄積があり，また，EU諸国内での経験が客観的に分析されている。したがって，ここでは簡略に従前の研究の成果について触れよう。

　経済循環の中では，非常な好況の時期があり，その中で一時的な人手不足が生ずる。その際に，「数年間必要な労働力だけを，期限，人数を区切って受け入れ，必要のなくなった時点で故国に帰国させる」という政策はすべて失敗に帰しているということである。

　受け入れ側の企業や産業は，受け入れた人々が必要であり，かつ，熟練を積むことになれば，よほどのことがない限り，手放さない。つまり，2年なり3年なりのローテーション・システムが成り立ちえないことになる。

　しかし，不況局面になると事態は一変する。外国人労働者はいっせいに解雇される。外国人が受け入れられた当初，受入国の失業率は，受け入れた外国人の故国より低かったのだが，不況局面からは一転し，その国より高い失業率になる。にもかかわらず，自国に帰国しての生業を持たない外国人は，そのまま帰国することなく，職種をはじめ賃金，雇用保障などあらゆる面で悪条件の職業に就き，家族の多くの人々が働くことで生活を維持することになる。しかも，こういった悪条件の労働市場は第二次的な労働市場として，外国人に占められるという事態になる。いわゆる労働市場のセグメンテーション――分断現象が発生する。働きに来る外国人も，最初は2～3年の出稼ぎのつもりで働きに来る。しかし，思うような収入も得られず，帰国後の仕事もない状況では，滞在が長期化し，結局家族を呼び寄せ，第2世代つまり子どもたちが現地で教育を受け，仕事を持つに至っては故国に帰ることを断念することになる。

　これは約40年前に外国人労働者を受け入れたドイツ（ドイツ連邦共和国）で如実に経験したことである。ドイツは一時的な出稼ぎ型の外国人労働者の，公的年金保険について，帰国後の使用者保険料をドイツが負担するなどの帰国促進を断念し，異文化を持つ人々の自国への「統合」に政策転換した。最終的には，国籍法の改正という結果になり，ドイツ生まれの外国人も，故国とドイツの二重国籍を得ることになり，成人後，一方を選択する。なお，フランスはいち早く1986年から国籍法に関して生地主義をとった。

他方，日本でも1990年前後のバブル経済期に唱えられたのだが，「所得格差の大きい国から外国人労働者を受け入れ，日本の技術・技能を身につけて帰国させ，自国でその技術を生かして起業することによりその国の経済発展につなげる」という考えは，日本でも，EU諸国でも，およそ成り立ちえないのである。

　わが国の急速な少子高齢化の将来に対し，外国人の若い労働力の導入を，という意見が最近見られる。しかし，外国人や移民も20年後には高齢化する。ましてや，高失業率のもとでは年金や老人医療の負担が増大することは，自国民と同様かそれ以上である。しかも最近のドイツの高齢化に対する専門家委員会の報告書では，外国人の婦女の出生率はほとんど自国民と同じであり，長期にわたる少子化への対策にならないとの報告が出ている（表1参照）。

表1　ドイツの出生変化（1991～2000年）

年	出生数			合計特殊出生率		
	合計	国籍		合計	国籍	
		ドイツ人	外国人		ドイツ人	外国人
				15～50歳未満の女子人口		
1991	830,019	739,266	90,753	1.332	1,285	1,705
1992	809,114	708,996	100,118	1,292	1,236	1,693
1993	798,447	695,573	102,874	1,278	1,224	1,604
1994	769,603	668,875	100,728	1,243	1,193	1,505
1995	765,221	665,507	99,714	1,249	1,207	1,447
1996	796,013	689,784	106,229	1,316	1,276	1,496
1997	812,173	704,991	107,182	1,369	1,337	1,509
1998	785,034	684,977	100,057	1,355	1,337	1,426
1999	770,744	675,528	95,216	1,361	1,356	1,368
2000	766,971	716,766	50,205	…	…	…

出所：連邦統計局（2001）

　しかも，外国人の就くような不熟練，半熟練労働力はすでに供給過剰であり，研究開発などの生産性の高い職務にのみ外国人の受け入れをしようというのが，ドイツをはじめとするEU諸国の動向である。それも，東欧へのEU拡大（特に，平均所得がドイツの5分の1であるポーランド，チェコ）に際して，当面，移動と労働の自由を制限すべきだとの意見も強い。

　さらに重要なことは，外国人を受け入れた以上，国籍等による差別を禁止し，同等に取り扱うことが，国際法上も，国内法上も要請される。外国人だからと

いって，労働条件や雇用の形態に異なった扱いをしてよいということはないのである。この点は国際法や国内法に，国籍による差別禁止規定として定められるところである。いっそう深刻なことは，仕事があって入国した外国人の第一世代に対し，第二世代については，教育をし，仕事に就かせることが受入国側に課せられているが，外国人子弟は，教育からドロップアウトする比率が自国民以上となっており，その上で外国人の失業率は倍近いことが報告されている（表2）。

表2　ドイツの外国人失業者数，失業率
（1991，1996，2000年　年末）

	1991	1996	2000
女性	76,000	160,000	157,000
男性	132,000	322,000	314,000
合計	208,000	482,000	471,000
失業率	10.7%	18.9%	17.3%
失業率（ドイツ全体）	7.3%	11.5%	10.7%

出所：連邦雇用局

　しかも，失業は犯罪にもつながることになり，外国人の犯罪率が高いことも否定できない。

　要するに，受け入れをした産業や企業が外国人を働かせて経営を行なうのに当然の負担，例えば賃金など労働条件と社会保障，さらには雇用の保障などを行なうか否かが，今後，日本で外国人を受け入れる上での鍵である（いわば「利益者負担」）。最近のドイツでの世論調査でも，外国人労働者を受け入れた場合の社会的費用負担は「雇い入れた事業者がするべき」というのが41.5%，「外国人労働者自身が負担すべき」とするのが19.9%と双方合わせて61.4%を占めている[1]。当然の良識である。

　ところで，現実問題として日本もこの間，外国人労働者の受け入れに無縁ではなかった。それは，日系人の受け入れである。1990年の入管法改正以降，日系ブラジル・ペルー人を中心に30万人に近い人々が来日し，働いている。彼らの多くは，祖父母や父母の祖国に夢を持ってやって来た。そして，彼らの直面した問題は，他の外国人労働者の受入国のたどった途と同じことが明らかになったのである。

日本で最初の外国人労働者の受け入れとなった日系人

　現在日本に住む日系ブラジル・ペルー人は，それぞれ26万2405人，5万52人（2001年末現在の登録者数），双方あわせると30万人ということになる。日系人（2～3世）は入管法上，「定住者」のカテゴリーで日本に在留でき，就労に制限がない。これらの人々は，1990年代以降日本の人手不足に際して受け入れられ，今日も多くが在住している。

　当初，ブラジルなどでは，経済不況，特に年2000パーセントを超えるハイパーインフレを経験し，当時バブル経済の真只中の人手不足の日本に来日し働くことになった。彼らは当初「出稼ぎ」（ブラジルでも dekasegi といわれている）のつもりでやってきたのだが，不況の結果思うような収入を上げられず，結局，滞在は長期化している。例えば，最大の日系人居住都市である浜松市には，1万2056人が住んでいる。その3割近くが7年以上の居住となっており，5年以上の人々をあわせると約半数を占めている。明らかに2～3年の出稼ぎとは異なってきているのである。しかも，その中でも相当数の人が，日本に永住することを覚悟しているという。在留資格も「定住」から「永住」に切り替えられている[2]。

　こうした中で，日系人に関して雇用上本来認められていなかった派遣労働者として，製造業の大企業の下請けに入職（構内下請けの形式をとっているが実質的に請負いの要件を満たしていない）する日系人が増えている。最近きわめて深刻なことは，下請けや派遣労働者はいつでも解雇できるので，雇用期間が1年も続かず，半年前後の期間で転々としていることである。賃金が低いのはもちろん，年休も，ボーナスもないなど，正社員と異なる労働条件で雇われている。しかも，社会保険・労働保険に加入していることも少なく，疾病，事故や失業などの際に補償がない。

　こうした結果，何か問題がある場合には自治体が救済するほかない状況にあって，「外国人集住都市宣言」に示されたような国の具体的な施策が求められているのである。これらの点は，去る2003年2月18日に行なわれた「在日ブラジル人に係る諸問題に関するシンポジウム」（外務省主催，法務省，文部科学省，厚生労働省後援）でも確認されている。外国人集住都市をはじめ多くの自治体では，外国人を受け入れ，その生活に関し，教育，保健や住宅の供与をはじめ，さまざまな行政の支援を行なっている。

　逆に，働きに来ている日系人の側から見ると，当初はほとんどの人々が数年

の出稼ぎのつもりで来たのだが,結局家族を呼び寄せ,家族も日本の生活に慣れるにしたがい,日本永住の道を選ぶことになりつつある。

深刻なのは不況による経済的な困難さが,まず日系人の雇用の不安定さに現れ,わずか1カ月程度で職を失うなど,失業中の日系人も多く,したがって労働条件の低下も避けられない事態にたち至っているということだ。こうした事態が日系人を犯罪に追い込むことも出てきており,日系人の窃盗などの犯罪が急増している。総検挙数では,中国人の33.9％に次ぐ3.4％,非侵入窃盗は2001年上期に比べ2002年同期は3.3倍に上っている。さらに深刻なことは,外国人の未成年犯罪（少年刑事犯）が急増している。2001年上期に全体の66.5％であったが,2002年上期は74.2％に急増したのである。少年の教育,職業教育・訓練など具体的な政策が緊要となっている。かつて,日本を離れ南米に入植し,幾多の困難を乗り越えてきた日系人の2世以下の世代が希望を持って来日して,こうした結果になることは,悲劇である。

日系人の場合,入管法上も日本で働くことが認められている。日系人は,事実上,日本で最初に受け入れられた外国人労働者となったのであるが,結局国の政策の後れのつけを,彼らが負う結果になったといえよう。

人の移動についての定式

人はすべて,自国を含むいずれの国からも離れる権利,および,自国に戻る権利を有する（世界人権宣言13条2項）。しかし,ある国に,入国し,居住できるか否かは,その国が主権の行使として決めることができる。つまり,受入国がどのような人を受け入れるのかを決めることができるのである。

そこで,人の国際的な移動についての要素を考えると,①受入国の独自の判断での入国条件,②国際的な条約,慣行など,③ある国に入国しようとする人の希望とそのための準備,の3つが重要となる。

①,②とも相互に関連し,②が①に影響を与えることはいうまでもない。②は二国間条約（最近日本でも論じられている二国間貿易協定〔FTA〕や経済連携協定〔EPA〕）などによる場合も,国連などで締結される多国間条約の場合もある。

しかし,①はある国に入国したい人の受け入れに対して今日も決定的な要素であり,①,②相互の関連では,受入国側の政策判断が有力な要素となる。例えば,難民条約（「難民の地位に関する議定書」）についても,この議定書の確保のための国内法にゆだねられるのである。

したがって，①，②は受け入れる国の側の条件であり，客観条件だといえる。①，②に関しては法制度の枠組みの問題であるが，立法政策に関しては経済，社会的条件を見定める必要がある。さらに，法の運用に関して運用主体，とりわけこれに携わる公務員の判断や裁量にゆだねられる部分も多い。

③は国境を越え，ある国に入国して，居住，生活しようとする人の主体的な条件すなわち経済的，社会的，文化的，心理的な個人の条件である。

この三要素を定式化することは難しいのだが，ある程度の公式はできる。

人の国際的移動の可能性の大きさをYとすると，

$$Y = I - T - L + A$$

Iは移住先での所得と故国での所得の差（I-1）と移住先国での就労可能性（I-2）や人口や生活格差（I-3）など，いわばプル要因である。このほかに移住のきっかけになる故国の人口や失業の大きさや移住の情報（就労先などI-4）などのプッシュ要因がある。I-1からI-4が大きければ大きいほど国外での出稼ぎや移住が生ずる。

Tは旅費ならびに入職コストであるが，場合によっては不法就労のゆえに十分に移住先で稼げない危険性（強制送還の可能性などマイナス要因である）も含む。Lは移住先での生活などの費用，コストである。かつて，物価高の日本ではLが大きいので外国人労働者は来ないという見解もあった。しかし，総合的にYが大きければよいのであってこの考えは現実によって成り立たない。さらに，Aは技術・技能・ノウハウなどの習得や帰国してからそれらを利用する可能性，社会的地位の向上，所得の増加の可能性である。これに，故国の安全度がAの中に含まれる。日系人の場合，故国の安全度の低さ（マイナス）ゆえにAを大きいとしている人が多いことがヒアリングで確かめられている。要するに故国に帰るか否かに関しては，Aの要因がプラスであるのかマイナスであるのかで異なっている。

こうした点は，客観的に分析する必要があるのだが，現在最も日本が先進国の中で後れているのが，受け入れた外国人に対し，日本人と同等の取り扱いをし，その評価によってより良い労働条件を保障しようとすることである。目下，1.4％と日本に住む登録外国人は先進国の中で最も低い水準にある。こうした事態を招いた理由は，有為な外国人にとって，日本が住みやすく，働く価値があるかどうかにおいて，あまり魅力がなかったということではなかろうか。この点で，一刻も早く内外人の実質的な平等を政策で確定する必要がある。こう

した前提を満たした上で，少なくとも日本をとりまく東アジア諸国の間で，ヒト，モノ，カネの障壁が，EUレベルまでとはいかないまでも，少しでも低くなることが，アジアだけでなく「世界の21世紀」の発展の決め手になるといえよう。

(1) Deutcher Bundestag ; Enquete-Kommission:Demographischer Wandel, 2003
(2) 最近の調査としては，(財) 産業雇用安定センター「日系人就労者等アンケート調査結果」(2003年2月) および浜松市「外国人の生活実態意識調査報告書」(2000年3月) があるが，ほぼ同様の結果となっている。

（「外交フォーラム」2003年6月号所収）

第2部 国際比較

第2部　解題：EUの東欧，地中海への拡大とヒトの移動とアジアの国際化——1990年からの帰結

2004年5月1日，EUは従来の15カ国から，新たに10カ国の加盟をもって，統一ヨーロッパの流れをとることになった。日本，米国，拡大EUを，比較すると，表1のようなデータが明らかとなる。

（表1）

	EU 15カ国	拡大EU 25カ国	日本	米国
面積（単位：万平方キロ）	319.1	392.9	37.8	937.3
人口（億人）	3.81	4.55	1.27	2.91
国内総生産（GDP, 単位：10億ユーロ）	9,169	9,613	4,220	11,084

　　注　日本の人口は2003年1月1日推計値，その他は2004年1月1日の推計値。GDPは2002年の名目値（2004年3月発表）

　拡大EUは，面積において日本の約10倍，人口においては約3.6倍，GDPについては約2.2倍である。
　このEUの東への拡大は，1989年のベルリンの壁崩壊と1990年の社会主義圏の解体以来，予定されていた結果であるが，この間の歩みは平坦な道ではなかった。第2部第1章及び第2章などで分析したように，東からのヒトの移動圧力はとどまることがなく，EU統合への最重要課題であった。その最大の要因は，東欧諸国とEU内先進国との所得格差（表2参照）がヒトの移動をひきつけてきたのである。もちろん，多くの人々は，自分の故国，故郷で十分な収入のある職につくチャンスがあれば，移住や出稼ぎをしないことも明らかである。しかし，現実がそうではなかったことは，社会主義崩壊以来，この間の実情を見れば明らかである。
　他方，EU諸国では，平均すれば2003年から2004年の最近まで，8.0％に及ぶ失業率で，しかも最大の経済力を有する独仏両国が最近に至るも，10％を超える高失業率，数百万人の失業者を国内に抱えるという大問題が解決されていない。

それゆえ，新加入国を受け入れる15カ国のほとんどは，ヒトの移動に関して制限を維持することを望み，この間のEU加入交渉の中での最大の問題であった。筆者は，2000年9月，チェコのEU問題担当者をヒアリングしたが，この点が，ドイツなど受け入れ側との大きい論点であるとの回答であった（このほか，農業問題，低生産性の鉄鋼など製造業のリストラ，特殊な問題としては27を数えるチェルノブイリ型原発の安全性など）。

担当の，チェコ外務省のEU担当部長，労働省の部長は，隣国ドイツの，とりわけ国境を接するバイエルン州の危惧が当たらないことを強調していた。しかし，若い世代はどんどんチャンスを求めて移住したいと語っていたのが印象的であった。確かに，チェコなどの人口の少ない国は移住圧力は大きくないであろうが，最大の人口圧力を持つポーランドの場合には，相当な移住圧力がかかることになると予想されている。もっとも，本部第1章，第2章などに明らかなように，ポーランド，ハンガリーからは社会主義体制離脱後，すでにかなりの出稼ぎがドイツなどに向け，恒常化し，その一部は定住化していると言えるので，新規移住はさほどの圧力ではないとの意見もある。

こうした中で，2004年5月1日の新規10カ国の統合を前に，EU委員会は，EU条約に定める，各国の状況に応じ，当面，5年間は各国においてヒトの移住の自由に関して制限を付することを認めた（Subsidiarityの原則）。こうした前例は，1986年のスペイン，ポルトガルのEC加入時にとられ，ドイツなどでは3年間の移住の自由を両国民に関して制限した前例がある。

今回は，ドイツはまず，統合初年度には，自営により，雇用をドイツ内でする可能性があるマイスターだけに移住の自由を認め，3年後に一般的な移住を認めるということを決定した。さらに衝撃的であったのは，英国の2004年2月26日の決定で，新加入EU諸国民の移住は自由であるが，無拠出の医療サービスのナショナル・ヘルスサービスをはじめとする手厚い社会保障，福祉の享受は一切認めないとする決定であった。

1990年代，世界の先進諸国は，一方で，ヒト，モノ，カネの国境を超える自由な流れを作ることを，WTO（世界貿易機関）条約で確認しながら，労働力の移動に関しては，慎重な姿勢を各国ともにとってきた。

しかし，最近は，EU統合，そのさらなる地域拡大を経済領域に確保する欧州経済領域協定（EEA），さらには北米自由貿易協定（NAFTA）など，地域諸国の商品・サービスの貿易障害の撤廃による国境を越えた移動の促進などを目

指す動きがあり，こうした地域内でのヒトの移動の自由化が強まっている。一方，特定の国や地域と輸出入品にかかる関税や外資規制などを取り払いモノやサービスを自由にする協定（自由貿易協定：FTA）やFTAより幅広く経済取引の円滑化，経済制度の調和，協力の促進など市場制度や経済活動を一体化するための取り組みなど協定するEPA（経済連携協定）などが，GATT（関税及び貿易に関する一般協定）第24条とGATS（サービス貿易に関する一般協定）第5条により促進されることとなった。日本も，シンガポールとのEPAが2002年1月13日に締結され，現在メキシコ，フィリピン，タイ，マレーシアなどとのEPA締結が進められている。今後，地域統合が遅れていたアジア地域でも日本とASEAN諸国の間での包括経済連携構想が，当初二国間で，後には地域との間で進められることが懸案となってくる。その結果，ヒトの移動はさらに自由化されていくことになるのだが，とりわけ人材育成，医療・社会事業サービスなどに関するサービスの移動の枠組みを作ることが要請されている。

　かつて，ヒトの移動などに関して特定国に優先的な枠を与えることは，各国との通商航海条約などで定める最恵国待遇に反することから，ヒトの移動の二国間協定による自由な移動促進は難しいと判断されてきたが，むしろ，全く事態は一変したといえる。

　しかし，いざ具体的な政策を提示することになると，以外に自由なヒトの流れを創るということは，さまざまな困難が伴うことになる。たとえば，ヨーロッパ内で圧倒的な経済力を誇るドイツでも，ヒトの移動に対する国内政策の混乱が続いている。野党の反対を押し切って一旦は2002年に成立させた「移住法」（das Zuwanderungsgesetz）改正は，その後，連邦憲法裁判所により，連邦参議院でのブランデンブルク州の票の一括賛成投票を違法，違憲とされ，再度議会での審議に戻されているが，この間EU以外の外国人の移住に厳しい制限を課すべきだとする野党（キリスト教民主・社会同盟CDU・CSU）と連立与党（社民党，緑の党SPD：Gruenen）との間での妥協をいまだに見出せないまま，1年余を経過している。しかも，最近，伝えられるところによれば，与党内での対立すら出てきており，これが連立への障害になりつつあるとすら言われている。とりわけ，2004年3月マドリードでの地下鉄爆弾事件が与えた波紋は大きく，この事件はドイツにとっても，他山の石ではなく，治安に重点を置かざるを得ないとするシュレーダー首相，シリー内相などが野党との合意により連邦参議院を法案通過させようとの新たな決意を生み，ようやく2004年7月1日に成立した。しかし，これに反対し，連邦議会の優先的な法案審議に委ねて，野

党との協調を拒否するとする緑の党との間に亀裂が生じている（2004年5月4日 SDZ など）。

本書第2部の国際比較は，1980年代末から1990年代を通じてのヒトの移動，とりわけ外国人受け入れに関する各国，地域の法・制度比較と実態を明らかにしたものである。

以下，各章の掲載誌等を示し，その時点での記述であることをお断りしておきたい。なお，その後の変化等については，今後の展開に待ちたい。

（表2）ヨーロッパ諸国の一人当たり国内総生産（GDP）の差

	一人当たり国内総生産（GDP）2001年，ドル	ドイツの一人当たり GDP に対する比（ドイツを100）
ドイツ	23,700	100.0
フランス	21,505	90.7
英国	23,753	100.2
ポーランド	4,230	17.8
チェコ	5,503	23.2
スロバキア	3,694	15.6
ハンガリー	5,228	22.1
ウクライナ	767	2.9
ベラルーシ	1,217	5.1
ロシア	2,137	9.0
日本	32,523	137.2

第1章　「『東』からの波に翻弄される統合——大ヨーロッパ実現の難しさ」エコノミスト　1993年1月26日号

第2章　「国際的な『ヒト』の移動と21世紀」千葉大学法学論集　第6巻第2号（1991年）所収

第3章　「外国における不法就労外国人問題」法律のひろば　42巻12号

第4章　「西ドイツの『外国人労働者受け入れ』と二国間協定」季刊労働法153号

第5章　「外国人労働者問題の行方——ドイツの経験と比較して」自由と正義　1996年5月号

第6章　原題：「OECD諸国における査証制度」外務省領事移住部刊，1997年3月〔中窪裕也氏と共著〕

第7章　「スイスにおける外国人労働者の受け入れ」日本労働研究雑誌369号　1990年7月号

第8章　「迫られる価値転換　ドイツそして日本——難民・外国人労働者受け入れの実態を中心に」世界　1993年4月号

第1章 「東」からの波に翻弄される統合
——「大ヨーロッパ」実現の難しさ——

二つの渦の中心・独

　1989年11月のベルリンの壁の崩壊後, 91年のソ連邦解体と独立国家共同体 (CIS) の成立, そして旧ユーゴスラビアで続く内戦などの旧東ヨーロッパ諸国の大変化の中で, 93年1月1日からのECからEU (欧州連合) への統合を迎えた。こうした旧東欧, ソ連の変化は, 当初はEU統合に拍車をかけ, ヨーロッパ全体の統合をも推し進めるものになるとのオプティミスティクな意見が有力であった。しかし現実の流れをみると, 統合の完成と拡大への単純な直線的な流れはより複雑化している。

　ここで, 指摘しなければならないのは, ヨーロッパ統合の「渦」の中心にドイツが位置することになった点である。しかもその渦は, ベルリンを中心とする東への広がりをみせる渦と, ブリュッセルを中心として西への広がりをみせる渦との二重の渦になっている。しかも, 東西二つの渦の間には, かつての東西冷戦下での中立国であり, EFTA (欧州自由貿易連合) を形成して独自の経済を主張してきた北欧三国 (スウェーデン, ノルウェー, フィンランド), オーストラリア, スイスがあり, これも二つの渦の中の, より大きな西の渦に巻き込まれようとしている。

　東へ西へと二つの渦を作り, かつコントロールしつつあるのがドイツである。ドイツは地理的にも, 文化的, 歴史的にも, そして何よりも経済的に東西のリンケージとしての役割を負ってきた。事実, コール首相は1992年10月16日のバーミンガム臨時欧州理事会 (EC首脳会議) 以来, 二つのEC統合への黄信号 (デンマーク問題と欧州通貨危機) 問題をエディンバラでの欧州理事会 (12月11, 12日開催) に至るまで文字通り中心となって切り抜けた。しかしこの間, 常にEC (当時) 首脳の前に, 旧ユーゴスラビア内戦, 旧東欧諸国, 旧ソ連諸国の動揺と再建が重苦しい現実となっていた。

　ドイツはこの現実に対し, 前面で立ち向かわなければならない。つまり, もはやEC統合は「西欧諸国」の統合というだけではなく, 全ヨーロッパの統合に向かわねばならず, それなくしてはEU統合も砂上の楼閣となるおそれが

出てきているからである。ちなみに，コール首相は10月に予定されていた訪日をキャンセル，急きょ英国（バーミンガム）へ乗り込んだ。彼にとってはこれに続く自党・キリスト教民主同盟（CDU）大会（コールは「ドイツの危機，ヨーロッパの危機だ」と演説した），そしてロシア訪問（12月15日）によりエリツィン大統領にさらなる援助を約束した。ロシアの民主化と経済再建を支援することと比べれば，訪日の意義はさほど焦眉かつ重大ではなかったということになるのであろうか。

混雑する東西欧州の接点

わが国の北方領土と対照して引き合いに出されるオーデル・ナイセ以東のポーランド領。わずか200メートルほどの，しかも雪解け期を除いてわずかの水量しかみられないこの自然国境は歴史的には余りにも多くのことを物語っている。500年以上前からこの川は後にプロイセンに統合されたブランデンブルク公国の中心を流れるにすぎず，何ら国境河川ではなく，以後ドイツ帝国からワイマール期までこの川の両岸ともドイツであった。しかし，1945年のポツダム会談はこの川の東側をポーランドに割譲するものとした。以来，オーデル・ナイセ以東の領土復活は，ヴィリー・ブラント元首相の東方政策に至るまではSPD（社会民主党）を含めほぼ全勢力の，そしてそれ以後ベルリンの壁崩壊まではCDU・CSU（キリスト教社会同盟）の党綱領，ドイツ国策として，主張されてきたのである。

コールは89年11月9日のベルリンの壁崩壊の瞬間，ポーランド訪問途次にあったが，報に接して急きょベルリンに乗り込み，またポーランドに引き返した。その際彼は独自の判断で，東西ドイツ統一をポーランドに承認させる代償として，ポーランド内の旧ドイツ領復活を放棄，現国境を承認したのであった。このとき以来ドイツにとっては，予想外のソ連解体などがあったにもかかわらず，東への支援，そして全ヨーロッパの統合への路線は変わることはない。否むしろ冷戦下の東への防波堤としてのドイツから，自国をヨーロッパの中央の「位置」にあるとみる伝統的な考え方がよみがえった。

ドイツには今や二つのフランクフルトが復活した。一方はいうまでもなくドイツがEC経済通貨統合に際してヨーロッパ中央銀行をおくことを主張してやまない（結局2002年1月1日のユーロ導入にともない，フランクフルトに欧州中央銀行がおかれた）国際金融・空港都市フランクフルト（アム・マイン）であり，他方は右のオーデル河畔のフランクフルト（アン・デア・オーデル）である。

第1章　「東」からの波に翻弄される統合

　第二次大戦の最終局面，フランクフルト・アン・デア・オーデルはソ連軍の東からの首都ベルリンへの進撃をくい止めようとするドイツの最前線となって，ほぼ100％瓦礫の山となったが，かつてこの町はハンザ同盟の有力な街でもあり，大学都市でもあった。今日もこの町には至るところに銃弾の跡を残した廃墟ビルが建っており，橋一つでポーランドに通じている。このオーデル川対岸もかつてはフランクフルトの一部であったが，今日ではズービチニと呼ばれている。つまり，ここはドイツからワルシャワを経て，はるかモスクワまで通ずる数少ない幹線道路の国境であり，今なおヨーロッパの東西の接点である。

　1992年10月ベルリンから直接距離にして70キロのこの街を訪問した。かねてから，ポーランドとの国境が開き，「モノ」「ヒト」「カネ」の流れによる混乱が伝えられていたのを現地に見るのが目的であった。ベルリンの東から出れば単に70キロであるが，今なお渋滞の続く旧東ベルリンからの道を避ければ，全く反対側の西側からリング状のアウトバーンをひと回りせざるをえない，結局，168キロも走り，3時間もかかったが，運転手はこれでも早いという。フランクフルトの国境の10キロ手前からは東に向かう大型トラックの行列で通関するのに丸1日はかかるそうだ。それでもまだ今はましで，一時は丸3日以上かかったという。このトラックの70％以上はロシアに向かうものだ。

　このように，今では，東への「モノ」の太い流れができているのだ。橋を渡る我々の目にするのは，「ヒト」「モノ」について完全に壁の取り払われた国境線であった。東から，羽根ぶとん，木工製品などを持ち帰るドイツ人，西から洗剤，ワインなどを持ち帰るポーランド人。そこには他のEU諸国間やEFTA諸国（補説：1985年にオーストリア，スウェーデン，フィンランドのEU加盟にともない解散）との国境と同様な人々の日常的往来がある。しかし，興味をそそったのは東から帰るドイツ人が大量（何ダースか）のドイツタバコを購入して帰っていることであった。

　この謎については，タバコの販売所にドイツのダンボールを搬入中の男に尋ねて簡単に氷解した。このタバコはロシア，ブルガリアなど東からの還流品であるというのである。つまり，1992年現在30万ともいわれる旧ソ連軍をはじめとする在独駐留軍と関係者への支給品などがいったん東側諸国へ出て，西側に還流してきているのだ。タバコを提げて帰るドイツ人はドイツの税込みの値段の3分の2で買えるという。また，最近では年間140万台といわれ，保険会社も保険でのカバーを断念すると伝えられたドイツからの盗難車（しかもほとんどは新車）の半分以上がポーランドに入っているとの噂である。

135

表1 ポーランドの経済発展を示す指標（前年度比、％。1992年からの予測）

	1990	1991	1992	1993
実質GNP	−11.6	−8.0	−1.8	+2.0
工業生産	−23.0	−11.9	−3.5	+4.0
消費者物価上昇率	+585.8	+70.3	+46.5	+39.0
失業率	6.3	11.8	14.0	13.8
経常収支差額（10億米ドル）	+0.7	−2.1	−2.0	−1.0

（出所）IMF, OECD, Business International

　こうした国境の変化は，ドイツをはじめとするEU諸国内にもさらに厳しい問題を投げかけている。旧東ドイツ再建の鍵の一つとされたのが，ベルリンをはじめとする建設による投資である。今日，この地域の道路，鉄道，電信電話をはじめとするインフラ投資には目をみはるものがある。しかし，旧東ドイツに生まれた中小建設業は倒産の危機にある。その理由は，旧東欧諸国からの建設労働者のグループに3分の1といわれる低賃金で下請けさせる不法就労が激増していることだ。90年から5万人前後に限って，旧東欧三カ国（ポーランド，チェコスロバキア，ハンガリー）を中心に，その再建支援のため認めた建設業などの下請け労働者の導入が逆の結果となり，ドイツ全土で50万人，ベルリン周辺だけでも15万人近くのモグリ下請け労働者群が形成され，その結果まともにドイツ人を雇っている中小建設業者が倒産するという悪循環が生まれているという（ベルリン市労働社会局）。日本にとっても「他山の石」として認識すべきであろう。

ポーランドは成功？

　では，東側経済からみて経済的な現状をどうみるべきであろうか。ここでは，東欧諸国としてはじめて不況を克服しつつあるといわれるポーランドからみてみよう。

　表1にみるように，93年の推計と予想では，ポーランドは東欧では唯一，経済的にプラスの見通しである。紆余曲折を経て登場した初の女性首相ハンナ・ズチョカも，10年後の時点の経済実績は国民所得を含むすべてにおいて倍増すると言明している。

　だが，西側諸国との経済競争力に堪える投資を行うための資金はIMF等からの国際的借款によらざるをえない。IMFの債権国が新たな借款を与えるためには，旧債務の半分をリスケジューリング（債務返済繰り延べ）せざるをえ

ない。ともあれ債権国側は，92年に当初期待された全債務額の8.5％の債務返済はあきらめ，5.5％の返済がなされていることで満足せざるをえないといえる。また，アメリカとの間では，GNPの5％への財政赤字の縮減などを約束しての新借款のための債務猶予，免除協定を行うとの合意ができている。

そして90年以来，基幹産業（炭鉱，鉄鋼など）でのストライキの続発状況はあるものの，92年9月段階で工業生産は9％，同年上半期輸出は12％増，輸入は8％減少して（それぞれ対前年同期比），はじめて貿易収支も黒字基調となった。91年10月以来，西側通貨に対してズロチを1.6％切り下げたことも輸出増，輸入減につながっている。

しかし，こうしたわずかな光明すら，国民の長年にわたる社会主義的福祉や労働への揺り戻しを引き起こすとすれば危ない。昨年10月には40％のインフレに対処して30％の年金増額案が議会を通過，これが今後数パーセントのインフレ率になってハネ返ることが予測されている。税収など国家財政も予定を下回る歳入減が現実となっている。歳入のかなりの部分を占める，市場経済化のための国有企業売却は予定の半分に達しないわずか4億マルク（約320億円）で，政府は93年歳入も下方修正せざるをえなかった。その上，社会党保守派が新たな国家支出を求めることとなり，再度猛インフレを招くようならば，IMF諸国として見放さざるをえないであろう。ある世論調査では，ポーランドの全階層で向こう5年間生活水準の向上を断念することを肯定するかとの問いに，わずか21％が賛成するにすぎないという。

不安定な状態続く

結局，ポーランドをはじめとする旧東欧諸国にとっては，西側との競争力を確保するためには，外国（西側）の投資を待つほかはない。その際，内外の投資家の平等取り扱い，とりわけ土地購入，所有権移転手続きの迅速化，そして外国人投資家に対するアレルギーの克服が必要である。だが，実際に最も強力な投資国はドイツにはかならず，この国民のドイツ・アレルギーは相変わらず続く。しかし今や，かつてワレサが大統領時代に行った，国家企業の株券を従業員と地域住民に配布すれば市場経済化は達成されるとする愚行は繰り返すべくもなく，戻る道はない。

ポーランドの状況とならんで旧東欧諸国中，ハンガリーおよび，本年1月1日をもって分離することになったチェコスロバキアの経済が比較的良好である。ちなみに92年の9カ月平均で，消費者物価上昇率はハンガリー約20％，チェコ

スロバキア10％で，輸出も好調。貿易黒字も91年にはハンガリー1.8億ドル，チェコスロバキア9.8億ドルを記録している。このような中欧3カ国の好調な経済を支えてきたのが，旧東欧諸国の民主化以前からなされてきた市場経済化，民営化と西側からの投資である。これらはドイツをはじめとする西側への輸出増加につながっており，東からの「モノ」の流れができつつあるといえる。しかし，こうした流れも不安定の感は免れない。

その一つは，西側からの投資と東からの輸出の動向をみると，それがEC諸国との著しい経済格差を前提とする「モノ」や「ヒト」のダンピングの結果ではないかということである。たとえば，東西ドイツ統一後の旧東ドイツ企業の生産性のレベルは旧西ドイツの3分の1であるにもかかわらず，賃金負担は西の7～8割の高水準であることが，旧東ドイツへの投資を回避させ，3分の1の賃金で済む中欧3カ国への投資に向かわせているという。たとえば，旧東ドイツ，ザクセン・アンハルトへの投資を見合わせ，ハンガリーのエンジン組み立て工場（3億2,000万ドル）に振り向けたアウディのような代表例がある。ただ，このような流れも技術不足，水準の低さの壁の前に必ずしも順調ではない。また今後ダンピング規制を強めるEUとの間で，鉄鋼，金属，繊維，衣料などの分野でのテンションは避けられないであろう。

第二にIMF等に対する相変わらずの膨大な累計対外債務の重圧である。ハンガリーの200億ドル，チェコとスロバキアの分離後2対1に分けられるとするチェコスロバキアの63億ドルが，投資をはばむ障害となる。

難しい難民への対応

第三に，こうした経済格差の中で生まれる「ヤミ」経済的様相である。前述のポーランドの例をみるまでもなく，公正さを欠く「モノ」の流れとともに，現在50万人を超えていると予測されているこれらの国々から西側，特にEC諸国への「ヤミ」労働，不法就労者の流れ，つまり「ヒト」の流れがある。今年発足したEC統一市場は域内での「ヒト」「モノ」「カネ」のコントロールの廃止を謳っているが，逆に東からダンピング，ヤミ市場的な流れへのコントロールを強化することにもつながらざるをえない。

ドイツ内務省は，この数年来東からの不法入国をチェックする方策を探ってきたが，EC統合によりEC諸国間の国境警備官を東の国境に向けるほか，ポーランド，チェコとの国境にレーダー，赤外線探知機を設置し，不法入国の取り締まりにあたるという（連邦内務省での聴取）。

ちなみに，昨年11月帰国時にデュッセルドルフ空港の税関の職員に話を聞くと「自分は以前オランダ国境に配置されており，国境近くに家を持っているため，ここに配転後，毎日2時間半もかけて通勤している」とぼやいていたが，東への配転はなおさら大変だろう。

　事実，国境を越え不法入国する人々だけではなく，政治難民と称して入国する者は92年10月末までで36万8,000人を記録しており，92年中に50万人を超えるのは確実だとされている。その中で，ルーマニア（9万人），ブルガリア（2万2,000人），旧ソ連（8,000人）からの流入が，旧ユーゴスラビアの10万人に次いで上位を占めていることも注目される。潜在的出国可能人口500万人とも，1,000万人もといわれる旧ソ連からの出国者は直接国境を接するポーランドなどにとって既に脅威となっており，「ヒト」の流れが玉突き現象を生じている。これに対し，ドイツ社民党（SPD）は昨年11月16日，常套であった難民への「庇護権」を認める基本法16条の改正を決定せざるをえなかったのである。

　「ヒト」の流れは別として，一見比較的経済的安定に向かいつつあるようにみえる中欧4カ国ですら，ECへの統合はもとより，その前提となる格差解消への道は厳しい。ポーランド，ハンガリー，チェコ，スロバキアの4カ国は，1992年12月21日「中部欧州自由貿易協定」（CEFTA）を締結し，原材料の関税と貿易数量制限の撤廃と農産物，工業製品への5年間での段階的な障壁撤廃を決めた（3月1日発効）。このような中欧の「渦」が独自の渦になることはなく，ECの渦に巻き込まれる小さな渦としかなりえないことも明らかである。

　これらの諸国に市場経済化において後れをとる旧東欧諸国（ルーマニア，ブルガリア，アルバニア）と戦乱下にある旧ユーゴスラビアは，EC諸国との格差を縮めようもなく，大ヨーロッパ統合の最後の対象たらざるをえない。また，旧ソ連，CIS 11カ国とCIS不加盟のバルト三国およびグルジア，アゼルバイジャンの2カ国については，好むと好まざるにかかわらずECへの渦の外部に押しやられることとなった。

　しかし，経済運営の見通しの立たないエリツィン政権を，EU統合の論議とは切り離して支援せざるをえないのが，EU諸国で，とりわけ独仏の立場であるが，ロシア基軸の諸国家への再統合の動きがあることに注意を払わざるをえない。

　たとえば昨年12月14日，旧ソ連の15カ国を結集し，現在のCIS以上に密接な新国家連合を創設しようとするロシア人民代議員大会決議や，EU加盟を強く望み，かつてのハンザ同盟都市的機能を営むことを志向したリトアニアの人

民戦線組織サユジスの総選挙での敗北，親ロシア的な民主労働党政権の成立などもみられる。

変更せまられる筋書き

EU 統合が大ヨーロッパ統合を掲げる限り，旧西側諸国だけの統一経済圏を作り，他のヨーロッパ諸国を排除するわけにはいかない。当面，もろくも潰え去ったロシアの軍需経済の民営，民需化へのテコ入れを EU 統合の力をバネに行わざるをえない。しかし仮にこれを，IMF，世界銀行との提携や OECD ならびに欧州復興開発銀行（EBRD）などの機構を通じて行う場合，EU 内の有力国家ドイツやフランスが自らの利害を超えた説得力ある援助計画を EU 外の日本やアメリカなど有力国に提示して理解を得る必要がある。つまり，ロシアなどの旧ソ連への支援は EU の独自性を希釈する効果を生まざるをえない。これも，EU の欧州政治同盟や経済通貨同盟への重荷となってきているといえよう。つまり，かつて EC が旧ソ連，東欧をカウンターパートとして西欧自由主義国家の復活と繁栄をはかればよかった時代とは全く様相を異にしているのである。

他方 EU 統合は，欧州経済地域（EFTA）を構成する 7 カ国との間で「ヒト」「モノ」「サービス」「資本」の移動を自由化する「欧州経済地域」（EEA）を成立させ，19 カ国，3 億 8,000 万人の統合市場を実現することを予定するものであった。その上で，93 年 1 月からスイス，オーストラリア，スウェーデン，フィンランドなど EFTA 諸国からの EC 加盟申請に対応することが筋書きであった。

しかし，この筋書きも書き換えを要することとなった。その理由の第一は，1992 年 12 月 6 日のスイス国民投票での EEA 加盟拒否であり，その最大の理由は農業保護と，東からの「ヒト」の波に対する反発である。第二はスウェーデン，フィンランドなど北欧諸国に急激に生じた，いずれも 10 数パーセントを超える高失業と有力銀行破産にみられる不況である。この不況は従来，旧ソ連への「モノ」のルートとして享受していた利益の喪失と強い西の渦への「ヒト」（若い人々）と資本の移動が原因であった。

EU 統合は独仏を中心とする 12 カ国によるものとはいえ，今や二つの渦が生じ，その中心にドイツの力が強く働いていることを浮き彫りにしているのである。

（「エコノミスト」1993 年 1 月 26 日号所収）

第2章　国際的な「ヒト」の移動と21世紀

I　20世紀と21世紀の「ヒト」の移動

　世界的にみて，国境により「ヒト」の出入りを制限することが一般的になったのは20世紀の産物である。19世紀が国民国家の時代であったとしても，「国民」という壁は比較的ゆるやかであった。むしろ19世紀がいわゆる国民国家の成立の時代とすれば，20世紀は，ヒマラヤの高峰からサハラ砂漠に至るまで国境が確認され，人の出入制限が厳密に制限されるようになった時期である。それでも20世紀初頭においては，その制限もシステマティックでも，一般的でもなかった。国境通過を拒否されるものは，その国の破壊・転覆などにつながる人物や兇悪犯罪人などにとどまっていた。つまり，一般的な人の出入りの制限は規範（ノルム）として定立されていなかったのである。

　20世紀初頭までは，多くの隊商が砂漠をこえ，山をこえ，自由に行き来し取り引きを行っても来たし，西アジアのステップ地帯を遊牧民は国境などを意識することなく自由に放牧してきたのである。ヨーロッパ諸国でも，ヨーロッパ諸国民は1914年（つまり第1次大戦）前には，パスポートがなくても一定の国々の間で移動，移住が可能で，しかも仕事につけた。ポーランド人のルール地方（特に炭鉱労働者としての）への移住やメキシコ人のアメリカへの農業労働者としての移住は恒常的に行われていた。またヨーロッパから新大陸アメリカへも，たった八ギニーでキャビンにもぐり込み脱出が可能であったという。イギリスのグラスゴー，リバプール，ロンドン，アイルランドのダブリン，オランダのロッテルダム，アムステルダム，ドイツのハンブルクなどは単に貿易港としてだけではなくこうした移民の出港地としても栄えたのである。

　こうした移住や移民の自由が国境コントロールにより強化されたのは20世紀，特に第1次大戦後の動きであった。米国でも移民法による国別割当て（クォータ制度）を設け，移民の流れに制限を加え，国境警備を強化した。他方，ヨーロッパでも，他国からの流入者については，国籍なき民として法的保護も限定的であった。この時期から，一方ではインターナショナリズムを唱える国際主義者（ロベルト・シューマン，グスタフ・シュトレーゼマン，クーデンホーフ・カレルギー）がおり，他方では，レーニンの指導する第3インターや社会主義イ

ンターは国境を越えた労働者の連帯と協働を唱えた。

　しかし，圧倒的多数はさまざまなナショナリズムの下にあって，自国の利益のみを追及し，その享受者も国民（national, Volk）にあるとしたのである。ヒトラーのナチズムはこれをゲルマンの血に限定したことでウルトラであったが，米国にしても米国は，他国と，とりわけ欧州，アジアに関与しないとするモンロー主義に徹することにより自国の繁栄のみを心がけ，この過程で，今日悪名高い1924年移民法により，ヨーロッパ以外の地域からの移民を排斥した。あまつさえ，アジア系移民に対する圧力は，中国人排斥，日系移民の土地取得制限法をカリフォルニアで生むことになる。オーストラリアの白豪主義もこの流れであった。

　第2次大戦は，こうしたウルトラナショナリズムやスターリン主義国家の戦争でもあった。

　第2次大戦後は，国際的に移民，外国人労働者に一定の保護を与える機運が強まった。世界人権宣言，国際人権規約，ＩＬＯ条約などが主要な規範となっているのである。たしかに，ＩＬＯ条約（第66号条約）は，第1次大戦後の一時的国際協調時代の産物とみられるが，その後も第2次大戦後の米ソ蜜月時代（といっても当初からきびしい対立をはらんでいた），協調時代には，部分的にこのような動きが成立しえたのである。

　しかし，第2次大戦後，むしろ社会主義国家群（東欧コメコン諸国や，アジアの社会主義国）では，「人」の移動を厳格に規制し，とりわけ自由主義国家への移住，移動を禁止したのである。象徴的には1961年8月26日以来構築された「ベルリンの壁」はこの動きを代表している。

　こうした中で，40年余の冷戦を経て1989年ベルリンの壁崩壊を迎えた。

II　新「エクソダス」――「東への壁できるか？」

　1989年11月9日の「ベルリンの壁」の崩壊に象徴される東欧―コメコン体制の崩壊は，1991年2月15日，ワルシャワ条約機構の解体により最終的に東欧軍事，経済ブロックに終止符をうった。この中で，ソ連を筆頭に旧東欧諸国の国内の市場経済導入，複数政党制への移行，バルト3国等に代表される分離独立運動などによって，「ヒト」の移動も自由化されるに至った。1991年初めの段階でのこの「ヒト」の流れは概ね東欧諸国から西側へのエクソダスと概括できる。

東西ドイツ統一に際して，オーデル・ナイセの国境を確定し，ドイツとの間の自由な往来を保障する善隣友好条約を締結したポーランド。一方で国内産業の停滞，インフレの結果，多くの出稼ぎ希望者を生み，ドイツとの間では農業労働者を毎年30万人ワイン畑に送っているが焼け石に水である。じわじわと水がもれ出るように多くのポーランド人が国境を越え，60キロメートル先のベルリン，そして旧西ドイツ各地に散っていく。その一方，ポーランド自身の東の国境も，バルト 3 国の独立をめぐる紛争からくるリトアニア共和国などからの難民，ソ連の経済政策の失敗からその糧を求めて脱出しようとする白ロシア共和国，ウクライナ共和国からの人流。この流れはポーランド，ハンガリー，チェコスロヴァキアのソ連国境にとどまり，西側諸国のビザ待ちをし，あるいは流入の機会を求める何万人もの人流予備軍となっている。このほか非公式にソ連からポーランド国境を越える者は月に何万人という単位であるという。ポーランドは，これらの人々を助ける道義的責任がある，ことに約100万人のポーランド系ソ連人に対してはとりわけ保護をしなければならないという（内務大臣クジストコ・コズロウスキー）。このほか，ソ連に迎え入れられていたアフリカ諸国の人々やキューバ人800人も西への移動を求め，ワルシャワ近くのキャンプに待機中である。

　チャウシェスク前ルーマニア大統領のハンガリー系の住民の大虐殺の地ティミショアラを中心とする西部ルーマニア，トランシルバニア地方。約200万人のハンガリー語を話すハンガリー系ルーマニア人はチャウシェスク失脚前も数万人が越境しているが，1990年 3 月の衝突により連日100〜300人の難民がハンガリーに越境した。

　ウクライナに対し比較的短い国境線を有するチェコスロバキア。とはいえ，カルパチア山脈を越えて，ウクライナ，ルーマニアからの越境者が増えつづけている。数百人のルーマニア人のほか，クルド人，ブルガリア人と亡命希望のソ連兵士など，バツラク・ハベル大統領もモラル上これらの人々を受け入れるという。

　首都ティラナのチェコ，ドイツ大使館などへの亡命希望者に端を発し，最後の社会主義国としての鎖国を解いたアルバニアでも出稼ぎの自由を認めるに至り（1991年 2 月28日），隣国ユーゴスラヴィア，海を隔てたイタリアへ大量の移住希望者がなだれこんでいる。

　このような東から西へのエクソダスの流れに対しては，一方で道義的な受け入れを認める政府，たとえばポーランドでは1990年，その財政不如意の中から

100億ズローチ（約100万ドル）を捻出し，難民や移住者にあてるというが，他方では，第 2 次大戦後の領土問題や占領などからくる反ウクライナ，反エストニア感情も強く，新たなクセノフォビア（Xenophobia 外国人排外主義）もうかがわれるという。

こうした東欧諸国での流れの源になりつつあるソ連。ゴルバチョフ大統領自身も今後数百万人のソ連からの人流の可能性を示唆するところだ。その流入先の一つになりうるスウェーデンの推計によれば，この 2 年間に500〜600万人に及ぶという。ソ連もこの自体に対し連邦内務省内に難民オフィスを設けるに至っている。

ところで，またソ連国内の難民も大問題である。モスコー市内の半壊ビル，そこに150人が収容され 1 室 4 人ずつでつめこまれているという。このほとんどがアルメニア人で，1988年の23万人が家を失った大地震と1990年春のアゼルバイジャン暴動から逃れてきた人々である。アゼルバイジャン暴動の被害者数は60万人以上だとされる。この民族紛争の犠牲者数はソ連政府も掌握できずにいるが50万人が家を失い，10カ月後アゼルバイジャン共和国の首都バクー周辺から23万人のアルメニア人が，逆にアルメニアからは20万人のアゼルバイジャン人が流出している。

その他にも前年，1989年の民族紛争でも，ウズベク共和国からのトルコ系住民 6 万人が家を失い，タジク共和国からは 2 万 3 千人のロシア（語）系住民が，モンゴルに接するトゥーバ自治共和国からも 3 万人のロシア（語）系住民が流民となった。これらを総計すれば60万人に流民の数が達するであろう。

最近の1991年でもモルダビア共和国での民族紛争。1989年に多数を占めるルーマニア系住民がルーマニア語を話すことを日常生活，公的生活，職業生活等において要求するモルダビアのローカル法を制定，生活面でもさまざまな圧迫が少数民族に加えられ，民族主義運動の高まりを前に少数民族のロシア系の脱出が相次いでいた。同様にソ連第 4 の経済力をもつカザフ共和国ではほ折衷していたロシア人のコサックとの力関係が，後者のナショナリストの力が強まるにつれ一触即発の状態である。また1991年年初，タジク共和国の首都ドゥシャンンベでの暴動もローカルな言語強要法によるものであった。このように，ソ連全体では多数派であるロシア人とても，ロシア共和国以外の共和国では少数で，その数6000万人程度といわれている。こうした人々の流れは，いわゆる難民とは異なり，ソ連連邦政府の統制力の弱化ひいてはクーデター後のソ連の解体，地方政府（共和国等）のナショナリスティックな政策と民族的な力の強

まりがひきおこしたもので、ソ連労働局移住事務局は3000万人の国内移動もありうると推定している。

こうした暴動、民族紛争によるケースのほか、スターリン時代から移住を禁じられてきたトルコ系住民も、ウズベクから出て故郷のグルジアへと移動しはじめている。しかし、受入れ側のグルジア側はそれを拒否するなど紛争の火種はつきない。また、イスラエルへのユダヤ人の集団移住も周辺への影響は免れない。

こうしたソ連国内の混乱は、従前から一日800人単位で続いていたユダヤ系ソ連人のイスラエル移住にも影響を与えている。1990年末には、イスラエルに一日平均約1500人が出国移住し、これまでの16万人と合わせ、イスラエル国内での住宅不足、職探しの困難さに拍車をかけている。その結果、占領地への入植も続いており、パレスチナ人が、職を失ったり、住居から押しされるという事態もおきている。

これに対するソ連政府の施策はちぐはぐで、何らの対策にもなっていないという。すなわち、1990年1月には東部の労働省に特別の部（移民サービス部）を設け、4月にはアルメニア―アゼルバイジャン紛争の犠牲者救護令をひいた。これによれば、紛争による難民は少くとも7000ルーブル（公式レートでは1万2700米ドル）をえ、家を失った補償をこれに加え地方政府からえることができるという。

ところで、ソ連はスターリン体制以来国内の移動にもパスポート携帯義務を負わせており、原則として移住を禁じてきた。体制上居住許可（Propiskaという）をすべての人々につき必要とし、この結果の登録によって、生活物資の配給、求職、子供の学校教育などを保障してきた。つまり、無許可移住は即右の基本権を失うものとされたのである。

それゆえ、移住の自由を促すゴルバチョフ政権の路線は、ソ連の社会主義的保障が今や十全に機能しえないところまできていることの裏返しでもあるといえ、西側諸国等への移住により少しでも経済的負担を免れようというところまで来ているとみるむきもありうるのだ[1]。

III 西欧諸国 対 東欧諸国、「ヒト」の移動をめぐる緊張

1 西ヨーロッパ移民問題会議

1991年1月25日、こうした流れに対処すべく、EC諸国を中心としたヨーロ

ッパ諸国，米国，カナダ，オーストラリアの移民問題閣僚会議が行われた。この会議では，ソ連，東欧諸国からの移民，国外脱出者が1989年には130万人以上，1990年にはソ連から約45万人，ルーマニアから11万人に達したとされ，今後の統一的対応につき協議が行われた。特に，ドイツは1990年には20万人以上を受け入れており，現場のフロントラインからは受け入れに否定的な見解が圧倒的だという。また，オーストラリア，スイス，フランスなどもルーマニアなどからの目的のはっきりしない移住をチェックすべきだとされた。特にソ連からの流入は今後3年間に200万人，以後10数年間には3000万人が予測されるという。従って，各国は協議のうえ，各国の受入れ数の枠を作っていくことになるとの方向がうち出されている(2)。

2 ヨーロッパ諸国における外国人排外主義

日本人からみた時，一見リベラルにみえた西欧諸国，たとえばスウェーデン，オランダなどにも，「人」の流れが流動化する気運が強まるにつれて外国人に対する排外主義や人種主義が噴出している。この両国とも，国民の何割かが外国で働き，それに見合うマンパワーを受け入れること，そのためもあって最もリベラルな受け入れ政策をとってきたことが良く知られている。受け入れにあたって，自国語を話せない者も受け入れ，奨学金を与えても定着し働いてもらうことを施策としてきたスウェーデン。地方自治体レベルの選挙権を3年以上の在留者にあたえてきた点では，オランダと同様であった。

とりわけスウェーデンは，デンマーク，フィンランド，ノルウェイなどと異なり外国人排外主義をとる政党もなく，外国人の移住に対して最もあたたかいとの定評があった。しかし，これら北欧諸国がいずれも高福祉，高所得税という悪循環に悩んできたのであるが，これに外国人の定住問題がからみ，1990年12月に，「新民主党」なる反外国人政党が結成された。当面，1991年9月の総選挙においてどの位の得票があるかが焦点であるとされるが，ある予測では23％もの投票が予測されていた(3)。

その路線も，他の北欧諸国の反外国人政党が，重税と外国人に特有の問題にプロテストするにとどまっていたのに対し，具体的には所得税廃止，イスラム教徒追放などを掲げている。これは，公的無駄をなくし減税という保守党のスローガンをも一歩進めており，外国人については，永住権および定住（permanent）すら認めず，もっぱら期限付（temporary）でだけ認めるべきで警察力を行使しても期限後帰回させるべきだというのである。恐らく，「期限付在留」

第 2 章　国際的な「ヒト」の移動と21世紀

だけしか外国人に認めないという政策の裏には強固なコントロールをひくことも考えられているであろう。この点で，日本のある主に経済界の期限を区切るという「受け入れ等」には，こうした発想と一脈通じるものがありはしないであろうか。

3　EC 統合と EFTA との統合

　欧州共同体（EC）との共通市場化を目標す欧州自由貿易連合（EFTA）加入国は，両機構間での雇用と労働者移動の自由化，教育，職業訓練での協力や労働者の経営参加権の確保を盛りこんだ共通基準を作ることを決め，目下両者の統合と統合市場（EEA）を創設する方向にある。

　たしかに19ヵ国，域内人口3億6000万人，世界の貿易の40％を占める大経済圏を想定すると「ヨーロッパ」は一つといえるが，実際には難題が山積みである。

　その最大のものがモノ，資本，サービス，労働の移動の自由のうち，外国人流入の規制を例外として存続させようとするスイスの要求である。スイスの永世中立，国連や EC 不加盟は，外国人労働の規制と農業の厚い保護にあることは当事者も認めることだが，今後も予断を許さないのである[4]。しかし，現在の西欧の勢いは，EC 統合を軸に，スイス，オーストリア，ノルウェー，スウェーデンを巻き込んだ西欧経済同盟への動きに収斂していくことは難問の余地がない。その外縁にある，クロアチア（ユーゴスラビア）[5]，ハンガリー，チェコスロバキアなども，この動きに沿って始動しはじめているのである。

　次に，移民受入れ国である英国，米国，オーストラリアなどの最近の状況について検討してみよう。

Ⅳ　英　国

1　各国の受け入れ策の傾向と英国入管政策

　世界各国がそれぞれの政策にもとづいて，人の受け入れ，移民，外国人労働者の受け入れを決めている現在，政策の具体的判断（裁量）は行政当局に委ねられている。

　この裁量の範囲については各国毎に異っており，その基準も比較的明らかで，具体的範囲での裁量による国と，全く当局の裁量に任ねられ，基準も不明確な国とに分かれている。各国法制をみると，米国移民法はその枠，カテゴリーを

147

はっきりさせ，資格要件もおよそ明確であることが特色である。同様にカナダ，オーストラリアなども移民の地位（immigrant status）をかなり厳格に定めている。これらの国は移民国であるから移民と暫定的就労許可を受けた者とその地位は異なる。たとえば米国におけるメキシコからの年間60万人にも及ぶ農業季節労働者や，オーストラリアと日本との間のワーキングホリディによる学生の就労プランなどである。

これに対して，西ヨーロッパ諸国，とりわけ英国などでは，外国人の受け入れコントロールは裁量によるところが大きい。たとえ，受け入れ国が同じ英連邦諸国であっても，同じ条件での受けいれが行われてはいない。

ことに，インド亜大陸諸国（インド，パキスタン，バングラデシュ，スリランカ）については，英国内在留者の配偶者であっても，1年以上の審査期間（真実の配偶者であるか等），時には人権侵害とも思われるテストもなされている。たとえば，在留者の子供の入国についても，母国の出生証明に真をおかず，また，実際の妻や子かのアイデンティティーがえられるかどうかきびしい審査が行われている。極端な例としてかつて子供について真実に申請者の子供かどうかを調べるため DNA テストすら行われたこともある。英国での担当官庁内務省は，モデルケースとしてこのテストを1987年103人につき実施し，86人だけが親子であると判断されたという。他の法医学的テスト（血液型等）によると58人のうち55人が親子であると判断されたという[6]。

こうした問題が生ずる理由には次のようなことが背景に考えられる。第一に，インド亜大陸諸国の場合，官僚システムが旧植民地時代，とりわけ19世紀のままであり，インドなどでは出生証明書（birth certificate）が今もって存在しないためである。いわば日本でいう戸籍による証明（戸籍謄本や抄本）がないに等しいのであって，本人のアイデンティティ，親子関係の立証も困難だということが背景にある。

第二には，英国をはじめとする入国管理法（the Immigration Act 1971）は，高度に複雑，行政の裁量の幅が大きいことである。英国の場合，内務省の下に内務大臣，入国管理局があるが，出入国の現場では入国管理官（the entry clearance officer overseas）の裁量（discretion）と判断（judgement）による。しかし，その根拠となる指示やガイドラインが明らかにされていないのである。その結果，入国管理官の個人的な意見や感情にも左右され，現実にはインド亜大陸諸国民やアフリカ人の入国が制限されることにもなっている。

英国国籍は，右にみたように，多様で，旧植民地などからのむしろ移民を限

定するための法概念として機能してきた。だが，結局のところ，この概念自体論理的かつ，受入れる地域について一貫性を欠き，確たるものとなっていない。最近の1981年国籍法も，「一種の中世，現代のコンセプトのパッチワーク[7]」だと称されるのである。

つまり，1970年代迄，かつての広大な大英帝国の各植民地，保護領の独立等を通じて，領土の減少につぐ減少を続けてきた英国の過去の反映でもあった。これを少しく具体的にみてみよう。

1997年中国への返還帰属が決っている香港。現人口約500万人のうち半数以上が「居住権のない英国および植民地の市民」だとされている。残りの半数近くは中国本土からの移住者である。英国以外の我々外国人からみれば，この約260万人に居住権を与えて英国に受け入れろというのが当然の事理だと考えられるが，英国では，どの政党もこれについて否定的である。とりわけ，1989年6月の天安門事件以後一時は，香港の，属領市民にすら英国市民権を与えることに否定的となったが，その後，米国の中国系受入れ等や国内世論もあって，ある程度選択的で柔軟な対応をしている。しかし逆に，香港の英国系市民，中国からの移住者を含み香港の人々には中国帰属を前に英国に移住することがあまり人気はない。むしろ，彼等は，オーストラリア，カナダ，米国といった経済的にも発展可能性のある新天地を選ぶ傾向にあるという。

とりわけ，米国は1991年から93年まで，毎年10万人ずつ，移民法の枠外の特別扱いとして，香港生れで，パスポート，ビザを有する者（つまり英国系市民）を受け入れている[8]。また，オーストラリア，カナダなども，その受入れのポイント制によって高学歴，資産保有者といった条件をクリアーする香港人（ほとんどが英系市民）を受け入れている。もちろん，一人が入国，定住できれば，家族ビザで入国しうることも他国民と同様である。この他，米国には，これらの要件を満たさない者の流入も続いており，ニューヨーク，ロスアンジェルスなどのチャイナタウンは流入中国人の密集地となっている。

なお，英国は，1990年7月23日，香港の中国帰属の1997年までに，最高5万世帯までの香港住民の英国移住を認めることとした。ただし，住民といっても260万人の英国籍を有し，英国旅券をもつものに限るという。

2　英国の市民権と入国管理政策

英国の市民権には5つのタイプがあり複雑である。そこで若干これを整理したのが1981年国籍法である。

① 英国市民（British Citizenship）居住権を有し，その他の権利を有する者と規定するほかにも市民権をいくつか定める。

② 英国属領市民（Citizenship of the British Dependent Territories）がある。これは海外に今日も存する属領（たとえば香港）の人々に与えられるが，必ずしも英本国への居住権を与えてはいない。

③ 英国海外市民（British Overseas Citizen）は，原則として英本国に居住権はない。これは，東アフリカ諸国に住むインド系の人々，マレーシアやシンガポールに住むペナン，マラッカなどの旧植民地出身の中国系の人々，西アフリカのシリア系の人々，南アフリカでのキプロス出身の人々，アルゼンチンでの英本国からの移住者の子孫などがこれにあたる。これらの人々は，旧英国植民地時代，英国籍を持っていた者の子孫で，今日もなお英国籍を保有する者である。原則としてこれらの人々には英国本土での居住権がないのだが，1972年ウガンダでの軍事クーデター後のアミン政権により追放されたインド系，英国系の人々を受け入れたように，居住権がないといっても，英国籍を有することから特別の場合には受け入れざるをえないのである。なおこの時は，英国へ3万人，カナダでは優秀な者に限り1万人，インドが3万9000人を暫定的に受け入れている。

④ 英国保護民（British Protected Person）。保護領（British Protected Territory）とは，独立に向かっている旧植民地で現在はブルネイだけである。ここでも，インド系，中国系で以前から英国籍をもっていた者ということになるが，法的にはほぼ英国海外市民と同じ地位を有する。

⑤ 英国臣民（British Subjects）。英連邦のいずれの国の市民権をも有しない者について認められるもので，ほとんどがインド系だと考えられるがその数は不明だという。なお，注意すべきはアイルランド系の人々で，これらの人々はすべてアイルランドの市民権を有し，アイルランド（つまり英国の北アイルランドとアイルランド共和国）において居住権を有するとされていることである。逆にいえば，アイルランド市民はグレートブリテンには当然には居住権を有しないのである。もっとも，現在ではEC条約のもとに移住の自由を有することになっている。

1981年の国籍法立法時には，③〜⑤について推計がなされ，公式には，③については約20万人その他④⑤は計100万人と推定された。しかし3万人とされたシンガポールの海外市民も実際はほとんど実在せず数百人の単位にとどまると考えられている。⑤に区分される者が多いとされるマレーシアにおいても，

マレーシア国籍を取得しているケースがほとんどだとされる。

このように英国は、海外の植民地、属領を縮小するに従い、単純に英国本土で1983年1月1日以降生まれ、その両親の一方が英国市民であるか、国籍法上の定住者の子である者に対して英国市民権を与えるように限定して、原則的に出生地主義を維持したのである。しかし、出生地主義の例外として、不法在留外国人や非定住者（難民で定住を認められない者、就労資格保有者、学生その他の合法的暫定居住者）の子供については英国市民権は与えられないのである(9)。

このように1983年1月1日の英国国籍法施行時に英国市民だと認められた者5600万人中、約200万人が非ヨーロッパ系の人々であった。

ところで、こうしたモザイク状ないしはパッチワークともいえるような国籍法とイギリス連邦諸国出身者との間でもさまざまな処理がなされた。

たとえば、1950年〜60年代当時、経済的好況と人手不足の結果受け入れられたパキスタン人の場合、1971年にパキスタンが独立したことにより次のような処置がとられたという。彼等は、英国臣民としての地位を取得できるが、原則として居住権を失うとされた。しかし、移行期間の5年間に英国居住者登録が認められ、その後5年の居住後帰化が認められることとされたという。しかも、帰化の手数料は当初200ポンド、後170ポンドとされ、かなり高かったのである。

たとえば、同じ属領でも、ジブラルタルの住民はEC内国民と認められているため、英国の居住要件がなくてもEC条約により居住できる。これに対し、フォークランド島住民はその祖先が英国出身者であっても、英国居住権は当然には生じないとされてきた。しかし、1980年のフォークランド戦争は英国内で無視されてきたこの島にスポットライトをあてることになり、1983年4月のフォークランド島民法により1981年に遡って、英国居住権を認めることになった。これらの属領の人々のほとんどが白人であり、これに対して、香港などのアジア系の人々との差が常に批判されてきたのである(10)。

とりわけ1970年代末から、個別ケースでアジア系の人々に対する非人道的なチェックがようやくマスコミ等でとりあげられるようになった。

たとえば、ガーデアン紙は、あるインド婦人に対する入管当局の非人道的扱いを伝えている。

英国本土に定住している男性のフィアンセとして、ヒースロー空港に着き入国を申請したインド女性。彼女に対し入管当局は彼女が真実のフィアンセであるかどうかを調べるため、処女か否かのテストを受けざるをえなかったという。もしこの調査を受けなければ、フィアンセ（配偶者に準じた扱いをうける）とし

ての入国申請が認められぬとされ、この報道は大きな反響を生んだ[11]。

当時、労働党のシャドーキャビネット内相であったマーリン・ピースは、インド系の未婚フィアンセについて過去8年に相当数のテストが行われ、2回程度の抗議があったとし、これに対し、倫理的に問題だとコメントした。これがX線によりなされ、しかも専門家でない者により行われていたことから、特に妊娠中の婦人には危険が大きいともされた[12]。

この事件は、各方面の反響を呼び入国管理のあり方が社会的に注目される契機となって、以後若干の改善がなされることとなった。

3 英国のアジア人

現在英国には約150万人のアジア人が住んでおり、全人口5702万（1988年）の約2.6％を占めている。これらの人々の流入の経緯をみると英国の古くからの植民地人の移住の例はあったが、大量の流入は1960年代以降といえる[13]。

とりわけ最近では1960年代の英国の労働力不足と故国の貧困からインド亜大陸をあとに来た人々の比重が高い。彼らは、パキスタンからのカシミール人、パンジャブ地方のイスラム教徒とシーク教徒、インド西部のグジャラト人、そして少数のアフガン人からなり、ほとんどが貧農出身であった。

これらの人々の多くは、ロンドン、バーミンガム、マンチェスター、リーズ、ブラッドフォードなどで白人が見向きもしなくなった繊維工業労働者などとして就労した。

これに対し、西インド諸島からの黒人（ないし白人との混血）は都市交通、清掃などパブリックセクターの現業に従事することが多かった。

次いで、1970年代には、ブラックアフリカからの政争、人種民族紛争の結果のインド系人の流入が多数となった。彼等は、サービス業や行商などに従事することが多かった。これらの人々は貧困から免れるための移民というよりも、むしろ裕福な階層からなる難民といった性格が強いといわれている。特に1960年代末、アフリカ民族主義の高まりや軍事政権によるクーデターにより、ケニアやウガンダなど東アフリカ諸国でプロフェショナルや経営者層として高い地位についていたインド系アジア人が圧迫され、移住したものが多い。

これらの人々は、ビジネスのノウハウを持ち、しかも白人のいやがる終夜サービスなども厭わなかった。彼等は、街角の食料品店、新聞販売業者、薬局などに進出、あるいはロンドンのビクトリア駅周辺に顕著なBB（ベッドアンドブレックファースト）と呼ばれる小ホテル経営を行う者も多く、その中から著

第2章 国際的な「ヒト」の移動と21世紀

表1 英国における各エスニックグループ別階層移動

人種	ホワイト系		インド系		パキスタン系		西インド系	
労働階層　　　　(%)	1971	85〜87	1971	85〜87	1971	85〜87	1971	85〜87
I	5	7	10	14	3	5	1	2
II	13	19	6	15	4	14	2	5
III (非マニュアル労働)	18	18	15	16	5	10	8	17
III (マニュアル労働)	40	37	32	35	25	35	45	43
IV	16	13	24	16	38	31	27	21
V	8	4	13	3	25	5	17	10

出典:1971年センサス、1985〜87年労働力調査。
但し、1971年の数値には、東パキスタン人が多少含まれている。(I IIはプロフェッショナル、使用者経営者、IIIは常用労働者、IV Vは非常よう労働者、雑業層をなす。

名な成功者を生んでいるという。

　こうしたアジア人の勤勉に対しては，マーガレット・サッチャー前首相も，早朝から夜遅くまで働いた食糧品店の娘であった自らの子供時代の両親の勤勉さを追憶しながら，これを賞讃している。

　こうした中での成功者の一例としては，1972年ウガンダから移住したナズミ・ビラニ氏の例が良く知られる。最初工場の夜勤労働者，その後行商を経て，今日23のホテル，550のパブ，何エーカーものオフィスビルや工場用地の所有者で，サンデータイムズによれば英国第81番目の富豪だという。このような著名な成功者は他にも多い[14]。

　では，こうしたアジア系の人々の実態はどうであろうか。ある推計による白人，インド系，パキスタン系，西インド系の階層区分別の成人男子の比率は表1のとおりである。

　センサスだけでみると，1971年から1981年の間に，次のような社会化移送の流動があった。白人については57%，西インド系については54%が同一階層であるのに対し，インド系は42%，パキスタン系は37%が同一階層にとどまり，階層の流動性が大きいという。とりわけ失業率 (1981年) が，パキスタン系19%，インド系14%と西インド系の8%，白人の5%に比べると大きいことは一方では問題であるが，表にみられる階層流動をみると，インド系の方が白人より上昇する傾向にあるという。これに対し，パキスタン系は70%がマニュワルワーカーであり，階層的上昇も小さい。また，1982年の時点で，東アフリカ出身のインド系 (ほとんどヒンズー教徒) はプロフェショナル，使用者，経営者

からなるⅠ，Ⅱ階層が22％を占めていた。これは，インド出身のインド系11％，パキスタン系，バングラデシュ系の各10％に比べてもかなり高いといえる。

また，不熟練労働者層の比率は，東アフリカ出身インド系はわずか3％，インド出身インド系5％，パキスタン系8％，バングラデシュ系12％であったという。小さな商店で商売をするにせよ，1週間72時間半も店を開け，3人を雇っても，一時間の売上げが12ポンドというところが，パキスタンやバングラデシュ系の商店の実態だという(15)。

こうした中で，英国繊維産業の衰退（1945年200万人の労働者，1986年には52万人の労働者）とともに，この産業労働者として移住し，技術，熟練もないパキスタン・バングラデシュ系の労働者は失業し，最下層に沈んでいるのである。

しかも，人種的偏見が雇用のチャンスも少くしている。結局彼等は，白人から分離して住み，アジア系はアジア系で取引をし，その出身の人種別にコミュニティ中心に相互に扶助し合い，自給自足を求めることになるという。

ロンドンのブラッドフォード地区，7万人のパキスタン人と2500人のバングラデシュ人が住み，それぞれ自分達のモスクを持つという。ここでのアジア系のレストランなどは55％以上がアジア系の客であるという。白人との結婚も少く（アジア系は4％だけ白人の配偶者をもつ，西インド系は15％），結局故郷から配偶者（特に妻）を求めることになるという。こういう中で，アジア系の人々は第一世代は常に帰国を考え，故郷との関係を維持しようとするかなりの人々がいるが，第二世代は定住する傾向にあるという。この人々が差別のない，英国民として統合される道は今なお遠く，人種差別のケースが続出している。東アフリカからの裕福なインド系，ことに世界に冠たるインド商人の一部を除いては，英国内ではなかなか一つの国民としてとけあうことはないのである(16)。

1950年代から，第2次大戦後の好況，人手不足の結果，とりわけ今日の言葉でいえば構造不況業種ともいえた繊維産業をはじめ，鋳物，ゴム工場などの労働条件，労働環境の劣悪な業種，そして，飲食店や人手を多く要するサービス産業，都市交通などに，西インド諸島，インド，パキスタン（当時は東パキスタン，今日のバングラデシュを含む），アフリカ出身インド系の人々が移民として受け入れられ，雇用された。これらの人々は，白人社会に対し，「カラード」として登場するが，徹底して居住区をはじめ生活上にも分離され，労働条件も著しく低劣であった。富岡次郎『現代イギリスの移民労働者』によれば，人種もしくは英語能力を理由としての採用拒否，就職困難，移民後の職業の格下げ，昇進差別に加え，賃金自体にも一割近い差（1974年週平均，白人男性40ポンド，

カラード平均36ポンド）があり，雇用保障も不十分なため真っ先に失業する傾向にあったという。労働組合（TUC）も，当初は白人組合員とカラード組合員との間の差別に対しては何らの措置もとらず，これを契機とした争議が続出して，1974年ようやく人種政策を転換，「平等の機会」確保のための行動をとるに至ったのである[17]。

現在までのこのような流れをみると，一応賃金，受け入れ後の雇用，住宅確保，社会保障などを厳格に雇主に守らせることを国，労使団体が行った旧西ドイツの外国人労働者受け入れよりも，なしくずしの外国人労働者導入のもとで，右の問題をかかえる英国の外国人労働者受入れの実際に，日本は近く，今後，労働力不足状態が続き，雇用主側の外国人労働者受入れ要求が強くなればなるほど問題は拡大すると考えられる。

英国の例をみるまでもなく，外国人労働者をチープレーバーとして受け入れ，本来国際競争力のない企業や業種を存続させたり，こうしたマンパワーでサービスを向上させ市場競争に勝とうとするやり方も，一時しのぎであって，結局，衰退，失敗せざるをえないのである。

V　移民国アメリカ——最近の変化

1　米国移民法とその現状

移民国米国とても，その広大な大地，20世紀に入ってからの世界最強の経済力を前提としても，移民制限に向かわざるをえなかった。その集大成が1924年の移民法制定であったが，この移民法の設けた過去（1880年）の実績による国別割当制度が，とりわけ中国や日本などのアジア系移民の排斥に結びついていたのである。つまり1880年代迄はアジア系移民は少く実績がなかったからである。

結局，ケネディ政権下に1952年移民法改正がなされるまで，米国では出身国別制度が米国移民法の鍵になっていたといえる。しかし，第2次大戦後，戦勝国で自国が戦場とならなかった米国の圧倒的経済的優位のもとに，1950年代迄は，3分の2の移民は出身国別の枠にとらわれず，かなり自由に移民として永住，市民権をもつことが認められてきた。この時代から1960年代以降も，日本の留学生などは，米国にとどまり，職をうることも比較的自由であった。

移民国アメリカ。ここにいる者は誰でも，どこか他の場所から来た者であって，特定の人種，言葉，肌の色などは問題とならないというのが建て前である。

第2部　国際比較

それに比べ，日本では，人種，言葉，肌の色など違えば，外国人，アウトサイダーということになる。また，米国が今日まで大量の移民や難民，亡命者を受け入れることで，それぞれの文化を摂取してきたことは厳然たる事実である。

　こうした流れの中にある米国では，1986年の移民管理修正法（シンプソン・ロディノ・マゾーリ法）で，3つの点で新しい方向が打ち出されている。つまり，その1は過去の不法入国者の中で米国内に基盤を有している，十年在住者を救済し，定住権，そして市民権を与える合法化措置（アムネスティ）をとったこと，その2は，移民の受入れの枠を明確に定め，とりわけ1965年法まで行われてきた出身国別割当て制（クォータ・システム）から，客観的基準による米国市民の家族の統合と，米国経済の活性化に資する技術，技能労働者の受入れをその基本方針としたこと。また，こういた移民に対して，臨時農業労働者を，非移民労働者として，9カ月間，約35万人の枠で受け入れ，カリフォルニア州などの季節農業労働者の需給に対応しようとしたことである。このうち移民については，後述のベルリンの壁崩壊による世界情勢への対応や，1990年法による変化はあるものの，従来，国別の受け入れ枠が不平等であったことを是正し，基本方針として，各国からの移民の人数が2万人を越えないような制限がなされたことである（1987年実績）。その3は，不法入国防止のための措置として雇主処罰規定を設けたことである。1952年移民法修正（マッカーレン・ウォルタ法）によって，非合法移民の輸送，滞留に介在した者（いわゆるコヨーテ）に対する2000ドルの罰金あるいは最高5年間の懲役刑を定めたが，不法入国に対する効果がなかったことに鑑み，雇主処罰（再犯者について3000ドル以下の罰金または6カ月以下の懲役）を定めたことであった[18]。

　以下，1986年法の効果やその後の状況について検討してみよう。

2　1986年法の移民枠の運用

　1986年法の施行がなされた後，その運用によって，**表2**の1986年法の枠が若干変動している。1987年実績でみるように第二順位が大きくふくらみ，その妻子に26%以上が割り当てられることになった。これは，1986年法による特赦によって定住権をえた不法入国者達とその家族の枠と考えられる。それと重要な点として，1987年，88年と次々におこる世界的政治情勢に対応して，香港市民，天安門事件以降の中国人亡命者，ベトナム難民などを受け入れていったことを**表2**によって読みとることができる。

第2章　国際的な「ヒト」の移動と21世紀

表2　アメリカにおける移民受け入れの変化

種別		カテゴリーと順位	1986年法 受け入れ人員数	(実績) 1987年	1991年*
Ⅰ 家族優先ビザ		①直接家族親族（配偶者および未成年の子）	無　制　限	218,600	239,000
		②1順位　アメリカ市民の成人の子（未婚者）	54,000	11,400 (20%)	23,400
		③2順位　アメリカ住民の配偶者と子 　　　　　（市民権取得者以外の住民）	70,200	110,800 (26%)	114,200
		④4順位　アメリカ市民の既婚の子	27,000	20,700 (10%)	23,400
		⑤5順位　アメリカ市民の兄弟姉妹	64,800	69,000 (24%)	65,000
		⑥5順位の積み残し分		5,400	
		小　　　計	216,000	435,900	520,000**
Ⅱ 独立移民		①特別移民（含家族）	無　制　限	無　制　限	10,000
		②3順位　プロフェッショナル、特別能力者	27,000	26,900 (10%)	140,000***
		③6順位　技能者、熟練者	27,000	27,000 (10%)	
		④雇用創出効果を有する投資者	0	0	10,000
		⑤ポイント制による選択移民	0	0	
		小　　　計	54,000	53,900	160,000
Ⅲ亡命者難民		亡命者および難民		96,500	チベット難民 1,000
		その他		15,300	55,000****
		総　　　計	270,000	601,600	700,000*****

*1990年10月5日改正法により、1991年10月1日より
**総計520,000の中で①〜⑥に配分
***この内訳は本文参照
****1986年法による特赦をうけた者の配偶者、子（ただし限度はある）により95,000人
*****この他暫定ビザ（本文参照）による

3 米国不法入国者の構造

一般に,不法入国防止を実効あらしめるためには,不法入国の結果えられる利益に対して,そのためのコストが大きければ不法入国者数は減ずるとされているが,メキシコ国境からの流入の結果の所得はコストの300％を越えるというのが今日でも定説となっている。

しかも,従来の対応策としては,追放が唯一の方策であったから,リピーターとして繰り返し不法入国を試みるのを追い返すというイタチゴッコになっていたのである。

とりわけ,米国の場合,不法入国者の大部分がメキシコ国境を越えるもので,入国管理のコントロールなしに入国する EWIs（Entry Without Inspection）と略称されている。

こうしたメキシコからの流入は,1942年以来ブラチェコプログラムという米国,メキシコ間の二国間協定により1964年迄つづいた農業の臨時労働者（temporary worker）受け入れがそのひき金になった。この臨時労働者が帰国せず,米国各地に流れていったのが,最初の大きな流れとなった。次いで,米国労働市場が受け入れ飽和点に達したとして,1964年,右二国間協定を米国側が一方的に破棄してからも,不法入国者の流れは止まらなかったのである。この場合は,人口圧力および所得格差による労働力移動要因の圧力の高いメキシコから,あたかも,すき間だらけのダムでは水の流出が止められないのと同様の結果を招いたのである。

この動向を図1で最近までみてみよう。わが国同様,米国での不法入国者数は,ボーダーパトロール（国境警備隊,わが国での入国警備官）の逮捕,検束者により示されている。不法入国者数は,1986年がピークで,この年約170万人のメキシコ人（ほとんどはEWIsである）と9万6,000人の非メキシコ人（そのうち3分の2がEWIs）からなっていた。この数の増減は,メキシコ経済の停滞,失業増,農業の不作の度合いに相関するという。これとボーダーパトロールの強弱によることもいうまでもない。1986年レーガン政権は,予算措置上も定員上もボーダーパトロールを強化しており,総計約180万人が検束されている。つまり,1日当り4,842人,1時間202人,1分間3人というすさまじい人数となる。

この推計値をふえんして,ボーダーパトロールに運悪くつかまった者を半分と推計すると,この10年間（1970年～80年）で約1,000万人の不法入国者が米国内に在住するということになる。

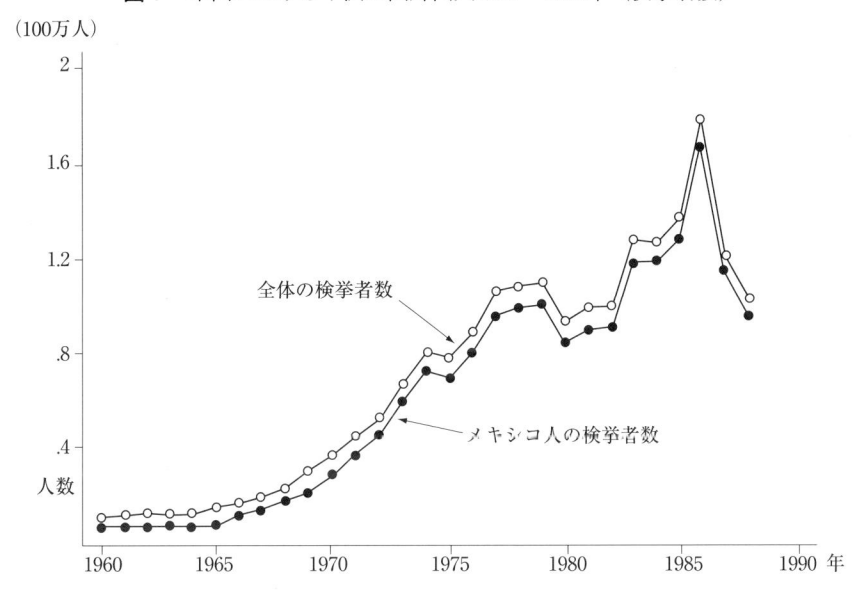

図1　米国における不法入国外国人1960〜1988年（検挙者数）

(100万人)

グラフ軸: 縦軸 人数 0〜2（100万人単位）、横軸 1960〜1990年

グラフ中の注記:
- 全体の検挙者数
- メキシコ人の検挙者数

　また、こうした推計の他の極にはセンサス（1980年）により分析した結果がある。これにより外国人として調査に回答した人数（Aとする）を確定し、この中で米国での市民権取得（つまり帰化）した者と正式在留者の合計およびこれに出国者と死亡者を加えた人数（Bとする）を確定する。これによってえた、AとBとの差が不法在留外国人（センサスビューロー的見方をすればUndocumented Aliens）の数である。この数字は、センサスの性格上、センサスの調査は不法在留外国人は応じないことが通例であるから最小限の推計値となる。これによれば、約210万人、このうち約110万人がメキシコ人であるという結果となる。この結果をみるとメキシコ系は圧倒的多数ではない。非メキシコ系でも、当時1979年のイラン革命の影響で、どっと流れこんだイラン系の人々が5.8万人、非メキシコ系の不法在留者の6％を占めていたのである[19]。

　結局、米国移民局（Immigration Nationalization Service, INS）の公式見解も、確たる論拠があるわけではなく、1986年法改正に際してはこの２つの極端な推計値の中間の400〜500万人を推計しているのである。

　一方、送り出し国メキシコ側のデータで、推計することも可能で、これによる1970年〜80年の10年間、出生者と死亡者および正式移民の差を加え、その数

値をもとにメキシコからいなくなった者の数を推計すると約150万人から390万の範囲内であるという。しかし，この数値も，メキシコのセンサスデータの欠落が多いことを考えると少なすぎるという。結局，最近の研究では，3〜400万人は少なくとも越えているというのが通説となっている[20]。

このように，長大な（約6千キロメートル）国境線を有する大陸国米国では，メキシコ以南のラテンアメリカ諸国の経済状況が改善されない限り，越境者は絶えないということにある。高い出生率，国内雇用のチャンスが少ないこと，大きな所得格差がなくならない限り，メキシコ側の不法入国者のプールはなくならない。しかも，出たり入ったりの人々，追放者の増加などがあるとフローが不変でもその数は増加する。米国側とすれば痛しかゆしで，ボーダーパトロールを強化すればするほどプールは大きくなるという点が指摘されている。

しかし，米，カナダ，メキシコの北米自由貿易協定により，「モノ」「カネ」の流れを自由化することがプログラムに上っている今日，メキシコからの人流に対しては，制限せざるをえないのである。

パトロールの強化策も，1967年から86年の間で，インフレ調整後の実質予算は240％増となっている。これに対する検束者は50％増である。

以上みてきた，米国，メキシコ間の関係で注目すべきは次の2点である。

その1は，比較的多くの外国人労働者が定住傾向を示す西欧諸国の場合と異なり，メキシコからの不法入国者の場合，不法入国者でも帰国する者が多く，米国の取入れ期をすぎたり，米国内の当該業種，職種での労働条件がメキシコのそれに対して相対的な低下があると帰国する傾向があることである。それゆえ，その結果として，定住に向う者は，入国する者より相対的に少ないという。

その2は，米国の開発経済等の研究により，こうした出稼ぎ構造にメキシコの村の8割が依存する体質となっており，メキシコ自体の経済発展のためには逆効果であるとされている[21]。（この点，アジアの出稼ぎ国でも同様の逆効果が生じていることは，別稿参照[22]）

4 米国の不法入国者の実態

従来の移民研究の中で，不法入国外国人の実態については，他の領域の研究が進む中で不明の部分が多かった。しかし，近年，チズウィック（Barry Chiswich[23]），エドワード（J. Edward Toylor[24]），ジョージ・ボージャス（George J. Borjas）などの研究により，この実態が明らかになった。その嚆矢であるチズウィックの労作は，米国での公的調査がデータ，個人情報保護のためえ

られず,わずかにINSの追放外国人の記録の検討を行い,これと,ランダムサンプルとでシカゴの電話帳から雇主である企業,事業所を調べ,497人にインタビューを申入れ,421人がこれを受入れることからはじまったといういわくのあるものであった。この点,日本では,公的にも職業上も調査ははるかに容易であり,私達の研究グループのめざましい実態把握は,大いにその成果にみるべきものが多いのである(25)。

まず,概況をみよう。

第1に,不法入国者中の入国時点についてみると,40～50％が5年以内の入国者であるという。この中にはいわゆるリピーターもいるであろうし,これが滞在年数を示すものでないことはいうまでもない。これに対し,1970年代はじめの入国者は25～30％であるという。

第2に,不法入国者の住むところはカリフォルニアを含む南部と東部によりかたよっており,圧倒的多数の80％がカリフォルニア州に住むという。特に,メキシコ系は,約75％がここに集中しているという。次いで多いのがテキサス,ニューヨーク,イリノイ,フロリダの各州でそれぞれ数％を占め,メキシコ系についてはテキサス,イリノイ両州に10％ずつが住んでいるという。

第3は,男女構成等であるが,米国の場合,不法入国者は男性だけでなく,女性も比重が高いのが特色である。つまり,メキシコ系の場合男子が55％,年齢も34％が15～24歳の層だという。これに対し,非メキシコ系は,51％が男,年齢も26％が15歳から24歳の層である。

結局これらの入国者は,家族等と住むことが多く,75％のメキシコ系非市民は,配偶者,子,両親といった直系親族と住んでいるという。彼等の就労業種は,約15％が農業従事者で,必ずしも農業の比重は高いとはいえない。

以上の結果は1980年センサスを中心としたボージャスの推察であるが,以下3つの具体的調査の結果について検討してみよう。

第1は,チズウィックの調査である。前述のようにチズウィックはシカゴで企業・事業所の調査を行うことで不法入国外国人労働者の実態を解明しようとしている。

これによれば,外国人を雇用する者のうちINSのサンプルでは292のうち19が,ランダムサンプルでは371のうち67が5人以内の従業員のところで,それぞれ,6.5％,18.1％となっており,必ずしも事業所規模の大小によらない。

外国人で雇われている者は,メキシコ系の96％,その他のラテンアメリカ系の76％が不法入国者(EWIs)で,ヨーロッパ,カナダ系はほとんどが資格外

表3 メキシコからの合法、不法就労者の労働条件等の差（1982～83年の4カ村からの出身者）

	合法移民労働者	不法移民労働者
平均賃金（時間当り）	9.54ドル	5.98ドル
平均年齢	32.9歳	28.7歳
英語の理解能力	46%	24%
最低6年の学校教育	32%	40%
内農業労働者	53%	60%
米国内での家族滞在	60%	63%
米国での就業年数	4.5年	1.4年

（計323人の調査72%が不法移民労働者）
SOURCE: Douglas S. Massey. "Do Undocumented Migrants earn Lower Wages than Legal Immigrants? New Evidence from Mexico," *International Migration Review* 21（Summer 1987）: 255

活動（Visa Abuser）者である。アジア，アフリカ，中東系も学生の資格外活動であるという。シカゴの資格外活動者は平均30.6%，半分が未婚で，滞在は3・4年だという。

賃金をみるとINSのデータでは，1983年の検束者についてみると，1時間当り，平均4.52ドルでメキシコ人については4.42ドル，その他は4.73ドルである。それに対し，シカゴでは，279人中45人（約16%）が右の賃金以下で働いていたという。そのうち18人がレストラン（12人がメキシコ系），1人が製造業（非メキシコ系），26人がその他（16人がメキシコ系）であった。

賃金も，経験をつみ，英語が話せるようになると，1年に7～8%増し，労働組合があり，他の要素が同じならば11～14%高いという。この他学歴では高校卒業生の賃金が高く，熟練労働者については16～19%，不熟練労働者より高いという結果であるという。しかし，学生のビザでの就労は20%マイナスである。

製造業の場合，スキルを要求されることもあって雇用が長期化することもあるという。賃金も他のサービス業と同等で，飲食業より高いが，飲食業の場合食事支給で幾分カバーしているとされた。

第2は，ダグラス・マッセイ（Douglas S. Massey）のものである。これはメキシコ農村部現地で323名のメキシコ人の労働者について調査したもので，このうち72%232名が不法就労であった。彼によれば，これらの労働者を合法な

就業をした不法就労をした者とに分けて分類している[26]。

たとえば賃金については合法の場合時給9.54ドル平均であるのに対し，不法の場合5.98ドルと前者の63％にすぎない。就労分野は合法の場合53％が農業に，不法の場合60％が農業に就労していた。また，合法の場合60％が家族も一緒に滞在し，不法の場合にはより以上の63％が家族も共に滞在していたとされる。

第3に，同様にメキシコ農村部で400人のメキシコ人を調査したテイラー（J. Edward Tayler）によれば，そのうち56名（14％）が前年に米国での不法就労の経験があったという。そのうち，半数が家族づれで滞在し，7％がそれ以前に米国で就労した経験があるという[27]。

彼等のメキシコでの生活をみると，メキシコでの就労により家計上十分な所得をえていないのと比例して出稼ぎ傾向が強まるという。メキシコで，熟練労働者としてまあまあの仕事をしている人も米国内では相対的に不熟練の仕事についているという。とすれば，メキシコで熟練労働者を適当に処遇することができれば，熟練労働者はとどまり，不熟練労働者が出稼ぎに出るという傾向が強まることもありうると仮定している。

結局，旅費，家族を含めた引っ越し費用，あっせん人（コヨーテ）への密入国費用をかけても動くかどうかは，メキシコ側の経済的発展と関連するのである。

しかし，これらの調査（第2，第3の）は，米国内で定住している人々について明らかにしているとはいえない。この点では，なお今後の調査が待たれるのである。

5　1986年法の効果

前述のように1986年法の最大の特色は，長期にわたる不法在留外国人特赦（アムネスティ）と爾後の雇主処罰であった。

このうち特赦の結果は，対180万人がその対象となり，そのうち57％が男子，70％がメキシコ出身者で，半数が既婚者であったという。

また，1986年5月1日迄の1年間に90日間以上農業に就労していた者については，以後，特別農業労働者（Special Agricultural Workers）としてひきつづき3年間各年90日ずつ就労すれば，定住者の地位（Permanent Resident-Aliens Status）を与えられ，5年間で市民権を与えることとなったが，これに応募した者のうち82％が男子，81％がメキシコ人であったという。

雇主処罰については，1988年初めから，米国市民，永住者，就労ビザを有す

る者以外を故意に雇い入れた雇主について，初犯については，右の雇い入れ1人毎に罰金250ドル～2,000ドル，再犯者には3,000ドル以下の罰金ないし6カ月以下の懲役を科することとなった。実際の効果はどうであったであろうか。

1986年，前述の如く，不法入国者（EWIs）および資格外就労者（Visa Abuser），合わせて約180万人が検束され，1987年には100万人が検束されている。これらの外国人に対しては国外追放を行っている。

しかし，これらの外国人は再度入国を試みるし，結局，外国人への唯一のペナルティとしての追放はあまり効果がないとされてきた。

そこで登場したのが雇主処罰であるが，これについては右処罰規定の影響でブラックマーケットに支払う金が高くなり，雇主のコスト増につながり，自ずから雇主の需要減，仕事の供給が減ると推定されていた。実際は，どうであったか。

1989年1月31日まで，移民管理局（INS）は労働者賃金・労働時間部の協力を得て1万6,000の雇主を訪問，調査を行ったという。しかしこの雇主は，全米の雇主（対700万）の2％強にすぎない。しかも，このうち1万2,000の雇主は内報によるものであったという[28]。

さらに，雇主側には，抜け道があった。それは，1986年法が雇主に採用に際して，必要書類（ドキュメント）を「見る」だけで済み，コピーの携帯義務を課していなかったことである。その結果，「ドキュメントを確認して」から不法に雇い入れようとする者は，その旨証言する共謀者がいれば処罰を免れることとなったのである。

右の調査によれば，実際の労働条件についても，法定最低賃金すら得ていない者が3分の1，時間外手当を得ていない者が10分の1にもなるという結果となった。

ある論者（ボージャス）は，こうした結果について，移民マーケットに依拠してきた米国の構造を変えない限り，経済的利益は相変らず雇主にとって人きく，雇主処罰のむづかしさや，入国者への処罰がなく追放にのみよっていることもあって，1986年法改正後も不法入国者を雇うことは相変わらず魅力的であると判断している。

6　米国移民法改正される

1990年10月5日米国議会は，移民法を改正し，11月29日にブッシュ大統領の署名をもって，1991年10月1日（つまり1992年会計年度）より施行されること

となった。

　今回の改正は，前章までに述べた移民枠が49万人から70万人（1995会計年度からは67万5,000人）に引き上げられることとされたこと。この引き上げられた中で，注目されるのは，技術的あるいは，専門職を持つ移民を，従来の5万4,000人から14万人（この枠は1995会計年度以降も変らない）増やしたことである。

　この点，議会での改正の動機は，アメリカのハイテク産業を中心とする頭脳を受け入れるということに最大の目的があるとされている。

　以下，今回の改正法の内容を具体的にみてみよう[29]。

(1) 総移民枠

1992～1994会計年度において，各年毎に70万人を受け入れる。1995会計年度以降は67万5,000人を受け入れるものとする。

　特に，1992～1994会計年度中は，1986年移民管理修正法によりアムネスティー（特赦）を受けた者の配偶者，子供の枠も5万5,000人設けている。ただし，米国移民法上，制限のない米国市民の直系親族（子，親，配偶者）の移民が，23万9,000人をこえた時には，そのこえた分を前記のアムネスティーを受けた者の配偶者，子の枠から控除するという点で，総量抑制を行っている。

(2) 総量枠の各家族優先ビザ間への配分

　家族優先ビザは，直系親族のものも含み1992～94会計年度においては各年度52万人，その後は各年度ごとに48万人とされる。

　家族優先ビザのカテゴリーは従来どおりとするが，従来各年毎の枠で積み残しの多かった第2順位（米国永住者の配偶者と子）については，75％を国別制限をつけず受け入れ，25％を国別枠の中で受け入れを認めるという。

　今回の改正では，各順位の中で一定のカテゴリーの者についてはさらに最小限度の受け入れ基準を設け，少なくとも各順位毎に各年度毎にそれだけは受け入れることとされた。

　① 米国市民の未婚の子　　2万3,400人
　② 永住者の配偶者と子　　11万4,200人
　③ 米国市民の既婚の子　　2万3,400人
　④ 米国市民の21歳未満の兄弟姉妹　6万5,000人

　なお，第二位の優先順位の枠11万4,200人のうち，77％が配偶者と21歳未満の子に，23％が21歳以上の子に分けられるとされ，より具体化された。

(3) 雇用関連ビザ

今回の改正の中心であり，かつ進出企業にとって最大のポイントである雇用関連ビザは，次のように改正され，5つのカテゴリーが設けられた。
① 優先的配偶者（priority worker）
各会計年度毎に40万人。
科学，芸術，教育，ビジネス，スポーツにおいて非凡の能力を有する外国人，および少なくとも3年以上の経験を有する傑出した教授，研究者と国際的な行政官，ならびにアメリカの使用者と同様に仕事を遂行しうる経営者について受け入れが認められる。
② 格別の能力を有する外国人（aliens with exceptional ability）
各会計年度毎に40万人。
上級の学位又はこれと同等の資格を要する専門職のメンバー
③ 学士の資格を有する専門職のメンバー
各会計年度毎に4万人。
この場合，熟練労働者として働ける者であるが，有資格者が米国内でえられない場合には，不熟練労働者でもよい。この場合不熟練労働者の枠は1万人とする。
④ 特別移民
各会計年度毎に1万人。
そのうち5,000人以上は宗教組織や宗教団体に専門家として働く者
⑤ 雇用創出効果のある投資者
各会計年度毎に1万人。
外来企業（商事会社も可）で，最低100万ドルの資本を投下し，米国市民ないし米国永住者ならびに米国で働くことのできる外国人の最低10人以上の雇用を創出する場合に，その投資者に永住ビザを与える。
この1万人ビザのうち，3,000人以上は有資格者であることが必要。
以上の基準のうち，高失業地域（全国平均失業率の150%）での投資の場合には，司法長官の許可をうければ50万ドル以上の投資でもよい。また，逆に，雇用状況が良く，全国平均失業率を下まわっている大都市では，300万ドル以上の投資を要するともされている。
(4) その他の暫定ビザ
家族優先ビザ，雇用関連ビザの他に，今回の改正では，以下の3つのビザが認められた。
① 永続的暫定ビザ

既存の法制下で，あまり多くの移民を送っていない国を，最近5年間のデータにより司法長官が決定し，1995会計年度まで各年5万5,000人を認める。

ただし，このプログラムでは，最低の教育（ハイスクール）および職業上の熟練を有する者で，当座の仕事について2年間の経験と訓練を有する者とされる。なお，同プログラムの適用上北アイルランドは1つの国扱いになるという。

② 過渡的暫定ビザ

1992会計年度～1994会計年度に各年度4万人。

高度の質を有する国から，一定の資格者（1年の仕事上の経験など）を司法長官の許可により受け入れる。この方法は，1986年法の下でNP-5プログラムとして，アイルランドの移民の拡大をはかったものを受け継いだものであるとされている。

③ チベット移民

各会計年度1,000人ずつ，3年間。

以上，今回の米国移民法改正につけての概略を述べたが，要するに，米国の雇用創出的投資の導入のための側面と，米国内における高度技術，専門化に対応しての人材不足を外国から受け入れるというところに，本改正の理由があったといえるのである。

7 移民・外国人労働者・マイノリティー差別は続く

1964年公民権法以来，米国における黒人の地位向上にはめざましいものがあるといわれる。

しかし，今日でも，黒人およびヒスパニック系に対する驚くべき不平等があるという。その一端を紹介しよう。

テキサス州ダラス市。油田開発を中心とするテレビドラマ「ダラス」の白人実業家に代表される白人支配が最近とみに揺らいでいる。同市の市議会選挙は従来全市を1選挙区として束ねていた方式を1975年，公民権法の下で成立した1965年選挙権法（Voting Rights Act）によってこれを選挙区に分けたのである。しかし，その選挙区への票の割りふりは，黒人票の多い地区をさらに大きな選挙区にまとめ，あるいは適当に分散して白人票の圧倒的な選挙区を構成する方法をとったのである。これは，Packing and Cracking 方式と呼ばれたものでその結果15人の市会議員のほとんどが白人に占められてきたのである。つまり，今はダラス市（約90万人）の半数以上を占める黒人およびヒスパニック系市民は，黒人が2人だけ議席を持つだけであった。こうして選出された市議会議員，

市長の下で、エルム川とウェスト川の合してのトリニティ川の形成する低湿地の市南部は黒人、ヒスパニックの居住地とされ、洪水、治水対策は放置されっぱなしであった。ことに1989年春の大雨に際しては、市南部はほとんど冠水したが、裕福な白人の住む北部は乾いたままであったという。

こうした中で同市の選挙のやり方を裁判所が1990年3月違法とし、15人の市議会議員選挙の選挙区をひき直して、公正にマイノリティも代表できるようにとの判決を下した。この結果、特権的権力を失う恐れのある白人層約3分の1が周辺の総合的経済ブロックを形成する特別区（サウスウェスト—メトロプレックス、8郡127都市からなる）の各市に移住しはじめたとされている[30]。

このように、黒人人口の比較的高いうえに、南のメキシコからの移民の多い米国南部では、今もって公民権法の掲げる理想が実現されていないのである。

次に、テキサス州以上に移民の多いカリフォルニアについてみてみよう。

ロサンジェルス・タイムズ紙（同紙1998年8月22日）の伝えるところによれば、8月初旬、無作為抽出したメキシコ国内42市町村のメキシコ人1,835人を面接調査した結果から推計すると、今後1年間に米国への移民を希望するメキシコ人は470万人強で総人口の5.5％に達する。移住希望地は、右のうち130万人がカリフォルニア州、うちロサンゼルスが80万人であったという。

ロサンゼルスはこのようにヒスパニックの人々の第1次的あこがれの移住先である。そのゆえもあって毎年約1万5,000人ずつ移住者の子供が増えている。その結果、公立学校では、白人はわずか14％に減り、ヒスパニック62％、黒人16％、アジア系8％となって、全生徒の3分の1が英語を話せないという。学校もすしづめで、余裕のある学校にバス等で通学する生徒も、全体での61万人のうち2万4,000人になるという。スペイン語、英語のバイリンガルの教師を確保するのも大変であり、学力低下がとり沙汰されている。

とはいえ、カリフォルニアの持つバイタリティーはこうしたニューカマーの力によるところも多い。この中で、最大の農業州がシリコンバレーに象徴されるハイテク産業から労働集約型産業を含む米国最大の工業州へ転換したのである。

8 北米自由貿易協定への道

ブッシュ米大統領は、サリナス・メキシコ大統領との間で早期に北米自由貿易協定を締結することで合意した。表5にみるように、同じ北アメリカに属するとはいえ、その国力、経済力は対象的であった。これは、アングロサクソン対スペイン系にはじまる植民地時代、そして独立後もテキサス併合に続き3年

表5 アメリカ、カナダ、メキシコの主要指標

	アメリカ合衆国	カナダ	メキシコ
人口（1984年百万人）	236.7	75.1	77.7
人口増加率（1980～84平均）	1.0	1.1	2.6
＊1人当たりGNP（1982年米ドル）	(4.0) 12,482	(3.4) 10,610	(1) 3,114
乳児死亡率（1,000人出生当たり）	11	10	61
医師1人当たり人口（人）	549	548	2,136
GNPに占める教育支出（％）	6.9	2.3	3.9
自動車1台当たり人口（人）	1.8	2.3	14.0
人口1,000人当たり電話台数（台）	79	69	8
人口1,000人当たりテレビ台数（台）	631	489	111

＊（ ）内はメキシコに対する比
特に記さない限り1980―82年平均
B. Chiswick, Illegal Aliens p. 16

に及ぶ米墨戦争（1846～48年）の結果領土割譲を余儀なくされて以来今日まで，低賃金労働者の供給国としてしか評価されなかったメキシコ側怨念を解決しようとするものであるともいえる。とりわけ，メキシコと米国との間は，メキシコ側の労働力過剰ゆえに，毎年数百万人の越境者，不法就労者を出してきたこと，国境をはさんで南のメキシコ側で安価な労働力を前提に米国への加工基地として日本資本を含め進出してきた「マキラドーラ」（自由貿易地帯）。全体で1,600haあり，日系企業は60社強である。ここで組み立てた日系家電メーカーのテレビが米国でダンピングの疑いをかけられて争いとなるなど，日本にとっても大きな変化といえよう。

ところで，メキシコには，アジアの労働力輸出国と同じような経済的発展を阻む欠陥があった。それは，単に米国に数百万人の人々が，不法であれ，合法であれ，米国とメキシコとの所得格差だけを前提に働いて帰国することに国がどっぷりつかって来たことである。出稼者は，結局自分の家計を維持できても，メキシコでの職をもたず，また，米国で，仮に技能，技術をえたとしても，それがメキシコでは生かされるべくもなかったのである。メキシコでは，前記のマキドーラにおいても，外資からのメキシコ企業への技術移転が起こらなかった。そのため地場産業は発展せず，マキドーラはもっぱら外国から持ち込んだ部品を安い労働力を用いて組み立てて米国やカナダなどに向ける基地に終始したのである。ここでは，輸入については課税扱いになり，メキシコでの付加価

値分についてだけ対米輸出上米国関税がかけられるのである。

　第2の欠陥は，マキラドーラの製品は，もっぱら米国等に輸出されるものであるとして，メキシコは，国内産業保護の立場から，わずか20％までしかメキシコ国内市場向けに出荷できないという政策をとってきた。このことが，メキシコの地場産業の競争力や技術移転に遅れをとらせることになったのである。いきおい，外国資本は，生産に向かないことになる。結局，国内でもチープレーバーに依拠した加工賃稼ぎしかできなかったのである。それゆえ，道路，通信分野などのインフラ装備にも消極的だということになる。

　こうした，二つの問題は，アジアでもフィリピン等に如実にみられるところである[31]。米墨，あるいは北米自由貿易協定は，こうした問題を解決し，米国とメキシコ間を同質な産業レベルに持ちこむことができるのか。米国側にも，労働力移動の自由化という関門が待ちかまえているのである。

Ⅵ　2大移民受け入れ——カナダ・オーストラリア

1　移民国米国，カナダ，オーストラリアの現状

　最大の移民国である米国，カナダ，オーストラリア。各国が移民を受け入れつつ発展してきたことは顕著な事実である。しかし，それぞれの移民の歴史は大いに異なり，今日もその結果，そして移民政策にはそれぞれ特徴がある。しかし，今日の段階では，3国とも概ね，家族の移住と，一定の技術や技能をもった労働者の移住，投資家の移住に限られてきていることに注目すべきであろう。

　世界各地からの移民の流れを1959年から81年についてみると表1の如くなる。アジアに近いオーストラリアは，1972年以降白豪主義を捨て，多元文化主義を採用したとはいえ，アジアから30万余，アフリカから8万余にとどまっている。結局カナダ，オーストラリアとも最大の人口集中地のアジアの人々に門戸を開いたといえないくらいの数にとどまっているのである。以下米国については既に述べたのでカナダ，オーストラリアについて概略してみよう。

2　カナダ

　世界第2位の広大な国土，人口はわずか2千600万人。人口増と労働力の圧倒的部分は移民の流入によってきている。

　カナダの移民受け入れは，表2にみるように，独立移住者と家族，難民であ

表1　各地域からの米国、カナダ、オーストラリアへの移民1959—1981

出身地	移民人数 (単位1,000人)	内　　訳(％)		
		米　　国	カ ナ ダ	オーストラリア
アフリカ	335.5	149.6(44.6)	105.7(31.5)	80.2(23.9)
アメリカ大陸	4,799.3	3,969.0(82.7)	710.3(14.8)	120.0(2.5)
アジア	3,289.0	2,391.1(72.7)	592.0(18.0)	305.9(9.3)
ヨーロッパ(英国を除く)	3,892.6	1,958.0(50.3)	1,086.0(27.9)	848.6(21.8)
英国	2,074.0	406.5(19.6)	620.1(29.9)	1,047.4(50.5)
オセアニア	300.5	64.9(21.6)	74.5(24.8)	161.1(53.6)
総計	14,690.9	8,982.1(60.8)	3,187.7(21.7)	2,570.9(17.5)

SOURCE: George J. Borjas, *International Differences in the Labor Market Performance of Immigrants*, table1. 2.

る。このうち，ビジネス上の移住者については，投資能力，技術技能，教育，受け入れ側の需要，年齢，言語能力（仏，英語）によって1967年以来ポイントを示し，これによって，受け入れてきた。

　こうして労働力人口増加のうち，1946年から1961年迄は42％，1962年から1971年までの16.4％，1972年から1981年までの20％が移民によって補われたという。

　これ以外にも，1年間の労働許可による外国人労働者を受け入れている。1989年，これにより28万1,059人が入国して，資格をもつカナダ人でも十分でない仕事や特定のカテゴリー（客員教授，大学院生，科学者，エンタティナー，宗教家など）の者をうけ入れている。前者の最大のものは，女性の家事使用人と農業労働者であるという。

　一方カナダ政府は，1990年の20万人から91年22万人，92年25万人と年間の移民受入れ数を増加させる。その最大の理由は技能，技術労働者の獲得であることは米国の1990年移民法改正の趣旨と同様である。このように，年々人口の約1％の移民を受け入れる政策がカナダを活性化することも期待されている。

　こうした中で，1997年をひかえ英連邦諸国の1つとして，カナダ政府も香港からの受け入れを増やしている。バンクーバーを首都とするブリティッシュコロンビア州での香港からの移民数が，1986年1,200人，1987年3,500人，1988年5,000人と激増し，香港のカナダ領事館では移住査証申請者をさばき切れないという。今やバンクーバー市は人口130万人のうち22万人の中国系移民がおり，「第2の香港」になりつつある[32]。

第2部 国際比較

表2　1988年カナダへの移住者（移民）

I　独立移住者
　　援助を受けている親族
　　　　近親、叔父、叔母、おい、めい
　　　　ビジネス上の移住者　　4,000人　　51%
　　　　被雇用者、自営業、投資者（アジア56%、中近東11%）
II　家族としての移住者　　50,000人　　32%
　　　　配偶者、婚約者、未婚の子
　　　　13歳未満の養子、親、祖父母
III　難民としての移住者　　28,000人　　17%
　　　　［東欧35%、東南アジア25%
　　　　　中近東・西アジア16%］

表3　オーストラリアの移民の基準

I　家族としての移住
　1　優先的グループ
　　　配偶者、婚約者、扶養を要する未婚の子、親、18歳未満の孤児と養子、高齢の被扶養家族等
　2　特例によるグループ
　　　扶養をうけていない子、条件（家族の過半数が豪在住）を満たさぬ親、兄弟姉妹、おい、めい
　　　これらの者については、技術、年齢、身元引受人との関係、国籍身元引受人の援助能力

II　経済的な移住
　(1)　「三当事者間の合意による移住」
　　　雇用主、労働組合、政府の合意にもとづき熟練労働力不足が認められる分野で、熟練労働者確保のため
　(2)　「被雇用者の指定による移住」
　　　オーストラリアで適当な熟練労働者を見出せない
　　　広告募集の後資格、経験、技術を有することと55歳未満
　　　雇用主かオーストラリア市民に職業訓練行った実績ある者
　　　雇用条件がその職種の賃金水準その他の条件を満たす者
　(3)　「事業計画による移住」
　　　その本国で経験有し、十分な資金、経営技術をもち込み役に立つこと
　(4)　「独立移住」「特別の技術による移住」
　　　オーストラリアの経済成長、文化、スポーツなどへの貢献可能な者

III　難民

第2章　国際的な「ヒト」の移動と21世紀

3　オーストラリア

オーストラリアの移民政策については，既に2つの名著（関根政美『マルチカルチュラル・オーストラリア』とJ・マーチン［古沢みよ江訳］『オーストラリアの移民政策』）があり，ここで付言すべきことは少ない(33)。

最近，1989年12月19日の法改正により移民法，移民規則による基準で移民が受け入れられることになった。これによれば，3つのカテゴリーに分けられることになる。このうち，日本からの移住は，Ⅱ(3)の事業計画によるものが多い。

このようにオーストラリアの移住には，家族呼び寄せのためや難民などについての人道的移住と，いくつかの経済的条件を満たすと認められる「事業移住」に分れている。日本人も，オーストラリアへの移住者が増えているが，1987年の移民数13万2,000人，1988年14万人のうちごくわずか（1987〜88年に543人）である。

事業計画移住についてみると，次の問題がある。すなわち，オーストラリアでは，50万豪ドル（対6,000万円）の事業資金を準備し，移住を申請した場合，「事業計画移住」が認められる。この制度は，オーストラリアの経済の振興が目的だったが，制度を濫用するものがあとを断たない。とりわけ，1997年の本土復帰をひかえた香港，台湾，マレーシア人が過半数を占めるが，日本人も1989年には77家族入国し，約200家族が在留しているという。

しかし，オーストラリアの高金利（15％程度）と高金利で事業を行わず生活したり，地価の上昇をねらって不動産投資に資金をつぎ込む者，香港人の場合，入国後他の人の口座に資金を送り返し，違う人が事業移住するなど問題があり，オーストラリア移住省は1988年〜89年にかけて右資格で入国した約2,400人を調査したが，比較的事業をはじめていない者の数の少なかった日本人も29％が事業を開始しなかったという（朝日新聞1990年10月25日(34)）。

おわりに

21世紀に向けての今日，「国際化の時代」とされ，「ヒト」の移動も国際的に自由になるかのように論じられている。しかし，本稿でとりあげた，東欧諸国，旧ソ連の流れとヨーロッパとの関係，移民国アメリカ，カナダ，オーストラリアの現状をみても，「ヒト」の移動については，いかに多くの困難さがあるかが分かる。その点で，日本を含め，今後どのように考えるべきか，本稿における現状の分析も重要かつ，必要な作業である。

第2部　国際比較

（補論）　本稿は1991年5月に脱稿していたもので，その後の国際情勢，とりわけ1991年8月19日のソ連クーデター，それにつづく，クーデター失敗，ソ連邦解体・共和国の独立，自立の結果を考慮には入れてない。しかし，本稿での基調は，右の大変化があっても変わらない。逆にいえば，この基調からソ連の変化を汲みとることができるともいえるのである。それゆえ，たとえば解体されたソヴィエト社会主義共和国連邦（ソ連）については，旧来のままの国名を用いた。

(1)　西欧諸国の基本的論調として，1989年11月のベルリンの壁崩壊後定着していた。日本の従来のソ連等社会主義研究者の一部だけはこの事実すら見ていなかった。
(2)　「月刊EC」1991年6月号参照。
(3)　去る9月15日に行われた選挙結果は，戦後一貫して与党であった社会民主党が敗北し，(137議席)，中道の穏健党（80議席），保守系の自由党，中央党，キリスト教民主党を合わせ171議席の過半数となった。新保守党も25議席を獲得している。
(4)　スイスの従来の外国人労働者政策については第2部第7章参照。
(5)　最近のユーゴ内戦の動きについては，この西欧への吸引力をめぐっての争いも，民族，言語，宗教をめぐる対立のほかに存することを見失ってはならない。
(6)　Ann Dummett and Andrew Nicol, Subjects, Citizens, Aliens and Others, London, 1990, pp. 36～.
(7)　Ibid. p. 163.
(8)　22頁以下参照。
(9)　Laurie Fransman, Frasman's British Nationality Law, London 1989, pp. 18～.
(10)　Ann Dummett and Andrew Nicol, op. cit., pp. 231～.
(11)　the Guardian, March 21 1983.
(12)　Paul gordon and Ann Newnham, Passport to benefits? London 1985, pp. 16～.
　　なおCommission for Racial Eguality, Immigration Control and Procedures: Report of a Formal Investigations 1985. がこれらの事例について報告している。
(13)　Ibid. p. 63～. なお，最近の状況については，The Economist, 28 October 1989. p. 24～.
(14)　the Sunday Times, 26. May 1990.

⒂　The Economist 28 October 1989. p. 24〜．なお，表イもこれによって作成した。
⒃　Ibid. p. 25., Corin Holmes(ed.)Immigrants and Minority in British Society, London 1968.
⒄　富岡次郎『現代イギリスの移民労働者』（明石書房，1989年）
⒅　手塚『外国人労働者』（日本経済新聞社，1989年）218頁以下参照。
⒆　George J. Borjas, Friends or Strangers, The Impact of Immigrants on the U. S. Economy, New York 1990, pp. 56〜．なお，図1も，同書60頁のものを手直しした。図1のデータソースは，U. S. Immigration and Naturalization Service, Statistical Yearbook of the Immigration and Naturalization Service.の各年のものである。
⒇　George J. Borjas, op. cit., p. 65.
(21)　Ibid, pp. 56〜．
(22)　手塚『続外国人労働者』（日本経済新聞社，1991年）第3章参照。
(23)　Barry R. Chiswick, Illegal Aliens, Their Employment and Employers, Kalamazoo 1988.
(24)　J. Edward Taylor, Selectivety of undocunented Mexico-U. S. Migrants and Implications for U. S. Immigration Reform. The Urban Institute, Woruing Paper no. PDS-85-4. 1985.
(25)　手塚『続外国人労働者』第2章参照。
(26)　Douglas S. Massey, Do Undocumented Migrants earn Lower Wages than Legal Immigrants? New Evidence form Mexico. International Migration Review 21, 236-74.
(27)　J. Edward Taylor, op. cit.
(28)　George J. Borjas, op. cit. pp. 70〜．
(29)　なお，米国移民法の最近の変化と日本企業等との関連については，手塚「日本企業の対米進出に伴う人事法務問題と雇用上の差別禁止法」（日本企業海外進出の円滑化法務問題研究会編『日本企業の直面する法務問題』〔ジェトロ，1991年〕150頁以下）参照。
(30)　The Economist, 26 May 1990.
(31)　手塚『続外国人労働者』109頁以下参照。
(32)　George J. Borjas, op. cit. pp. 199〜．
(33)　関根政美『マルチカルチュラル・オーストラリア』（成文堂，1989年），J・マーチン『オーストラリアの移民政策』（勁草書房，1987年）
(34)　カナダ，オーストラリアの最近の情況については，法務省入管局編『最近7カ国の外国人労働者政策』（入管協会，1990年）参照。

（千葉大学法学論集第6巻2号〔1991年〕所収）

第 2 部　国際比較

第 3 章　外国における不法就労外国人問題

I　はじめに

　日本が世界第二の経済大国といわれるようになって数年，これに1985年 9 月のプラザ合意に端を発する円高現象が加わって，年々日本に仕事や職を求めて押し寄せる外国人労働者の数は増大しつづけている。
　しかも，その大半が，入管法の認めていない「単純労働」につく不法就労者である。
　昭和63年，日本での就労が認められている在留資格による外国人の新規入国者数と在留者数はそれぞれ，81,407人，39,589人となっており，約半分が 1 年以内で帰国することになっている。
　これに対し，法務省入管局が摘発した入管法違反者17,854人中，不法残留しつつ，資格外活動をしたり，当初から資格外活動をしている不法就労者は，14,314人となり対前年比約27％も増加している[1]。
　この数字は入管当局に明らかになったものであるから，現状としては，約10万人乃至，摘発事例の10倍程度の不法就労者がいることが推定されている。しかも，その内訳では，男子（60.1％）が女子を上まわり，前年と正反対になったこと，稼動内容も製造業から，サーヴィス業まで広く一般化してきているとされる。
　目下，これに対し，政府は入管法改正や入管体制の強化等の対応を検討中であるが，本稿では，以下，1970年代から1980年代にかけて，不法就労外国人に悩まされてきた，アメリカ合衆国および西ドイツにおける実態と法的問題点について紹介し，日本との若干の比較検討を行うこととした。

II　アメリカにおける不法入国と不法就労

1　アメリカの不法在留の特色

　アメリカ（合衆国）の不法在留外国人（Illegal Aliens）については，日本人と比較して著しい特徴がある。
　それは，日本が海に囲まれた島国であるのに対し，アメリカは，メキシコ，

カナダと長い（約3,000キロメートル）国境線を有する大陸国であることだ。

周知のように、この国境線を通じて「ヒト」の移動が長年月あったこと、そして、自由国家アメリカは、その国境をベルリンに代表される「東西ヨーロッパの壁」のような人為的障害により閉鎖することを否定してきたことから、メキシコ国境のリオグランデ河などわずかの自然的障害がその間に横たわっているだけであった。

かつては、この南の国境を通って、多くのメキシコ人が、カリフォルニア、テキサスなど南部地域の農業労働者として出稼ぎをしていたのである。

この間、「ヒト」の受入れに寛容であったアメリカの移民、入国管理政策も、1952年移民帰化法、1965年同法修正法によって、国別割当て制度（いわゆるクォータ制度）を廃止して、家族以外は、プロフェショナル、特別能力者と技能、専門職に限って一定数を移民とすることになった。いわば、優先順位による移民受入れ政策であるが、その数はアメリカ市民と住民の家族を除いて極めて限定されることになったのである[2]。

しかも、第二次大戦後、ドルによる世界経済を築いたアメリカも1970年代以来、経済的不況局面を迎えるに及んで、移民法の認めない不法入国、不法滞在外国人に対して、除々にきびしい取締を行うに至っている。

ここでアメリカの不法在留の特徴をみておこう。

先ず、アメリカの場合、日本と異なり、越境による不法入国者が圧倒的に多いということである。メキシコ国境を越境した者をリオグランデ河を泳いで来るのでウェットバック（wetback）と称し、不法入国者一般を称する俗称となったことは周知のとおりである。

日本の入管局に相当する移民帰化局（Imigration and Nationalisation Service, INS）では、入国審査なしの入国（entry without inspection, EWIs と略する）と称している。

これに対して、日本で圧倒的多数を占める、合法的に認められた入国ビザの条件に違反して就労するビザ濫用者（Visa Abuser）がある。とりわけ、留学ビザ、観光ビザや特別に認められた一時的就労（主に農業部門）ビザの認めない仕事に就く者がいる。

また、船員、航空機乗員、旅行業者としての資格を偽って、職業的に入国できるビザを得ている者がいる。

その数は、実際どのくらいであったのか。現実には、正確な数値がなく、間接的手法を用いての推計によるしか方法がないとされる。つまり、越境による

入国者は，一旦みつかると国外退去を求められるが，再三にわたって成功するまで試みる。連日メキシコ国境の闇の中で，こうした「イタチごっこ」がくりひろげられ，しかも，越境に成功した者の数はつかめないという結果となるのである。

1984年アメリカ移民帰化局は約120万人の不法在留者を検挙し，約93万人を追放（任意退去）し，そのうち18,000人を国外強制退去処分にしている。

この際のデータによれば，約96％が入国審査なしの不法入国者（越境者）であった。

また，越境者以外の50,624人の不法在留者中，61％が観光ビザ，12％が留学ビザ，10％が船員，航空機乗員ビザ，17％がその他のビザで就労している者であった。

また，カナダ国境からの不法入国者は，6,924人だけで，そのうち越境者（入国審査なし）は3,285人，観光ビザでの入国者が2,985人にすぎない[3]。

これに対して，1980年代，メキシコは極度のインフレと経済不況に陥り，しかも人口増加が止まらず，アメリカへの大量流入が続いたのである。そのうえ，メキシコ国境からの越境は，いわば，最も経済的で，いわゆる「コョーテ」といわれる斡旋者の手引きはあるにしても，飛行機で他のビザをとって入国するよりも安くつく。その結果，メキシコ同様経済的不況にあるラテンアメリカ諸国からアジア諸国（中国，ベトナム，韓国，インド，バングラデシュ，フィリピンなど），アフリカ諸国など世界各国のアメリカへの入国希望者が集中している。

1984年の逮捕者中，メキシコ人以外に約24,000人のエルサルバドル人，22,000人のグアテマラ人を筆頭に，あらゆる国籍の密入国者がいるとされるが，その半数以上がメキシコ人であると推定されている[4]。

結局アメリカでは，移民帰化局により逮捕された者以外に膨大な不法在留者をかかえこんでいるのである。その実数はどうであろうか。

ある推計では，1980年に既に350万人～600万人の不法入国者がアメリカ内におり，その半分はメキシコ国籍であったとしている[5]。

こうした中で，1970年代後半からアメリカ議会では，移民帰化法の改正により，一定の不法入国者を特赦（Amnesty）し，市民権を与えるとともに，以後雇主，斡旋者処罰や国境警備強化を内容とすることが議論されたことがあって，1980年以降不法入国者はさらに増加したといわれている。ある論者の推定では，最低400万人以上，アメリカの全労働力の4％が不法入国者によって占められたともいわれ，人によっては700万人を推計した者もいる[6]。

第3章　外国における不法就労外国人問題

表1　アメリカ、カナダ、メキシコの主要指標

	アメリカ合衆国	カナダ	メキシコ
人　口（1984年百万人）	236.7	75.1	77.7
人口増加率（1980～84平均）	1.0	1.1	2.6
*1人当たりGNP（1982年米ドル）	(4.0) 12,482	(3.4) 10,610	(1) 3,114
乳児死亡率（1000人出生当たり）	11	10	61
医師1人当たり人口（人）	549	548	2,136
GNPに占める教育支出（％）	6.9	2.3	3.9
自動車1台当たり人口（人）	1.8	2.3	14.0
人口1000人当たり電話台数（台）	79	69	8
人口1000人当たりテレビ台数（台）	631	489	111

*（　）内はメキシコに対する比　特に記さない限り1980-82年平均　B. Chiswick, Illegal Aliens p. 16

　こうした不法入国者の大半は、20～30代を中心とした、いわゆるヤングアダルトで職を求めて、全米各地に散っていくのである。
　ところで、右の1986年移民帰化法の改正（移民修正管理法）の結果、1981年12月31日以前に入国し以後居住してきた者を1988年5月4日までの12カ月間に申請により特赦して、当初一時的な在留資格、次いで永住資格（18カ月後）、5年後に市民権を与えようというものであった。
　その結果、当初の出足の悪さにもかかわらず、最終的には225万人以上が特赦をうけたと予測されている[7]。

2　不法入国の要因分析

　アメリカへの不法入国、不法就労の最大の要因は、経済、所得格差と人口的圧力ならびに入国可能性が先ずあげられる。
　最近の研究によれば、アメリカと南北に国境を接しているカナダおよびメキシコとの間の右の各要因について**表1**のような分析がなされている。
　最も、不法入国圧力の強かったと推定される1984年、両国の人口1,000人当たり、アメリカへの不法入国で逮捕された者はメキシコについては11.5人、カナダについては0.3人で、両者の差は約38.3倍となる。
　その要因、中所得格差を1人当たりGNPでみると、カナダはアメリカより15％低いだけであるが、メキシコはアメリカの約4分の1となる。人口増加率

179

はメキシコがアメリカの2.6倍，しかも乳児死亡率が5倍という高さにもかかわらずの人口増加であり，いかに人口が急増しているかが分る。

ただ，こうした労働力移動をひきおこす要因が1人当たりGNPに代表される所得格差だけではないと解されている。つまり，所得格差が大きくても，送出し国側の物価や生活費と所得との関係が十分に豊かであれば良いのである。しかし，これに加えるに受入れ国と送出し国間の生活水準も問題になる。そのメルクマールとされるのが電気，水道，ガスといった生活手段，テレビ，ラジオ，オートバイ，自動車といった耐久消費財が決定的な労働移動のひき金ともなるという。

アメリカへ入国したメキシコ人400人の調査によると，39％が水道がなく，26％が電気がない住宅にメキシコでは住んでいたという。アメリカ移住後，5％は水道のない，2％が電気のない住宅に住むが，80％が両方をもつという[8]。

3 不法就労外国人の実態と影響

このような大量の不法入国者の実態はどうであろうか。ようやく，1980年代に入っていくつかの調査がなされている。

その1は，オレゴン州のりんごの収穫期の季節労働者を1978年秋に調査したものである。この調査によれば平均年齢は27歳，就学年限は平均4.4年，独身者が61％，過去のアメリカ内の入職経験は6シーズン（平均）であった。

この場合，実収はメキシコでの収入の6倍で，交通費，密入国斡旋業者，滞在費を差し引いても3倍の収入があったという[9]。

第2に，イリノイ州シカゴ市の不法入国外国人を本格的に調査したものがある（1984年）。

この調査は，外国人の不法就労している産業を，製造業，飲食業（レストラン），その他に分け，このうちの一部を無作為抽出して，使用者側についてその責任者または使用者をインタビューしたものである。なお，同調査は不法就労者が摘発された移民帰化局のデータとの相関，アメリカ全土との相関も分析している。

これによれば，不法就労外国人中，メキシコ系の96％，その他のラテンアメリカ系の76％が越境者である。これに対し，ヨーロッパ，カナダ系は，観光ビザによる入国者，アジア，アフリカ，中東出身者は留学ビザ，観光ビザによる入国者が多数を占める。

これら外国人の平均年齢は，30.6歳でほとんどが未婚者である。滞在年数は

3・4年である。

　次に、賃金については、時間給にしてみると、メキシコ人は4.42ドル、その他は4.73ドルで明らかにメキシコ系が低いという。1983年の連邦の最低賃金は、3.35ドルであったが、賃金が明らかな279人中45人（16％）がそれ以下であった。このうち、18人がレストラン勤務者（うち12人がメキシコ人）、製造業1人、その他の産業が26人（16人がメキシコ人）を占めている。レストラン勤務者は製造業、その他（両者はほぼ同等）より18％安いという。

　ただし、レストラン勤務者については、食事の現物支給がなされており、額面よりは、高く評価されるという。

　この分析の特色は、不法就労者の賃金決定のファクターを労働者側、使用者側について分析していることである。

　経験や職歴についてみると、自国でのそれの賃金の額との相関は低く、アメリカ内の経験や勤続の相関が高いという。実際1年の経験をアメリカ内で積むことで約5.5％賃金が上昇しているという。

　人種、国籍要素としては、ヨーロッパ、カナダ系が20〜25％高い。ヨーロッパ、カナダからの不法就労者には言葉の問題がなく医者などの高学歴者、建設技師などの高技能者、技能の適応性の高い者が含まれていることなどからも、こういう結果となっている。

　使用者側の事情としては、労働組合に組織化された企業では、他の要素を除いて考えると11〜14％の差がある。

　そして、熟練労働者は16〜19％高く、学生については20％くらい安いという。その他企業規模が小さければ低く、季節労働者も低いという結果が出ている。

　以上の結果中、注目すべきは、アメリカにおいて、不法就労者のうち、ヒスパニック、アジア、アフリカ、中東系が比較的若く、経験、熟練もない者に占められていることで、とりわけメキシコ系についてはその傾向が強いということである[10]。

　最後に、1986年法の影響について次のように予測している。

　1986年法によれば、雇主は新規採用に際しては、書類の調査義務を負い、パスポート、出生証明書、運転免許証、グリーンカード（滞在許可書）などを調べた後に採用しうるという。ただし、同法施行前の採用者についてはその義務はないという。

　その結果、雇用の短期の就労者の採用も手続上の煩瑣さや不法就労者を雇った時の雇主責任などの理由から、ジョブモビリティは減ずるであろうとしてい

181

る。ただ，低熟練，不熟練労働者不足が生ずるか否かの点では，家族優先ビザで入国する子供や家族，特赦を受けた者の子供などで十分に補えるであろうと推定している[11]。

このように，移民労働者の研究においては秀れた研究の蓄積があるアメリカにおいても不法入国，就労外国人に関しての研究は以外に少ない。その理由は，1965年法以降移民の優先割当制による制限がはじまり，逆に，その枠外の外国人の移民が認められなくなったことに，不法入国者問題の発生があったからである。この時点から，不法入国者は，一旦帰国しても再入国が認められにくくなったので，とりわけ東部では不法滞在が長期化する傾向にあったとされている。アメリカにとっても，不法就労問題は，1960年代に新たな展開があったのである[12]。

III　1980年代の西ドイツにおける外国人の不法就労問題

1　西ドイツの不法就労

西ドイツが1973年外国人労働者受入れを停止してから，2つの結果を生んでいる。

その1は，外国人労働者で合法的に受入れられた者は帰国することなく，その在留が長期化しており，その8割は定住化傾向を示している。これは，一旦西ドイツから帰国すれば再入国はむずかしくなっていることも理由となっている[13]。

その2は，周辺諸国からの流入圧力は大きく，観光，短期滞在者がそのまま滞在して，不法就労を行う結果を生んだことである。

現行西ドイツ外国人法は3か月以内の観光，短期滞在についてはビザを要求していないため，パスポートの提示だけで簡単に入国することができる。日本からの西ドイツ旅行者がパスポートのあまりに簡単なコントロールにあっけにとられることもあるにちがいない。

そのため，入国後，斡旋者の手によって派遣されて労働したり，グループである特定の仕事を請負う名目で仕事をしたり，あるいは個別に特定の雇主のもとに赴いて仕事をする型をとっている。第1の類型は，派遣労働，第2の類型は，大工，石工，左官などが請負を名目にするものの，その実態は単なる労務の提供をしているにすぎず，労働許可をうることなしに行う脱法的な労働契約にほかならない。第3の類型は，ポーランドからの大量（20万人といわれる）

の秋のブドウ収穫の出稼ぎや，一般家庭への季節的な庭仕事などがその典型である。

これらの労働者は，労働局からの労働許可をえていない不法就労であるとともに，滞在許可もなく，外国人法違反の不法在留となっている。

そのうえ，これらの就労のほとんどは，賃金所得税不払による税法違反，社会保険料不払による社会保障法違反である。こうした結果，違法労働(Schwarzarbeit)は，労働市場への悪影響も大きく，公正な競争秩序も損われるとして，1981年11月12日に「不法就労に対する闘争法」(不法就労対策法)が制定された。

不法就労をなくするため，外国人局，連邦雇用庁，国境警備局，検察庁，手工業会議所中央会，経営者連盟，労働組合などが一体となって対処する体制が作られたのである。

現行法では，1985年就業促進法によって，労働許可を受けていない外国人労働者の違法な派遣により，同一もしくは類似の業務を行うドイツ人に比べて著しく不均衡な労働条件で派遣した者は3年以下の禁固又は罰金，特に悪質な者を6ヵ月ないし5年までの禁固に処することとし，更に，派遣先についても，労働許可をえない外国人労働者を同時に5人以上，30暦日以上にわたって就業させた派遣先および，労働許可なしの就業を再三故意にくり返す外国人労働者については1年以下の禁固もしくは罰金に処することとし，悪質な者(過度の私利私欲による者)を3年以下の禁固もしくは罰金に処することとなった(同法15条a)。

つまり，不法就労者が，とりわけ派遣労働によって職をうること，しかも，それが過度のピンハネを生むことから，派遣する側も，派遣される側も，悪質な者をよりきびしく処罰することにしたものである[14]。

日本でも，最近，ブラジル人一世を3年間派遣業法上派遣の禁じられている製造業に派遣し，しかも35億円をピンハネしていたことが摘発により明らかとなった三協工業の事件があるが，立法上も一考を要するところである。(平成元年10月13日付各紙参照)。

2 不法就労の類型

不法就労の範囲について西ドイツは，必ずしも外国人労働者だけではなく，ドイツ人に対してもきびしく律している。たとえば，年金受給者，失業保険受給者，生活保護受給者の就労は，ドイツ人についてもきびしく対処しているが，

以下，外国人の不法就労を中心に検討を進めることとする[15]。

(1) 派遣労働

先ず典型的なものとしてあげられるのが，派遣である。

西ドイツの労働者派遣法は，わが国の労働者派遣事業法のモデルともいえ，許可なしの派遣事業を禁じ，また建設業についても基本的に派遣を禁じている（雇用促進法12条a）。

一方，外国人労働者については，派遣労働者としては，労働許可を与えないことになっており，外国人労働者の派遣は同時に労働許可を満たさず，不法就労となる。それゆえ，外国人を派遣した者は，労働許可違反となるのみならず，悪質な場合を3年未満の自由刑か罰金に処することになっている（労働者派遣法15条a1項1文）。

これらの原則からすると外国人労働者は，一般的に派遣労働につけないといえるが，EC法との関連で3つのグループに分れるという。

その第1は，EC加盟後も，暫定的に労働許可を要するとされるスペイン，ポルトガルの労働者を除くEC諸国の労働者で，国籍別にはドイツと国境を接するフランス，ベネルックス，デンマークの他，イギリスとアイルランドが多く，次いでイタリア，ギリシアも多い。その他の国としては，トルコ，ユーゴスラヴィア，アメリカ人で特別労働許可を得ている者が多いとされる。

業種的，職種的には，派遣労働のポジティブな必要性（つまり，一企業では確保できない）のある，コンピュータ関係や機械工などの高技術労働者，事務労働（とりわけ女子）のほか，単なる短期的労働力不足を補う，補助労働，組み立て，金属加工関係も多いのである。

第2は，右のグループ以外の外国人で，派遣労働が労働許可要件を満たさず不法就労とみなされる人々がいる。

これらの人々の就業している領域としては，建設，金属とりわけ圧延，清掃，サーヴィス，自動車修理から農業に及ぶという。ただアメリカ人やイギリス人を中心にエレクトロニクスや情報処理など高技術で，語学能力を必要とする業種への派遣が行われているという。

1987年には，こうした違法な派遣は，2,400件を記録し，690件を送検し，2,390万マルクの罰金に処したという。

(2) 請負，直接雇用による不法就労

建設業をはじめ，工業，農業，ホテルなどのサーヴィス業，そして一般家庭の清掃，庭仕事に至るまで，滞在許可，労働許可のない者を雇って仕事をさせ

第3章　外国における不法就労外国人問題

ているケースが跡を断たないのが西ドイツの悩みでもある。

家庭の庭仕事一つとっても、ユーゴスラヴィアやトルコなどから、数カ月間シーズン中に滞在、何軒かを受け持って暮らせば結構な収入になる。ましてや建設業で請負契約の型で壁何平米、何万マルクといった請負契約を装って、実質的には労務の提供だけをする型が当局（連邦雇用庁）のとらえ切れないほど多いという。

これは、それぞれの同業組合や労働組合など一定の公定賃金（協約賃金）を決め仕事をしている人々にとっても労賃の切り下げにつながり大問題だ。

このような中で、手工業組合、疾病金庫、税務当局、外国人局と警察、国境警備当局との連けいで、不法就労の根絶を1980年代に宣伝、強化している。

しかも、1993年1月1日のEC統合は、周辺諸国から南欧（ギリシャ、イタリア、スペイン）を経ての外国人の流入と、工賃の安い近隣諸国からの手工業者の出稼ぎが予測され、とりわけ中小零細な手工業者に対する対応に悩んでいる実情にあるという。

3　不法就労対策

連邦雇用庁によれば、1987年約26万件の不法就労事件があり、25万900件が処理された（対前年比22％プラス）という。このうち送検数は、14万9,900件（約60％、前年比19％プラス）で、20,400件（前年19,800件）につき、3,650万マルク（前年2,520万マルク）の罰金が課されたという。この他、税金、保険料の追徴額は、1億4,000万マルクであった。

とりわけ連邦雇用庁は、146の労働局に900人の専門官をおき、建設、金属などの25,800事業所で約50万人以上を検査、25,500件の保険給付不正受給者と2,530万マルクの保険料不払いなどを発見している。

このように西ドイツでは、外国人の不法就労が、一般的な保険給付不正受給などとともに、違法就労対策の中心的課題となってきている。この中で、外国人の不法就労が、使用者の違法性の認識をマヒさせること、労働市場への悪影響などの観点から社会をあげて対応すべきことが強調されているのである。

Ⅳ　日本との比較

日本とアメリカおよび西ドイツについて比較すると、アメリカの場合、不法就労外国人の圧倒的多数は越境者であることが特徴である。

これに対し，日本については，島国で，越境がごくわずかの船を使っての場合の例外を除いてはむずかしいこともあって，そのほとんどが，観光その他の資格で入国後の不法就労ということになる。こうした資格外活動者と期限後の不法残留者は，入国審査時のデータで，ある程度の推計が可能であるが，それにも誤差がつきまとう。それは，留学，就学ビザでの週20時間以上の実質的就労者で，これについては正確にとらえることはむずかしい。次いで，観光，商用等の短期（90日以内である）滞在者が就労している場合も把握がむずかしい。この他，研修中の者の担当数が実質的に就労にほかならなかったり，こうした資格外活動は正確には把握し切れない。とはいえ，アメリカほどの誤差（数百万人単位）ということもない。

その意味で，日本の出入国管理の役割は大きく，適切に機能していればアメリカほどの混乱は生じないともいえる。

しかし，今日，汽車，自動車に代って航空機が旅客交通の主流を占めつつあることを考えると，汽車，自動車による大陸の地つづき国境を越えて大量に入国し，不法就労する外国人に悩まされる西ドイツと同じ状況になることも否定できない。正当なパスポートを持ち，観光，商用，就学，研修等で外国人が入国することは原則として拒否できないのである。

とすれば，国内の不法就労者の雇用の需要があるかぎり，こうした「ヒト」の流れは絶えない。ここに，入管法改正による雇主，斡旋者処罰規定（改正入管法案73条の2）の必然性があり，これが日本のみのものではなく，西ドイツ，アメリカ等でも今日一般的であることは既述のとおりである。

それとともに，研修，留学，就学などの本来の在留目的が全うできるシステムやインフラストラクトゥアを作り出さなければならない。それができないとアジア諸国から本来，日本で学び，技術移転などを行うべく日本にやって来たアジアの若者達が，いつまでたっても生活苦やシステムの不備により不法就労に走る結果は妨ぎえないのである。

(1) 法務省入管局「昭和63年上陸拒否者及び入管法違反事件概要」
(2) この間の経緯については，手塚『外国人労働者』（日本経済新聞社，1989年）第13章参照。
(3) U. S. Department of Justice, Immigration and naturalization Service; Statistical Year-book of the Immigration and Naturalization Service, 1986, pp.

(4) Op. cit., 190～
(5) 諸推計については，Barry R. Chiswick, Illgal Aliens, 1988, pp. 18～.
(6) 手塚『外国人労働者』212頁以下。
(7) Barry R. Chiswick, op. cit. p. 146.
(8) op. cit. pp. 15～.
(9) Richard W. Cuthbent and Joe B. Stevens, the Net Economic Incentive for Illegal Mexican Migration: A Case Study, International Migration Review, 1981, pp. 543-550.
(10) 以上は，Chiswick の前掲書のリサーチの大略である。
(11) Richard W. Chiswick, op. cit., pp. 145～.
(12) アメリカ移民の分析に関する古典的名著である。Michael J. Piore, Birds of Passage : Migrant Labor and Industrial Society, 1979. も，この点については，若干，さりげなく言及しているにすぎない。
(13) 手塚『西ドイツにおける外国人労働者対策』（東京都議会調査局，1989年）6頁以下参照。
(14) 手塚「1985年就労促進法」日本労働協会雑誌1986年11，12月号，「労働者派遣と請負」日本労働協会雑誌1988年7月号参照。
(15) 1981年の不法就労対策法により，政府は少なくとも5年毎に，不法就労についての調査を行い議会に報告書として提出，承認を受けることとなっている。以下は，1974年，1976年，1978年，1980年，1984年の各3月30日付の5回の報告に次ぐ，最新の報告書（Sechster Bericht der Bundesregierung über Erfahrungen bei der Anwendung des Arbeitnehmerüberlassungsgesetz sowie über die Auswirkungen des Gesetzes zur Bekämpfung der illegalen Beschäftigung, BT Drucksache 11 / 2639, 7. 7. 1988）を中心に，筆者の調査を含めてまとめた。

（法律のひろば42巻12号〔1989年12月〕所収）

第2部 国際比較

第4章 西ドイツの「外国人労働者受け入れ」と二国間協定

I はじめに

　わが国において，外国人労働者受け入れについての議論が本格的に論じられるようになって数年。この間，開国論，鎖国論などをはじめとして，その是非論が抽象的に論じられた段階から，今臨時国会（第116臨時国会）における入管法（入国管理及び難民認定法）改正を前に，具体的な政策レベルでの議論を必要とするに至っている。

　すなわち，アジア諸国からの膨大な人口ならびに余剰労働力と日本とアジア諸国間の所得格差からくる，日本への国際的な労働力の流入圧力。これに対して一方では，これを規制しつつも他方ではアジア諸国との協調，共存の道を探りつつ，わが国の21世紀の社会，経済構造の行方を見きわめるという課題が緊急性を増している。

　このような課題に対して，いくつかのプロジェクトや委員会などでの検討があふれているが，この中で，従来まったく曖昧模糊としてしかとらえられず，単に，その具体的内容を知らず，また「打出の小槌」的に唱えられている，アジア諸国との「二国間協定による労働者受入れの構図[1]」について検討する必要がある。そのためには，その先例としての西ドイツにおける外国人労働者受け入れの際の二国間協定とその内容，受け入れの実際，そして受け入れ国側と送出し国側とに与えた影響について明らかにすることが重要である。

　以下，この問題について解明しつつ，今後の日本の方向を探ってみた。

II 外国人労働者受け入れの端初

　1956年，西ドイツは戦後はじめてイタリアから外国人労働者を受け入れた。その数は，同年4月から2500人を農業へ，1500人を工業へとイタリアから導入するものであった。

　その時点で，使用者側はなお5000人ないし1万人の受け入れを要求しており，イタリアからの募集は好調で継続的な受け入れが見込まれたのである。しかも，速やかなパスポート及びビザの交付と募集強化が求められた。

　そのため，前年12月20日付ですでに締結されていた西ドイツ・イタリア間の

第4章　西ドイツの「外国人労働者受入れ」と二国間協定

二国間協定(2)に則り，ベロナにドイツ委員会（die Deutsche Kommission）を連邦職業紹介・失業保険庁（Bundesanstalt für Arbeitsvermittelumg und Arbeitslosenversicherung(3)，本稿では以下職業庁と略する）の出先機関として開設し，公的な募集にのり出すこととした。

　1955年6月の時点での労働需給率をみると，失業率は3.6％，失業者は650,500人（うち男子313,800人）と比較的高く，しかもその1年前1954年には，100万人以上の失業者をかかえていたこともあって，全面的な外国人労働者の受け入れ策とはならなかった。

　ただ，当時農業部門の労働者は極めて不足しており，南部バイエルンなどの農業地帯では出稼ぎ型のイタリアからの農業労働者導入論が強かったのである。また，工業部門でも急激な技術革新と生産拡大がはかられつつあり，一時的労働力不足と専門家（専門，熟練労働者）の不足が予測されていた。

　このような情勢の中で，1955年前後，たとえば鉄鋼業を中心とする金属（素材）産業は，わが国同様急速に先端技術を導入，新鋭設備を建設した。これによる技術革新の結果，従来の重筋労働は軽作業化され，大した熟練がなくても，あるいはドイツ語能力が低くても可能な，補助的労働力が大幅に必要とされるに至った。このような傾向は他の造船，炭鉱などの産業にも存在した。

　このような流れの中で，政府専門委員会は，外国人労働者の導入は西ドイツ経済全体へのメリットであると判断したが，その中で「①外国人はドイツ人労働者をより熟練度の高い労働へと上昇させる。②外国人は地域的流動性があり，経済の必要性，とりわけ地域的な労働力需給のアンバランスを埋め合わせることになる」との論拠を提示したのである(4)。

　この結果がその後の経緯と異なることは，事実が示すとおりである。すなわち西ドイツの労働者は，必ずしも不熟練労働者（ungelernt）から，熟練，専門労働者（Facharbeiter）へ上昇をとげたわけではなかったし，ある地域に住みついた外国人は，地域的な必要に応じて，つまり労働力需給に応じて移動する存在ともなりえなかったのである(5)。

　この間，イタリアだけでは需要をまかない切れないとの判断から，他の地中海諸国からの外国人労働者導入策が浮上する。その背景には，1960年には第2次大戦後はじめて求人が求職を上まわり，同時に若者の就業年限および職業訓練年限の増加傾向や，当時西ヨーロッパ諸国で最長であった労働時間短縮というヨーロッパ内の国際関係からくる至上命令があり，労働力需給ギャップはイタリアだけからの受け入れでは埋め合わせえないことも明白となった。

1950年には，イタリアでの募集強化のために，ナポリに第二の募集センターを，4月にはマドリードに，5月にはアテネに募集センターを開設した。

このように1960年には，イタリア，スペイン(6)，ギリシャから合計111,700人の労働者募集を行ったが，うち93,300人がイタリアからの募集であった。その結果，1960年の時点では，男子の補助的労働力はほぼ十分となったとされ，他方熟練職種，婦人についてはなお求人が多かったとされている（表1参照）。

こうした流れは，当然の帰結として南欧からの熟練労働力不足を，1960年，社会主義圏中で独自の途を追及しており，職業訓練制度も伝統もあってドイツ的でもあったユーゴスラビアからの労働者導入で補うといった方針が浮上する。ただ，社会主義国との二国間協定を一切禁ずるハルシュタイン・ドクトリンが厳格であった当時は，協定まで至らずようやく1968年10月に二国間協定が締結されたのである(7)。

III 「ベルリンの壁」と二国間協定による外国人労働者受け入れ

以上のように第2次大戦後,「奇跡の復興」をとげた西ドイツは，前述のように1956年イタリアなどから外国人労働者の受け入れを開始していたが，ごく部分的に行われていたにすぎなかった。

1961年8月17日，ベルリンの壁は，東ドイツ，ポーランド，ソ連などの東欧圏との間の人の流れを遮断した。第2次大戦後，2,600万人の引揚者の大半を新たな労働力として加え，その経済復興を可能とした西ドイツは，南欧，そしてバルカン，北アフリカ諸国まで広く外国人労働者を募集せざるをえなくなったのである。

この時点で浮上したトルコからの労働者導入の過程を見てみよう。

トルコからの労働者導入のきっかけはドイツ国鉄の清掃業務の人手不足であった。これが契機となり受け入れが開始されたのである。この時期，伝統的にドイツ国鉄がバルカンに向けての路線を重視（オリエント・エキスプレスならぬバルカン急行が多く編成され，後には出稼ぎ外国人で盛況を呈した）してきたことや，清掃労働が冬の酷寒の中，夏の暑さの中での野外作業に等しく，かつ汚染労働であったことから，ドイツ人の求職者が不足していたのである。

かくて，1961年10月30日，トルコとの間で二国間協定が締結された。この協定で注目すべきは，第9条で，ドイツ内の在留期間は2年を超えることができない，との期限が付せられ，いわゆるローテーションシステム（Rotationsprinzip）が明示されていたことである。

第4章　西ドイツの「外国人労働者受入れ」と二国間協定

表1　各年度の外国人労働者の各国からの受入れ数と在外事務所の斡旋率

国	1960 1	1961 2	1962 3	1963 4	1964 5	1965 6	1966 7	1967 8	1968 9	1969 10	1970 11	1971 12	1972 13	1973 14
イタリア														
入国総数	141,213	165,793	165,253	134,912	142,120	204,288	165,540	58,510	130,236	136,225	168,300	158,725	154,184	.
その内，身分証明書所持者	93,284	107,030	76,733	31,784	26,537	26,579	13,469	3,985	10,470	10,206	7,367	4,327	2,092	3,647
斡旋率 (%)	66.1	64.6	46.1	23.6	18.7	13.0	8.1	6.8	8.0	7.5	4.4	2.7	1.4	.
ギリシア														
入国総数	23,341	36,606	47,559	58,009	65,130	61,822	39,742	7,605	37,248	65,234	64,026	42,000	24,666	9,548
その内，身分証明書所持者	3,242	21,149	31,933	40,598	40,657	33,287	26,904	1,949	24,289	51,234	49,790	30,312	16,602	4,965
斡旋率 (%)	40.3[1]	57.8	67.2	70.0	62.4	53.8	67.7	25.6	65.2	78.7	77.8	72.2	67.3	52.0
スペイン														
入国総数	26,745	51,183	54,954	51,715	65,872	65,146	38,634	7,785	31,995	50,086	48,836	37,530	28,657	30,441
その内，身分証明書所持者	10,175	27,099	36,287	35,265	44,880	40,505	26,449	3,257	23,220	41,932	40,552	29,448	22,463	27,279
斡旋率 (%)	40.3[1]	52.9	66.0	68.2	68.1	62.2	68.5	41.8	72.6	83.7	83.0	78.5	78.4	89.6
トルコ														
入国総数	—	7,116	15,269	27,910	62,879	59,816	43,499	14,834	62,376	121,529	123,626	112,144	96,210	117,966
その内，身分証明書所持者	—	1,207	11,024	23,436	54,918	45,553	32,516	7,233	41,450	98,142	95,685	63,777	62,394	101,426
斡旋率 (%)	—	30.8[1]	72.2	84.0	87.3	76.2	74.8	48.8	66.5	80.8	77.4	56.9	64.9	86.0
ポルトガル														
入国総数	—	—	—	1,545	3,904	11,140	9,185	1,782	6,709	13,237	20,119	17,946	16,476	29,491
その内，身分証明書所持者	—	—	—	1,013	1,802	8,219	7,335	825	4,691	11,383	18,151	15,494	14,420	28,230
斡旋率 (%)	—	—	—	.	58.4[1]	73.8	79.9	46.3	69.9	86.0	90.2	86.3	87.5	95.7
ユーゴスラヴィア														
入国総数	—	913	.	.	.	.	.	.	.	192,232	202,360	113,333	75,501	81,504
その内，身分証明書所持者	—	.	.	.	.	.	.	.	.	67,752	106,413	73,492	47,815	67,111
斡旋率 (%)	—	.	.	.	.	.	.	.	.	37.3[1]	52.6	64.8	63.3	82.3
チュニジア														
入国総数	—	—	—	.	.	.	.	.	.	2,562	5,193	3,256	1,923	2,771
その内，身分証明書所持者	—	—	—	.	.	.	.	.	.	956	4,563	2,704	1,517	2,554
斡旋率 (%)	—	—	—	.	.	.	.	.	.	51.0[1]	87.9	83.0	78.9	92.2
モロッコ														
入国総数	—	—	—	.	.	.	.	.	.	.	.	2,574	4,003	3,175
その内，身分証明書所持者	—	—	—	.	.	.	.	.	.	.	.	6	3,034	2,935
斡旋率 (%)	—	—	—	.	.	.	.	.	.	.	.	0.2[1]	75.8	92.4
合計														
入国総数	191,372	261,611	284,049	274,091	339,905	402,212	261,800	90,516	268,564	580,997	632,460	487,508	401,620	(274,896)
その内，身分証明書所持者	111,706	156,485	155,978	131,083	168,794	154,143	106,673	17,249	104,120	281,605	322,521	219,560	170,337	238,147
斡旋率 (%)	58.4	59.8	54.9	47.8	49.7	38.3	40.7	19.1	38.8	48.5	51.0	45.0	42.4	(86.6)

1) ドイツ在外斡旋事務所の活動開始時からの入国数と相関させている。

注．身分証明書所持者は必ずしも在外事務所の斡旋を受けた者である。

この第9条は，後に1964年7月29日から9月30日のトルコとの交渉による覚え書交換により削除され，今日に至っている。つまりローテーションシステムは，その後のトルコ人労働者の他業種への導入により，当時の労働力需給関係から廃止されたのであった。

以上の国々の他，ベルリンの壁の設置以来，西ドイツはポルトガル（1964年3月17日），モロッコ（1963年5月21日），チュニジア（1965年10月18日）と二国間協定を拡大していったのである。

Ⅳ　二国間協定とこれによる外国人労働者の導入

西ドイツをはじめ西欧諸国がとったのは，募集先国との二国間協定による外国人労働者の受け入れであった（**参考資料1参照**）。

これらは，先ず二国間で公的に労働者を受け入れること，そのための両国の当事者（西ドイツは必ず「職業庁」）を定め，西ドイツ側が相手国に職業庁の出先機関をおき，専門職員を派遣し，その活動経費を負担しつつ，労働者の西ドイツへの移住，募集，斡旋の任にあたること。これに対し，相手国は家具等の付いたオフィスを提供し，その活動（特定の職業に一定の求人を行い，その労働条件，社会保険などの内容の情報を与え，健康診断を行い，相手方に応募してきた者の選考も使用者に代って行う）を援助する。

相手方当事者は，国内で西ドイツ側の条件で求職する者を募集する他，一定のキャリア，専門職に就くことが可能な者をそのデータとともに相手側に通知する。また，応募者が多数のときは予備選考を行い，不適格者（たとえば犯罪者）を除いて抽せんする。

この協定で重要な点は，ドイツ側はあくまでも使用者が西ドイツで求人をしても該当する求職者がいない場合に職業庁（の出先である労働局）を通じて斡旋を依頼すること，そしてその費用に要する手数料（なお，決定した労働者の旅費も含む）を求人側が支払うことである。また，最も重要な点は，ドイツ側の出先の当事者は，使用者の署名付の契約書（**参考資料2参照**）を預託され，選考の結果，相手方の労働者の署名があれば労働契約が成立することである。この結果受け入れられた外国人の労働法上の基本的出発点が明確になり，日本のような賃金不払，労働時間不明確，割増賃金不払，社会保険不加入などの問題が避けられる効果があった。

次に相手国（募集国）側において重要なことは，あくまでも募集国側の官公庁が労働者（求職者）を募集するのであって，ドイツ側は紹介するだけである

第4章 西ドイツの「外国人労働者受入れ」と二国間協定

表2 西独雇用庁の在外事務所により斡旋された、職業上の資格を有する外国人被用者と各年度の総斡旋数におけるその割合

国　籍	1973 絶対数	%	1972 絶対数	%	1971 絶対数	%
イタリア人	709	19.4	956	45.7	1,560	36.1
ギリシャ人	772	15.5	2,266	13.6	3,293	10.9
スペイン人	2,762	10.1	4,313	19.2	3,098	10.5
トルコ人	30,084	29.7	18,906	30.3	29,556	46.3
ポルトガル人	9,355	33.1	4,469	31.0	3,559	23.0
ユーゴスラヴィア人	24,448	36.4	17,202	36.0	22,103	30.1
チュニジア人	235	9.2	644	42.5	933	34.5
モロッコ人	960	32.7	1,038	34.2	—	—
合　計	69,325	29.1	49,794	29.2	64,102	29.2

ことにポイントがある。ドイツ側は相手国内でみずから募集活動をしないのである。

　このように二国間協定による募集には、いくつか注目すべき点がある。

　その第1は、わが国で外国人労働者の受け入れ論者がいとも安直に考えているように、二国間協定が外国人労働者募集のすべての鍵になるわけではないことである。西ドイツの場合には、不熟練労働者の賃金は安く格付けされているとしても、産業別協約や労使団体のきびしい規制の下でチープレーバー（国内の同一職種についているものより安い）ということが成り立たないシステムができていたが、これと相俟って労働法上の基本原則である斡旋者の中間搾取、同一労働同一賃金、労働条件明示、契約の明確さといったいわば労働憲章（労基法第1章）がクリアーされたことに最大のメリットがあった。

　その第2は、いうまでもないが、二国間協定が、外国人労働者の数量的な制限や職種についての制限機能を目的にしたものではなく、そのためには何らの効果もあげなかったことである。その理由は、西ドイツのように職安機能が国の「独占」の下にあっても、雇い主が高い手数料や旅費を支払って、公的な出先機関の斡旋だけに頼らずに帰国者の再雇用や、縁故採用とりわけ外国人労働者のルートを通じて独自に採用する途も開かれており、外国人労働者の公的斡旋比率（なかんずく熟練労働者のそれ）は下がる傾向にあったことにもみられる（表2参照）。かりに日本で、人数的あるいは質的に制限して受け入れを開始し

表3　西独雇用庁の在外事務所における職員状況

受入れ国	1973年10月末			1972年10月末			1971年10月末		
	総数	その内		総数	その内		総数	その内	
		派遣職員	現地採用者		派遣職員	現地採用者		派遣職員	現地採用者
イタリア	22	8	14	20	7	13	20	7	13
ギリシャ	26	7	19	44	11	33	45	11	34
スペイン	67	23	44	55	18	37	54	17	37
トルコ	179	49	130	149	35	114	133	30	103
ポルトガル	51	17	34	30	10	20	25	8	17
ユーゴスラヴィア	117	45	72	91	35	56	110	45	65
チュニジア	10	5	5	11	5	6	9	5	4
モロッコ	20	6	14	16	5	11	—	—	—
合　計	492	160	332	416	126	290	396	123	273

たとしても，こうした流れを止めるだけの独占的機能や強制的機能を職安当局は有していないのである。たしかに雇用許可制の導入によりという考えもあろうが，一体どこで制限するのか，まさか先着順というわけにもいくまい。また外交当局も偽装難民の退去，引きとりにすら手を焼いている実情から，数量制限ができ，これをオーバーしないことを相手国に守らせるなどということは不可能である。表2で示すように，質的に資格者だけという方向も極めて限定的にしか機能しない。

　第3には，右と通ずることであるが，二国間協定による受け入れは，外国人労働者の受入れのために設けられたもので，その故に受け入れのためだけにしか機能しなかったのであって，労働の需給による帰国促進あるいは帰国の約束を果たさせることや，ローテーションシステムの担保的効果など何らないことである。日本の論者のほとんどが，恐らくは二国間協定を知らず，ただ何となくこれらの保証になると考えているにすぎないのである。

　これらの問題点の他に，西ドイツでは，1973年の外国人労働者の募集停止に至るまで，その実績と受け入れ側と送り出し側双方への影響が報告されている。以下この事について明らかにしたい。

V　外国人労働者受け入れの実績

　ここでは一般的な西ドイツにおける外国人労働者受け入れの結果については，

第4章　西ドイツの「外国人労働者受入れ」と二国間協定

他の機会において詳細に論じたのでくり返さない[8]。ここでは本稿のテーマである二国間協定による受け入れに関して，その経過と問題点を明らかにするにとどめよう。

まず第一は，職業庁（後雇用庁）の出先機関がどのくらいの人々を募集先国に派遣し，現地雇用していたかである。その変化は**表3**で明らかなように，当初から徐々に漸増し1973年の外国人労働者募集停止（11月23日）直前の10月末において，8カ国492名（うち160名は派遣された者，332名は現地採用）にのぼる。このうち後述のようにイタリア，ギリシャなどでの労働者の応募者が少なくなったため，急速にユーゴ，トルコからの募集に力点が移っていることが職員数においても明らかである。

すなわち，1956年以降，1987年迄の外国人労働者の斡旋数は約240万人（表1参照），とりわけ1973年の募集停止後は，EC内のイタリアからの募集が行われているだけである。

この間，1970年に斡旋外国人労働者数は322,500人と最高となった（表1）。表1でみるように，国によって雇用庁の在外事務所による斡旋比率は異なるのが分かるが，概ねEC内で移住，職業選択の自由のあったイタリア以外の国では，在外事務所の斡旋による比率は高い。

だが，労働力需給関係は外国人労働者に常に有利であったわけではない。

1969年には，労働許可制の厳格化，制限が行われ，失業中の外国人は労働許可を保持しうるかということをめぐる議論がおこっている。とりわけ一定期間内に13週間以上の失業手当をえた場合について，このような取り扱いがなされるようになった。

そして，募集停止に至る過程でいくつかの政策変更もなされている。とりわけ1968年以降経済成長とともに，外国人労働者に高度な技術や労働密度を求める傾向が出てきている。そして，この間1966年～7年の不況に際しては募集数も減じ，時の連邦社会労働相ヴァルター・アレントをして，外国人労働者の雇用のメリットの低下，受け入れ結果としての費用から，最終的には国民経済にとって，プラスマイナスを勘案すれば，西ドイツの経済可能性を開くものではない。との消極的発言[9]になり，1969年の右の取り扱いとなった。

1973年以降，居住希望地の産業構造やインフラストラクチュアにより在留，労働許可を与えることになり，同年9月，斡旋手数料の引上げ（1,000マルク）による抑制，そして1973年11月23日の募集停止を迎え，在外事務所をイタリアを除きすべて閉鎖したのである。

VI 外国人労働者の受け入れ停止後の状況

1972年，雇用庁は，外国人労働者問題は受け入れ停止によって問題が解決するわけではなく，むしろこれ以後はじまるのであるといみじくも述べた[10]。

事実，1973年以降，西ドイツはオイルショック，産業構造調整に直面し，第二次産業の外国人労働者の需要は急速に減ずる。ちなみに，第二次産業の就業者数は1960年に1,250万人，1970年には1,370万人と漸増しているが外国人労働者がその期間に同部門で22万人から160万人に増加して，ドイツ人の稼動人口減少を補っている。否，むしろ当時はドイツ人労働者減を補うだけではなく，事業拡張，生産拡大のために導入されたのである。爾後，西ドイツのサーヴィス経済化にともない，ドイツ人を代替する型で外国人の製造業への集中傾向が続いている。1987年には外国人就業者の53.6％が製造業に従事しているのに対し，ドイツ人のそれは37.7％にすぎない（表4および表5参照）。

そして外国人労働者の大半が不熟練労働についている（表6参照）ことから，合理化に際して先ず解雇の対象となり，しかも拡張するコンピュータ部門などには言葉の壁があって，結局再就職はむずかしいのである。外国人の失業者数を静態的（つまり西ドイツ国内にとどまっており何ら就業しえない者として）にとらえると，1970年代後半は10万人前後，1980年代に入って25万人前後という数字が出てくるが，実際には1970年代後半は年々60万人，1980年代はもっと深刻だという。外国人の失業の可能性は4倍だとある統計が述べており，実際1980年から84年までには約65万人が人員整理の対象となったが，そのうち39万人が外国人であるとされる[11]。

しかも，1987年末には，外国人労働者の93.8％が特別労働許可（ドイツ人なみの扱いをうける）を有し，しかもこのうち72.5％が無期限のものであるという[12]。

また，外国人の未成年者は，学校教育上30％が基本的教育をドロップアウトし，しかも職業訓練をうけない者が過半を占めることもあって，1987年現在24％が失業中である。必然的に外国人未成年者の犯罪率はドイツ人未成年者の3倍にもなるという[13]。

最後に外国人家庭人口は年々増加傾向にあり，そのため外国人の就業者と総人口との差は年々開く一方である。今後，1985年440万人（全人口の7.4％）が，2000年には562万人（10.2％），2030年には582万人（13.6％）が推計されるという[14]。

第4章 西ドイツの「外国人労働者受入れ」と二国間協定

表4 経済諸領域における外国人比率

経済分野　経済部門	非独立就労者 1971年4月末	就業者外国人被用者 絶対数	外国人比率 1973年1月末 %	就業者外国人被用者 1972 絶対数	外国人比率の変化 9月末 1972 [3)]	1971	1970	1969	1968
Ⅰ 鉱業とエネルギー産業	526,900	32,593	6.2	32,552	6.2	6.5	5.4	3.5	2.8
そのうち									
名炭採掘	248,500	26,928	10.8	25,970	10.5	11.3	9.3	5.9	4.4
Ⅱ 鉄と金属製造と加工	5,541,200	843,346	15.2	825,598	14.9	14.8	13.7	11.0	7.7
そのうち									
鉄骨構造、機械組立、自動車組立	2,562,900	361,581	14.1	355,213	13.9	14.1	12.5	9.8	6.6
その他の加工業（組立含まず）	4,141,100	597,456	14.4	594,499	14.4	13.7	11.9	9.7	7.4
そのうち									
化学工業	674,300	67,655	10.0	66,667	9.9	9.7	9.2	7.6	5.9
プラスチック、ゴム、アスベスト加工	327,700	67,560	20.6	65,333	19.9	18.6	18.4	16.5	11.3
鉱石ならびに土砂の採掘、加工									
粗製焼き物、陶磁器	389,700	71,946	18.5	77,091	19.8	19.0	16.1	11.9	9.0
木材業、紙業、印刷業	882,600	113,078	12.8	109,931	12.5	11.6	10.1	7.9	5.9
皮革業、織物業、衣料品業	1,124,100	195,378	17.4	192,421	17.1	16.4	13.6	12.1	9.4
食料品、し好品産業	742,700	81,839	11.0	83,056	11.2	10.6	8.6	6.4	5.2
中間合計									
製造業（組立含まず）	10,209,200	1,473,395	14.4	1,452,649	14.2	13.9	12.5	10.0	7.3
建設業	1,777,700	389,854	21.9	419,667	23.6	22.4	17.5	12.4	8.9
サーヴィス、商業、交通	9,528,000	464,521	4.9	457,633	4.8	4.2	3.4	2.8	2.3
そのうち									
商業	2,446,800	136,081	5.6	128,802	5.3	4.5	3.6	2.9	2.3
クリーニング	318,100	29,824	9.4	29,156	9.2	7.4	5.3	4.2	3.5
飲食業	398,200	81,565	20.5	87,739	22.0	19.1	14.8	12.7	9.4
家事	134,900	6,187	4.6	6,032	4.5	4.5	3.4	2.7	2.6
ドイツ連邦郵便	442,100	9,739	2.2	9,554	2.2	2.1	1.9	1.6	1.3
ドイツ連邦鉄道	431,500	22,876	5.3	22,966	5.3	5.1	4.7	3.2	2.1
ドイツと外国の防衛官庁									
外国代表部	254,200	20,743	8.2	20,465	8.1	7.5	5.6	4.8	4.5
病人介護	676,900	66,231	9.8	64,750	9.6	8.3	7.1	5.2	4.9
農業、林業、畜産業、漁業	278,100	19,030	6.8	22,443	8.1	7.8	5.9	4.5	3.5
全経済部門	21,793,000	2,346,800	10.8	2,352,392	10.8	10.3	9.0	7.0	5.2

注1）2）3）は、抽出国勢調査による。（なお、統計は雇用庁）

表5　西ドイツの外国人の就業　1987.6.30

	総就業人口	外国人（内女子）
農林・水産	227,900	14,517
電気・ガス・石炭	470,552	33,288
製造業	8,186,290	850,888
内　化学製品	623,557	45,903
化学製品	366,876	52,268
土石	177,464	16,671
鉄鋳物	248,804	31,748
機械	106,755	25,191
自動車	1,010,458	81,555
電機	1,010,111	130,023
繊維	1,054,096	119,716(56,300)
衣料品業	251,658	42,223(17,361)
食	700,226	47,836(21,471)
建設	1,425,042	139,266
商業	2,814,413	110,269(42,826)
飲食業	457,189	87,662(38,808)
クリーニング	329,889	42,426(30,886)

出所は外国人事務所「外国人統計」

表6　西ドイツの外国人の職業上の地位

カテゴリー　年	1980年	1985年
訓練生	1.6%	3.4%
現場労働者	92.3%	86.2%
内訳　不熟練	28.5%	29.0%
半熟練	40.2%	36.4%
専門	21.3%	17.8%
マイスター	2.3%	3.0%
職員（技術者）	6.1%	10.4%
なお 10年以上同一会社に勤務した者	10.6%	32.4%

注　1980年はエーベルト財団、1985年は連邦労働社会省の調査

現政権下で行われている統合策が、いかに困難かを示すところである。

Ⅶ 外国人労働者送り出し国との関係

西ドイツの外国人労働者受け入れは、当初から補助的労働者ないし不熟練労働者主体の募集であった。しかし、1960年代後半には熟練労働者ないし資格を有する労働者の募集も行われるに至っている[15]。

とりわけイタリア、ギリシャ、スペイン、ユーゴスラヴィアの工業部門からすでに訓練を経た者を募集しはじめるが、イタリアでは1973年からの年6％の成長に示される好況により、ギリシャではとりわけ、既存の中小企業の人手不足により、スペインではフランスなどとの競合などもあって、十分に目標を達成しえなかった。

ちなみに表2により1971年から73年迄の実績をみると、イタリアからは、1973年熟練労働者は19.4％と対前年比45.7％のマイナスであったし、ギリシャについても1972年13.6％、1973年15.5％と極めて低い比率でしか受け入れられなかった。同様にスペインも10％〜19.2％と低いのが目立つのである（表2参照）。

かくてこれに代って、ユーゴ、トルコからの受け入れが考えられた。しかし、トルコからの熟練労働者は現地に対応する工業もなく、圧倒的多数は鉱山労働者であった。しかも、受入れ労働者が若くなればなるほど不熟練労働者であったし、金属産業、炭鉱の求人縮小により、この種の労働者は西ドイツ国内でも過剰供給に一転したのであった。

ただ、ユーゴスラヴィアは、西ドイツに近い職業訓練制度をもち、しかもドイツ企業との合弁が進むにつれ、そのルートを通じての受け入れも可能となったが、1973年6月14日の「外国就業者保護法」により、ユーゴスラヴィア政府が熟練労働者の流出防止をはかり、国内での就業を促進するに至った結果、ここも隘路となったのである[16]。

このような経緯から、西ドイツ側は、ようやくドイツ側の負担で訓練を行い、熟練労働者の養成を行うようになった。たとえばユーゴからの受入れ者のうち、1972年には900人を、1973年には3,200人を養成したとされている。

ただ、圧倒的多数は、農村地帯からの労働者で、元来何らの技術、熟練もない労働者を補助労働者として、あるいは自動車の組立てラインの不熟練労働者として受け入れたのである。

このようにみてくると、西ドイツの外国人労働者受入れは、周辺諸国の農村

第4章 西ドイツの「外国人労働者受入れ」と二国間協定

表7 外国人被用者の帰国と帰国比率

	1966年10月～ 1967年9月迄	1967年10月～ 1968年9月迄	1968年10月～ 1969年9月迄	1969年10月～ 1970年9月迄	1970年10月～ 1971年9月迄	1971年10月～ 1972年9月迄
期間の開始時の外国人就労	1,313,491	991,255	1,089,873	1,501,409	1,948,951	2,240,793
連邦地域に新たに入国した外国人被用者	178,578	306,477	606,086	725,121	609,259	473,172
中間合計	1,492,069	1,297,732	1,695,959	2,226,530	2,549,210	2,713,965
期間の終了時の外国人就労	991,255	1,089,873	1,501,409	1,948,951	2,240,793	2,352,392
計算上の帰国	500,814	207,859	194,550	277,579	308,417	361,573
帰国比率[1]	46.3%	21.3%	15.4%	16.3%	14.9%	16.1%

1) 帰国比率：計算上の帰国を100倍し、各期間の平均的外国人就労者数で除する。

の過剰人口をそのまま吸収する方向で主な流れができ，工鉱業部門からの熟練労働者は，早晩，送出し国の景気の動向やヨーロッパ諸国間の競合などにより，十分に供給されたとはいえない。とりわけヨーロッパ諸国では，出身国の賃金との競争，そして仮に西ドイツの賃金が高いとしても出身国の熟練労働者の不足を招く結果もひきおこしたのである。

かくして，1973年外国人労働者募集停止後，西ドイツは統合策の一環として，職業訓練，再訓練を外国人労働者に対し行うのであるが，その成果は年齢の高齢化や長年の不熟練労働への慣れや基礎教育のゆえもあって十分とはいえない結果となっている[17]。

Ⅷ 日本の今後の方向と関連――結論

かくて西ドイツの結果は，わが国の外国人の受け入れに重大な示唆を与えている。

その第1は，従来筆者を含め多くの論者が指摘してきたように，西ドイツのように補助的の労働，不熟練労働として，一時の人手不足から外国人を導入した場合には，構造変化により大量の失業者としての外国人をかかえる結果が同様に予測されることである。

その第2は，それでは外国人労働者を容易に帰国させうるかというと，帰国後職もなし，購入すべき土地もない国ではその可能性が少ないことをあげねばならない。

二国間協定で帰国させる保証をという考えも広くあるようだが，その現実性の少ないことは西ドイツの例で述べた。

また，表7にみるように，西ドイツでは就業が長期化し，生活基盤ができる

に従って，帰国者の数は低下することが明らかである。日本の場合にはアジア諸国との関係や，日本での物価高，住宅難から一定所得を得て帰国する出稼型になるとの予測もみられるが，長期に就業すれば家族も呼びよせ，結婚，子供の出生等もあって，この予測は成り立つべくもない。ローテーションシステムを確実に担保する方法はないのである。

第3は，したがって日本では，受け入れ方式に慎重な配慮が必要となる。そのためには受け入れの公的規制，研修を経ての技術的専門職を中心とした導入が中心の課題となろう。しかし研修をOJTでという見解には賛成しがたい。結局は西ドイツの外国人労働者が，いまより研修・訓練もなく，OJTによって不熟練かつ経験を積んだだけで労働力不足を補っただけに終ったのと同じ誤りをくり返すだけであるからである。

以上の点を強調し，日本の今後の受け入れの方向については他日を期したい。

(1) 典型的には，ジュリスト942号の「外国人労働者問題と外国人行政」と題する座談会の花見忠氏，島田晴雄氏の発言がある。
(2) Vereinbarung zwischen der Regierung der Bundesrepublik und der Regierung der Italienischen Republik über Anwerbung und Vermittelung von italienischen Arbeitskräften nach der Bundesrepublik Deutschland vom 20. 12. 1955.
(3) 同庁は1970年以来，現在の連邦雇用庁（Bundesanstalt für Arbeit）に改組された。
(4) Jahresgutachten 1968 / 69, S. 20.
(5) これらの点については，手塚『外国人労働者』（日本経済新聞社，1989年）152頁以下，手塚『西ドイツにおける外国人労働者対策』（東京都議会議局，1989年）16頁以下参照。
(6) 両国との協定は，Regierungsvereinbarungen mit Spanien vom 29. 3. 1960. und mit Griechenland vom 30. 3. 1960. である。スペインとの二国間協定全文訳は参考資料1・2参照。
(7) Regierungsvereinbarungon mit Jugoslawien vom 12. 10. 1968.
(8) 前掲(5)の参照。
(9) Rede am 13. 3. 1972 im Rahmen der von der Financial Times veranstalteten Konferenz "Europe's Human Reseurces" (Heinz Seidel, Ausländerbeschäftigung 1955 bis 1988)
(10) Jahresbericht 1972 / 7319.

(11) Heinz Seidel, Ausländerbeschäftigung, S. 23 f.
(12) 一般労働許可を特別労働許可については、手塚『外国人労働者』174頁参照。
(13) 手塚『西ドイツにおける外国人労働者対策』25頁以下、手塚「外国人労働者問題の再検討」(「中央公論」1989年11月号154頁以下) 参照。
(14) Heinz Seidel, a. a. O., S. 23 f.
(15) 以下についてはBundesanstalt für Arbeit, Ausländische Arbeitnehmer 1972 / 73.
(16) Othhmar Nikala Habert, Dis Abwanderung von Arbeitskräften aus Jugoslawien, 1978 München, S. 109 ff.
(17) 手塚『西ドイツにおける外国人労働者対策』37頁以下参照。

(「季刊労働法」153号〔1989年10月〕所収)

第2部 国際比較

〈参考資料1〉
スペイン人被用者のドイツ連邦共和国への移住,募集,斡旋に関するドイツ連邦共和国政府とスペイン国政府間の協定

1960年3月29日ボンで,スペイン人被用者のドイツ連邦共和国への移住,募集,斡旋に関するドイツ連邦共和国政府とスペイン国政府との間の協定が調印された。
本協定はその22条により,1960年3月29日に発効した。そのドイツ語文言は以下に公表される。

ドイツ連邦共和国政府とスペイン国政府は
両国民の関係をヨーロッパの連帯の精神にのっとり,両者の利益のために深め,緊密に作り上げ,両者の間に存する友情のきずなを固めようとする願望に導かれ,高率の雇用状況を達成し,生産手段を十全に利用するという努力のもとに,
この努力が双方の国民の共通の利害に役立ち,その経済的,社会的進歩を促進することを確信して,
スペイン人被用者のドイツ連邦共和国への移住,募集,斡旋に関する以下の協定を締結した。

第1条 両政府は,ドイツ連邦共和国内で仕事を始めたいと希望するスペイン人被用者の移住を,本協定に準じて定め,容易にするものとする。

第2条 (1)スペイン人被用者のドイツ連邦共和国への募集と斡旋の実施は,ドイツ側では「労働斡旋と失業保険のための連邦庁」(以下「職業庁」とする)の責任である。スペイン側ではスペイン人被用者のドイツ連邦共和国への移住,募集と斡旋にたいしては,スペイン移民協会(以下「協会」とする)が,「リクルーティング及び雇用創出に関するナショナルサーヴィス」(Servicio Nacional de Encuadramiento y Colocacion)との協力のもとに所管する。
(2)職業庁と協会は,本協定に基づいてそれらに課せられた任務を直接に協力しあって遂行する。予定の手続きを迅速化し,また―それが目的に適い,本協定の範囲内で可能と思われる限り―簡素化するよう努力するものとする。

第3条 (1)職業庁はスペイン人被用者の募集と斡旋に関連した任務のために委員会(以下「ドイツ委員会」とする)をスペインに派遣することができ,その所在地,活動,存続期間につき協会と取決める。
(2)本協定に基づくドイツ委員会の活動経費はドイツ側により負担される。協会はドイツ委員会に,必要な,通常の事務所用家具を備付けた部屋を無料で提供する。所管のスペイン官庁はドイツ委員会がその任務を遂行するにあたり適切な方法で支援する。
(3)両政府がそれを目的に適うと判断する場合には,協会側もまた,委員会をドイツ連邦共和国に派遣することができる。所管のドイツ官庁はスペイン委員会がその任務を遂行するにあたり同様の方法で支援する。

第4条 (1)職業庁は協会にその都度,ドイツ委員会を通じて,もしくは直接,どの経済団体と職業グループで,どの特定の職業にたいしどのくらいの規模で,ドイツ雇主が労働力を不足としているか,また適当なスペイン人被用者を雇い入れる用意があるかを通知する。
(2)求人広告は応募者に要求される職業上の資格,見込まれる業務の態様とおこりうる特質ならびに予定期間に関するより詳細な記載を含んでいる。それらは更に,各ケース各に基準

第4章 西ドイツの「外国人労働者受入れ」と二国間協定

となる賃金とその他の労働条件，宿泊施設と賄いの可能性，ならびに関心のある求職者の求職への意思決定にたいし重要な要素となるその他のすべての項目を含んでいる。

第5条　さらに職業庁はドイツ連邦共和国内での仕事に関心を持つ，あるいは既にその予定をしているスペイン人被用者に情報を与えるため，ドイツ連邦共和国における一般的労働条件と生活条件に関する包括的なデータを記載したものを与える。この内容としては，賃金からの税金，社会保険と失業保険の保険料の控除額ならびに社会的安寧の領域での重要な規定と給付に関する記載をも含む。これらの記載は，必要に応じ，それぞれの状況に沿って訂正される。

第6条　(1)協会はその都度職業庁にドイツ委員会を通じ，あるいは直接，可能な限り速やかに第4条に挙げた求人広告にたいし自由に裁量できるスペイン人被用者がいるか否か，いるとすればどのくらいかを通知する。

(2)スペイン側に，それぞれのドイツの求人広告にたいし適当なスペイン人被用者を推薦する可能性がある場合には，協会はそこに伝達された求人と補足説明をさらになすための必要な措置を講ずる。

(3)協会側でも，そこに伝えられるドイツ雇主の求人広告とは別に，ドイツ連邦共和国での仕事を求めている職業訓練をうけた，また熟練した専門職のスペイン人被用者のリストを，ドイツ委員会を通して，または直接職業庁に送付することができる。リストにはこれまで従事してきた職種と希望する職種が書かれていなければならない。職業庁とドイツ委員会はこうした事例を審査し，適切な仕事の斡旋が可能か否かを通知するものとする。

第7条　(1)協会は募集に応ずる志願者を集め，志願者を健康と職業適性に関して予備選考する労を取り，選ばれた志願者をドイツ委員会に紹介する。これにかかる経費はスペイン側の負担とする。

(2)協会はその選考した志願者に，健康予備審査の結果と職業適性に関する証明書を発行し，その書式については職業庁と取決めるものとする。

(3)犯罪記録簿に軽犯罪以外のものが記載されている志願者と，反社会的行動のかどで警察庁に何度も出頭している志願者は紹介されない。

第8条　本協定に定められた被用者の募集と斡旋にたいする手続きは，ドイツ雇主がスペイン人被用者を個人的関係に基づき名ざしで，その求人広告において募集する場合にも適用される。ドイツ委員会と協会は，このような事例ではどの程度手続きが簡素化され，速められうるか検討するものとする。

第9条　協会により選別された志願者はドイツ委員会にたいし，その紹介の際に次の書類を呈示しなければならない。

a　公式の身分証明書
b　彼の町村役場の発行した無犯罪証明書
c　所管官庁により発行された家族状況の証明書
d　第7条第2項に挙げられた証明書

第10条　(1)ドイツ委員会は独自に，協会によって選別された志願者が雇用の前提条件を満たしているか，特に彼等の職業上のならびに健康上の適性が提供されている仕事に妥当であるか否かを確認する。

(2)審査の完了後に，志願者の採用が決定される。この決定はドイツ人雇主が行う。かれらはこの決定を全権委任した代理人もしくはドイツ委員会に委任することもできる。

(3)決定はドイツ委員会から協会に遅延なく通知される。決定が不採用である場合には，ドイツ委員会は当該志願者を彼の適する他の求人口に推薦するよう努める。ドイツ委員会は協会に，その努力の結果を知らせるものとする。志願者はすべての場合に，協会から決定について知らされるものとする。

第11条　各々の採用されたスペイン人被用者には本協定にあるレイアウトの雛型に沿った書面によるドイツ語とスペイン語の労働契約が手渡される。この労働契約はドイツ人雇主またはその全権委任した代理人により署名されドイツ委員会により通過査証を与えられる。ドイツ委員会は労働契約を協会に渡し，協会も同様に通過査証を与え，スペインから出国の前に被用者に署名させる。

第12条　(1)スペイン官庁は，当該被用者が充分な有効期間を有する必要なビザ付きのパスポートを受取り，紹介地へ赴くよう配慮する。

(2)ドイツ委員会は斡旋された被用者にたいし身分証明書を無料で発行する。身分証明書は最長1年を限度とし，非ドイツ人被用者の就労に関する規定に基づき必要とされる労働許可の代わりとなり，その有効期間中はその所有者は入国査証取得義務を免除される。

(3)身分証明書の有効期間が切れた後，被用者は滞在地の所管労働局に労働許可を申請しなければならないが，その授与は非ドイツ人被用者の就労に関する一般的規定に従うものである。

第13条　(1)ドイツ委員会は協会と協力して，協会と相談して決めたスペイン内の出発地から，ドイツ連邦共和国内のそれぞれの就業地までの当該被用者の旅行をセットする。委員会は，被用者が旅行期間に割振った食事もしくは相応の現金を受取るよう配慮する。

(2)第1項に対応する旅行にかかる経費をどこが引受けるかは，どの事例においても雇主との接触後ドイツ委員会と協会との間で結ばれる規定に留保されている。

(3)スペイン人被用者の帰国費用をどこが引受けるかは，雇主と被用者の間の協定に委ねられている。雇主がこの経費を引受ける場合には，経費負担の条件と範囲が労働契約中に明記されていなければならない。

第14条　スペイン人被用者は，ドイツ連邦共和国内の通常の滞在地に到着後遅延なく，地方の住民登録局に届け出て，遅くとも3日以内に，むしろ可能なかぎり労働開始前に，外国人局に滞在許可を申請しなければならないことを指示される。

第15条　(1)職業庁の事務所はスペイン人被用者にたいし，とりわけ慣れるまでの初期において，一般的な情報を与えることにより援助するものである。

(2)両国の所管官庁は，スペインの社会的組織と教会組織の所属員がドイツの対応する組織の代表者と協力して，スペイン人被用者が環境馴化をどの程度容易にできるかどうかを好意的に調査する。

第16条　スペイン人被用者はその時々に有効な外国為替法の規定に準じ，彼等の労働報酬を全額外貨に変えることができる。

第17条　(1)家族をドイツ連邦共和国に呼寄せたいと希望するスペイン人被用者は，家族にたいし十分な住居が使えるという公式の証明書を提出する場合には，家族の滞在許可の認可にたいし地方の所管外国人局に申請する。外国人局はこの申請を好意的に審査し，可能な限り速やかに決定する。ドイツ委員会は協会に，滞在許可の授与が確約された家族員の名前を通知する。

(2)住居のあっせんの際の援助と家族員の呼寄せ費用に関与することによる家族合流の要求

は，労働契約中の規定もしくは雇主と被用者間の後の申合わせに委ねられている。
第18条　スペイン政府は，本協定に基づき連邦共和国領土に入国したスペイン人被用者を家族共々，何時でも特定の形式をとらずに再受入れする。
第19条　(1)両政府のうち一方の要請にもとづき，最高5人のドイツ人代表と5人のスペイン人代表から構成される合同委員会が設置される。代表は専門家に諮問することができる。
　(2)合同委員会はドイツ連邦共和国かスペインで開かれる。
　(3)合同委員会は以下のことができる。
a　当協定の適用状況を審査し，必要な場合には協定もしくはそのレイアウトの修正を提案する。
b　当協定の規定が将来両政府によって引受けられる多面的，国際的責務をどのように調和させるか，提案を提示する。
第20条　本協定は被用者の自由な移動に関するヨーロッパ諸国間の国際的諸規定と，これがドイツ連邦共和国とスペインにたいし拘束力をもつ限り，矛盾しない。
第21条　ドイツ連邦共和国がスペイン国政府に，本協定の発効後3カ月以内に特別の宣言をしない限り，本協定はベルリン市（州）にも妥当する。
第22条　(1)本協定は調印の日に発効する。
　本協定は1年間有効であるが，両政府のうちどちらかが書面で3カ月の解約告知期間を以て破棄を通告しない限り，その都度更に1年間暗示で期間延長される。
　ボンにて1960年3月29日作成
　4つの原本に，2つはドイツ語で2つはスペイン語で，その際どの文言も同様に拘束力を有する。

〈参考資料2〉
1960年3月29日付の協定のためのレイアウト

労働契約
　スペイン人被用者の雇用にたいする
雇主○○○と
　所在地○○○代表者○○○被用者○○○との間で
　生年月日○○○住所○○○家族状況‥未婚／既婚／死別　　　以下の労働契約が締結される。
第1条　当該雇主は当該被用者にたいし○○○として（職種の名称）○○○で（就業地）○○○から（一番早くて当被用者の就業地への到着の日から）○○○○まで雇用する義務を負う。被用者は上記の期間，当該雇主のもとでこの業務を遂行する義務を負う。
第2条　スペイン人被用者は労働報酬，その他の労働条件ならびに労災防止に関し，当該事業所の匹敵するドイツ人被用者よりも不利な取扱いを決して受けないものとする。
第3条　個別には○○○と○○○の間の○○○日付の賃金協約または，旧の賃金協約に代わる新賃金協約の規定が適用される。
　本被用者は当該事務所の匹敵するドイツ人被用者と同一の賃金を彼の労働にたいして受けとする。

彼の総賃金は当面○○○マルク（時間給／週給）である。
　更に，当事業所の匹敵するドイツ人被用者と同じく以下のように支払われる。
a　超過勤務　　　　時間あたり○○○マルク（時間給＋割増料金）
b　深夜労働　　　　時間あたり○○○マルク（時間給＋割増料金）
c　日曜労働　　　　時間あたり○○○マルク（時間給＋割増料金）
d　祝日労働　　　　時間あたり○○○マルク（時間給＋割増料金）
　出来高払いの仕事では，出来高は本被用者が事業所内の通常の条件下，標準的な能率で時間あたり○○○マルク稼ぐよう定められる。
第4条　労働時間は当事業所で通用している規定に従う。
　基準労働時間は当面日に／週に○○○時間である。
第5条　雇主は被用者に適切な宿泊施設と適切な食事を提供する。
宿泊は個室で最高○○○床の共同宿舎によりなされる。
食事は自炊／共同炊事によりなされる。
食事と宿泊施設は雇主により有料で与えられる。
宿泊にたいし被用者は日に／週に／月に○○○マルク支払うものとする。
食事にたいし被用者は日に／週に／月に○○○マルク支払うものとする。
第6条　被用者は当該事業所で適用されている規定に基づく有給休暇にたいする権利を有する。
被用者は雇主の事業所に中断なく○カ月就労した後，休暇は月初め／就労月の満了毎に○週目となる。
第7条　被用者が労働契約を履行したか，雇主の主張する事由により履行できない場合，雇主は○○○マルクの食事を含めた就労地から○○○までの被用者の帰国費用を負担する／負担しない。
第8条　本契約によって樹立された労働関係にたいしドイツ法が適用される。本契約に基づく権利請求は，雇主の代理人にたいしてではなく雇主にたいしてのみおこすことができる。本契約から生ずるすべての係争についてはドイツ労働裁判所が所管する。

（「季刊労働法」153号〔1989年10月〕所収）

第5章　外国人労働者問題の行方
―ドイツの経験と比較して―

I　はじめに

　日本に住む外国人居住者が年々増加の一途をたどっていることは，外国人登録者数を見ても明らかである。1994年末，1,354,000人余りとなり，わが国総人口の1.09％を締めるに至っている。この中で，約半数（47.7％）が戦前以来日本に住んでおり，永住者としての在留資格を持つ在日韓国・朝鮮・台湾の人々である。

　これに対し，約半数以上の人々が日本において仕事をするためにこの数年の間にやって来た人々とその家族である。これとならんで外国人登録がほとんどなされず，しばしば在留資格上の地位も不法残留となっている外国人も減少したとはいえ，28万人余り（1995年6月1日現在286,702人）となっている。これらの人々も就労していることがほとんどである。

　こうした現状をどのようにみるのか，今後の方向につき法的な面を中心に考えるのが本稿の一つの目的である。また，これとならんで，日本より約20年先行し，外国人労働者を受け入れ，かつEU統合にみる国際化への道を進んできたドイツの経験を今日の日本の今後をうらなう意味で比較検討してみたい。

　こうした流れの中で重要なのは，外国人労働者の受け入れの是非をめぐる議論ではない。むしろ外国人が日本で働き，かつ家族とともに生活することから，当然の帰結として，さまざまな法の領域でどのように扱われているかが，人権・法の下の平等といった大前提の下に検討されるべき段階であるといえよう。筆者は，1995年夏までの時点でこれらについて『外国人と法』と題する著書においてまとめてきたが[1]，その後においても，いくつかの判例が続いて出されており，法のあり方が問われている。これらの点も含めて今後の方向を探ってみたい。

II　外国人居住の長期化傾向

　日本で外国人労働者の受け入れが論議となった1980年代後半，多くの論者は

これらの外国人の滞在は2年から3年，長くても5年以内で，一定の所得を得て帰国するとして，それを前提とした議論を展開した。

しかし，東南アジアからの外国人労働者，中国や韓国からの留学生や中南米からの日系人の多くは，日本で居住し，安定した職場を得たいとする者が半数以上である(2)。

中には一定の所得を得て帰国し，生活に困らない状況にあっても，より以上の所得を求めて再度日本に来たいという，いわゆるリピーター志向者も多い(3)。

さらにあえて不法残留になることを承知で日本に残りたいという者も多い。ちなみに，この結果最大の困難な人権問題を引き起こしているのが，フィリピンからのエンタテイナーの女性である。当初日本側が6カ月の後いったん帰国させ，再度入国を認めるとの方式をとり，その後90日（後90日さらに延長）の後帰国させるという方式をとって受け入れた人々の多くが不法残留者となる結果を引き起こしている。ちなみに，1995年5月現在，興行の在留資格で在留後不法残留者となった数は1万1,073人（うちフィリピンからの者が1万496人で94.8％を占める）で，短期滞在，就学の在留資格者の不法残留数に次いでいる(4)。

中南米からの日系人についても，いったん帰国しても職がなく，かつ所得も不安定で生活に十分でないことから，再来日し，家族（妻子）を伴っての滞在が増えている。

これらの長期滞在者の滞在年数は徐々に長くなり，10年近くになる者も増えている。こうした事態が今日新たな人権・法的問題を生んでいることが重要である。

こうした流れは，かつて西ドイツ時代からのドイツで経験してきたところと全く軌を一にする。旧西ドイツがいわゆるローテーションシステムをとり，2年から3年の期間を定めて外国人と労働契約を結んだものの，契約更新され，6年，（外国人に定住権を与える），8年（外国人に永住権を与える）となったと，とりわけ1973年11月に新規の外国人受入を停止してからは，ほとんどの外国人が永住の道を選んだことが考慮されなければならない（図1参照(5)）。

以上のように外国人が定住することは，単身で就労する場合と異なり，家族生活を営むにことにつながる。以下，法的にも諸問題において外国人の人権がより積極的に認められるようになってきていることを最近の事例においてみてみよう。

第5章 外国人労働者問題の行方

図1 ドイツ外国人在留者の在留期間
1992年12月31日現在 （単位 1,000人）

1年未満	782.2
1年以上4年未満	1303.0
4年以上6年未満	476.4
6年以上8年未満	341.9
8年以上10年未満	218.3
10年以上15年未満	846.9
15年以上20年未満	858.9
20年以上	1668.2

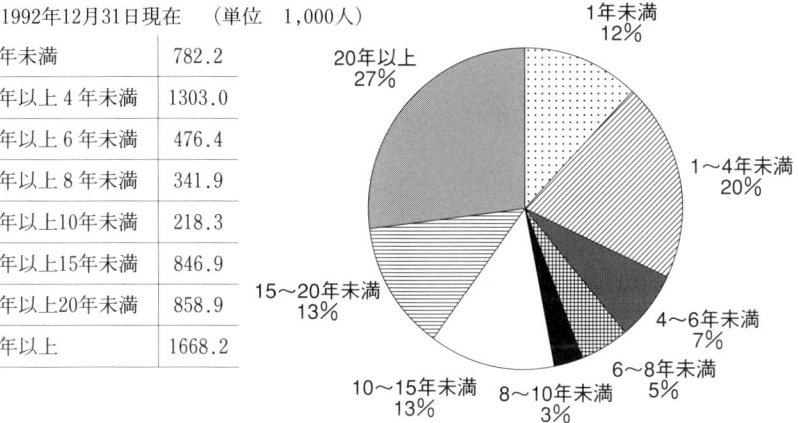

1年未満 12%
1〜4年未満 20%
4〜6年未満 7%
6〜8年未満 5%
8〜10年未満 3%
10〜15年未満 13%
15〜20年未満 13%
20年以上 27%

出所：連邦統計局

1 子供の権利

　外国人の定住に伴い，結婚・子供の出生・児童福祉・教育等子供の人権に関わる諸問題が生ずる。
　児童の権利条約（1994年5月22日発効）によれば，「人種・皮膚の色・国民的種族的若しくは社会的出身に拘わらず条約上の権利を尊重し，確保しなければならない」のである。例えば，児童は出生後直ちに登録され，氏名及び国籍を取得する権利を有する。
　この点で，条約の趣旨を生かし，国籍法2条3号にいう「父母が共に知れないとき」で父母のいずれもが特定されないとき，あるいはこれを特定するに至らないときも，出生地主義をとって日本国籍を与えることとしたアンデレちゃん事件（最判平成7年1月27日民集49巻1号56頁）は右のような流れの中で考えるべきであろう。
　同様に，従来日本人（父）の生後認知を認めない国籍法2条1号（つまり「出生の時の父」であることを要するので，「胎児認知」している時のみ，国籍法上出生により日本国籍を取得できる）につき，具体的な事情の下では，生後認知も認められるとする事例（東京家審平成8年1月13日・判例集未登載）もでてきており，より積極的に子の国籍を認めようとする方向にある。
　また，義務教育についても，従来は外国人登録をしている外国人子弟に限られていた就学通知についても，仮に出生届けや外国人登録がなされていなくても，医師のカルテ等により就学年齢にあることが明らかであれば，就学通知が

なされるなどの積極的施策をとる市町村（宇都宮市など）もでてきおり，児童の権利条約から当然である。

2 社会保障，福祉の面について

これら子供に対する人権とならんで，定住外国人にとって重要なものとしては，社会福祉・社会保障の適用がある。とりわけ，緊急医療については，外国人が居住者であれば，公的医療保険または公的医療扶助の適用のない場合であっても，外国人登録をしているか否かを問わず，平成8年度から国が医療費の3分の1を負担することになる。つまり，従来神奈川を始め，東京・千葉・埼玉・群馬の諸都県で一定額ないし一定比率で補助を与えてきたのに対し，国が正面から緊急医療費を補填することになったものである。

このように，生命・身体を保護することは，いかなる外国人にとっても重要な人権とはいえ，国の施策が必要となった結果である。

3 家族生活，生活の本拠の保護

外国人の居住者が家族生活を営みつつ，日本の生活の本拠としている場合，その居住・在留の権利はより安定したものとして保障されるべきである。

とりわけ，協定永住資格を有する在日3世の韓国人が，いったん指紋押捺をして，外国人登録をした後，7回目の確認申請に際し指紋押捺を拒否していたケースで，米国への留学のための出国に際し，再入国許可が得られず，出国したものの再入国不許可処分の取消請求について，指紋押捺拒否を主な理由とする再入国不許可処分が法務大臣の裁量権の範囲を超え，又はこれを濫用した違法があるとした「崔善愛」事件（福岡高判平成6年5月13日判例時報1545号46頁）が重要である。この判決は，2回目以降の指紋押捺自体が重要性を失っており，控訴人がわが国に生まれ育ち，永住の意思がありながら，結果的に協定永住資格を失い，法的に極めて不利な立場に立たされることを裁量権濫用の論拠としている。けだし当然といえよう。

このような永住者でなくても「日本人の配偶者等」の在留資格を持つ者も，当然のことながら在留の権利を有する。とりわけいったん日本人と婚姻関係に入り，その後別居，同居・協力という夫婦たることの前提を欠いていても，未だその状態が固定化されず，なお婚姻関係を維持修復しうる可能性のある等，その婚姻関係が実態を失って形骸化しているとみることができない場合には，右の在留資格の要件を失っていないと判断したケース（東京地判平成7年10月

11日判例タイムズ896号62頁）がある。同様に，別居はしていても，しばしば夫の家に行って寝泊まりし，家事・炊事・掃除・洗濯・買物をなす場合，入管が実質的婚姻生活の実態にあるとして，偽装結婚であると判断して行った在留期間の更新不許可処分を取り消した事例（大阪高判平成7年10月27日・判例集未登載）などがあり，婚姻生活を広く解してそれを前提として居住・在留権を認める判例が注目されよう。

　ところで，外国人との結婚については，人格権ともいえる氏あるいは姓の問題が常に生ずる。今日夫婦別姓を認める民法改正が論じられているが，外国人との結婚の後，夫婦の双方の氏を結合したダブルネームが戸籍法107条1項の「やむを得ない理由」があるとして，変更許可申し立てが認容された事例が多出している（神戸家裁明石支審平成6年1月26日家裁月報47巻6号78頁，東京家審平成6年10月25日家裁月報47巻10号75頁など）。このように，ダブルネーム，即ち夫婦の双方の氏の結合した氏がいわゆる国際結婚の場合の例外でなく，一般に採用される方向もありうるのである。

III　国際化の進展と人の移動

　国際化の進展という点で注目すべき最近の動きは，貿易・投資の自由化・円滑化をGATT／WTOの下で進めていくことであり，これが，目下の国際的合意である。この方向をアジア太平洋経済協力会議（APEC）によっても，WTOの下での多角的自由貿易体制を補充・強化する開かれた地域協力（「開かれた」という意味については後述）として進めていくことが確認され，その実現のために日本も具体的施策をとることとなった。当然のことながら，これは「ヒト」「モノ」「カネ」の流れを自由化することにつながるのである。

　その中で「ヒト」の移動について，商用旅行を円滑化し，ビザ取得などに要する時間的ロスをなくすることと，商用居住ビザを迅速・簡易に取れるようにすることが基本である。

　こうした要請に，APEC中心国としての役割を果たす日本は，1996年1月1日より従来査証免除協定が行われていない国のうち，限られた国にしか認められていなかった数次査証を発給するようになり，その手続の簡略化とともに新たな進展をしている。つまり，中国を含むAPEC参加18か国との関係では，貿易・投資・技術交流・人材育成等についてより「ヒト」の出入りが自由となったといえよう。

ところで，このAPECは，アジア太平洋地域の市場開放・規制緩和・投資の促進を域外諸国にも対等に認めようというもので，域内統合により，域外諸国との扱いを異にするEU統合とは異なるものである。その意味で，APECは「開かれた」という表現を用いているのである。

これに対し，1995年3月1日から発効した「シェンゲン協定」により一層域内の「ヒト」「モノ」「カネ」の動きを自由化しようとするEU諸国（うち9か国）についての様相はかなり異なっている。目下のシェンゲン協定加盟7か国（ドイツ・フランス・オランダ・ベルギー・ルクセンブルク・スペイン・ポルトガル）では，加盟国間の国境コントロール（つまり，税関と入管）をすべて廃止した。しかし，このことは，直ちにEUの域外国に対し，「ヒト」の移動のコントロールをゆるめたことにはつながらない。否，むしろ逆に入国に際して，域外国国民については，厳格な入国手続をとることが要請されることとなったのである。

ちなみに，長年日本人に対してはパスポートの提示だけで，中のチェックも当然のことながら入国スタンプも押さなかったドイツも大変化をとげている。つまり，入国に際して，入国目的を聞き，90日間以内の滞在については帰路の航空券の提示を求めるなど，日本の空港での入国チェックと同様なコントロールが行われるに至っている。つまり，シェンゲン協定上，入国した国の責任で厳格に域外（EU以外）外国人の入国をチェックし，不法入国等については，協定国すべてでチェックできることとしたのである。つまり，例えばドイツに入国する際，チェックにより不法入国とみなされた域外国民については，指紋押捺の上，即時退去させられ，後にフランスやイタリアから入国しようとしても，右のドイツ入国時の資料によりチェックされるというシステムが導入されたのである。この犯罪情報等を提供するシェンゲン協定情報システム（SIS）は，目下のところ十全に機能していないとされる。つまり，シェンゲン協定を締結しながら，SISシステムの採用をはじめとする入国時コントロールの緩いイタリアなどからの入国移動によって十分な効果をあげていないとされ，イタリアに最も近いバイエルン州では，目下内乱などなく経済の安定しているスロヴェニアやクロアチアなどからの出稼ぎが目的の何十万もの人々の流入に悩まされているとのことである。

一方，旧東欧諸国からの人の流れも大きな問題で，ポーランドやチェコなどの国境でも厳しいチェックを行わざるを得なくなっている。

筆者が滞在した1995年4月から7月の間にも再三にわたって一斉検問が行わ

れている。例えば4月16日，ケムニッツ―ドレスデン間のアウトバーンで検問が行われ，自動車480台がチェックされ，子供12人を含むルーマニア人27人が検束され，密入国幇助容疑でポーランド人2人を含む17人が検挙されている。これらの密入国者については密入国だけの問題ではなく，煙草マフィアと呼ばれる大量の煙草密輸も明らかとなっている。煙草マフィアとは，旧東ドイツ時代に受け入れられたベトナムからの労働者などが失業してマフィアを組織し，これにドイツ人も加わって大量の煙草を密輸入し脱税しているというものである。37歳のあるドイツ人男性は週1回国境を越え，チェコ側で70から100カルトンをベトナム人の販売人から仕入れ，334回にわたり5万3,000カルトンを密輸し，2億8,600万マルク（約200億円）を脱税していた。ちなみにドイツとチェコでの煙草の価格差は約3倍（つまりそれだけ課税されている）である。

このようにチェコやポーランドとの国境を毎日約25万台の自動車が出入りするが，国境を越えてくる外国人の刑法犯は，1992年に比べ約3倍になったという。

次に，このところドイツではマルク高，東西ドイツ統合，旧東欧への生産拠点の流出等があって，失業率はうなぎ上りである。この中で，とりわけ外国人の失業者の激増が大問題となっている。結局，外国人労働者は受け入れられた後，製造業を始めとする不熟練労働につくことが多く（表1及び表2参照），失業することが避けられないことになった。

以上の最近のドイツの動向から，次の点を指摘し，前者の轍を踏まぬことが日本にとって重要である。

第1には，国際化とりわけ政治・経済統合が進めば進むほどEU型の地域統合では内と外とを厳しく分けコントロールせざるをえなくなっている。

第2には，ドイツを含む先進諸国では，低成長，高失業が続き，その中で外国人労働者の失業問題はより深刻となる。これらの流れに日本とて無縁でないことは最近の状況が如実に示すところである。

Ⅳ　お わ り に

1996年2月末，第二次大戦中，日本軍属として徴用され負傷，障害を負ったため「戦傷病者戦没者遺族等援護法」（援護法）に基づく障害年金などを求めて訴訟を起こしていた鄭商根さんが亡くなった。この訴えに対し，大阪地裁は，援護法がその付則2項で戸籍法の適用を受けない者について，当分この間この

第2部 国際比較

表1 ドイツ業種別就労外国人労働者

業種	うち	1991年	%	1992年	%	1993年	%
農林水産業		19,892	8.7	24,303	10.9	21,123	12.8
エネルギー・鉱山		30,702	7.0	29,398	6.9	27,814	6.7
	鉱 山			24,339	14.6	22,085	14.4
製 造 業		975,053	11.0	980,176	11.3	941,285	11.7
	鉄 鋼	33,321	14.3	32,896	14.7	30,198	15.1
	鋳 物	27,240	24.3	25,133	23.8	21,668	23.4
	自動車	141,220	12.8	142,255	13.1	133,364	13.2
土木建築業		166,214	10.6	193,288	12.0	224,717	13.7
	建築業	132,323	12.5	150,674	13.9	172,233	15.6
商 業		173,971	5.3	197,053	5.9	225,024	6.7
交通・情報		87,071	7.3	95,988	7.9	103,988	8.7
	鉄 道	12,473	10.5	13,035	10.9	13,377	11.1
金融・保険		17,189	1.8	19,117	2.0	22,793	2.3
サービス業その他		427,512	8.4	484,744	9.2	565,740	10.5
	飲食業・ホテル	118,302	21.7	136,125	24.7	166,460	29.6
	クリーニング・介護	70,690	18.2	81,734	20.5	93,254	23.3
諸団体及び個人		23,534	4.4	26,755	4.8	31,575	5.5
地方自治体及び社会保険		51,583	3.5	53,003	3.6	55,756	3.8
総 計		1,972,874	8.4	2,103,916	8.9	2,226,862	9.6

注:%は全就業者中の外国人の%、各年度第三四半期(人)　　出所:連邦雇用庁

表2 ドイツ外国人失業者数及び失業率

	外国人総計	外国人失業率(%)	失業率(全体%)
1990年3月	216,454	11.6	7.7
6月	193,501	10.4	6.9
9月	187,400	10.0	6.6
12月	199,325	10.7	6.8
1991年3月	208,580	10.7	6.5
6月	198,461	10.2	5.9
9月	206,201	10.6	6.0
12月	230,665	11.9	6.5
1992年3月	247,038	11.8	6.5
6月	242,768	11.6	6.3
9月	256,223	12.3	6.5
12月	298,786	14.3	7.4
1993年3月	337,347	14.8	8.0
6月	329,879	14.4	7.8
9月	349,035	15.3	8.3
12月	400,285	17.5	9.1

出所:連邦雇用庁

法律を適用しないとし，恩給法9条3項で，日本国籍を失った時は年金たる恩給を受ける権利は消滅するとしていることから，請求そのものを退けたものの，右の二つの条項で日本の国籍，戸籍がない者を適用対象外としてる点について，「差別の程度は重大で，法の平等を定めた憲法14条に違反する疑いがある」との判断を下し，上級審にその判断が持ちこされている（大阪地判平成7年10月11日判例時報1555号51頁）。かつて，旧日本軍・軍属として南方戦線で死亡した台湾人（11人）の遺族からの補償を求めた事件についてこれを認めず，かつ憲法14条違反でないとした最高裁判決（平成4年4月28日判例時報1422号91頁）との関係で，どのような判断がなされるか注目されるところである。

　ところで，1995年はドイツ（連邦共和国＝統一前の西ドイツを含む）とともに日本においても大戦終了後50年としてさまざまな問題が論じられた年であった。ドイツでこの問題がどのように処理されたかを考えると，日本と位相の差を考えざるをえないのである。第二次大戦中ドイツの支配下にあった，今日のポーランド，チェコ，ハンガリー等で，徴用され，銃をとり戦うに至った人々に対し，ドイツは戦後これらの人々がドイツ内に引きあげ，職をもつことを認め，かつ希望により国籍を与え，戦時補償を与えてもきている。日本が一括して対日平和条約により日本国籍を奪い，外国人として日本国内にとどまる人々の補償を行っていないこととは全く異なった処理状況にあったといえよう。

　今日多くの外国人が，法律上差別だけでなく，法律上は平等であっても事実上の差別を受けながら日本で働き，生活していることが多いことを考えると，これらの差別を放置し法の下の平等を確保することをなおざりにする結果に終わるとすれば，差別の構造が，いわゆるニューカマーとしての外国人の中に癒し難い歴史を作りだすことにもなる。しかも，この歴史は，われわれ国民の歴史でもある。法を護る者は，こうした危険に常に対峙して，裁判等を通じ差別を一つ一つ是正し，権利を獲得していかなければならない。

　この10年間，ただただ人手不足のため，「法の下の平等」を等閑に付したまま受け入れてきた外国人労働者の権利確保を，人手過剰に転した今こそきちんと行わなければならない。

(1) 手塚『外国人と法』（有斐閣，1995年）
(2) 筆者が行った調査（1994-5年）ではほぼそのような方向となっている（なお調査結果は未刊）。

第 2 部　国 際 比 較

(3)　手塚『続外国人労働者』（日本経済新聞社，1991年）140頁以下参照
(4)　データは法務省入国管理局調べ
(5)　手塚『続外国人労働者』204頁以下参照

（「自由と正義」1996年 5 月号所収）

第6章　欧米諸国のヒトの受け入れと査証・入国管理

I　はじめに

　わが国への外国人の入国者数は，年々増加しており，平成7年には新規入国者数だけでも293万4,428人を数えている。これらの外国人は，3ヵ月未満のわが国への在留に関して，査証免除取極により，査証を免除している国（平成8年10月末現在，53ヵ国）の国民の場合を除き，わが国への入国のために必要な「査証」を得ることが必要である。

　この査証は，「査証を申請する外国人の所持する旅券が権限のある外国政府機関とによって合法的に発給された真正・正式なものであり，かつ有効なものであることを確認するとともに，当該外国人の本邦への入国及び滞在が付与される査証に記載する条件の下において適当であることを認定した判断の表示であると解されている」（東京高裁昭和45年11月25日決定）もので，国際（慣習）法的にすべての国が国家主権にもとづき発給しているものである。

　すなわち，「外国人の入国並びに滞在の許否は，当該国家の自由に決定し得るものであり，条約等特別の取極がない限り，国家は外国人の入国又は在留を許可する義務を負うものではないとするのが国際慣習法の原則である。従って，わが国が外国人に対し，査証を発給するか否かについても，当該国家の自由に決定し得るところで」ある（東京高裁昭和54年10月29日判決）と解される。

　その際，査証発給基準，査証発給ないし拒否の理由，個別の査証申請にかかわる申請書類等について，これを不開示とすることが，右の国際慣習法や，申請者等の個人情報保護ということから必要である。

　しかも，行政運営における公正の確保と透明性の向上を図ることを目的として成立した行政手続法（平成5年11月12日）によっても，その第3条10号で「外国人の出入国，難民または帰化に関する処分及び行政指導」を，その審査基準や不利益処分の理由についての開示の適用除外としている。また，行政不服審査法第4条第10号は，行政庁の処分不服に対する審査請求及び異議申立てをすることができない例外としての処分の一つとして「外国人の出入国又は帰化に関する処分」をあげている。

さらに、「行政機関の保有する電子計算機処理に係わる個人情報の保護に関する法律」第7条3項4号はファイル保有目的に係わる事務の適正な遂行を阻害する恐れがあるときファイル簿に掲載をせず、閲覧に供する義務の除外対象として「出入国の管理若しくは難民の認定又は査証に関する事務」をあげており、ファイル保有機関の長は右の「情報の全部又は一部について開示しないことができる」(同法第14条1項)とされている。

本調査は、右のようなわが国の査証に関する取り扱いとの関連で、諸外国での取り扱い、とりわけOECD諸国での取り扱いを法的、実態的に明らかにしようとするもので、1996年8月31日から9月18日の間に、手塚和彰(千葉大学教授)と中窪裕也(千葉大学助教授：当時)が外務省の依頼により、行った調査報告のうちの筆者担当分である。

また、今回の現地調査以外の各国の情報についても、在外公館からの報告等の利用などで、御協力を得た結果を本報告書の記述の中で使わせていただいたことも付記しておきたい。

II 査証に関する主要OECD諸国の発給手続及び情報公開

OECD諸国といっても、各国の成立過程や現在の国際的地位、つまり移民国か、非移民国か、かつての植民地とその関係、EUなどへの加盟などによって、査証政策は異なっている。

また、イギリス・米国・カナダなどいわゆる英米法系の国と、ドイツ・フランスなどの大陸法系の国との違いも査証発給に関する法制度に大きな相違をもたらしているとも考えられる。以下具体的に各論点についてまとめたのが、問1から問4までの要約である。

先ず第1に(問1)、査証発給拒否の場合、理由を示す書面を交付するかという点については、米国・イギリス・カナダが書面を交付している。米国の場合は理由ではなく拒否の根拠条文を示していることも特色である。これらの国がすべて英米法系の国であることと、米国・カナダの場合移民国であることも特色である。

これに対して、法律で査証拒否事由を示す必要がないことを明文で定めるドイツをはじめ、フランス・スウェーデンなど大陸法経諸国は理由を示すことはない。ただ、ベルギーが行政サイド(内務省)に窓口を設けて事情説明を行っていることが注目される。

なお，スイスの場合，請求があれば，拒否理由を示す書面を交付するのも注目されよう。

問1　査証拒否の場合，理由を示す書面を交付するか

国　名	各国の回答
スイス	請求すれば，拒否理由を示した書面を交付
イギリス	拒否理由を示した書面を交付
米国	拒否の根拠条文を示した書面を交付
カナダ	拒否理由を示した書面を交付
ドイツ	理由を示す必要はなく，一切示さない
ベルギー	請求すれば事実上理由を説明する
フランス	理由を示すことはない
スウェーデン	理由を示すことはない

第2に（問2），右の査証発給拒否理由を開示するのと表裏一体と言える行政への不服申立であるが，右の理由開示のない国（ドイツ・フランス・スウェーデン）は，一切不服申立ができないということになる。他方一定の査証発給拒否理由の開示のある国では，制度上あるいは事実上不服申立がなされるが，スイスを除いて，対象が限られている。もっとも米国はビザそのものについては不服申立はなく，その前提となる移民局の移民としての承認についての不服申立のみ認められている。

問2　行政への不服申立手続があるか

国　名	各国の回答
スイス	司法警察省内で不服申立手続あり
イギリス	6カ月を越える長期ビザにつき，移民不服審査局への不服申立手続あり（短期ビザについては93年に廃止）
米国	ビザそのものについてはフォーマルな不服申

第2部　国際比較

	立はない
カナダ	移民ビザについて呼び寄せた家族のみが不服申立可，あとは不服申立手続なし
ドイツ	行政への不服申立手続なし
ベルギー	行政への事実上の説明を求めることはできる
フランス	行政への不服申立手続なし
スウェーデン	行政への不服申立手続なし

　第3（問3）に，査証発給拒否に関して，裁判所に訴訟がなされるかという点については，行政への不服申立手続のきちんとしているスイスでは訴訟ができないとしているのをはじめ，米国でも司法の権限外としている。不服申立の部分的に認められているイギリス・カナダでは裁判所の許可によって訴訟ができるとされている。これとは逆に，一切行政への不服申立が認められていないドイツ・フランス・スウェーデン（なおベルギーも同様）といった大陸法系の国では，すべて訴訟は可能である。もっとも，これらの国々ではすべて外国人が外国にいて訴訟を提起することは事実上困難だとされてはいる。しかし，実際に訴訟がなされることもあって，査証発給の権限を有する外務省に訴訟，法律担当官を置いていることも注目されよう。

問3　裁判所への訴訟の可能性

国　名	各国の回答
スイス	裁判所への訴訟は不可（ビザを除外）
イギリス	訴訟は，裁判所の許可を受ければ可能（短期滞在ビザも含む）
米国	訴訟は，司法の権限外として拒否されている
カナダ	裁判所の許可があれば訴訟は可能 海外での拒否決定については許可が不要とされ訴訟増加
ドイツ	裁判所への訴訟は可能
ベルギー	裁判所への訴訟は可能

フランス	裁判所への訴訟は可能
スウェーデン	裁判所への訴訟は可能，しかし実際に国外からは不可能

　第4（問4）は，行政内部の裁量や決定を行う際の査証発給基準の公表について，シェンゲン協定国（ドイツ・フランス・ベルギー・準加盟国〈当時〉スウェーデン）ならびにスイスとも，一様に（説明ブックレットやパンフレット以外を除き）開示・公表してない。これがシェンゲン協定によることは本文を参照されたい。これに対し，シェンゲン協定非加入のイギリス・カナダ・米国などではそれぞれ手続マニュアル，ガイドライン，通達を公示しており，ここにも大陸法系諸国と英米法系諸国の差が明らかである。

　最後に，情報公開法との関連では，ベルギー・カナダが本人が自らの査証についての書類を情報公開法により閲覧可能であるとしているが，他の情報公開法の制定国（米国・ドイツ・フランス）は，査証については適用除外としている。また，情報公開法の非制定国にあってもイギリスのように事実上情報公開を進めている国もあるが，他方スイスのように個人情報保護法により申請書類を非公開としている国もある。

問4　査証発給基準は開示されているか

国　名	各国の回答
スイス	説明ブックレットを作成している程度，内部基準は非公開
イギリス	手続マニュアルは図書館で閲覧可能，通達類の公開を検討中
米国	通達類もすべて公表
カナダ	ガイドラインも公表，基準を明確化して知らせる努力をしている
ドイツ	一定の説明書はあるが，発給基準は非公開
ベルギー	一定の説明書はあるが，発給基準は非公開
フランス	一定の説明書はあるが，発給基準は非公開

スウェーデン	一定の説明書はあるが,発給基準は非公開

　以上,取りまとめたところから,OECD諸国の査証発給については,シェンゲン協定国という枠組のある他は,各国の主権の行使のあり方により,一定するところはない。とりわけ,わが国の査証発給の基本的考え方は,ドイツ・フランスなどの大陸法の諸国とほぼ軌を一つにしているといえよう。

III　各国及びEUにおける査証発給に関する問題状況

1　EUにおける問題状況

(1)　EUの最近の動向と人の移動・査証政策
① 一般的概況
　1993年11月1日発効の欧州連合条約(マーストリヒト条約)は,欧州共同体(EC)の統合をさらに欧州連合(EU)への段階へ進めることとしている。
　とりわけ,EU構成国の国籍を有する者は,EU市民権を得(マーストリヒト条約による改正後のローマ条約8条,以下本章では「ローマ条約」とする),すべての欧州連合市民は,構成国の域内において自由に移動し,かつ居住する権利を有することとなった(同条約8a条)。
　マーストリヒト条約による改正後のローマ条約100C条は,理事会は,委員会の提案に基づき,全会一致で,かつ,欧州議会と協議した後,構成国の国境通過に際し,その国民が査証を取得していなければならない第三国を定めるとする(同条1項)。理事会はこの決定を特定多数決でなしえ,かつ,欧州議会と協議した後,査証の統一要式に関する措置を定めることができるとする(同条3項)。
　この規定に基づき欧州委員会は,査証発給の単一の措置を提案し,協議している(93年12月ならびに94年6月5日 Nr. C-15提案)。しかし,各国ともに従来の第三国との関係があって,全会一致が難しく,1996年4月現在,いわゆるグレイリスト(構成国中ある国では査証を求めないこととする)を承認しつつ,これを除いた第三国については相互承認の上統一的に査証を要求することとされた。なお,査証の統一的要式は目下検討中である。
　こうした中で,査証発給をはじめ,国境のコントロールに自国の独自性を主

張する英国と，可能な限り，国境コントロールを廃止し，統一的な査証要式の導入をも行おうとする大陸諸国の立場の相違があり，後者が一歩進めて，シェンゲン協定を締結したものである。それゆえ，常にシェンゲン協定国と英国とは欧州委員会，理事会等の場で対立する契機を含んでいるのである。

② 人の移動の自由化とEUの役割

右にみたようにEC時代から人の移動を最大課題の一つとして掲げてきたが，さらなる欧州統合を迎えるに至って，人の移動の自由から一歩踏み込んで，これらの人々の市民としての権利を保障することも課題となっている。現在の欧州委員会第51総局がこれにあたっている。

ところでEU諸国が査証を要求する国のリストについては欧州委員会で協議し，決定することとされている。現在の難題としては，香港の中国返還にともない，香港市民をどのように扱うかという点がある。無条件でビザなし入国を認めるべきという英国の要求に対し，反対論も強く，とりあえず，1997年7月1日から特別地域パスポートを中国側で出すこととされているが，細部の結論については先延ばしになっている。（なお第2章参照）反対の根拠の一つに，香港市民が4種類もの異なるパスポートを持っており，どれを認めどれを認めないのか，またこれにともなう技術的困難もあるという。香港とならんで問題となっているのがジブラルタルで，その帰属を主張するスペインおよびスペインを支援する国々と英国との対立は，そこへの査証発給国（つまりスペインかイギリスか）をめぐる争いになったまま未解決である。

次に，EU統合を「ヒト」・「モノ」についての国境コントロールを廃止するシェンゲン協定をめぐっての討議がしばしばなされている。この協定は，後述の如く，査証発給基準を共通とし，第三国国民にもシェンゲン協定内部の国境を廃止することの効果として，移動の自由を享受させようとするものである。それゆえ，これを受けてシェンゲン協定実行委員会から欧州委員会に対し，具体的プロポーザルがなされることがある。しかし，目下のところ，これを送付された欧州域内市場閣僚理事会は，この管轄に属さないということで討議を拒否しているという。結局これらは，欧州議会に送られ議論されるにとどまっている。

また，後述のように1996年9月1日から，新しいフォームでのシェンゲンビザが発給されることとなっている。

しかし，この「移動の自由」の解釈をめぐっても英国と他の14の構成国そして，欧州委員会との間に争いがある。つまり，ローマ条約8条はEC加盟国民

のみに適用されるのであることを強調する英国と国境でのコントロールを廃止した以上，第三国民にも移動の自由を認めなければ終始一貫しないとするシェンゲン協定国間の争いとなっている。

なお，移動の自由とならぶ労働の自由（ローマ条約48条以下）については，第五総局の管轄である（この点との関係は次節3参照）。

③　査証発給とその条件開示

以上述べたように，査証を要する第三国の決定や査証の統一要式については欧州委員会の提案に基づき欧州理事会が決定するが，その発給条件については欧州委員会（理事会）の権限ではないとされている。つまり，ローマ条約100条C5項は，「本条は，法及び秩序の維持ならびに国内安全の擁護に関して構成国に課せられた責任の行使を害するものではない」と規定していることによる（居住・営業の権利について同趣旨の規定としては56条1項）。

そこで，第三国ならびに第三国国民から，査証発給拒否に際して，その理由，根拠を示さぬこと（EU構成国の各項参照）に対し，欧州委員会に苦情が多く寄せられる。その場合，欧州委員会（第15総局）としては，EUに居住権のある人の家族の入国に関してはEUの権限であるとし，これに関する苦情については当該構成国に問い合わせを行い，拒否理由が適当であるかどうかを検討する。これが条約（ローマ条約だけでなく，ヨーロッパ人権規約等）違反ならば措置することとしている。

なお，労働者の移動に関する苦情については第5総局が取り扱うこととなっている。

これらの苦情は，英仏両国について多いという。ドイツについては，治安に係わる入国拒否等の苦情が多いという。全体として，査証発給（拒否）に関する欧州委員会への苦情はあまりないとのことであった。

(2) **シェンゲン協定の発効と展開**
① シェンゲン協定の意義

EUの域市場は，人・商品・サービス・資本の自由な流れを作り，内部を境界のない一つの空間としてとらえるのがEU条約である（EU条約7条a2項）。

このうち，前二者は，域内の各国の国境における「ヒト」・「モノ」のコントロールをすべて廃止することを目的とする「シェンゲン協定」（1995年3月26日発効）により，より一層の完成を目指している。また，「カネ」についての国

境の廃止は，ローマ条約によって投資の自由を規定し（ローマ条約70条など），さらに通貨同盟による共通通貨の実現に向けての動きとなっている。これらに関する多くの問題については，本報告書のテーマではないので，省略し，域内のヒトの流れを一層自由化するシェンゲン協定の今日的意義を明らかにしたい。

シェンゲン協定は，1985年6月14日フランスのドイツ・ルクセンブルクに近いシェンゲンで締結された。この結果今日では，協定加盟国（フランス，ドイツ，ベルギー，オランダ，ルクセンブルク，イタリア，スペイン，ポルトガル，ギリシャの9ヵ国，但し，ベネルックスとして既に国境でのコントロールを廃止していた3ヵ国を一つに数え，7ヵ国とする）[1]間の国境（「内部国境」という）でのコントロールは，1995年以来廃止されつつある。つまり同協定2条は，内部の国境はどこにおいても人についてのコントロールなしに越えることが許されるとしている。

しかし，それぞれの内部国境毎に具体的事情があって，必ずしも全廃というわけにはいかない。同協定2条2項は，公の秩序又は国の安全に対する危険がある場合例外的に一定期間協定加盟国間の協議によりコントロールし得るとしている。

例えば，ロッテルダムやアムステルダムを起点に麻薬の流通が行われるため，オランダ・ドイツ国境は今日も5ヵ所に国境監視所を置き，現実に1人1人の監視を行っている。ベルギー・ドイツ国境で最もオランダに近い「アーヘン南」の国境もベルギーとドイツの共同監視所が存続する。ただし，自動車での通行等に対する個別チェック，かつての国境の警備，コントロール設備は今日では全くなくなっている。また，独・仏国境もフランス側の要請で4ヵ所での監視を行っているなど，完全な廃止にまでは至っていない。

とはいえ，かつて内部国境での警備にあったかなりの国境警備要員は，激減し，他の業務へと配転されている。ちなみにドイツでは500人の要員が，監視等のための240人に減っている。

このように，内部国境での警備，チェックを原則として廃止したことにともない，いくつかの課題や問題が生じている。

以上のようにシェンゲン協定の持つ意義の第一は，協定国内部の国境コントロールを廃止したことにある。しかし，他方シェンゲン協定国は，外部，とりわけ非EU加盟国との国境や海空港については，より厳しいチェックを行い，外部からの不法入国や，偽装難民の流れを阻止するということに意義があるのであって，決してマイルドな国際化を意図したものではない。ちなみに，目下

日本では，1996年1月1日以降，日本の一方的措置として韓国，台湾等を含むAPECメンバーに対する短期間適用の数次査証の発給基準を緩和することとなったが，将来はこの3国間でのシェンゲン協定のようなものが締結できるだろうかとの問いに対し，ドイツ外務省のボルン次長は，即座に外部に対し共通の強い流入コントロールが行えなければ無意味であるし，不可能だと答えたものである。つまり，共通査証政策，強力な共通のコントロール政策，そして共通の情報管理システム（これについては以下に詳述）が必要なのである。

② 共通査証政策

シェンゲン協定では，シェンゲン協定加盟国すべてが共通査証政策を取ることならびに協定国の共働を規定している（同協定9条1項）。この結果，目下3つの具体的施策となって実現されつつある。

(イ) その第一は，協定国間の査証拒否基準を共通にすることである。この大綱は，シェンゲン協定9条2項によって決められているが，共通の具体的実施要綱については外部に秘密とされており，ドイツ外務省，フランス外務省等においても，残念ながらみることはできなかった。

(ロ) シェンゲン協定実行委員会は，ビザ取得義務のある127のEU以外の第三国リストを設けている。このビザ政策はEUの権限なので，EU指令（1996年4月4日発効）により，101カ国はビザを必要としている。なお，日本もこの中に入るが，3カ月未満の滞在については，査証免除協定があり，最もゆるやかなビザ適用国であることは言うまでもない。

とりわけ，シェンゲン協定国は，いかなる入国についても査証を必要とするEU以外の第三国，つまり，90日ないし3カ月未満の滞在について査証免除を行わない国を「ネガティブリスト国」として定めることとなった。つまり，ネガティブリスト国の国民は，いかなる理由（商用・親族訪問・旅行等）をもってしても査証を入国の絶対的要件とするのである。

具体的には，アフガニスタン，アルジェリア，イラン，イラク，イエメン，エチオピア，ヨルダン，ザイール，スーダン，レバノン，リビア，パレスチナ，ブルンジ，旧ソ連国家共同体等，の19カ国（あるいは国家群を含む）についてはスペシャルリストとして，全シェンゲン加盟国が同一に扱うという。

次いで，ネガティブリストに入れた方が良いとの判断から，各国の従来の当該国との関係から，査証免除等を停止しつつある国々がある。その対象国としては，例えばベネズエラ，ペルー，コロンビアといったラテンアメリカ諸国がある。従来の歴史的関係からすると，ドイツにとっては，ナチ時代，第二次大

戦後を通じて，多数の亡命者を受け入れ，友好国であったのであるが，今日これらの国が麻薬供給地となっており，それへの対処をドイツ１カ国でできなくても，シェンゲン協定国の圧力といったことを含んで，査証免除を停止する方向にあるという。

これに加うるに，グレイリスト国というのがある。これは，ある協定国についてはビザ取得義務はないが，他の国がビザを必要とすることとし，ビザ不必要国から必要国に移動するのにビザ取得を義務づけているもので，現在旧ユーゴ諸国など29カ国ある。旧ユーゴスラビア連邦諸国についてもグレイリスト国としてドイツなどはビザ取得を義務づけ，入国を厳しくコントロールする方向にある。しかし，グレイリスト国の場合，ビザ所得義務を課するか否かは，協定加盟国が単独で，一方的に変更可能であるとの取り扱いである。旧ユーゴ諸国については，スロベニアとの国境をもつイタリアでは，国境でのコントロールが緩く，(「SISシステム」との関連については後述) どんどん流入して，ドイツへ移動する。つまり，一旦どこかのシェンゲン協定国へ入国すれば，内部国境でのチェックができないのである。目下70万人の難民をボスニア・ヘルツェゴビナから受け入れているうえに，この流入，移住の波はドイツにとっては頭痛の種であるという。

結局，シェンゲン協定との関連で解決策は，グレイリストをなくし，ビザを要するか否かの二者択一にするしか方法はないということである。

(ハ) シェンゲン協定国は，共通査証政策を実現するものとして，1995年３月26日以来，シェンゲンビザを発効するようになった。このビザは３カ月未満の期間で，協定国のいずれの国にも，旅行・訪問・商用等の理由で入国滞在を可能とするものである。このビザには有効期間，入国人員数，滞在期間，パスポート番号，ビザの種類その他の項目（安全とアイデンティティー確認データ等）が表示されている。発効開始以来約１年間に250万のシェンゲンビザが発給されている。

発給申請は，入国目的国の在外公館で行うが，その審査は共通の手続きで行われ，シェンゲン インフォメーション システム（Schengen Information System, SISと略）に蓄積されるデータ（不法入国歴，安全への危険など）をコンピューターの端末でとり出し，それによって判断する。SISについては後述するが，協定加盟国の在外公館にSISのコンピューターの端末機器が装備されつつある。

３カ月以上の滞在についてのビザ発給は，シェンゲンビザでなく，入国・滞在予定地の各国のビザを発給する。

もっともヒアリング（ボルン博士）によれば，共通ビザ政策，共通ビザといっても，基準による判断は各国がするので，結論が異なることもままあるという。

㈡　シェンゲン協定で次に注目されるのはSISシステムである。これは，すべての協定加盟国から提供されるデータをコンピューターに入力し，保有し，協定国（在外公館を含む）でいつでもデータを利用できるものである。

ここに入力・保有されるデータとしては，次のものがある。

a　犯罪人引き渡しのため，逮捕を求められていた者（シェンゲン協定95条，以下条文のみ掲げる）

b　入国拒否にあたるとされている者（96条）つまり，不法入国，不法残留を過去に行った者など

c　失踪者（97条）

d　裁判所の刑事手続上出廷しなければならない証人。刑事上の判決または自由の剥奪の可能性のあるもの（98条）

e　隠匿された登録などのため，適当なコントロール下におかれるべき人または自動車（99条）

f　刑事訴訟上確認又は証拠保全のために課されている物，とりわけ500cc以上の自動車等や記入もれの書類，盗難紛失・横領にかかわる身分証明書・パスポート・自動車免許証・銀行預金通帳

以上のデータが1996年4月現在400万件保有されており，最高900万件まで保有可能であるという。

SISの端末はシェンゲン協定国内で30,000あり，ドイツでは9,000の警察のコンピューターの端末とオンライン化されている。なお，在外公館の端末で得られる情報は，目下のところ96条関係の入国拒否事由のある者だけである。

最後に，このようなコンピューターによる情報の保有については，個人情報保護の観点から，最小限にとどめ，個人の氏名・生年月日などごく僅かだけを保有することとしている（108条）。

しかし，特別の場合には，保有証明書，関係する証人，指紋，捜査情報なども保有しうるとしており，他国に照会を行うことができる。

コンピューターのセンターはストラスブールにあり，各国センターは9,600ビットの容量をもつが，今後は64Kビットに変えていくという。

目下保有のデータの入力は，ドイツからのもの63％，フランスから32％となっており，独仏が圧倒的に多い（スペイン2％，ベネルックスととポルトガル3

%)。

SISシステム導入後の評価としては，技術的には安定しており，97％以上の稼働率であるという。

目下，SISの導入がイタリア，ギリシャで行われるとのことで，実験中であるが，特にイタリアの旧ユーゴからのSISによる入国チェックを期待するという。

最後にSISシステムの見事な成果の一事例を述べてこの稿をしめくくることにする。

1995年5月1日夜0時15分，フランスのトゥールーズでドイツ人旅行者が自動車盗難に遭う。同日午後，当地の警察に盗難届を出し，フランスの警察から午後3時に捜査情報が流された。これがSISシステムにより，仏SISセンター → ストラスブールセンター（15時35分）→ シェンゲン協定国センター（15時45分） の情報の流れにより，同日夜ベルリン警察のルーティンのパトロールで自動車を発見するとともに，ポーランド人の自動車窃盗団の一味を検挙するに至ったというものである。

(1) シェンゲン協定には，1997年オーストリアが加盟，1998年加盟国としてデンマーク，スウェーデン，フィンランドがある。これらの国々は目下オブザーバー加盟国として，シェンゲン協定実行委員会（ブリュッセル常設）に参加している。なお，北欧諸国の共通査証政策（ノルディックビザ）との関係から，ノルウェー，アイスランドの加盟も将来的には予測されている。

2　主要国の査証発給に関する対応

(1) ドイツ連邦共和国
① 一般概況

ドイツの外国人の入国・滞在をめぐる最近の動きは，基本的にはシェンゲン協定による内部国境の撤廃への動きと，外部，とりわけ中・東欧国境へのコントロール強化の方向と言えよう。これとならんで，クルド人（PKKクルド人民党）のドイツ国内でのテロやデモの際の火炎瓶・投石などの実力闘争や，大量に入国していた旧ユーゴスラビアからの避難民（約70万人）の内戦後の帰国問題がある。

これらのうち，今年前期に大きな論議を生んだのは外国人法の改正論議である。これは，刑事犯罪を犯した外国人をその滞在資格いかんにかかわらず国外追放するとの与党（CDU・FDP）案で，目下会議で継続審議中であり，概

ね今秋には通過するものと予測されている。

　実際，わが国にもそのきざしはあるが，外国人の麻薬犯罪などには憂慮すべき点があり，その実感は今回の調査中にも強い印象として残っている。

　9月16日夜23時過ぎにボンからデュッセルドルフ中央駅に着き，郊外電車（Sバーン）に乗り換えるため，中央地下道から他のプラットフォームに上がった。その際の地下道の異様な雰囲気は，フランクフルト中央駅などで巷間伝えられるところであるが，アルコールのためだけではないと思われる乱れた外国人の5〜10人のグループが他の乗客に声をかけ，はやしたてている光景であった。Sバーンのプラットフォームに上り，ジャンバーの労働者風の男に1人の黒人が声をかけた瞬間，2人は取っ組み合いとなり，ジャンバーの男は外国人を取り押さえ，手錠を取り出して後ろ手錠をかけ，衆人監視の中を引き立てていった。私も一瞬びっくりしたが，「何故」と聞くと，「麻薬」（Drogen!）と答え，エスカレーターで地下道に下りていったのである。その直後地下道に下ってみると，わがもの顔にたむろしていた外国人達のグループは四散し，驚くほど静まりかえっていたのである。外国人法の改正が行われれば，こうしたケースでは，滞在権（永住権に至るまで）の有無にかかわらず，この外国人は即国外追放となる。麻薬等の注射針の散乱する夜のフランクフルト中央駅の地下道のような光景をなくすには，ここまで厳しい方策をとらなければならないのであろうか[1]。

　以下，ドイツにおける外国人の入国・滞在状況についてみてみよう。

　難民（庇護申請者）の最近の動向については以下に詳しいが，永年の難民受け入れの伝統もあって，EU諸国の中でドイツが圧倒的に多数を受け入れてきた。1996年上半期をとっても，合計で57,104人（1995年上半期69,268人）で，出身国別にみると，

表1　ドイツの難民（庇護申請者）の受け入れ国別人数　（1996年上半期）

旧ユーゴ	10,156人	18%
トルコ	11,714人	21%
アフガニスタン	4,531人	8%
スリランカ	2,918人	5%
イラン	2,087人	4%
アルメニア	1,821人	3%

インド	1,297人	2%
パキスタン	1,296人	2%
ザイール	1,548人	3%
その他	17,519人	30%

となっている。ドイツでは，これらの人々を連邦と州の負担で，各自治体に割り振り，庇護・難民認定に至る間，衣食住を保証していることは周知の事実である。もっとも庇護承認率は7.1％（1996年上半期）で，これと国外退去の保留処分4.8％を合わせても8割以上が退去処分の対象となっている。また，庇護認定手続の促進等も進んでおり，未決人数56,231人（5月末現在）で，毎月2,000人近く減りつつある。こうした中で，旧ユーゴの内戦の終息とともに，各国と帰還協定を結び，その帰還費用を負担して帰国を促進しているのである。

次に，旧ソ連・東欧諸国からの旧ドイツ国籍をもっていた者ないしはその子孫の帰還者（Aussiedler）も，相変わらず多数にのぼっている。これも過去の手厚い受け入れの保護（職業斡旋・ドイツ語教育・衣食住の保証と手当支給・出身国に残した財産補償等）から，各居住国への援助により，各居住国での生計の手段のための補助，ドイツ語補助等を通じての受入抑制策に変わってきている。しかし，最近でも1996年上半期83,708人（1995年同期94,361人）を受け入れており，相変わらず大きな問題である。

なお，ドイツにおける外国人居住人口については表2を参照されたい。

② 外国人法改正論議とクルド人問題

トルコからの独立を目指し，ドイツ国内で激しい暴力闘争を繰り返してきたクルド人民党（PKK）。イラン，イラク，トルコの3国にまたがり住むクルド人の動きが，ドイツにとっては，かつてトルコからの外国人労働者として受け入れてきた歴史の盲点となって今日に尾を引いている。

1993年現在，トルコ系の外国人（185.5万人）中，40万人がクルド人である。このクルド人組織（PKK，本部はシリア）がクルド人の独立ないし自治を求める闘争を広く組織し，ドイツ国内でも，デモ・テロ（トルコ人多数派へ）などを繰り返してきた。こうした事態に対し政府連立与党（CDU・CSU・FDP）は，1996年3月27日閣議決定により，違法行為（暴力）に及んだ外国人を，定住権・永住権に相当する無期限の滞在資格を有する者であっても国外追放，国外退去できるとする方向での外国人法改正案を具体化し，議会に上程した（法案につ

いては，BT—Drucksache 13/4948 186.6 1996)。

　法案は，ドイツ国内で暴力行為を行った外国人を国外追放又は国外退去手続をとりうるとする（外国人法45条・46条・47条改正案）。しかし，他方では，外国人法51条は，故国で政治的迫害を被る可能性のある者を追放・退去処分にしてはならないとする規定とが矛盾する場合もあり，とりわけ野党（ＳＰＤ・緑の党）の反対を招いている。

　しかし，与党はトルコ政府との間で，追放に際し，刑事手続をドイツ内で適正に保証し，また死刑・拷問・非人間的措置をトルコ側がとらないとの両国内相の協定（1995年3月10日）が結ばれているので，人権に反しないとの立場をとっている。

　この法案は，同時に，トルコからのクルド人の入国に対しての歯止めをも意図しているとされる。現行法45〜47条に関する連邦行政裁判所等の解釈では，クルドの占拠している地域を定め，そこの出身者でPKKのシンパと称する者については政治的亡命（身体的危険がある）を認めるとするもので，この従来の考え方によれば，この地域から400万人のクルド人がいつでも亡命できるということになってしまうという[2]。

　結局PKKがしばしば行ってきた暴力闘争は，重騒乱罪（Schwerlandfriedensbruch）にあたるとして，デモの禁止・デモ参加者の検束処置などを可能とする刑法の改正を含む同法案は，与党側の厳しい姿勢を示したものである。これに対し，9月半ば，PKKは以後テロを含む暴力闘争を一切しないと声明を出しているが，今後の動きが注目されるところである。

　なお，右の外国人法改正案は，ドイツ人と結婚した外国人が離婚した場合，結婚期間が従来は3年あれば，永住権（無期限の滞在許可）を与えるとした要件を1年と短縮したり，外国人子女のドイツでの5年の教育を要件に永住を認めたのを緩和するなど，統合への要件リベラリジールング（自由化）を進めていることにも注目したい。

　③　ドイツへの入国・在住・就労と査証発給

　ドイツでは，入国に際して原則として滞在許可（Aufenthaltsgenehmigung）を必要とする。

　この滞在許可は，次のものに分かれる。即ち

　　滞在許可（Aufenthaltserlaubnis）
　　在留資格（Aufenthaltsberechtigung）
　　在留承認（Aufenthaltsbewilligung）

在留権（Aufenthaltsbefugnis）である（外国人法7条）。

第1の「滞在許可」は，以下に掲げる滞在目的以外の外国人滞在に対する原則としての在留許可である。在留許可は，在留（予定）する市町村を所轄する外国人局（各州内務省の下部組織）が与える（外国人法15条，17条）。

第2の「在留資格」は，8年以上滞在許可を有するか，3年以上無期限の滞在許可を有し，その許可以前に在留権を有していた者に，生計維持ができることを前提に「在留資格」が与えられる（外国人法27条）。

第3は，在留許可を「在留承認」の型で与えうる。一定の滞在目的で，その目的達成のための期間が当初から予定されている場合について，2年未満の期間について与えられる。この場合も自ら生計を維持できることおよび充分な住宅を有することが必要条件である（外国人法28条，29条）。

第4は，滞在許可を「在留権」として与えることができる。この場合は，急迫する人道的理由や政治的理由から在留許可を与える要件を満たさない場合や，国外退去事由に該当する場合で，かつ，ドイツから退去することにより格別の困難に遭う場合に認められる（外国人法30条）。庇護申請者や亡命申請者について認められるものである。

以上の滞在許可なしに外国人はドイツ国内への入国，滞在が認められないのである（外国人法7条1項）。この許可は，外国人の入国要件でもあるとともに，ビザ取得要件でもある。

このようなビザ取得義務は，EU諸国民には存在しないし，日本をはじめとする査証免除協定国については，3カ月未満の滞在については免除されている。しかし，シェンゲン協定国間で定められたネガティブリスト（前述226頁）に掲げられた国の国民については，ビザ取得が入国要件である。とはいえ，3カ月以上の滞在を予定する査証免除国（日本も含む）の国民も，在外公館においてドイツ入国前にビザを申請し，取得する必要がある。（なお，現在では，入国後在留地の外国人局でも取得できる）

右のビザを申請し，取得するのに要する手続きや問題としては，最長90日までの旅行者用ビザは在外公館が発給する。日本人については，査証免除協定があるので90日未満の在住予定者はビザ取得の必要はないことは前述のとおりである。

次に，研修を含む，労働・就労関連ビザは，先ず1～3カ月の期間について発給される。この場合，当該労働局（就労・研修の予定他の市町村を管轄する

との協議の下に，当該外国人局が決定し，発給される。

これ以外の3カ月以上滞在のためのビザ（学生・家族の呼び寄せによる滞在）についても，外国人局の決定を経て，在外公館で発給される。

これらのビザ発給に関連しては，ドイツの各外国人局などに照会した上でなされる場合には，2～3カ月の期間を要するが，早い場合には1週間で発給される時もある。

なお，これ以外に，庇護申請者（Asylbewerber），ドイツ系外国人の帰還者（Aussiedler）についての入国，ビザ発給があるが，これについては，在外公館等が難民庁と協議し，外国人局の決定によりビザを発給する。

④ 査証発給手続きと情報公開ならびに不服申立・争訟について

1 査証取得の要件

右にみたように，査証発給については，原則として在外公館において行われるが，そのための要件は外国人法等（最近はシェンゲン協定及びその運用規定が重要なことは前述参照）の規定に明らかにされている。しかし，申請にあたっての簡単な説明書（必要書類）を除いて，ビザ発給の実際に関する詳細な運用規定は公開されていない。

先ず，ドイツに入国および滞在しようとする外国人について，ビザ発給を申請された在外公館のビザ発給拒否理由としては，次の事項が法で定められる。

(イ) 当該外国人に強制退去事由が存在するとき（外国人法7条1項）。

(ロ) 当該外国人が十分な疾病保険の保障を含む生計を，自らの稼働，財産その他の資産，家族又は第三者の扶養，奨学金，職業訓練手当・助成金，失業手当その他の保険による公的給付により，維持できない場合（外国人法7条1項後段）。

(ハ) 当該外国人の滞在がドイツ連邦共和国に対し，特別な理由があって損害を及ぼし，危険をもたらす場合（外国人法7条2項）。

(ニ) パスポート等により本人の確認ができないこと（外国人法8条3項）。

(ホ) 本人の国籍がはっきりしないか，本人の帰国ないし第三国への出国資格が存在しないこと（外国人法8条4項）。

これらの要件のうち，実質的に審査を行い決定するものとして(ロ)の要件がある。これについての審査は州内務省の管轄下にある外国人局が行う。それ故，州毎の相違がかなり存することは否定できない。

例えば，日本人の3カ月以上滞在者に関して，これらの人々が日本で社会保険（健康保険）や共済保険に入っており，この保障が国外においても適用され

る場合，バイエルン州（ミュンヘン市）などではこれでは十分と認められず，その上に家族全員が旅行者保険に加入することを求められるなどである（4人家族で月約1,000マルク，約7万円もかかる）。この点，ノルトライン・ヴェストファーレン州などは，こうした取り扱いをせず，日本の健康保険等で十分だとしている。

結局連邦内務省では，こうした運用は，各州の権限であるとしており，各州の運用に対して何らの統一的基準を設けるなどしていない。

2　査証発給拒否事由の開示

ドイツ外国人法66条2項（法文については，後掲）は，在外公館に申請されたビザ発給申請者について，これを拒否した場合，その理由について開示する必要もなく，また，この処分についての法的救済に関する指示を与えることも要しないとする。その際，例えば拒否するか否か限界の事例であっても，発給拒否について文書で行う必要はないのである。

なお，査証発給を拒否したことについては，文書以外の方法によることも可能である。つまり，口答での回答もあるし，スタンプ，シールによって，査証発給拒否の決定を外国人所持の旅券上に表示することも可能である。

これに対して一定の場合には，口答拒否やスタンプによらず，文書で行うべきとされる例外が存する。すなわち，法文上掲げられた重要な場合および当該外国人に限定される決定については文書によることが必要である。この場合，決定を行う当局は，外国人局又は在外公館に通知を行うが，それには，右当局の責任者の署名か氏名のコピーを含まなければならない。

しかし，自働的措置，とりわけコンピューターによるデータ処理措置により発せられる行政行為については，右の署名や氏名のコピーを欠くことも許される（行政手続法37条4項1項）。

在外公館と外国人局の間で，査証発給に関して，電報，テレタイプ，ファックス等で査証発給を行うか否かの照会が送信され，その決定についても文書での一定の要式を必要とする。

以上の場合，例え文書によって決定が伝達されたとしても，すべてについて，拒否の理由を示すことも，法的救済に関する指示を行うことは必要ないのである。

査証を要する外国人については，前述のように，ドイツの在外公館に査証発給を申請するが，例外的にドイツの国境警備当局が，連邦内務省からの授権を有する場合に限り，入国査証あるいは通過査証を発給することができる（外国

人法58条2項)。この場合,査証発給拒否について不服申立てや訴訟をなすことは一切できないことは後述のとおりである。

3 査証発給拒否の場合についての法的救済手段

前述のように査証発給拒否を行った場合,その理由を示す必要もないし,法的救済の途を教示することもない。だが,前述の国境においての査証発給(前述外国人法58条2項)の場合には,その決定は取り消しを求めえない(外国人法71条1項)。

法的救済を求めることは,外国にいる外国人の場合には実際は代理人を通じても不可能ではないが,査証発給拒否に対する処分の取り消しの訴えを外務省を在外公館を所轄する上級行政庁として,ケルン行政裁判所(現在ではベルリン)に提訴することができる(行政裁判所令74条2項)。なお,このような処分取り消しの訴えの出訴期間は1年である。

この訴訟の中で,査証発給拒否事由を調査申請者(外国人)は知ることができる。逆にいえばこの訴訟過程で,申請者は在外公館の査証発給拒否事由を反証としての書証で得ることができる。

また,在外公館に対して,申請者が異議申立を文書で行い,斥けられた場合も同様に,ケルン行政裁判所に取り消しの訴えを提起できる。この場合の出訴期間は1カ月である(行政裁判所法74条1項)。

以上の救済手段は,自ら行うほか,第三者に委任することができる。

4 査証発給拒否に対する行政訴訟

以上述べたように,査証発給拒否に対する訴訟を行政裁判所(行政裁判所,上級行政裁判所,連邦行政裁判所の三審制をとる)に代理人を通じてもなしうる。この場合代理人は弁護士を選任することによってなすのが通例である。ただし,連邦行政裁判所への上告については弁護士を代理人としなければならない(行政裁判所令67条)。

こうした訴訟が行われるケースとしては,外国人本人の査証発給拒否を争う場合のほか,ドイツ国内に在住する外国人がその家族を本国(あるいは第三国)から呼び寄せる場合(Familiennachzugという)や,結婚相手(フィアンセ)を呼ぶ場合の査証発給拒否さらに,年間1万件を数えるに至った庇護申請拒否のケースがある。庇護申請拒否は1991年の基本法改正以降年間4,000件から1万件に増加している。

これらの査証発給拒否を行った外務省としては,拒否された外国人の提訴に対して国の訴訟当事者(連邦法務大臣)に代わって実質的に訴訟を遂行する。

そのため法務部門を課として設置している。現在ボルン博士（外務省次長）の下に23人の法律家がおり，この任務にあたっている。

査証発給拒否に対する行政訴訟については，外務省と在外公館とが一体となって，国を代理するが，この訴訟についてはケルン行政裁判所が専属管轄となっている（行政裁判所令74条2文）。前述のように，出訴期間は1年である。

この訴訟過程で申請人は査証拒否理由を知ることができるのである。

こうした行政訴訟の実際の件数は，多数の訴訟取り下げと和解（10％〜20％）も含み，年間数千件に及ぶが，決定に至るケースでは80〜90％は国側の勝訴となっている。

ちなみに，この5年半の行政裁判所での決定がなされた件数については，以下のようになっており，年々増加している。

年	1審件数	2審件数
1991	191	14
1992	323	26
1993	332	34
1994	376	40
1995	567	46
1996（1/1〜4/30）	260	11

5 既に入国している外国人への行政行為

ドイツにおいては，査証発給拒否に際しての拒否理由の開示や法的な救済の途を示すことが行われていないのは外国人法66条2項の明文の示すところである。しかし，これに対して，ドイツ国内に既に入国して，滞在している外国人に対して外国人法66条1項は，旅券，証明書への補充（つまりドイツでは，旅券や滞在証明書にスタンプで滞在許可の延長等を行う）や滞在許可を拒否したり，地域的，時間的制限を課したり，条件や義務を付する行政行為については文書をもって行われなければならないとしている。

また，国内在住外国人の国外退去，退去の一時的猶予ないし，猶予措置についても同様である。

これらの行政行為（Verwaltungsakte）について，行政裁判所に処分の取消の

訴を求めることは，頻繁に行われており，わが国の入管法上の在留資格をめぐる訴訟と同様の状況にある。若干煩雑であるが，コメントを行う。

a 　先ず文書の要式として，電報，電話，ファックスについては，サインを欠くので裁判上の書証として十分ではない。住所は文書には含まれないが，サイン及び「氏名のコピー」は行政行為（文書）に添付されなければならない。諸般の事情から口述筆記がなされ，それから行政行為としての指示が引き出される場合もそれだけでは不十分である。指示は当局及び関係団体だけでなく，広く知られなければならない。

　　ただし，行政行為をなした当局に関して欠陥のある指示であっても，ただちに行政行為を無効に導くものではない。欠陥のあるサインの場合，行政行為の起案に問題ないということが一義的に推定される場合も，行政行為の無効に導くものではない。

　　書式をもってなされるべき通知は，文書によることを要するが，裁量行為についても同様である。

　　右の行政行為の理由づけに関しては，当局が申請を認容するか，当局の法的立場が当該外国人に十分に分かる場合には，例外として必要ない。理由づけは法文等の文章の繰り返しや形式的言いまわしであってはならない。

b 　法的救済の指示も，66条第1項2の場合，法に定める限りでなされる。連邦当局（在外公館，国境警備当局）の行政行為については，行政裁判所令59条により，各州の外国人局のなした行政行為については，各州法によりなされる。ただし，行政裁判所令58条1項所定の出訴期間については，あらゆる場合に適用される。

（参照条文）
第63条　管轄
1. 滞在及び旅券法上の処分及び本法その他外国人法上の規定による決定については外国人局（Auslanderbehörde）が管轄する。帰化については帰化局（Einbürgerungsbehörde）が管轄する。
2. 連邦内務大臣は連邦参議院の同意を得ての行政命令（Verwaltungsvorschrift）により以下の項目に関して所轄外国人局として規定を制定しうる。
   (1) 外国人が連邦領土内に滞在しえない場合
   (2) 州法により多数の州の外国人局が管轄を有するか，また他の州の外国人局

の権限に関し外国人局がその管轄について合意を有する場合
3．外国における旅券・査証案件については，外務省から権限を与えられた在外公館が管轄を有する
4．国境を越える交通機関の警察的コントロールを委ねられている当局は次の項目の管轄を有する
   (1) 外国人を他の国へ強制退去，強制送還させることおよび当該処分の準備ならびに確保をはかるため必要な限りにおいて検束し，拘留申請すること
   (2) 査証の発給および本法58条2項，所定の旅券発給措置を行うことならびに74条2項2文所定の事項の遂行
   (3) 査証を発給した在外公館ならびに査証発給に同意した外国人局の求めにより，強制退去，強制送還に際し査証を取り消すこと
   (4) 出国禁止および82条5項所定の国境での処分
   (5) 輸送業者その他の第三者が本法ならびに本法にもとづく命令および指示を遵守しているか否かに関する国境における検査
   (6) その他，国境において緊急の必要が生じ，あるいは連邦内務大臣により一般的もしくは個別案件に関して権限を与えられる限りにおいてなされる外国人法上の処分及び決定
5．41条2項および3項による鑑識処分については，国境を越えての警察力行使を委ねられている当局ないし，本条6項の任務を遂行するために必要な限りにおいて，各州の警察当局の管轄とする
6．強制送還・逮捕および本法36条所定の本法からの退去義務の遂行ならびに退去強制措置の遂行については，各州の警察が管轄する

第64条　関係機関の協力の必要性
1．入国許可は予定される滞在地の管轄を有する外国人局の同意を得て発することができる。当該外国人に強制退去または強制送還措置をとったことのある外国人局は，通常はこの手続きに関与しなければならない。
2．必要な滞在許可を有しない外国人に対する本法8条2項2文，37条による命令その他の処分により，空間的制限，義務づけおよび条件を付する場合には，右外国人局の了解の下にのみ他の外国人局はその処分に対する変更，撤回ができる。
3．公訴を提起され，あるいは刑事捜査の進行中の外国人については，管轄する警察当局の了解の下にのみ強制退去又は強制送還措置をとりうる。
4．連邦内務大臣は，その他の関係当局との協力関係を確保するため，連邦参議院の同意の下にいかなる場合について査証の発給にあたり外国人局の同意を要するかに関する法規命令を発することができる。

第65条　連邦の関与・退去を命ずる権限

(1) 査証は連邦の政治的利益を維持するために以下の措置とともに発給される。
　　査証の延長および滞在許可または査証の有効期間満了後の許可措置ならびに査証と一体となっている義務づけ，条件その他の制限の改廃については，連邦内務大臣の了解を得ておいてのみ，また，その当事者に定められた特定の場所においてのみなしうる。査証の満了後の滞在許容措置については，法的，事実上の根拠により，強制退去が不可能な場合右の関与を要しない。

第66条　書式；要式の例外

(1) 旅券による補充措置，証明書による補充措置，滞在許可を拒否し，あるいは地域的，時間的制限を課し，条件や義務を付する行政行為ならびに国外退去，在住容認に制限をする行政行為については書式をもって行うことを要する。
　　本法3条5項による滞在の制限，37条による命令および本法上の行政行為の撤回についても同様である。
(2) 入国前の査証の拒否，査証の制限および旅券による査証の補充拒否又は制限については，なんら，理由説明および法的救済を行いうることの指示を必要としない。国境での入国拒否については文書によることも必要ない。

（1）1996年上半期の麻薬・向精神剤等事件の検挙件数は次のとおり

	1995年上半期	1996年上半期	前年同期比
総数	5,233	5,742	+9.7%
ヘロイン	2,580	2,377	-7.9%
コカイン	1,450	1,337	-7.8%
アンフェタミン（覚醒剤）	951	1,403	+47.5%
アンフェタミン誘導体	698	1,150	+64.8%
LSD	262	399	+52.3
その他	44	55	+25.0%

（2）Abschiebung gewalttätiger Ausländer, Europäische Zeitung 18, 6. 1996

(2) フランス共和国

① 一般概況

90年代，景気の後退から若干回復（実質GDP成長率1994年2.9％，1995年2.4％）しつつあるというものの，フランス経済は，11％前後の高失業率のまま推移している。こうした状況にあっても，マグレブ諸国をはじめとする途上国からの人の流入圧力は強く，この流入のもたらす混乱を少しでも緩和しようとの措置がいくつかとられている。とりわけ，域内の移動の自由を進めつつ，外に

対しての統一的なコントロールを行おうとするシェンゲン協定の中心国として，同協定の下に入国・査証政策を整備している（外国人在住人口については**付属資料表3**参照）。

目下，フランスの発給するビザは大別すると4つのタイプに分かれる。

a 短期滞在ビザ，3カ月未満の滞在のため発給される。シェンゲン協定による共通基準で発給される（基準については公開されない）。日本など査証免除協定のある国の国民については取得義務はない。

b トランジットビザ，最長5日まで認められる。なお，スペシャルトランジットビザと称する特別のカテゴリーのものがあって，シカゴ協定（米仏間）などの国際取極により特定の国民が，フランスを経て，目的国に向かう場合に，簡単なルールを添付するなどで認められる。例えば，バングラディッシュ人がニューヨーク（米国）に向かう場合などが決められている。

c 短期マルティプルビザ，シェンゲン協定にもとづき，1年間に3カ月未満の期間，何回でも入国できる。

d 長期滞在ビザ，3カ月以上の短期滞在する場合である。そのうち，就労を目的とする者については，労働許可（Autorisation de Travail）を事前に得ることを要する。労働許可には3つの種類がある（**付属資料別表1**参照）。

労働許可を得ることが就労目的での入国・滞在（滞在許可）の要件となっているのである。

フランス入国後に滞在地の警察において受ける滞在許可について，滞在許可証の種類は，2つのカテゴリーに分けられている（「外国人のフランス滞在および労働についてのオルドナンス」1945年11月2日法，最近の改正は1984年7月17日法を基とし，1989年8月2日法による。以下「滞在・労働法」と略する）。

2つのカテゴリーは「臨時滞在許可証」（Carte de Sejour temporaire）と「正規滞在許可証」（Carte de resident）である。後者は，（中断なく）フランスに引き続き3年以上滞在したことを立証できる外国人に与えられるものである。

この他，留学・家庭滞在などがあるが，これらの者については，原則として就労が認められていない。ただし，学生の実習や学期中のアルバイト（週20時間以内），休暇中のアルバイトなどに一時的労働許可が下りることはある。

なお，いかなる場合もフランス入国に際して査証取得義務を厳格に課すネガティブリスト掲載国は目下19カ国（前述）である。

また，国内および在外公館の一部に150のコンピューターネットがあり，特別のテレックスによっても，これらの事務が行われている。

② 査証発給および査証発給拒否の場合の理由開示ならびに異議申立

査証発給は，原則として在外公館において，その独自の判断でなされる。ただし，特定の国（リビア，イラン）の国民については，パリの治安当局との協議を経て行われる。

この査証発給基準ないし査証処理規定（Instruction generale sur les Visas）は，内部限りで非公開となっている。その内容としては，シェンゲン協定の共通基準をクリアーしていることは言うまでもない。ただ，査証申請者から照会がなされた場合に，査証取得のための必要書類については公示している。

査証発給数（1995年）は，178万7,682件，そのうち発給数の多い在外公館をあげると，

査証発行の多い在外公館

アルジェリア関係（ナントの外務省支局で集約）	50,099
バンコク	52,932
ブカレスト	47,144
香港	57,144
ロンドン	95,000
メルボルン	49,537
モスコー	118,075
台北	66,755
その他　マニラ，ジュネーブ	

などとなっている。

この数値に関しては，たとえばロンドンで英国人が査証を取得してということではない点にも留意が必要である。

フランスでも行政情報公開制度（行政書類公開法，LA LIBERTE D'ACCES AUX DOC UMENTS ADMINISTRATIFS, 1979年7月11日付法律79—589）により，行政の決定に関して，不服のある者に対して行政側は理由説明を行う義務があるとされる。しかし，査証発給拒否については，例外的措置がとられ，拒否理由を開示することはない（1986年9月9日付法律86—1025, 16条）。

結局，査証の発給拒否に対して，文書で理由を示したり，これについて説明

第6章　欧米諸国のヒトの受け入れと査証・入国管理

したりすることはありえないということになる。

　しかし，査証発給拒否に対し，その取り消しを求めて裁判所（Conseil d'Etat）に訴を提起するケースが存する。その件数は1994年は24件，1995年は26件，95年に国側が敗訴となったのは僅か2件であった。また，95年の26件のうち，9件は決定だけで，3件は管轄違いで却下となっている。

　事案としては，75％がフランス人との結婚による査証申請であったが，そのほとんどが偽装結婚であった。もちろん「滞在労働法」15条は「以下に該当する外国人は，正規滞在許可証を取得する特別権を有する」とし，その第一に，「フランス国籍を持つ者の配偶者」をあげている。この規定は，1989年8月2日の同法改正前は，「フランス国民の配偶者で，その結婚が少なくとも1年以上を経過しており，かつ実質的な結婚生活─共同生活がなされている場合。」として細かい要件を課していたが，この要件を除去したものである。とはいえ，偽装結婚による滞在許可を排除することは言うまでもないのだが，この1年という要件を取り除き，結婚即永住権を与えるとの考えで正規滞在許可を付与するとしたのは，より良い方向であろうというのが仏外務省領事部デヤッガー調査担当官の見解であった。

　しかし，多くの偽装結婚があることも事実である。たとえば，アルジェリアやモロッコ人がブローカーによりフランス人と結婚したことにして滞在許可を得，その後離婚するなどはざらにある。酷い例では，妻子のあるトルコ人が離婚して，フランス婦人と結婚し，2年後にフランス国籍を得てからこのフランス婦人と離婚し，故郷から妻子を含む家族20人もを連れてくるなどの例や，55歳のフランス婦人と18歳のルーマニア人青年の結婚，48歳のフランス婦人と25歳のバングラディシュ男性との結婚など不自然な例も多数あるという。

　こうした場合，移民局（Office des Migrations Internationales; OMI）のサイドで拒否することとなり，在外公館でビザが発給されていても移民として拒否されることとなり，移民としての正当性を証明できない結果，滞在許可を与えられないとのことであった。なお，OMIの決定には3カ月くらいかかることもある。また，OMIは帰化についても審査を行っている[3],[4]。

（1）　本稿作成にあたり，在仏日本人会事務局編（文責　岡本宏嗣）『フランス滞在案内』を参照させていただいた，記して謝したい。
（2）　最近フランス下院は逆に少なくても「結婚後2年を要する」と法改正を行っている。

(3) ベルギー王国
① 一般概況
　EU諸国の中で，ルクセンブルクを除いて，外国人居住人口の最も多いベルギー（1993年，92万600人で全体の9.1％。**付属資料表5**参照）。その理由としては，産業の雇用吸収力ではなく，ヨーロッパ統合の中心としてEUの各機関をはじめとする国際機関への外国人の集中がある。もっともベルギー産業の活力があった1960～1970年代にはイタリア，モロッコ，トルコなどから，外国人労働者を多数受け入れてきており，その人々が永年にわたって住み着いてきたことも事実である。とりわけ，東部の炭鉱，鉄鋼業の中心地であるリェージュ地方には沢山のイタリア系住民が住み着き，コミュニティを形成している。よく言われることであるが，ブリュッセルなどで最も安くて，無難なレストランとしては，イタリアンレストランが多く，当地に馴染んだ味であると言われている。なお，最近話題になったケースとして，ヨーロッパならびに全世界を震駭させた大事件に，少女誘拐団と国会議員（副大臣）の性的殺害事件があり，その背景には新聞報道によればイタリアマフィアの影があるようである。

　もっとも，ほとんどのイタリア系住民のうち第二次世代は当地で教育を受け，国籍を取得し，公務員を含み，多くの領域に進出している。今回の内務省における調査に応じてくれたマッツァラさんは，名前からも分かるように，自らもイタリア系であると述べておられたが，現在はベルギー国籍で，外国人苦情処理担当官である。

② ベルギーの査証政策と査証発給手続，発給拒否事由の開示
　ベネルックス三国構成員として，国境の無いEUを作り出すことに最も熱心なベルギーは，EUの査証政策とシェンゲン協定の実現に向けての制度化を行っている。ここではビザも5つのタイプに簡略化されている。

　VISA—A はトランジットビザである。なお，このビザは現在15カ国から入国可能性のある難民（Asylum）にも与えられている。たとえば内戦の続くザイールなどである。ベルギーの難民受け入れは1995年には約5万人で，全外国人の5％を占めている。

　VISA—B は5日間の短期ビザで，旅行中の短期滞在に適用される。たとえば，ニューヨークからザイールのキンシャサに移動する外国人がフライト待ちのため，5日間ブリュッセルに滞在する場合などである。

　VISA—C は3カ月未満の滞在を認めるもので，シェンゲン協定による5つ

の基準（パスポート，滞在資金，証明書，SIS システムのチェック，それとこれらのチェックの上与えらるビザ）保有者に認められる。このビザによる滞在は，6 カ月間に 3 カ月まで可能で，有効期間 1 年で与えられるシェンゲンビザの形で与えられる。

 VISA—D は 3 カ月以上の滞在予定者に与えれる。住宅・所得・仕事等の必要などの条件を満たす者に在外公館を通じて発給される。

 VISA for Student は学生が 5 日間以内の旅行等をすることができる。

　査証発給基準については，シェンゲン協定のコモンルールに従っている。その基準については，非公開であることは前述のとおりである。日本は，査証免除協定を持つので，結局は「VISA—D」保有者，つまり 3 カ月以上滞在者だけがビザ取得義務がある。

　「VISA—A」〜「VISA—C」「Student VISA」は，シェンゲン協定国のネガティブリスト国，グレイリスト国にのみ必要とされるのである。

　査証発給は在外公館で行われる。そのほとんどはドキュメント（文書）ならびにシェンゲン協定条の 5 つの基準（のうちビザを除く 4 つ）に照らし，在外公館により全て判断される。しかし，例外的に年間 6 万件だけが内務省との協議（Consultation）を経て決定される。内務省は滞在予定地の自治体（commune）に照会し，場合によっては警察による調査（大体 8 日以内に終えるという）も行われる。

　査証発給拒否のあった場合，本人からの照会があれば理由を文書で示す。情報公開制度により，VISA に関する書類も本人が閲覧できる。これは内務省の VISA サービス課で可能ということである。

　これに対して，外国人は 2 種類の方法で異議を申し立てることができる。

　その 1 は，公式の行政裁判所（Counseil d' Etat）への，取消訴訟の提起である。年間 800 件の訴訟が外国人からなされており，そのうち査証発給関係については約 40 件くらいある。訴訟は介護士がついて行われる。

　その 2 は，公式ではないが，内務省に苦情申立て，事情説明を求めることである。これは，代理人もしくは本人から手紙で問い合わせることができるのである（ブリュッセルの内務省とフラマン地域の支所がある）。

　以上の訴訟（司法関係），苦情処理，国際関係（とりわけシェンゲン協定関係）に対して，内務省の中には 3 つの課があり，訪問したマッツァラさんは苦情処理担当，レニエさんは法務担当である。司法関係部局には法律専門家がいて国

の立場を代弁することになる。

　最近ベルギーの外国人施策の変化や問題および話題としては，次のような点がある。

　先ず，移民や在住外国人の家族の招へいについては，どのEU諸国も悩みの種である。これについては，1994年3月証明書類により家族だと分かれば，各自治体から内務省への通知により，暫定的に3カ月のビザが与えられ，その後1年づつの滞在許可が出る。日本人や米国人については，ドキュメントがしっかりしているので問題はないが，たとえばマグレブ諸国などについては問題が多く，年間140人から150人の家族に滞在許可がでないことがある。

　また外国人へのサービス関係（社会保障，子どもの学校）についても各自治体が扱い，その検印をもらうために時には外国人の長い行列ができるという。

　ベルギーも他のEU諸国同様，最近では外国人への査証発給や滞在許可について，実際のところ厳しくなっている。

　たとえば，片親がベルギーにいた外国人の子どもの滞在許可も以前は自動的にもらえたが，今ではその必要性について審査することになった。また，結婚即国籍取得につながらず，以前は10年以上婚姻関係があれば，自動的に国籍取得ができたが，現在では帰化手続をとらなければならないという。

　以上，概略を述べたが，ベルギーは，シェンゲン協定国の中では，査証発給拒否に対して，最もマイルドな政策をとっているという印象である。これも国際センターを志す国としての立場のあらわれであろうか。

(4) スウェーデン王国
① 一般概況

　北欧諸国として，かつて完全雇用と高福祉国家を代表してきたスウェーデン。東欧の崩壊後，一挙に経済的不況局面を迎え，高失業となった（1993年8.2％，その後1994年8.0％，1995年7.7％，と改善されている）。こうした中で，スウェーデンは国民投票の結果，僅差でのEU加盟により，西欧への統合の中に自らの将来を切り開くことを決断した（1994年11月13日　賛成52.2％）。

　スウェーデンはEUという枠内で，資本，商品・サービスおよびヒトの自由な流れを作り出すこととなるが，ヒトの自由な流れとしては，一歩進んでシェンゲン協定への加盟を申請した。そのための準備期間としてシェンゲン協定オブザーバー加盟国となり，右協定への条件達成のための諸施策をとりつつある。シェンゲン協定への正式加盟は1998年が予定されている。

第6章　欧米諸国のヒトの受け入れと査証・入国管理

　他方，スウェーデンを中心とする北欧諸国，とりわけノルウェー，フィンランド，デンマーク，アイスランドからなるいわゆるノルディック諸国はそれぞれの国民が相互に国境を越え在住し，仕事につくことを自由にすることを認め合った「スカンジナビアビザ」制度を継続してきた。このノルディック諸国のうち，既にEU加盟しているデンマークに次いでスウェーデン，フィンランド，ノルウェーのEU同時加盟を行い，ノルディック諸国がEU内に統合されるという筋書きは，ノルウェー国民の国民投票によるEU加盟拒否（1994年11月28日，52.2%が反対）によって，頓挫したのである。EU内でのヒトの自由への施策，とりわけシェンゲン協定とともに従来のスカンジナビアビザ制度を廃止するとの線も実現されていない。この間の調整をどうするのかという点も問題の一つである。

　次に，スウェーデンは歴史的には，第2次大戦前伝統的な移民国であって，約90万人が移住したアメリカ合衆国をはじめ，多くの国に移民を行ってきた。これとは逆に，中立政策をとった第2次世界対戦中には主にドイツおよびその占領地からの20万人の避難民，亡命者を受け入れている。しかし，その大半は戦乱が止みナチス・ドイツの崩壊後故国に帰っている。スウェーデンは第2次大戦後，とりわけ経済が発展し，未曾有の繁栄を遂げた1960年代以降一転して，労働力不足から移民受入国に転じた。これらの移民は北欧，西欧諸国のみならず，南欧までの欧州諸国からの移民に限定されたものの，移民を相当数受け入れることとなった（**付属資料表4**参照）。これらの移民受け入れに関しては概して，スウェーデンの開明的な国際化政策（例えば外国人の統合政策をはじめ，オンブズマン政策や帰化そして地方自治体の選挙権付与など）にスポットを当てられてきた。

　ところが，1990年代に入ってのマイナス成長に落ち込んだ経済不況はこれらの施策を転換することを余儀なくし，かつ移民制限策や厳格な帰化政策にみられるような変化をもたらしている。この中で，シェンゲン協定への加盟は，既往のシェンゲン協定国同様な外国人受け入れ策と整合せざるをえない。こうした時点で，スウェーデンでは外国人法を始めとする基本法例の改正に次ぐ改正が行われており，従来の法令は暫定的な意味しかもたないという過渡期にあることも明記したい。

　以上の背景のもとに本稿では，現段階での「スウェーデンの査証発給」をはじめとする本調査の結果を報告する。

　②　スウェーデンへの入国・在住・就労と査証発給

右に述べたように，ノルディック労働市場自由化協定（the agreement on a free Nordic labour market）により，他のノルディック諸国（デンマーク，ノルウェー，フィンランド，アイスランド）国民は，何らの査証等の許可をなしに自由に移住・就労できることとされてきた。この結果ノルディック諸国民の国内在住者が圧倒的に多い（付属資料表4参照）のである。次いでEU加盟の結果1995年1月1日以降EEA（欧州経済領域，従ってかつてのEFTA加盟国も含む）諸国民も何ら特別な許可なしに，スウェーデン国内で就労・営業・就学を行うことが認められた。ただし，3カ月以上の在留については在留許可を申請しなければならない。ただ，この場合ほとんどが認められるので「申請する」ことだけを条件としている。

これに対して，それ以外の国の国民は，原則としてスウェーデンに3カ月以上滞在するためには在留許可を受けなければならない。この許可は，これらの国民がスウェーデンに入国する以前に得ることを要する。とりわけ，東欧，アフリカ，アジアのほとんどの国の国民は，スウェーデンに入国できる要件として「ビザ」により特別な許可を受ける必要がある。日本についても，3カ月以内の在留については査証免除協定により，ビザ取得の必要はないが，3カ月以上在留する者についてはビザを入国前に取得しておくことが必要である。このビザ発給数もこの5年間増加傾向にある。

これらの外国人の移住者のタイプとしては，次の4つのタイプがあり，それぞれビザ発給要件が異なっている。

a「スウェーデン入国ビザの申請」

原則として，スウェーデンに入国する外国人はビザによる許可を必要とするが，3カ月未満の滞在については査証免除を行っている日本などの国と，ビザを要する国とに分かれる。

ビザは3カ月未満の期間について，在外公館において発給される。この場合，ほとんどのケースについては在外公館がビザを発給するか否かの決定をなしうるが，一定の場合に，本国の移民庁にビザ申請を送付し，それに対し移民庁が決定を行う。

申請からビザ発給まで，平均約6カ月を要する。

右申請に際しては，入国目的，滞在期間中の費用負担，滞在期間，滞在期間中の居所，パスポートの種類と有効期間，出国後の目的，本国に帰国しない場合には第三国への入国・在住許可，帰国日時などを明らかにしなければならない。

旧ソ連，バルト諸国，ブルガリア，イラン，旧ユーゴスラビア諸国の国民は，スウェーデン国内の照会先（在外公館等）発行の出生証明書を要する。なお，滞在中の病気・事故等対する保険については本国だけでなく，当地でも有効な保険を有することも必要である。

b「家族としての移住」

(イ) スウェーデン在住の近親者と一緒に住むための移住

20歳未満の子どもで，配偶者，婚約者のいない者が，スウェーデンに先に来ている両親と一緒に移住できなかった場合。

すべての子どもがスウェーデンに在住する60歳以上の親。

他に最も近い親族のいない者で，未婚の子どもないし未婚の兄弟姉妹に限るが，その親族がスウェーデン在住前にかつて同居し生計を共にしていた場合。

スウェーデンに常居所のある者の夫又は同棲の相手方。

(ロ) スウェーデンに常居所を有する者と婚姻もしくは同棲のため移住しようとする者。

但し，この2年の間に最低6カ月間右の婚姻，同棲の事実が証明されなければならない。その後初めて在留許可が与えられる。

以上の者については在留許可が与えられるが，これらの在留許可はスウェーデンの在外公館に申請することでも与えられる。

原則として在外公館は本人に事情聴取しうるが，その決定はスウェーデン移民庁（the Immigration Board）が行う。移民庁は，決定の際に国内に在住する近親者等の事情聴取を当該警察に依頼してなしうる。

在留許可は移民庁が与える。

c「難民の場合」

人種，国籍，特定の社会集団への帰属，政治的又は宗教的な信条による迫害を故国で受ける危険のある外国人は外国人法により在留権を得る。なお，本国への政治的理由から帰国を望まない意識的な反体制者等については政治的庇護が与えられる（以下詳細は省略）。

d「養子縁組した子ども」

厳格な審査の上，認められる。

e「留学生及び研究交流」

入国前に在外公館に於いて在留許可を受ける。留学先（大学への）としての資格の有無については移民庁が判断する。研究者については受け入れ先及び費用の負担（1年のうち10カ月，月6,000クローナを得ること）等が必要である。

その他高校への留学，交換留学生プランによる留学，寄宿学校への留学等についても受け入れ費用負担等を明らかにして在住許可を受ける。

f 「労働移民」

EU国民を除いて，現在では僅かしか認められず，スペシャリストやエンタティナーなどで短期間の仕事で入国する者がほとんどである。

労働許可が必要で，その許可は当該労働局と協議の上，移民庁が決定する。在外公館は一定の範囲での許可を出しうる。

なお，労働許可には一般のもの（原則6カ月，最長4年）の他，季節労働（5月15日から10月15日の期間中の3カ月）オーペア（EUの協定による，18歳以上30歳未満の者，一年以内の期間，週25時間以内の労働），スポーツ選手（スウェーデン体協の認めた者で1年以内の滞在）についてがあり，それぞれ必要書類（契約書など）が事前に提出されなければならない。

③ 査証発給と情報公開ならびに不服申立・争訟について

a ビザ発給の権限

右にみたようにビザ発給は，外国人本人の居住地の在外公館に申請し，最終的には移民庁の決定を経て発給する。だが，在外公館と移民庁の関係は各国との関係によって異なる。例えばEU諸国や日本の国民からのビザ申請については，ほとんど在外公館が独自に，移民庁との協議なしに決定し，あるいは申請を却下する。在外公館が単独で判断しにくい場合や，難民申請については移民庁が判断するが，その判断を行うのは全体の10％程度であって，他の90％は在外公館が判断，決定する。とりわけ在外公館，例えばエチオピア（アディスアベバ），トルコ（アンカラ），ユーゴ（ベオグラード），シリア（ダマスカス），エジプト（カイロ），ロシア（モスクワ），イラン（テヘラン），クロアチア（ザグレブ）などを含み，約50箇所の在外公館は，移民庁から在外公館の独自の判断でビザ発給を拒否する権限が与えられている。

b ビザ発給のガイドラインについて

何ら公にされていない。ただ申請書類は公にされているので，それとビザ一般，労働許可，滞在許可，についての簡単なリーフレット（制度の説明）はある。

ガイドラインはハンドブックとして詳細なものがあるが，内部でのもので非公開である。

c ビザ発給拒否の場合の理由開示

理由開示は全く行われていない。

スウェーデンは情報公開については，先駆的な国の一つであるが，外国にいる外国人については，情報公開法の適用はない（同法20条）。つまり，ビザ発給拒否の決定の根拠を開示する必要はないということである。

d　ビザ発給を拒否された場合，不服申立てもしくは，争訟は可能か

ビザ発給拒否については，再審査を求めることはできない。従って，外国にいる外国人の側からは何らの不服申立て，もしくは争訟ができないということになる。

ただ，滞在許可については国内にいて，裁判所に訴えうる場合に，外国人裁判所（Aliens Appeal Court）に不許可の取り消しを求めることができる。但し，裁判所は明瞭に「善意かつ相当」（bona fide）と思われる外国人のみ申請を受けつける。こうしたケースとしては，きちんとした職にある者や，スウェーデン人と結婚しているケースなどがある。

e　スカンジナビアビザについて

前述のように，北欧諸国では，従来北欧協定評議会（Nordic Council）の協定「ノルディック労働市場自由化協定」により，ビザなしである協定国の国民が他の協定国へ相互入国，在住，就労することが認められてきた。この協定は2年に1回の見直しがなされるが，目下スウェーデン，フィンランドのEU加盟，将来のシェンゲン協定への加盟（1995年からオブザーバー，1998年正式加盟）により，ノルディック労働市場自由化協定の効果は異なってくることが予想される。

とりわけ，短期の入国を含め全ての入国者にビザを要求すべき国（いわゆる「ネガティブリスト」にあげる国，つまり査証免除協定のない国）が異なってきている。他のシェンゲン協定国でも同じ点がみられるが，シェンゲン協定国は，ネガティブリストを同じにする必要があり（国境コントロールを統一することから必然的な結果），スウェーデンも準加盟国ながら，これに従いつつある。

具体的には，ハイチ（1994年6月8日，しかし1994年11月，リストから外される），コートジボアール，ガンビア，ニジェール，トーゴー，ウガンダ（1994年6月から），キューバ（1995年1月1日から），スロベニア（1995年5月9日から）となっている。

④　終りに

かつて，国際化の最も進んだ国として，外国人に最もマイルドな政策をとってきたと言われるスウェーデンも，今日の経済の停滞，高失業の故もあって，EUならびにスカンジナビア以外の国の外国人の入国，滞在を厳しく制限する

こととなっている。けだし，ビザ政策の変化は，「外交政策，産業・通商政策，観光政策，移民政策等に関する多面的なバランスによるところ」が多く，一定のものでない。

今日の高失業下にあって，スウェーデンはかつて1960年代のドイツなどと同様に，外国人をゲストワーカーとしての受け入れをしてきたが，今日では不可能である（産業政策）。またEU加盟，シェンゲン協定加盟は，とりわけシェンゲン協定加盟国といわゆるネガティブリストを同一にしなければならない。そして，ソ連解体，バルト海を挟んで接するロシアはじめ旧ソ連諸国からの人口流出可能性に関して，スウェーデンは，他の西欧諸国以上に深刻に捉えている。かつて旧ソ連からの滞在流出力2,000万人から3,000万人と他の西欧諸国以上に推計してたこともあって，バルト諸国を除く旧東欧諸国に対して厳しい入国，ビザ発給の姿勢をとっている。

また，永年のマイルドな外国人政策のつけもあって，帰化した前外国人のうち一部の人々（例えば前トルコ人など）は失業率も高い。これらの人々が，スウェーデンのパスポートを持って確たる就労先もなく，来日する例も増えているようである。

逆に，外国人として，日本人にとってもスウェーデンは住みやすい国であるとはいえなくなっているようである。労働許可を取る困難さ，結婚しても滞在許可がすぐに取れないなど，入国，ビザを得るのも容易ではないといわれる。

スウェーデンのEU加盟後約2年経っている。EU国民は，北のスウェーデン，フィンランドから南のスペイン，ポルトガル，ギリシャまで居住，就労に関して自由となった。ドイツの建設産業が被っているスペイン，ポルトガル等南の諸国からの安い賃金の労働者の動きに代表されるような，新たな混乱が生ずることも考えられるのである。

〔以下(5)，(6)，(7)，は中窪裕也氏の分担執筆にかかるものであるが，全体像を明らかにするため，本人の御了承をえて，転載させていただいた。〕

(5) スイス連邦共和国
① 一般概況

スイスは，世界有数の観光国であるとともに，多くの国際機関や国際的な金融センターを有しており，外国人の入国・滞在がたいへん多い。定住または年間滞在する外国人の数も，126万人を超えている（1993年末の数字。1986年の96

万人と比較すると，7年間で約30万人の増加となる**付属資料表7**参照)。これは，スイス総人口700万人の18％にあたる。

しかし，外国人労働者については，1986年の外国人数制限令 (Ordonnance limitant le nombre des étrangers) によって，スイスの労働市場も害さないように国内者優先の原則を定めた上で，「年間滞在者」「季節労働者」「短期滞在者」「国境往来者」という各カテゴリーごとに，かなり厳格なコントロールを行っている（その詳細に関しては，手塚『続外国人労働者』（日本経済新聞社，1991年）299頁以下を参照）。ことに「国境往来者」以外のカテゴリーについては，割当て人数枠が定められている。

スイスは，1992年12月の国民投票によって，EEA（欧州経済領域）への参加提案を拒否しており，また当然ながらシェンゲン協定の締結国でもないので，ヨーロッパに広がる「人の自由移動」制度の埒外にある。とはいえ，外国人について，周囲を取り囲むEU諸国と歩調の合った政策をとることは，移民の抑制，犯罪の防止などの観点からいっても，むしろ必然的な要請である。

そのような考慮にもとづいて，1993年には，①企業管理者および高度の専門職について，国内者優先の原則の適用を除外し，外国人の雇用を容易にする。②年間労働許可を受けた外国人労働者の家族の呼び寄せについて，待機期間を廃止する，③スイスで5年以上の就労経験を有する国境往来者について，入国管理手続を簡易化する等の措置がとられている。今後もEEA諸国内における人の移動の自由化の方向が，スイスの外国人政策に対しても，陰に陽に影響を与えていくものと思われる。

② ビザ発給に関する一般的要件

1946年の外国人入国・届出令 (Arrêté du Conseil fédéral concernant l'entrée et la déclaration d'arrivée des étrangers) 2条1項は，「すべての外国人は・・・スイスに入国するためには，ビザを有していなければならない」と定めて，ビザの取得を義務づけている。

スイス入国のためのビザには，外交官ビザを別にすれば，①観光，②訪問，③ビジネス，④諸活動，⑤その他の理由，という5つの種類がある。ビザの有効期間は，最長6カ月以内の必要期間と定められている（外国人入国・届出令3条2項）。観光ビザと訪問ビザについては，期間3カ月かつ年間2回までという制限が設けられている。

いずれの場合にも，ビザ発給の一般的要件として，次の4点がみたされなければならない。

(1) 申請者が有効なパスポート（またはそれに代わる文書）を保持していること。
(2) 当該ビザの取得が，スイスの締結した条約またはスイスの一方的行為により免除されていないこと。
(3) 申請者が十分な滞在資金を有していること。
(4) 申請者について，ビザ発給が不適当となる個人的事情（犯罪歴がある，違法就労で国外退去になった等）がないこと。

ビザの発給は，スイスの在外公館（大使館・領事館）で行う。在外公館は外務省の下にある外交上の組織であるが，ビザの発給に関しては，連邦司法警察省の「連邦外国人局」(Office fédéral des étrangers) の指示にもとづき行動することになる（外国人入国・届出令3条1項）。

③ 労働許可との関係
(a) 労働許可の手続

外国人がスイス国内で雇用されて就労する場合のビザは，上記の「諸活動」にあたる（諸活動には，留学やスポーツなど，有償労働以外のものも含まれている）。この場合には，申請者について，事前に労働許可を得ていることが必要である。ただし，フランス人に関しては特例が認められている。

労働許可は，上記の外国人数制限令によって，州（カントン）および連邦それぞれの人数の枠内で，所定の条件・手続にしたがって出される。州の割当て枠については，基本的に各州の権限であり，州の労働当局が，それぞれの雇用事情等を勘案しながら，許可の可否を決定する。連邦の割当て枠については，連邦の産業・営業・労働局が労働許可を発する。

このようにして発する労働許可は，連邦外国人局の全体的なコントロールに服する。これは原則として形式的（自動的）な管理にとどまり，許可決定をくつがえすような性質のものではない。

以上のような手続を経た後に，在外スイス大使館・領事館に申請すれば，労働許可が出ていることを確認の上で，ビザが発給される。

(b) 地域による労働ビザ発給手続の相違

労働許可に関して，スイスでは「3つの円」と呼ばれる政策（"Three-circle" policy）をとっている。すなわち，①中心の最も小さな円は，EUまたはEFTAに加盟している西欧諸国（第1地域），②その周囲にある円は，オーストラリア，カナダおよびアメリカ合衆国（第2地域），③最も外側の円は，東欧，南アメリカ，アフリカ，アジアなど，第1，第2以外の国々である（第3地域）。日本は，この第3地域に含まれる。

内側の円ほど優先順位が高く，第1地域からの労働者は，外国人数制限令の明文の規定（8条）により最も優先される。第2地域からの労働者は，これに準じた地位にある。これに対して，最も外側の第3地域は最も優先順位が低く，労働許可が出される可能性はたいへん低い。その労働者がよほど特殊な技術・能力を有しており，第1・第2地域には適格者がみあたらないという，非常に例外的なケースに限られる。

このような政策は，ビザ発給の手続にも相違を生じさせている。すなわち，第1地域および第2地域からの就労希望者については，州（または連邦）の労働当局の判断によって労働許可を出し，これにもとづいて在外公館がビザの発給を行う。この過程において，連邦外国人局は，原則として関与しない。ただ，特に難しい問題を含むとして在外公館から回付されたケースについて，州と連絡をとりながら事実関係を確認した上で，ビザ発給の可否を判断し，その結果を指示することはある。

他方，第3地域からの就労希望者については，そもそも労働許可が出されるケースは例外的であるため，州が労働許可を発する場合には，常に連邦外国人局の承認を受けることが要求されている。したがって，連邦外国人局の承認がない限り，労働許可が出ないので，ビザの発給も認められない。

④　ビザ発給の拒否と不服手続

ビザの発給の拒否については，行政内部における不服審査手続が用意されている。しかし，外国人はスイスに入国する「権利」を有しているわけではなく，司法裁判所に訴えることは認められていない。

(a)　インフォーマルな拒否

在外公館がビザの発給は不適当と考える場合には，まずインフォーマルな決定として，その旨を申請者に通知する。この通知は，書面によることもあれば，口頭で行うこともある。長期ビザの場合には，在外公館としては最初から申請書を連邦外国人局に送り，そこが出した判断を申請人に通知することも多い。この場合には通常，書面によって通知される。

いずれにしても，正式な決定ではないので，特に拒否の理由を説明する必要はないとされている。実際上はほとんどのケースは，インフォーマルな拒否の通知を受けた申請者が引き下がる形で終了している。

(b)　フォーマルな拒否決定

もし，申請者がインフォーマルな拒否の通知に納得しない場合，連邦外国人局に申立を行えば，正式にビザ発給拒否の決定が下される。これは書面によるフ

ォーマルな決定であり，ビザ発給拒否の理由もそこに示される。たとえば，「申請書類に記された事実が信用できず，ビザ発給の条件をみたしているとは認められない」，「過去にスイスで不法に就労して退去処分を受けたことがある」，「難民認定を受けた家族がすでにスイス国内におり，これ以上入国を認めることは不適当である」といった理由が記載される。このようなフォーマルな拒否決定は，1日に1～2件程度出されている。

(c) 連邦司法警察省の不服審査部における手続

フォーマルな拒否決定の通知を受けた申請者は，その後30日以内に，連邦司法警察省内の不服審査部（Service des recours du département fédéral de justice et police）に審査請求を行うことができる。これは内部的な性格の不服手続であり，審査請求がなされた場合，まず，もとの決定を下した連邦外国人局がそのケースについて再考し，その結果を不服審査部に送る。これを受けて不服審査部が，ビザ発給拒否決定の当否について，司法警察省としての最終的な判断を行う。

このような審査請求がなされるのは，フォーマルな拒否決定件数のうち，およそ20～30％程度である。国外にいる申請者本人が審査手続のために入国できるわけではないので，実際に争うのは，家族などスイス国内にいるスポンサーであるのが普通である（スポンサーにも拒否通知のコピーが送付される）。また，審査請求には400～500フランの手数料が要求されることも，手続利用を抑制する要素となっている。

実際上，不服審査部は，圧倒的多数のケースにおいて，連邦外国人局の拒否決定を支持する判断を下している。連邦外国人局としては，決定通知書に拒否の理由を十分明確に示してあれば，その判断が覆されることはほとんどないという印象を持っている。

(d) 行政訴訟の可否

連邦の行政機関の決定について，通常は，行政裁判所に司法審査を求めることができる。しかし，ビザの発給に関してはその対象から除外されており，発給拒否を争って裁判に訴えることはできない。

⑤ ビザ発給に関する情報について

ビザに関しては，一般的な案内と関係法令を載せたブックレットを作成し（ドイツ語版，フランス語版，イタリア語版がある），政府出版物取扱店で販売している。また，在外公館には，現地の言葉による説明のパンフレットを置いているはずである。

ビザ発給に関するより詳しい基準については，連邦司法警察省で規則を作り，各在外公館に送っている。これは一般に公開されていない（なお，危険人物リストのようなものは特になく，申請者について，スイス国内における犯罪歴をチェックする程度である）。

また，上に述べたような，ビザ発給拒否の場合における一連の手続については，特に根拠となる規則はなく，実際上の取り扱いとしてなされている。もっとも，現在，規定の整備が検討されており，新たな規則によって，ビザ発給の決定手続についても規定が設けられる可能性はある。

ビザの申請者が提出した書類は保存される。これは個人情報保護法の保護対象となり，公開はされない。

(6) イギリス（連合王国）

① 一般概況

イギリスはEUのメンバー国として，その「人の自由移動」制度の一翼をになっている。EEA（欧州経済領域）諸国の国民であれば，労働者（およびその家族）は，パスポートを携帯すればビザなしに入国することができ，また労働許可や居住許可も必要とされない。経済活動をしない者についても，十分な滞在費用を有する限り，やはり自由に入国して居住することができる。1994年にイギリスに入国した外国人は約2140万人を数えるが，そのうちの約1220万人（57％）が，EEA諸国からであった。

とはいえ，イギリスはシェンゲン協定の当事者国にはなっておらず，近い将来それに参加するとも考えられない。イギリスは伝統的に，外国人の入国に関し，より厳しいコントロールを行ってきた。EU諸国からといえども全くフリーとはせずに独自の規制を行うことが政府の基本政策であり，世論もそれを支持している。今後もイギリスは，ヨーロッパ大陸国と協調しつつも，一線を画した立場をとり続けるであろう。

② ビザ発給のプロセス

イギリスのビザは，定住（settlement）のためのビザと，それ以外のビザと大別される。後者の中心は「訪問者」ビザ（6カ月が上限）であるが，そのほか学生ビザや労働ビザなど，6カ月をこえるものもある。

ビザの発給は，在外イギリス公館（大使館・領事館）が行う。在外公館は基本的に外務省の下にあるが，ビザに関しては，内務省の移民・国籍部（Immigration and Nationality Department, Home Office）の指示にもとづき行動する。

申請に対するビザ発給の可否は，通常は在外公館の判断により決定するが，むずかしいケースについては，移民・国籍部に伺いを立てることもある。

外国人に対する入国管理は，「入国前コントロール」，空港や港での「入国時コントロール」，および「入国後コントロール」という3段階に分かれており，そのうち第1の「入国前コントロール」（Pre-entry Control）が，在外公館によるビザの発給である。日本のように，条約によって訪問者ビザの取得が免除されている国の場合には，入国後に学生への身分変更を申請して認められれば6カ月を超えて滞在することもできるが，これは移民・国籍部の行う「入国後コントロール」に該当する。

また，労働ビザについては，まず教育・雇用省から労働許可（work permit）を得ることが，ビザ申請の前提条件となる。もちろん，労働許可がある場合でも，在外公館としてのチェックがなくなるわけではなく，本人の行跡に照らしてビザ発給を拒否することがある（人柄，行動，交友関係という3要素が考慮される）。なお，前述のように，EEA諸国からの労働者に関しては，労働許可も労働ビザも不要である。

③　ビザ発給拒否に対する不服申立手続
(a)　発給拒否の通知

在外公館がビザ発給を拒否する場合，書面により理由を付して，申請者に通知する。理由を示すことは，特に法令で義務づけられているわけではないが，手続的な公正さのためのルールとして行っている。

(b)　不服申立の権利

ビザ発給を拒否された申請者の不服申立の権利は，6カ月以内の短期滞在のためのビザの場合と，6カ月を超える長期ビザの場合とで異なる。

6カ月以内の短期滞在ビザ（通常の訪問者ビザはこれに含まれる）については，発給拒否に対する不服申立の手続はない。かつては短期滞在ビザの場合にも不服申立が認められていたが，実際上，拒否決定がくつがえる可能性は極めて低く，わざわざ時間と労力をかけて申立を審査するだけのメリットはないとして，1993年の法改正で廃止された。

したがって，この場合，申請者にはフォーマルな意味での不服申立の権利はない。ただ，インフォーマルには，在外公館のビザ部門の責任者が拒否決定について見直しを行い，その結果として当初の判断が変更されることはありうる。

これに対して，6カ月を超える長期滞在ビザおよび定住ビザについては，拒否決定に対するフォーマルな不服申立の手続が設けられている。不服の申立先

は，拒否決定を行った在外公館あるいは移民・国籍部ではなく，司法省の大法官（Lord Chancellor）の下に設置されている，独立の「移民不服審査局」（Immigration Appellate Authorities）である。

なお，ビザの発給拒否が国家の安全を理由とする場合には，長期ビザであっても，一切の不服申立の権利が否定されている。ありうるとすれば，内務大臣の下にある監察部局が，そのケースについて裁量権の行使が適切であったかをチェックする可能性があるという程度である。

(c) 移民不服審査局における手続

移民不服審査局における手続は，①「審判員」（adjudicator）による審査と，②「審判委員会」（tribunal）による審査という，2段階に分かれている。

①の審判員は，プロフェッショナルな法律家ではない一般人の中から，大法官が選任する。審判員は，それぞれのケースについて事実関係を調べた上で，ビザの発給拒否の決定が適切であったか否かを判断する。法的問題はもちろんのこと，裁量権行使の適切さについても審査を行うことができる。その結果，ビザを発給すべきであったとの結論に達すれば，その旨の決定を発する。これを受けて移民・国籍部が，在外公館に対してビザ発給を指令することになる（もちろん，当局の側にも異議申立は認められているので，審判員の判断に不服な場合には，審判委員会の判断を求めることができる）。

審判員が下した決定に対していずれかの当事者から異議が申し立てられた場合，そのケースは，②の審判委員会に付託される。審判委員会は3名の委員から構成されるものであり，そのうち少なくとも1名は法律家の資格を有していなければならない。審判委員会も，審判員と同様に，ビザ発給拒否決定の当否について審査を行うが，審判員があくまで個別事案におけるケース・バイ・ケースの判断を下すのに対して，審判委員会の判断は，他の同種の事案においても拘束力のある先例として機能することになる。

(d) 拒否決定と不服申立の状況

1994年の数字では，在外公館の総計で，約100万件のビザ発給申請がなされている。これに対して，発給拒否の決定は約7.4万件，申請件数の10％未満である。定住ビザに限れば，申請が約3.5万件に対して拒否決定が約9700件となり，拒否の比率がかなり高くなる。

移民不服審査局に対する不服申立は，このような入国前コントロールにおけるビザ申請のほか，入国後になされた滞在延長や定住の申請に関しても可能とされている。入国後の延長・定住申請は，1994年に約18万件がなされており，

そのうち約1.3万件で拒否決定（延長・定住の両方を含む）が下されている。また，空港や港における入国時コントロールによってイギリスへの入国を拒否された場合にも，移民不服審査局への不服申立が認められる。

その結果，移民不服審査局に対する不服申立の総件数は，2万件以上にも達している（これは審判員レベルの件数であり，審判委員会の受理件数は1000件あまりである）。審査の結果としては，申立を棄却するものが約1.5万件，取り下げが約4000件であるが，申立を認めるものも，毎年2000件から3000件程度はある。在外公館による入国前のビザ発給拒否の件数は，これらの数字の中に含まれているが，だいたい3分の1から半分程度である。

移民不服審査局の手続は，とにかく件数が多いために時間もかかり，平均すると1件の処理に6カ月程度というのが現状である。不服申立は，ビザの申請者本人でなくても，イギリスにいる家族や代理人が行うことができる。実際上は申請者がすでに何らかの形でイギリス内にいることが多いが，そうでなくても，申請者が不服申立のために来訪した場合には，一時的な滞在許可が出される。不服申立の処理に時間がかかれば，それだけ本来なら資格のない者が滞在してしまうことになるので，手続のスピードアップが重要な課題となっている。

④ 裁判所における司法審査

ビザの発給を拒否された者は，控訴院（Court of Appeal）に訴訟を提起して，拒否決定に対する司法審査を求めることができる。

これは，コモン・ローの原則にもとづいて，司法裁判所が行政行為の当否を判断するものであり，行政内部における不服申立の権利の有無にはかかわらない。したがって，不服申立が認められていない6カ月以内の短期滞在ビザについても，申請を拒否された者は，司法審査を求めることが可能である。

しかし，訴訟が受理されるためには，移民不服審査局の審判委員会または控訴院から，訴訟の許可（leave）を得ることが必要である（短期ビザの場合には，移民不服審査局を経ないので，控訴院に訴訟許可の申請をすることになる）。訴訟の許可が出されるのは，通常，未決着な法的問題が含まれるようなケースである。ただ，それ以外にも，控訴院の裁量によっていかなるケースでも取り上げることができるので，訴訟が認められる論理的可能性は常にあることになる。いずれにしても，実際に司法審査が行われるのは，ごく少数である。

司法審査の範囲は法律上の問題に限られるが，裁量権の行使が不適当な場合にも，その処分は違法であったとして，ビザ発給拒否決定が取り消されることもある。

⑤ ビザ発給に関する情報について
(a) 公開の現状
　ビザの発給基準に関する一般的な法令および規則については，パンフレット等によって開示されている。また，ビザ発給業務に関する手続マニュアル（Diplomatic Service Procedure）についても，少なくとも下院図書館に所蔵されており，一般の人々が見ることも可能である。
　個々の申請に対する拒否理由は，申請者本人に対しては書面で通知するけれども，それ以外の者には公開されていない。ビザの申請者が提出した申請書や添付資料も保存しておくが，裁判所の命令がない限り，やはり他の者に開示することはない。

(b) 情報公開の動き
　ビザの発給に関する内部的な通達や指示の文書については，現在は公開されていないが，公開の方向で検討が進んでいる。
　すなわち，イギリスでは情報公開法は制定されていないが，1991年に政府の方針として，市民が公共サービスの評価を行うために必要な政府情報を公開するという「行為規約」（Code of Practice）を定め，情報公開を推進している。その一環として，ビザに関する通達・指示についても，公開の可否および方法を検討することが求められており，今年中に，移民・国籍部としての一応の結論が出される予定である。
　移民・国籍部の担当者の感触としては，個々のケースの処理に関するものは除外せざるをえないが，全体の95％くらいは公開しても支障はなさそうだとのことである。公開の対象とされた文書については，開示請求がなされた場合，20日以内に，開示に応じるか，何らかの特別な理由により拒否するかを決定して，請求者に通知しなければならなくなる。また，通達・指示類をまとめて出版することや，コンピューターによるアクセスを可能にすることも検討されている。しかし，過去の通達等の取扱いをどうするかなど，まだ詰めなければならない問題もかなり残っているようである。

(7) アメリカ合衆国
① 一般概況
　アメリカは，巨大な移民受け入れ国であると同時に，不法入国者対策に頭を痛める国でもある。1986年の移民法改正（Immigration and Reform Control Act）では，不法就労を防止するために雇用主処罰規定を導入する一方で，すでにア

メリカに在留する数百万人の不法入国者に対し，移民局に出頭して申告することにより永住資格や市民権を得る途を認めた。

この「合法化」制度による特別移民は，1990年で約120万人を数えていたが，1993年の数字では2.4万人に激減しており，その影響は一段落したといえる。この1993年，移民の全体数はおよそ90万人で，そのうち約60万人が親族関係にもとづく移民，約15万人が雇用関係にもとづく移民である。

他方，非移民以外の入国者は1993年の合計で約2145万人，うち1690万人が観光等のための一時的訪問者，296万人がビジネスのための一時的訪問者である。そのほか，様々な資格による就労者が合計で41万人，学生が25万人，交換訪問者が20万人，トランジットが34万人などとなっている。

移民法については，今年（1996年）も連邦議会で，①不法入国防止策の強化と，②合法的移民・就労者の制限，を盛り込んだ法案が提出され，大きな政治的イッシューとなった。②については，有能な人材が得られなくなるという使用者の反対など異論が強かったため，よりコンセンサスの得やすい①だけを切り離して審議が行われ，紆余曲折の末に9月末に上下両院を通過，クリントン大統領の署名を得て，法改正が実現した。

② ビザ発給の要件とプロセス

(a) 移民ビザと非移民ビザ

アメリカ入国のためのビザは，「移民ビザ」（immigrant visas）と「非移民ビザ」（non-immigrant visas）とに大別される。非移民ビザについては，移民法（immigration and Naturalization Act）の101条(a)(15)に，AからNまで14種類の入国資格が列挙されている。移民ビザのほうは要件が厳しく，また人数の枠もあり，非移民ビザよりもずっと制限的である。

アメリカに入国しようとする外国人は，すべて移民と推定される（移民法214条(b)）。これをくつがえすためには，自分が移民ではなく，101条(a)(15)の定める非移民の入国資格のいずれかに該当することを証明しなければならない。

(b) 非移民ビザ発給の要件

214条(b)による移民推定ルールがあるため，非移民ビザの申請者は，まず第1の要件として，当該のビザ・カテゴリーの基本要件をみたしていることを，自ら積極的に証明する責任がある。実際上，非移民ビザの発給が拒否されるケースのうち大部分は，この段階ではねられている。

他方，移民法212条(a)では，アメリカへの入国を拒否すべき理由を，(1)健康に関する理由，(2)犯罪等に関する理由，(3)保安上の理由，(4)自活できずに公

的負担となる者，(5)労働資格上の問題，(6)違法入国や移民関連法令の違反，(7)必要文書の不所持，(8)市民権不適格者，(9)その他，に大別して定めている（それぞれについて，さらに細かな規定がある。ただし，これらの拒否事由のうち一部については，非移民ビザへの適用が除外されている）。

したがって，申請者が，これらの拒否事由のいずれにも該当しないことが，非移民ビザ発給のための第2の要件となる。第1の積極的要件をみたし，かつ，第2の消極的要件をクリアーして，はじめてビザの発給が認められる。

非移民ビザの場合，特に警察の証明書などは要求されておらず，拒否事由の有無は，基本的に申請者の自己申告によって判断される（実際上，虚偽申告は少なくないが，露見した場合にはそれが独立の拒否事由となるという事実が，ある程度の抑止力になっているものと思われる）。

(c) 非移民ビザにおける発給拒否の通知

ビザの発給は，在外アメリカ大使館・領事館の職務である。ビザ発給を拒否する場合には，書面により根拠条文を示して申請者に通知する。拒否通知の書式には，以下の4項目が印刷されている。

①212条(b)——101条(a)(15)の定めるその非移民ビザの基本要件をみたしているとは認められない

②221条(g)——必要書類が欠けている

③212条(a)(7)(B)(i)(I)——有効なパスポートを所持していない，

④212条(a)——移民法212条(a)によるその他の拒否事由

在外公館のビザ担当者は，①〜④のいずれかをチェックした上で，申請者に交付する。④については該当する項を記入するのが原則であるが，極めてセンシティブな例外的ケースでは，212条(a)によるとだけ書いて，具体的にどの拒否事由にあたるかを示さないこともある。実際に拒否されるケースのうちでは，①が約80％を占めており，残りの20％程度は④である。

なお，このような書面による通知が法的に義務づけられているのは，厳密に言えば，移民法212条(a)による拒否の場合（③と④）だけである。しかし，実際には，すべてこのような書式を用いて拒否通知がなされている。

非移民ビザ全体で，年間に約550万件の申請があり，そのうち約150万件で拒否の決定が下されている。大使館・領事館によって繁閑の差はあるが，一般的に言えば，とにかく数が多いので，1件1件の処理にあまり時間をかけられないのが現実である。

(d) 移民ビザの申請と発給

移民ビザの申請については，申請書のほかに，警察の証明書，健康診断書，財産状態の証明書などの文書を提出させ，時間をかけて審査を行う。しかし，それ以前に，まず移民帰化局（Immigration and Naturalization Service）の承認を受けていなければならない点が，非移民ビザの場合と大きく異なっている。

すなわち，移民ビザの2大カテゴリーは「親族」と「雇用」であるが，いずれの場合も，アメリカ国内にいるスポンサー（呼び寄せ側の家族または雇用主）が，移民局に承認の申請をしなければならない。申請を受けた移民局は，その移民希望者について，諸要件をチェックし，承認の可否を決定する。このような移民局の承認がない限り，移民ビザの発給はできない。したがって，移民ビザの申請に対する審査は，移民局の承認があることを前提とした，いわば第2次的なものとなる。

とにかく移民ビザの申請があれば，在外公館は，移民ビザ発給の要件を改めてチェックする。調査の結果，要件がみたされていることが確認されない場合，必要があれば，追加的資料を提出するよう申請者に求める。しかし，最終的にビザ発給が不適当と考えられる場合には，申請者に対して書面により拒否通知をする。それと同時に，移民局に対しても，承認を撤回するよう勧告を行う。

移民ビザの場合にも，①基本的な移民ビザの要件を充足すること，②移民法212条(a)による入国拒否事由に該当しないこと，という2段階の要件となる。しかし，実際にビザ発給が拒否されるケースは，ほとんど全部が①の基本要件の不充足のためと言ってよい。

なお，くじ引きによる移民枠や，合衆国政府勤務者の移民枠については，移民局の承認は不要であり，国務省だけで処理することができる。したがって，このような例外的な移民ビザの場合は，直接に領事館に申請することになる。

(e) 就労のための非移民ビザの場合

非移民ビザのうち，就労を目的とする一部のカテゴリーについては，やはり事前に移民局の承認を受けることが必要とされている。たとえば，特殊な技能を持つ一時的労働者（H—1B），会社内部の転勤者（L—1）などである。これらの場合には，移民ビザの場合と同様に，スポンサーとなる雇用主がまず移民局から承認を得ることが，ビザ発給の前提となる。

また，単純労働のための一時的労働者（H—2B）については，雇用主はまず，労働者から，アメリカ人の雇用を阻害しない旨の労働証明（labor certification）を得ておかなければならない。

他方で，交換訪問者（J—1）のプラクティカル・トレーニング，条約にも

とづく通商活動者（E—1）などは，就労がからんでいるが，移民局等の承認は不要である。

③　ビザ発給拒否に対する不服手続
(a)　ビザ発給拒否の通知

上に見たように，移民ビザについても非移民ビザについても，在外公館がビザの申請を拒否する場合には，書面によって拒否通知をする。その場合，根拠となる法令の規定を明示すべきことが，国務省の規則に定められている（22CFR41.121(b), 42.82(b)）。

(b)　ビザ部門の責任者による見直し

申請者は，ビザ発給拒否の決定に対して不服を申し立てることはできない。ただ，決定の適正さを保証するために，在外公館のビザ部門の責任者が，すべての拒否決定について見直しを行い，担当者の判断が適切であったかをチェックしている。これは，あくまで行政上の便宜による見直しであり，申請者にフォーマルな不服申立の権利があるわけではない。

この見直しにおいて，もし責任者が，拒否決定は不適切であると考える場合には，自ら拒否決定をくつがえすか，または国務省の査証部に助言を求めることになる（移民法104条により，ビザ発給の可否の決定は領事固有の権限とされているが，純粋に法的な問題については，国務省の査証部の決定に拘束される）。

しかし，大多数のケースは，ビザ発給の基本要件がみたされているとは認められないとして拒否されている。この場合は，担当者の主観的な判断に依存することになるので，ビザ部門の責任者があえて事後的に拒否決定をくつがえすことはほとんどない。申請者としては，担当者を納得させるだけの追加資料を集めた上で，再申請をすればよい。

他方，移民法212条(a)の拒否事由があるとして拒否決定がなされた場合は，そのような事由の存否という客観的な問題となる。しかも，申請者にとってみれば，拒否事由がある限り以後の申請もはねられてしまうことになるので，より慎重なチェックが必要となる（かつて，法律の改正により，非移民ビザについて拒否事由の適用除外が定められたのに，一部の領事館がこれによる拒否を続けたという例もあった）。このような場合は明らかに法律に反するので，国務省としても，是正を指示する。

なお，移民法212条(a)の拒否事由のうちの一部については，例えば，かなり昔の軽微な犯罪歴があるが実質的に危険はないと判断される場合，ビザ発給拒否の権限を放棄する（つまりビザを発給する）こともある。この「放棄」

（waiver）の可否の判断は裁量にゆだねられており，放棄をしてもらえなかった申請者が不服申立をなしうるわけではない。

そのほか，弁護士からの接触など全くインフォーマルな形で国務省に不服が伝えられ，フェアネスのために自主的に調査して是正を努めることもないわけではない。しかし，いずれにしても，このような見直しは，いずれも申請者の「権利」ではない。その結果について，あるいはそれが実施されないからといって，申請者が争うことはできない。

(c) 移民局の決定に対する不服手続

上記のように，ビザの発給については，フォーマルな不服申立の手続は存在しない。これに対して，移民ビザ等において要求される移民局の承認については，フォーマルな不服手続が存在する。この場合，不服申立の主体はビザの申請人ではなく，スポンサーとなって承認を申請した親族や雇用主である。

この不服申立は，まず移民審判官（Immigration Judge）に対してなされ，その判断に不満な当事者が異議を申し立てた場合には，移民不服審査委員会（Board of Immigration Appeal）が再審査をする，という2段階の手続になっている。また，委員会の決定に不服な場合には，連邦地裁に取消訴訟を提起することができる。

しかし，移民局の承認はビザ発給の必要条件にすぎず，それがあるからといってビザ発給が認められるわけではない。移民局の承認があるにもかかわらず，在外公館がビザの発給を拒否した場合には，不服申立の途はない。

④ 裁判所における司法審査

ビザの発給は，移民法104条(a)によって，領事（consular officers）の専権とされている。そして裁判所は，ビザの発給は外交に関する行政部固有の権限に属し，司法審査の範囲外であるという「不審査」原則（the doctrine of "non-reviewability"）を確立している。

したがって，ビザ発給を拒否された申請者が訴訟を起こしても，実質審査に入ることなく却下される。このことは広く知られているので，引き受ける弁護士もほとんどおらず，訴訟件数そのものが極めて少ない。

⑤ ビザ発給に関する情報の公開

(a) 公開の状況

ビザ発給の一般的な基準については，国家の安全の観点から特に機密扱いにされたものを除き，すべて公開されている。ビザ発給業務に関する手続マニュアル（Foreign Affairs Manual）も公開され，多くの民間出版物に転載されてい

る。また，在外公館に対する通達類（ガイダンス）についても，定期的に公表するほか，請求に応じて自由に利用させている。

他方，個々の申請に関する文書については，移民法222条(f)が，「ビザの発給または拒否に関する記録」は秘密とすべきことを定めており，公開されていない（ちなみに，一般的なビザの発給基準は，222条(f)の対象外と解されている）。ただし，犯罪捜査等のために裁判所の命令があった場合には，例外的に提出することが許される。

ビザの申請者が提出した申請書や添付資料も，他の者にこれを開示することはない。申請者自身から請求があった場合には，コピーを返却する（オリジナル文書は保存する）。

国務省の基本的な方針としては，申請者（またはその家族や弁護士）に対して，可能な限り多くの情報を与えることにしている。申請を拒否する場合でも，情報をできるだけ提供して本人の理解を得たほうが，後であれこれと紛争になりにくいというメリットがある（もちろん，時間の制約や，事案がデリケートために無理なケースもある）。ビザの要件を満たしていないと考える理由，不足している資料，「放棄」によってビザが発給される可能性などについても，申請人に教示するように，在外公館に指示している。

(b) 情報公開法令との関係

アメリカでは，情報公開に関する法令として，「情報公開法」（Freedom of Information Act）と，「プライバシー法」（Privacy Act）が存在する。

まず，情報公開法は，一切の行政機関の記録について，外国人を含むすべての者に公開請求権を与えており，非常に広範な法律である。しかし，ビザに関しては，同法552条(b)に定める除外事由のうち，①大統領命令にもとづき，国防や外交政策のために特に秘密とすることが認められ，かつ現に秘密に指定されているもの（第1号），および，②制定法により特に開示が免除されているもの（第3号），が適用される。

上記の移民法222条(f)の規定は，除外事由②のいう制定法にあたる。したがって，個々のビザ申請に関する情報については，①の秘密に該当するか否かにかかわらず，情報公開法による公開請求はできないことになる。一般的なビザ発給基準に関しては，222条(f)の対象外なので，情報公開法によるアクセスが可能である。

他方，プライバシー法は，本人に関する文書の開示を求める権利を定めるものであり，ビザ申請について特にこれを除外する規定はない（したがって，上

記の情報公開法②のような包括的な除外は認められないが、もし当該ケースが①の秘密に該当するならば、大統領命令にもとづく秘密指定の効果として、開示が否定されうる)。けれども、プライバシー法では、そもそも開示請求の権利者が、アメリカ市民または永住権保持者に限定されている。したがって、海外に住む外国人がビザを申請して拒否された場合には、これを利用して自分の申請の取り扱いに関する情報を入手することはできない。

以上のことから、個々のビザ申請の処理に関しては、情報公開法およびプライバシー法による直後の影響はない。しかし、国務省査証部の当局者によれば、実際上、事案の処理にあたって、常にファイルに適正な文書を残すように徹底させている。これは、情報公開法令があるからというよりも、行政としてむしろ当然のことと考えられているようである。

(8) カナダ
① 一般概況
伝統的な移民国であるカナダは、現在も積極的な移民受け入れ政策をとっている。かつて1950年代には、ヨーロッパからの白人を優先する、かなり人種差別的な移民政策がとられていたが、1960年代以降は「文化的多様性」の重視が打ち出され、フランス語文化への配慮や、アジア太平洋地域からの移民の積極的受け入れが行われている。

1980年代には不況の影響で、一時、年間の移民数が10万人を切るまでに減少した。しかし、不況下であっても、移民の受け入れはカナダ経済にとって有益であるとの報告書も発表され、現在では年に20万人以上の移民を受け入れている。近年、移民に対して厳しい態度を強めているヨーロッパ諸国とは異なり、移民により人的資源を獲得することがカナダの将来にとって極めて重要であるという点で、国民の間に広くコンセンサスが成立しているといってよい。

1993年に行われた移民法 (Immigration Act) の改正も、このような基本方針を修正するものではないが、移民行政の効率化を目ざして、かなり大きな組織の再編が行われた。それと同時に、移民が単なる「労働力」としてではなく、専門的な技術・知識やビジネスのノウハウなど、より高度な形によってカナダ経済の生産性向上に貢献することを期待するという、移民に対するイメージのシフトがその背景にあることも事実である。

② ビザの種類と発給プロセス
(a) 訪問者ビザ

第6章 欧米諸国のヒトの受け入れと査証・入国管理

　カナダのビザは，「訪問者ビザ」（visitor visa）と「移民ビザ」（immigrant visa）とに大別される。
　訪問者ビザは，観光，商用，訪問，留学，労働などのため，短期的にカナダに入国する場合に必要とされるものである。ただし，条約等によってビザの取得が免除されている場合には不要となる（日本人もこれに該当する）。
　移民法の原則によれば，カナダに入国しようとする者は，すべて移民と推定される（移民法8条(2)）。したがって，訪問者ビザを申請する者は，自分が移民ではないことを，積極的に証明しなければならない（9条(1.1)）。具体的には，所定の書類に入国の目的，滞在予定地，日数等を記し，滞在資金を有することの証明はパスポートを添えて，カナダの在外公館（大使館・領事館）のビザ・オフィスに申請する。
　なお，移民法19条は，心身の病気・故障，資金の不足，犯罪歴，スパイ活動・テロリストなど，入国のための欠格事由を定めているので，いずれかに該当する場合には，ビザ発給を拒否される。ただし，これらの欠格事由に該当する事実が一応存在するけれども，実質的な危険はもはやないと認められる場合に，本人の申請にもとづき「大臣許可」（minister's permit）が与えられれば，ビザの取得が可能となる。

(b)　雇用許可，学生許可

　カナダ訪問の目的が雇用による労働である場合には，訪問者ビザだけでなく，「雇用許可」（employment authorization）を申請しなければならない。また，訪問の目的が大学等への留学である場合には（3カ月以内の語学留学はこれに含まれない），やはり訪問者ビザのほかに，「学生許可」（student authorization）が必要である。
　訪問者ビザの取得が免除されている国の者についても，訪問の目的が雇用または留学の場合には，これらの許可を受けなければならない。許可を発するのは，やはりビザ・オフィスである。訪問者ビザが必要な国については，許可と一緒にビザが発給されることになる。
　雇用許可を発するためには，申請者が（あくまで一時的訪問者として）カナダ国内の使用者から採用の申出を受けており，かつ，その採用申出について「カナダ人的資源開発センター」（Canada Human Resource Development Center）が，カナダの労働市場を害しない旨の確認をしていることが必要である。ただし，NAFTA等の条約により，センターの確認が免除されていることもある。
　また，学生許可の場合には，大学等に学生として入学を許可されたことと，

十分な滞在資金を持っていることが要件となる。
　いずれの場合も，病気，犯罪歴，国家の安全への危険など，移民法19条の欠格事由に該当する場合には，当然ながら，許可は出されない。
　(c)　移民ビザ
　カナダに永住するための移民ビザのうち，主要なものとしては，①カナダに在住する家族がスポンサーとなる「家族」(family) クラス，②一定の要件をみたす企業家または投資家について，カナダ経済に貢献することを期待して設けられた「ビジネス」(business) クラス，③カナダに親戚がいる者について，一般の申請者よりもやや緩やかな基準で選考される「親戚」(assisted relatives) クラス，④それら以外の一般的な「独立の申請者」(independent applicants)，という4種類がある。
　それぞれについて所定の書式に必要事項に記入し，必要な文書を添えて，ビザ・オフィスに申請を行う。1993年の数字では，①により入国を認められた者が11万人，②が約3.3万人（本人0.8万人，扶養家族が2.4万人），③が約2.2万人（本人0.8万人，扶養家族1.4万人），④が約4.3万人（本人2.4万人，扶養家族1.9万人）となっている。
　(d)　ビザ・オフィスと国籍・移民省
　ビザの発給は，在外公館のビザ・オフィスの職務である。申請を受けたビザ・オフィスが，当該申請についてビザ発給の可否を判断し，適切と認めればビザを発給する。また，前述のように，雇用許可や学生許可が必要な場合，申請を受けてこれらの許可を発するのは，やはりビザ・オフィスである。
　ビザ・オフィスは，国籍・移民省 (Department of Citizenship and Immigration) に属している。この省が，ビザの発給と，入国管理および移民政策を統一的に行っている点に，現在のカナダの大きな特色がある。国籍・移民省が設けられたのは1993年であり，それ以前は，ビザの発給は外務・国際通商省，入国管理や移民に関する国内的な事項は雇用・移民省で行っていた。これらの機能を国籍・移民省に統合したのは，移民に対する一貫した積極的な政策を実施することにより，カナダのポジティブな姿勢を示そうというねらいがある。
　③　ビザ発給拒否と不服手続
　(a)　ビザ発給拒否の通知
　ビザ・オフィスがビザ発給を拒否する場合には，書面により理由を示して申請者に通知する。そのような通知を特に義務づける法律があるわけではないが，手続上の公正さを確保するためのコモン・ロー上の要求である。

1970年代までは，訪問者ビザについて，書面によらずに拒否する例もあった。しかし，今日では，そのようなことをすれば，裁判所で取り消されることは確実である。

可否の決定を下すのは，その申請の処理を担当した職員である。それが明らかに法令に違反しているといった事情がない限り，実際に申請者と会った上で担当職員が下した判断を，上司が自分の印象にもとづいてくつがえすようなことは許されない（もし裁判になれば，手続的な違法ありとして，やはり取り消される可能性が強い）。

(b) 不服申立手続

カナダでは，ビザ発給拒否の通知を受けた申請者が，行政内部で不服申立を行うためのフォーマルな手続は設けられていない。雇用許可，学生許可の拒否についても同様である。不服申立ではなく，改めて再申請をすればよい，というのが基本的な立場である。

ただ，家族クラスの移民ビザについて申請が拒否された場合に，スポンサーである家族が「移民・難民委員会」（Immigration and Appeal Board）に審査請求を行うことは可能である。この制度は1976年に設けられたもので，現在でも頻繁に利用されている。

移民・難民委員会は，国籍・移民大臣に直属する準司法的な機関であり（国籍・移民省の組織からは切り離されている），法律上の問題に限らず，人道上の見地から拒否決定をくつがえすこともできる。ビザ・オフィスの職員は，むしろそのような形での裁量権の行使を禁じられており，同情すべき場合であっても拒否決定を出さなければならない。ビザ・オフィスの職員が何ら間違った決定をしたわけでない場合でも，「人道」の観点からそれをくつがえしうる点で，委員会の判断権限はかなり大きいといえる。

移民・難民委員会はそのほかにも，ビザ保持者に対する入国拒否，カナダ在住者への退去命令，難民の認定などについて，同様に審査を行う権限を有している。しかし，上記のように，海外でビザを申請して拒否された申請者としては，訪問者ビザであれ移民ビザであれ，この委員会に不服申立を行うことはできないのである。

④ 裁判所における司法審査

(a) 司法審査を求める権利

カナダでは，ビザの発給を拒否された申請者は，裁判所に訴訟を提起して司法審査（judicial review）を求める権利を有する。雇用許可や学生許可の拒否に

また、家族クラスの移民ビザの発給拒否について、スポンサーである家族が移民・難民委員会に審査請求をしたが拒否は正当との判断が下された場合には、家族が裁判所に訴訟を提起することもできる。

(b) 裁判所の許可

移民法の82.1条(1)によれば、司法審査を求めるためには、連邦裁判所の事実審理部（Federal Court-Trial Division）の裁判官の「許可」(leave) が必要とされる。しかし同条(2)は、ビザの申請については、(1)が適用されない旨を定めている。

したがって、在外公館のビザ・オフィスにビザの申請をして拒否された場合、申請者は、裁判所の許可を受ける必要はなく、直ちに連邦裁判所の事実審理部に取消訴訟を提起することができる。雇用許可や学生許可の拒否についても、海外にいる申請者は、同様に、裁判所の許可なしに訴訟を提起することが認められる。

このような、ビザ発給拒否決定を争う訴訟は、1980年代に入るまではごく少なかった。しかし、最近では増加傾向が目立っている。申請者の国籍でいえば、アメリカ、香港、台湾が多い。ことに、ビジネス・クラスの移民ビザの申請者は、通常かなりの財産を持っているので、カナダ国内の弁護士やコンサルタントを雇って訴訟を提起することが容易である。

もともと上記の移民法82.1条(1)の裁判所の許可の制度は、国外退去命令に対する訴訟が増加しすぎたために導入されたものである。ビザの発給拒否に対する訴訟については、当時は数が少なかったので、その対象外とされた。もしこれが今後も増えるようであれば、ビザについても許可制度の導入が検討される可能性もある。

(c) 司法審査の範囲

ビザ発給拒否決定の当否を審査するにあたり、裁判所は、明示的な法律の規定にとどまらず、正義（natural justice）の理念、手続的な公正さ、裁量的判断の逸脱など、コモン・ローの一般原則を援用することができる。このようなコモン・ローの原則はかなり漠然としてフレキシブルであるので、司法審査における裁判所の判断権限は、相当に広いといえよう。

たとえば、申請にもし問題点があるならば、ビザ・オフィスはまずそれを示して申請者に対応する機会を与えるべきであるとされる。そのような機会を与えないままに拒否決定がなされた場合には、裁判所は、コモン・ローの手続上

の要請に反するとして，取り消しを命ずることになる。

(d) 上訴

司法審査は原則として第1審が終審となり，ほとんどの事件は，連邦裁判所・事実審理部の判断によって決着されている。

ただ，新しい法律規定の解釈の問題など，まだ上級審の判断が示されていない争点について，両当事者が争点を確認した場合には，例外的に，連邦控訴裁判所（Federal Court of Appeal）への上訴が認められる。そのような場合，控訴裁判所の判断に対して上告することも可能であるが，最高裁の許可が条件となる。

⑤ カナダ人権委員会

ごく最近，カナダ人権委員会（Canadian Human Rights Commission）は，ビザの発給を拒否された海外の申請者から申立がなされた場合，これを受理するとの立場を明らかにした。カナダにいるスポンサーも，もちろん同じ申立をなしうることになる。

人権委員会は，カナダの人権法（Human Rights Act）に違反する差別等が行われたと認められる場合，それを是正するよう政府機関に再考を求めることができるが，ビザ発給拒否などの決定を直接に取り消す権限はない。手続の性格も，裁判所や移民・難民委員会のように両当事者が正面から争う「対審的な」（adversarial）構造とは異なり，関係者の話し合いの中から互譲による解決をはかるという，よりマイルドな救済機関である。他の機関と重複申立が可能なので，人権委員会にも一応申立を行っておき（1年以内という申立期間が定められている），裁判所や移民・難民委員会の手続が進行している間は，委員会の手続は停止されることになる。

ビザの発給に関してカナダ人権委員会が実際に処理したケースはまだ現われていないので，これがどのような事態をもたらすのかは不明である。しかし，申立にあたって手数料がいらない点は，申請者にとって大きなメリットであり，今後かなり利用されるものと予想される。

⑥ ビザ発給に関する情報の公開

(a) 発給基準の公開

ビザの発給に関する一般的な基準は，マニュアルやガイドラインも含めて，すべて公開されている。行政機関の決定過程を「透明」（transparent）にすることは，政府の方針であるとともに，カナダ人権法およびコモン・ロー（手続的公正さ）の要請でもある。

すべてのビザ・カテゴリーについて，国籍・移民省では，基準を明確化する努力を行っている。ことに移民ビザのうち，スポンサーのいない独立の申請人については，申請者の年齢，職業，教育，言語などの要素を点数化し，合計スコアによって可否を決定する制度（"unit scoring" system）をとっている。そして，これを説明したパンフレットを申請者に配布し，事前に自分で点数を計算して，可能性の有無を判断するように指導している。かつては，このようなビザ申請者の全員に面接を行っていたが，現在では面接を行うのはおよそ3分の1程度であり，客観的で明確な基準を用いることには，省力化の効果もある。ただ，個人的適性と言語能力の測定にはまだ主観的な面が残っており，改善が検討されている。

(b) 情報公開法

カナダでは，政府情報の公開に関する法令として，1983年に，「プライバシー法」（Privacy Act）および「情報公開法」（Access to Information Act）が制定された。プライバシー法は，個人情報の保護と並んで，自分に関する情報へのアクセス権を定めている（これは無料とされている）。しかし，同法12条(1)では，アクセス権の主体を，カナダ人または永住権保持者に限定しているので，海外にいるビザ申請者がこれを利用することはできない。

他方，情報公開法は，連邦政府が有する未公開の情報一般について，公開請求権を定めた法律である（こちらは有料）。請求権の主体は，やはりカナダ人または永住権保持者に限られている（同法4条(1)）。しかし，海外のビザ申請者は，カナダにいる家族，友人，弁護士等に請求してもらうことにより，実際上，情報を入手することが可能となる。

この法律では，ビザについて特に公開の対象外とする規定はない（国防，外交，犯罪捜査に関する情報など，13種類の除外規定が設けられているが，いずれも狭く限定的であり，これらに該当するケースはごく少数である）。したがって，ビザの発給についても，他の政府情報と同様に，情報公開の対象となる。

ビザ発給の一般的な基準について，たとえば未公開のマニュアルや通達があれば提供せよという請求はもちろん可能である。のみならず，個別の事案の処理についても，申請者の同意がある限り公開に応じなければならない。海外でのビザ申請について，カナダにいる申請者の家族や友人から，当該申請に関する一件ファイルをすべて公開せよという請求が現に行われている。コンピューター記録やEメール等の電子情報も公開の対象となる。最近では「この件に関係する一切の情報を公開せよ」といった包括的な請求がなされて対応に苦慮す

第6章　欧米諸国のヒトの受け入れと査証・入国管理

ることもある（過大な手間のかかる請求は，拒否することが認められている）。

　ただし，他国の政府や国際機関から得た情報は，公開の対象から除外されている（インターポールから得た情報は，これに該当する）。また，カナダ公安諜報局など，他の政府機関から得た情報については，そちらの許可がなければ公開できない。もっとも，他から国籍・移民省にまわってくる情報はそもそも全体の一部にすぎないことが多いので，もっと詳しく知りたければ，元の機関にアクセスする必要がある。

(c)　司法審査との関係

　ビザ発給拒否の決定に対して，前述したような，司法審査を求める訴訟が提起された場合，ビザ・オフィスは，当該ビザ申請に関するファイルの一式書類をすべて裁判所に提出する。その中に，保安上の理由による秘密文書，他の省庁に属する文書などが含まれている場合には，原告側に開示しないよう，裁判所に対して申請を行う。これに対して裁判所は，当該文書を見た上で，開示の可否の決定をすることになる（イン・カメラ方式）。

　しかし，ビザ発給を拒否された申請者は，通常，訴訟を提起する前に，まず情報公開法によってできる限りの情報を入手し，その中に，差別・偏見を示すコメントなど，不合理な決定が行われた証拠を見つけようとする。このような事前の情報入手は，情報公開法によってはじめて可能になった。

　司法審査手続の存在によって，ビザの申請者は，公正な判断を受けるコモン・ロー上の「権利」を保障されているが，情報公開法は，この権利を実現するための有効な「武器」を与えたといえる。

⑦　その他

　国籍・移民省の担当者によれば，かつて（1970年代から80年代初頭ころ），移民行政はかなり恣意的な決定を行っているというイメージが広く流布していた（そのような実例があったことも，遺憾ながら事実である）。また，ビザ・オフィスによっては，法律や規則から逸脱した恣意的な慣行も存在していた。そのため，裁判所が申請者に同情して勝訴させるようなケースも間々見られた。

　このような負の遺産を打ち消すために，ビザ・オフィスでは，決定過程を客観的で透明なものにしてプロフェッショナルなイメージを高めるよう努力している。職員の教育訓練に力を入れ，法律や規則にもとづいた決定という原則（上司の指示を超えて，移民法の「精神」を実現することも含む）を徹底させているとのことである。

（「OECD諸国における査証制度」外務省領事移住部，1997年3月所収）

第2部 国際比較

付属資料

表1　OECD諸国の外国人在住人口

(単位1000人)
下段　全人口比(％)

	1992	1993
オーストリア	623.0	689.6
	7.9	8.6
ベルギー	909.3	920.6
	9.0	9.1
デンマーク	180.1	189.0
	3.5	3.6
フィンランド	46.3	55.6
	0.9	1.1
フランス	1594.5	1614.3
	3.6	3.6
ドイツ	6495.8	6878.1
	8.0	8.5
アイルランド	94.0	—
	2.7	—
イタリア	923.6	987.4
	1.6	1.7
日本	1281.6	1320.7
	1.0	1.1
ルクセンブルク	119.7	124.5
	30.3	31.1
オランダ	757.4	779.8
	5.0	5.1
ノルウェー	154.0	162.3
	3.6	3.8
スペイン	393.1	430.4
	1.0	1.1
スウェーデン	499.1	507.5
	5.7	5.8
スイス	1213.5	1260.3
	17.6	18.1
英国	1985.0	2001.0
	3.5	3.5

"出典　OECD, SOPEMI報告書　1994年版"
(表2〜表7も同様)

表2　ドイツ在住外国人人口

(単位1000人)

	1990	1991	1992	1993
トルコ	1694.6	1779.6	1854.9	1918.4
旧ユーゴスラビア*	662.7	775.1	915.6	929.6
イタリア	552.4	560.1	557.7	563.0
ギリシャ	320.2	336.9	345.9	352.0
ポーランド	242.0	271.2	285.6	260.5
オーストリア	183.2	186.9	185.3	186.3
ルーマニア	60.3	92.1	167.3	162.6
クロアチア	—	—	—	153.1
ボスニア・ヘルツェゴビナ	—	—	—	139.1
スペイン	135.5	135.2	133.8	133.2
その他	1674.8	1745.2	2049.7	2080.3
合　計	5342.5	5882.3	6495.8	6878.1
うちEU	1439.0	1478.3	1503.7	1535.6

*1993年以降はセルビアとモンテネグロの合計

第2部　国際比較

別表1　労働許可の比較

呼　　称	許可期限	更　新	管　轄
通常労働許可 Autorisation de Travail	1年	可能。更新による。 延長許可年期間は1年。 以降、1年ごとの更新。	1. 各県の雇用・労働管理局　外国人労働課 2. 許可・却下の権限者は県庁長官 3. 申請者が申請時点でフランス国内居住者であれば、居住権の外国人労働課の管轄 4. フランス国内居住者でない場合は、雇用者の所在県の管轄 5. 申請者が居住している県の県庁 6. 発給権限者は2に同じ
一時労働許可 Autorisation Provisoire de Travail	最長で9カ月	可能。更新による。 延長許可は、最長で9カ月。 トータル18カ月が最長限度 (但し、例外あり)。	
通称「10年カード」 Carte de resident	10年	可能。再び10年。	

278

第6章　欧米諸国のヒトの受け入れと査証・入国管理

表3　フランス在住外国人人口

(単位1000人)

	1975	1982	1990
ポルトガル	758.9	767.3	649.7
アルジェリア	710.7	805.1	614.2
モロッコ	260.0	441.3	572.7
イタリア	462.9	340.3	252.8
スペイン	497.5	327.2	216.0
チェニジア	139.7	190.8	206.3
トルコ	50.9	122.3	197.7
旧ユーゴスラビア	70.3	62.5	52.5
カンボジア	4.5	37.9	47.4
ポーランド	93.7	64.8	47.1
セネガル	14.9	32.3	43.7
ベトナム	11.4	33.8	33.7
ラオス	1.6	32.5	31.8
その他	365.4	456.1	631
合計	3442.4	3714.2	3596.6
うちEU	1869.9	1594.8	1311.9

表4　スウェーデン在住外国人人口

(単位1000人)

	1990	1991	1992	1993
フィンランド	119.7	115.0	111.5	108.9
イラン	39.0	40.0	38.9	36.1
ノルウェー	38.2	36.7	35.3	33.9
旧ユーゴスラビア	41.1	41.0	39.6	32.4
デンマーク	28.6	27.9	27.2	26.6
トルコ	25.5	26.4	26.5	23.6
イラク	7.7	9.3	9.0	16.3
ポーランド	15.7	16.1	16.4	16.1
チリ	19.9	19.1	17.9	15.9
ドイツ	13.0	12.9	12.9	12.9
その他	135.3	149.4	163.9	184.8
合計	483.7	493.8	499.1	507.5

第2部　国際比較

表5　ベルギー在住外国人人口

(単位1000人)

	1991	1992	1993
イタリア	240.0	217.5	216.0
モロッコ	145.6	145.0	145.4
フランス	94.9	95.2	97.1
トルコ	88.4	88.3	88.3
オランダ	67.7	69.7	72.6
スペイン	51.1	49.5	49.4
ギリシャ	28.5	29.3	30.2
英国	24.2	24.9	25.4
ポルトガル	20.6	20.0	20.3
ザイール	17.8	20.5	21.9
米国	12.8	14.6	15.9
アルジェリア	11.7	11.8	11.7
旧ユーゴスラビア	11.0	10.4	10.2
その他	108.2	112.6	116.2
合計	922.5	909.3	920.6
うちEU	554.6	536.7	543.5

表6　イギリス在住外国人人口

(単位1000人)

	1991	1992	1993
アイルランド	469	504	465
インド	136	150	151
米国	87	104	110
カリブ海諸国とガイアナ	68	103	106
パキスタン	84	82	98
西アフリカ	45	70	82
東欧・旧ソ連	61	68	78
バングラディシュ	42	60	73
イタリア	86	75	72
その他	672	769	766
合計	1750	1985	2001
うちEU	740	787	720

表7 スイス在住外国人人口

(単位1000人)

	1991	1992	1993
イタリア	377.4	372.0	367.7
旧ユーゴスラビア	171.2	208.3	245.0
ポルトガル	101.2	112.4	121.1
スペイン	115.3	109.4	105.9
ドイツ	85.1	86.6	87.1
トルコ	69.5	73.1	75.6
フランス	50.7	51.4	51.7
オーストリア	28.9	28.7	28.4
イギリス	17.1	17.5	17.7
オランダ	12.2	12.5	12.7
米国	10.4	10.5	10.6
ギリシャ	8.2	8.0	7.7
その他	116.0	175.1	129.1
合計	1163.2	1213.5	1260.3
うちEU	777.2	780.4	782.2

訪問先リスト

6月28日　　　ドイツ外務省
　　　　　　「外国人法，外国人政策，庇護法，シェンゲン，
　　　　　　査証部」次長　ボルン氏　　　　　　　　　　　（手塚）

9月2日　　　スイス連邦外国人「移民・国内治安政策課」
　　　　　　クラウディオ・ハヨツ，アンドレ・バウマン氏　（中窪）

9月3日　　　スウェーデン外務省領事部
　　　　　　「外国人・旅券・国籍及び海事問題担当課」
　　　　　　課長代行　インガリル・ヨハンソン氏　　　　　（手塚）

9月5日　　　ドイツ外務省
　　　　　　「外国人法，外国人政策，庇護法，シェンゲン，査証」部
　　　　　　次長　ヴォルフ・ボルン氏，
　　　　　　課長　ヘックマン氏　　　　　　　　　　　　　（手塚）

第 2 部　国際比較

9月 6 日	イギリス内務省移民・国籍部	
	グレアム・ハート氏，ニック・トローク氏	（中窪）
9月10日	アメリカ合衆国国務省調査部	
	ゲーリ・シェーファー氏　ジェフリー・ゴルスキー氏	（中窪）
9月12日	ベルギー内務省	
	査証担当参事官　マッツェラ氏	
	法律担当　レニエ氏	
	欧州委員会　第15総局担当官　ドルーヴリエ氏	
	欧州委員会　内務協力タスクフォース担当官	
	ド・ルブコヴィック氏	（手塚）
	カナダ連邦国籍・移民省	
	アジア・太平洋部　ジャン・ルイ・ラベルジュ氏	
	選考部　レビーン氏，争訟部　セギン・ベーコン氏	
	広報部　ウェズリー氏	（中窪）
9月16日	ドイツ内務省「外国人政策担当」課長	
	ゲルホルト氏	（手塚）

　なお，日本側在外公館をはじめとして，御協力いただいた方々については氏名を略したが，厚く御礼申し上げたい。

第6章　欧米諸国のヒトの受け入れと査証・入国管理

表①　スウェーデン外国人残留者数　1994年：出所　移民庁

国　名	人　数
フィンランド	106,700
旧ユーゴスラビア諸国	92,000
ノルウェー	33,000
イラン	32,700
デンマーク	26,700
トルコ	22,000

表②　スウェーデンの外国人帰化数　1994年：出所　移民庁

国　名	人　数
フィンランド	236,079
旧ユーゴスラビア諸国	120,746
ノルウェー	53,553
イラン	51,629
デンマーク	47,863
トルコ	35,948

表③　最近5年間の査証（ビザ）発給数　1994年：出所　移民庁

年　度	人　数
1991年	163,334
1992年	122,442
1993年	129,271
1994年	176,900
1995年	189,893
5年間計	781,840

第2部 国際比較

第7章　スイスにおける外国人労働者の受け入れ

I　はじめに

　平成元年6月1日に施行された改正入管法（出入国管理及び難民認定法）は，外国人のわが国での在留資格を従来の18から28に広げるとともに，その手続き，基準を省令により明確にした。その結果，外国人の入国，在留手続きのスムーズな運用が期待され，国際化の流れに対応することが期待されている。
　しかし，他方，外国人労働者問題として端的に論じられる，外国人の特殊技術，技能等によらぬ一般的な就労は今回も認められなかった。しかも，資格外就労や，在留期間後の就労（いわゆるオーバースティ）が不法就労として，これを雇っている雇用主やあっせん者も処罰される（同法72条の2）こともあって施行前後，マスコミ等で報じられるように，相当な混乱や困惑をひきおこしている。
　ところで他方，こうした外国人の受け入れをコントロールされたプログラムの下に行うべきという提言も最近いくつかの団体からなされている。その中でも，現在世界で最もこうした限定的受け入れ策の成功しているスイスの例を言及することが多い。
　本稿は，こうした限定的受け入れがスイスでなぜ成功しているのか，どういうコントロールの要件が存在するのか，そのための国の具体的施策はどこにあるのか，といった点について明らかにしようとするものである。
　いうまでもなく，長期，21世紀へのわが国の構図の中では，「ヒト」の開国，国際化がどのような方向に進むかが，わが国の将来に決定的な一つの鍵を与えることは誰しもが認めるところである。その意味で，現在から21世紀（つまり，10年後）の方向を見定めるうえで，スイスの経験と日本をとりまく国際的環境や国内の現状を併せ考察することは，今後の議論の発展に有意義だと考えられるのである。
　なお，従来スイスにおける外国人労働者について2，3の紹介[1]が存するだけで，今日その全体像は明らかではないといえる。その意味でも，少し詳細に及んだが制度的面に焦点をあててみた。

284

Ⅱ　スイスにおける外国人労働者

　スイスが国際的金融センターの一つであること，有数の観光国であること，そして，ジュネーブを中心に国際機関が多いことなどから，ヨーロッパ諸国にあっても最も外国人人口比率の高い国であることはよく知られた事実である（表1参照）。

　だが，こうした国際的な環境からくる観光，金融等のサービス業の占める位置とならんで，スイス自身，国内の産業，とりわけ，工業と農業部門も相当に有力なものであることも指摘できる。

　ここでは，これらの詳細にはふれないが，とりあえず，主要な産業と労働力構成を見ると表2に示すような概況となる。ただ，第1次産業には6.5％（日本8.5％），第2次産業37.7％（日本34.5％），第3次産業55.8％（日本57.1％）となっており，日本より第2次産業の比重が高いのが注目される。

　さらに労働力構成上注目すべきことは，スイスが，世界で最も低い失業率の国で，しかも1人当たりGNPも高い国として抜きんでていること，しかもその中で必要な労働力を外国人労働者を数的にコントロールして受け入れることで補なってきたことである。

　最近の実績としては，1985年，総計54万300人の外国人労働者を受け入れたが，その内訳は，イタリア23万100人，スペイン6万8700人，ユーゴスラビア4万7200人，トルコ2万6000人，ポルトガル2万人，オーストリア1万9700人，その他136万800人である[2]。

　これらの外国人を，国内労働市場を優先しつつ，限定的に受け入れてきたのである。その限定的受け入れ策のためには，スイス自身が九州全県を合わせたより小さい国土と山岳に囲まれた国という自然条件や，世界に冠たる直接民主制とその下での州や市町村を含めての住民コントロールと，その背後の警察を含む行政のコントロールがあるのを忘れてはならない。

　以下，外国人労働者受け入れのための条件を検討してみよう。

Ⅲ　スイスにおける外国人就業法の歴史

　スイスでは，就労希望の外国人の制限法は第1次大戦後まで存在しなかった。ただ，第1次大戦中（1914～18年）犯罪対策と貧困対策としての入国制限のほ

第2部　国際比較

表1　ヨーロッパ諸国の外国人の現況

	西ドイツ		ベルギー		デンマーク		フランス		ルクセンブルク	
人口(万人)	6,120		986		510		5,580		37.7	
外国人人口(万人)	458		85.2		9.4		446		10	
外国人人口比率(%)	7.5		8.6		1.8		8		26.5	
外国人労働者と難民を合わせた主要供給国(万人)	トルコ	147	イタリア	26.9	トルコ	2	アルジェリア	84.5	ポルトガル	3.32
	ユーゴスラビア	59.5	モロッコ	12.3	ユーゴスラビア	0.79	ポルトガル	81.2	イタリア	2.04
	イタリア	54.3	トルコ	7.2	パキスタン	0.66	モロッコ	55.9	スペイン	0.24
集計時点	1989・9・30		1987・1		1986・1		1988		1988	

	オランダ		オーストリア		スウェーデン		スイス		英国	
人口(万人)	1,450		729		840		650		5,420	
外国人人口(万人)	55.3		28.3		39		97.9		243	
外国人人口比率(%)	3.8		3.9		4.6		15		4.5	
外国人労働者と難民を合わせた主要供給国(万人)	トルコ	15.6	ユーゴスラビア	11.5	ユーゴスラビア	3.8	イタリア	38.5	インド	76
	モロッコ	11.6	トルコ	6.1	トルコ	2.2	スペイン	11.3	カリブ諸国	53.5
	スペイン	1.9			ポーランド	1.5	ユーゴスラビア	8.8	パキスタン	39.7
集計時点	1986・1		1987		1988		1987		1984～1986	

第7章　スイスにおける外国人労働者の受け入れ

表2　スイスと日本の労働力構成比等

	スイス	日本	備考
面積	41,000km²	372,000km²	
人口	6,533千人	121,440千人	スイス　1985年 日本　1986年
1人当りGNP	16,370ドル	11,300ドル	1985年
労働人口	324.4万人	6,020.2万人	1986年
民間雇用者	321.9万人	5,853.0万人	1986年
各産業別雇用人口			1985年
農業	210千人	5,090千人	
工業	946	14,530	
電気・ガス・水道	21	330	
建設	224	5,300	
商業・ホテル	596	13,180	
交通・通信	196	3,430	
金融・保険	293	3,920	
自治体および社会サービス	681	11,970	
失業者数	24.7千人	1,730千人	1987年
失業率	0.8%	2.9%	1987年
外国人数	97.9万人	94.1万人	スイス　1987年 日本　1989年

注：スイスの雇用統計はOECD統計によった。

か，中立政策からくる警察による管理規定[3]が存在しただけである。

　第1次大戦後，敗戦国となった隣接国ドイツの経済的困難をはじめ，周辺諸国の実情もあって，はじめて労働市場の状況により外国人の入国，就労を制限する制度が採用された。

　1921年11月29日の外国人管理令は[4]，ある職に就こうとする外国人については許可を必要とし，右許可を州警察当局が与える前に州労働局（der kantonale Arbeitsamt）または，その出張所と連絡をとることが義務づけられた（同管理令17条2項）。この規定は季節労働者とメイドについても適用されたのである。

　次いでスイスに重要な変化をもたらしたのは，1925年10月25日の国民投票による憲法69条の採択であった。同条は，連邦に外国人の入国，滞在，定住に関して規制する権限を与えるものであった。その際，外国人が滞在することが本当に必要なのかを連邦当局が判断するためには，特に職業紹介と職業相談に関連づけることが重視された。

右憲法の規定に沿って立法化されたのが，1931年3月26日の「外国人滞在・定住法[5]」であり，今日も同法が外国人に関する基本法となっている。

　この法律は，立法当初右のような事情があったが，労働市場に関しては，外国人の滞在許可に際して，当局は「精神的ならびに経済的利益」とともに，「外国人の人口構成に占める割合の過度の増加」を考慮することと，ある職に就こうとする外国人に対し，常に「所轄の職安の判断を」あおがなければならない（同法16条1，2項）としていた。

　しかし，実際，1930年代の不況は，31年には平均2万4000人，33年6万7000人，36年に9万3000人という高失業とその求職者としての登録を示すに至って，34年1月1日発効の前記「外国人滞在・定住法」の前途を困難なものにしたのである。

　この間発せられた，1933年12月9日付の「外国人の滞在と定住に関する連邦法についてのスイス連邦司法省と警察庁の指令[6]」は，1日や数日の仕事でも就職を意味し，使用者にはできうるかぎり国内労働市場からの雇用を義務づけていた。その結果，使用者に対し，国内労働力を後から補充できるよう，外国人には一時的な許可を与えることが義務づけられた。こうして，1941年には，5.2％と1870年以来最低の外国人人口を記録したのである。

　第2次大戦後，1949年，連邦政府は，右「外国人滞在・定住法」の施行令[7]を発した。

　この施行令7条により連邦産業・営業・労働省が，州労働局に，スイスの労働市場と経済利害を考慮して外国人の就労について審査する権限を与えた。この原則は同省の指令[8]により一般化され，コントロールされた外国人の受け入れがなされた。

　しかし，1960年代，失業者100人台という超完全雇用状況から，1970年代の5～6％という高失業時代を迎え，連邦政府は制限を強めるに至った。

　1974年（12月31日現在），外国人人口は106万4526人となり，最高を示した。そのうえ同年は，15万2000人の季節労働者（8月31日）と1万1000人の国境往来者がスイスで働いていた。しかし，失業者は，オイルショックの影響もあって，1974年末には1000人，75年前半には7500人を超えた。

　スイス連邦政府は，急遽，外国人労働者の強力な受け入れ制限を行い，外国人人口は3年間に10万人減少した。その制限を綿密に体系化したのが，1975年連邦政府令であった[9]。この政府令は，基本的に今日にまで至る外国人労働者の受け入れの枠組みを作ったものである。

表3　最近のスイスにおける外国人就労の実態

各8月末	就労年間滞在者	主 な 定 住 者	季 節 労 働 者	国 境 往 来 者	合　　　　計
1977	170,068	329,824	67,275	83,058	650,225
78	150,803	339,316	83,825	89,440	663,384
79	132,048	356,743	96,212	91,852	676,855
80	125,439	370,593	109,873	100,404	706,309
81	127,542	381,769	119,821	108,988	738,120
82	128,015	393,842	116,012	111,509	749,378
83	122,185	402,607	100,056	105,479	730,327
84	117,263	414,835	100,753	106,049	738,900
85	117,146	424,447	102,809	111,631	756,033
86	125,819	432,233	109,840	119,755	787,647

　すなわち，外国人でスイスにおいて就業する者を，年間滞在者（Jaheresaufenthalter），定住者（Niederlassene），季節労働者（Saisonnier），国境往来者（Grenzgänger）として，これらに枠（最高人員数）を与え，コントロールの下においたのである。

　最近のスイスにおける外国人就労は，表3で示すように限定的とはいえ，徐々に増加している。

　諸官庁の安定化努力は外国人に有利となる制度的改善の増大によりますます困難になっている。それは次の理由からである。

　①　年間滞在者の移住の自由が徐々に高められたこと：外国人の年間滞在者は1970年まではそのポスト，職業，州を実際的にははとんど変えられなかったのに対し，1970年以降彼等に事実上3年後から職業的，地理的移動性が，1974年からは2年後から，1976年以降は——労働市場に関する規定を前提として——1年間の滞在後にすでに与えられることとなった。

　②　家族呼び寄せの可能性の改善：家族呼び寄せに対する期間は3年から現在の12カ月（最長期間）に徐々に短縮された。

　③　変更規則：季節労働者は元来年間許可の請求権を持っていなかった。だが70年代の初めに既に一定の条件下で彼らの季節許可を5シーズン後と合計滞在期間45カ月後に年間許可に変更する可能性が彼らの権利となった後，1976年1月1日以来——労働市場に関する規定を前提にして——既に4年間で36カ月の滞在期間の後，転職可能性と家族呼び寄せ権のある年間許可を請求する権利

を有することとなった。

④　義務的失業保険：重要なのは1978年1月1日からの失業保険加入義務の導入である。各外国人被用者は失業した場合受給資格があり（国境往来者と季節労働者に対する特別解決策），この新たな状況が多くの外国人に対し，失業が長く続いてもスイスにとどまり，新しい職場をスイスで見つけるようあらゆる努力をする誘因となったことは明白である。

⑤　新庇護権：庇護権が拡大されスイスで庇護申請をした者は，スイス内に滞在できることになった。

これらの要素すべてが安定化の遵守を困難にしている。安定化の余地は極端に小さくなってしまっている。それで安定化の保護に際し重要な役割を演ずべき労働市場に関する規定を厳格に運用することがますます意義深くなっている。

それ故に労働市場に関する規定が外国人労働者コントロールの最新改訂においても中心的役割を果たしたことは驚くにあたらない。1986年10月6日連邦政府は新しい外国人に対する政府令を決定し，1986年11月11日に施行した[10]。この新法で目立つのは他の修正と並んで労働市場に関する規定も取り入れられ，非常に詳細に規定されたことにより，「外見上」はその意味が非常に強調されたことである。詳細については次章で詳しく説明する[11]。

Ⅳ　外国人制限のための新制度

右のような背景の下に，より具体的に，1931年「外国人滞在・定住法」により連邦政府により発せられたのが，1975年と1986年の「外国人制限令」である。以下，1986年の同令（「本法」として用いる）について検討する[12]。

1　一般原則

(1)　目的

この規定の目的は，あくまでもスイス人と外国人住民との均衡のとれた関係にある（同令1条a）。さらに，在留あるいは就労している外国人の統合の枠組みの設定（同条b），労働市場の構造の改善とできるかぎり調整された就業（同条c）を目的としている。

この規定に基づいて，就労外国人の入国が各年毎に定められた割当人数に限定されるが，この措置は経済的ならびに労働市場の原理を考慮してなされることとなった。この規定は，国内労働市場での国内被用者優先原則と，労働協約

を含む賃金諸規定遵守の根拠ともなっている。

これに対し，国内での非稼働外国人については人数制限を受けないが，質的制限基準により区分することとなっている。

(2) 適用範囲

本法は，永住許可を有しない外国人すべてに適用される。この外国人の範囲は，a．外国から入国し，b．スイスに居住し定住許可を有する者以外と，c．住居を外国に有するがスイスで稼働している者すべてを含む（同令2条）。

この規定の適用除外が，a．リヒテンシュタイン人で許可を有する者，b．スイスが認定した難民，祖国喪失者，c．スイス人と結婚した外国人ならびにスイス人の子で外国籍の者である（同令3条）。

また，外交官，国際公務員，スイス在勤の他国公務員や特派員などと，その配偶者と子，ならびにその家事使用人についても適用除外としている（第4条）。

なお，一時滞在者（Stagiaire）という概念を設けているが，これは，2国間協定により認められるもので，本法の規定の一部が適用されることとなった。

また，同令の設けた概念として「常住外国人住民」（ständige ausländische Wohnbevölkerung）という概念がある。この中には，滞在者，定住者ならびに上級国際公務員を含む。しかし，本法上は，上級国際公務員，1年未満の滞在者，難民申請者，難民認定を拒否され在留資格を有しない者，抑留者，季節労働者，国境往来者を「常住外国人住民」から除いている。

(3) 稼働行為を営むための要件

稼働行為（Erwerbstätigkeit）という概念は，かつて，「外国人滞在・定住法施行令」により規定されていたが，この規定では現実に対応できないため，本法で規定されることになったものである。

本法では，通常収入を得るために行われる非独立，独立の行為を稼働行為としているが，これが無償でなされる場合をも含むものとされている（同令6条1項）。

同令6条2項によれば，賃金が国内，国外を問わず支払われる場合の使用者の住所がスイスだけでなく外国にある場合も含まれ，訓練生，実習性，ボランティア，運動選手，社会奉仕員，伝道者，金銭の授受のない職員，芸術家を含み，学生等の時間決めや日決めで臨時に行う就業つまり「アルバイト」（日本ドイツ語での）も含む。

この規定によってみると，日本の入管法上の就業のためと見なしていない在留資格（入管法2条の2別表第1の1）のほとんども含まれることになる厳しい

ものであることが分かる。

稼働行為であるか否かは，州労働局（die kantonale Arbeitsmarktbehörde）が判断し，疑義のある場合には，連邦工業・営業・労働省（Bundesamt für Industrie, Gewerbe und Arbeit）の判断をあおぐことになる。

(4) 採用に際しての条件（国内労働者優先原則）

この規定の最大の目的は，国内の労働者の優位を確保するにある。つまり，国内労働市場の適切な行政的運用とコントロールによって，国内労働者の求職のチャンスを高め，同時に新たな外国からの労働力受け入れを最小限に制限することにある。

運用基準によると，最高人数の枠に余地があっても，いかなる経済的状況（例えば，個別企業の状況や，産業での事情）であっても，労働市場状況であっても，国内労働者優先原則が守られる。

国内労働者優先原則の適用は2段階に分けられる。まず，この原則は，地域と職業において通常の賃金その他の労働条件でその地域で求職労働者がいるかぎり，スイス人や定住許可を受けた者と第3条2項の適用除外者は優先採用される。次いで，稼働資格のある外国人が採用されることになる（同令7条）。

具体的には，使用者が，空きポストを外国人に切り換えて埋めなければならないことが予想される場合に，相当な努力を要するとされる。まず可能なかぎり早期に労働局に通知する。労働局の行う公的職業紹介はまず第一に重視されねばならない。次いで，これと並行して専門誌，日刊紙での広告，私的職業紹介も求めなければならない。この場合，女子労働の促進，若年者の募集採用，身障者の採用あるいは在宅勤務なども考慮に入れなければならないのである。

このような国内労働者優先条項は，外国人の滞在延長やポストの転換，転職，州を越える配転の申請の際にも考慮されることになる。

ただし，1度だけの一定期間の外国人の訓練，研修については，例外が認められている。

(5) 募集地域

最近において，スイスへの外国人労働者がどこから受け入れられているかは，前述のとおりである。

本法によると，募集地域と方法は，使用者に次の原則で課される。使用者は，既に入国している年限を限った在留者もしくは短期在留者を第一次的対象として募集しなければならない。ただし，労働当局は，熟練労働力を要し，特別の事由が存する場合や発展途上国の人々にとって技術的に関連性の高い技術推進

プログラムに則っている場合に例外的な扱いを認めうる。

季節労働者は伝統的募集地域，国境往来労働者は周辺国について認められる（以上同令8条参照）。

この規定は，スイス国内の外国人の統合のために重要なものであるとされているが，どこまで実効性があるのか，とりわけ外国人の定住方向へ進むのを避ける国民性から見て疑問なしとしない。

(6) 労働条件

外国人の労働条件確保，労働保護のために，労働契約の内容が，労働当局の許可に際して考慮される。

外国人の労働条件が，スイス人に適用される，当該地域ならびに職業上の通常のものであるか，病気による経済的結果についての保障が存するかをまず一般的に規定し，これは，法律，および労働協約などによる同一職種，同一事業所の同一労働に対し支給されるものと同等であることである。労働協約の内容よりもしばしば有利な条件が企業内でとられるので，毎年行われる産業・営業・労働省の調査結果も重視されることになる。

なお，この調査結果は概ね都市での最低生活条件と考えられ，農村部では幾分下回ることも認められる。

労働契約は，当然のことながら文書でなされることを要する。この中には，最初の入国に際しての旅費を負担する旨の内容を要する（以上同令9条参照）。

なお，労働条件としては，雇用期間，労働時間，賃金，社会給付である。

宿泊については，「適当な宿舎」すなわち，土木，消防，保健の各監督官庁が見て，相当だと考えるものでなければならない（同令11条）。とりわけ，面積については，基準を州，市町村の規定に委ねるが，この基準を下まわってはならない。家賃も当然のことながら適切でなければならない。

(7) 最高人数

連邦政府は，期間内の最高人数を定める。それは，ａ．最初に稼働のため入国し，あるいは稼働行為につく年間滞在者，ｂ．季節労働者，ｃ．短期滞在者についてである（同令12条）。

これらについては労働当局が担当する。ただし，これらの数的制限には，適用除外されている外国人（3〜4条）や家族呼び寄せ（13条ａ）により入国し，稼働活動の可能な外国人の配偶者や18歳未満の子には適用されない。

この数的制限は，連邦全体と各州毎に設定されている。

なお，スイス国内で12カ月中8カ月以内滞在する芸術家や，12カ月中3カ月

以内滞在する者や企業への出張者および学生などは含まれない。しかし、これらの人々についても労働当局へ届け出をなすこと、適用除外については、厳正に運用することが要請されている（同令13条およびその運用解説）。

注意すべきは、最長3カ月の例外であるが、別途許可を要する。ただし、ある州で3カ月、ある州で3カ月というローテーション労働は厳禁されている。

季節労働者で3カ月以内のものについても、本条の人数制限外であるが、労働局の最初の日付が明らかで、これから3カ月という期間を重視される。

以上の手続きは、まず労働当局や労働局に対して数的制限、期間などを届け出て仮決定がなされるが、最終的許可権限は、連邦外国人局（das Bundesant für Ausländerfragen）にある。ただし、所管の労働当局の決定がほとんど尊重され、その方向で許可が与えられるとされている。

季節労働者の許可を変更し、年間許可（最高人数制限の中に）に繰り入れるのは、各州の外国人監督局（die kantonale Fremdenpolizeibehörde）である。

使用者の求めに応じて出国した外国人は通常2年以内の再入国が保証される。手続きは、州の労働当局と外国人監督局によりなされる。もし、2年以上外国にいた場合は、連邦産業・営業・労働省の同意の下に、州の外国人監督局が期間延長を認める。この期間は4年を超えてはならないし、再入国保証も限定的に与えられるという。

(8) 生徒と学生の副業（「アルバイト」）

原則として、スイス国内での外国人の学生、生徒（わが国の留学生と就学生）は、全日制の学校を終了するに必要な財源のあることを証明できなければならない（同令31条、32条）。

留学生、就学生としての名目で就労活動を主にする外国人のスイス入国には厳しく対処している。副業の開始は、学校でのプログラムの範囲内で責任をもって、勉学が延び延びにならないことが確認された場合のみ許可される。もちろん彼らの稼働の結果、国内労働力の保護がそこなわれないよう労働当局は配慮して仮決定を行う。

なお、一部の学生や研究者については、例外として、稼働が認められ、人数制限外とされる。それは、以下のとおりである。

①博士論文コースにいる者（Doktoranden）。彼らは論文作成の妨げにならないかぎり「勤労学生」（Werkstudent）として、制限外におかれ、週の労働時間制限も外される。しかし、大学側と協力し濫用されることのないよう、この方式での許可は期限をつけられる。

②奨学生と博士課程終了者。これらについては，大学教育終了者で，高度の専門知識を有する者であるから，スイスの大学に学生として登録されるか，大学ないしその付属機関に勤務していることを条件に3年を限り例外として認められる。ただし，大学側のプロジェクト等の事情により期間延長もありうる。

③学術上の客員とサヴァティカル休暇の研究者。これらは生活費を自ら支弁するから，雇用関係にないので例外とされる。通常4年間の範囲で認められる。

生徒と学生の実習については，学校，研究計画に定められていることが必要で，全体の教育の3分の1は超えられない。この範囲を超える特別のプログラムは，連邦産業・営業・労働省で特例を認める。例えばホテル専門学校や保健職業学校などである。

2 年間滞在者

以上のような規制のうち，最も重要なのが年間滞在者である。連邦全体の枠と州毎の枠が決められていることは前述した。

ところで，この人数はどのくらいか，最近の実績で見ると次のようになっている。

①各州割り当て分＝7000人のみで決して多くはない。うち6000人が26の各州に割り当てられ，1000人分が特別事情で追加配分される。

ちなみに1987年10月5日付（11月1日から1年間）の割り当てでは，チューリッヒ996人，ベルン643人，ルツェルン234人，ジュネーブ435人……となり，最少は，アペンツェル・イン・ラインで24人である[13]。

②連邦レベルでの割り当て分＝3000人の最高人数のうち2250人については，少なくとも申請により受け入れを認めることになっている。

結局，1986〜87年においては，連邦政府はわずか1万人以内の年間滞在者を受け入れただけにとどまっている。

以下，具体的に，州・連邦の運用を見てみよう。

(1) 各州の最高人数

基本的に各州は，枠内で自由に割り当てを使うことができる。州は滞在許可の授与のための手続きに関し特別な規定を公布することができる。このため申請に関する経済的あるいはその他の査定をするための専門委員会を設置することができる。

もし，居住州と異なる州で就労する場合，他の州が右就労を認めるならば，居住州の数に入らなければならない。

スイスでは，従来，業種割り当てに際して，保健関係，教育関係，農林関係を優先していたが，今日ではこの優先はなくなり，州毎の裁量に委ねられることになった（同令14条参照）。

(2) 連邦レベルでの割り当て最高人数

州労働当局への申請を経て，連邦産業・営業・労働省において判断される。その場合，必要書類を備えているか，各々の領域において特有の申請事項が満たされているかなどは各州労働当局が判断する。

連邦レベルでの割り当てによるものは次のようなものがある。

a．複数の州にまたがる利害のある者

外国人がスイス国内で就労するとしても，その労働が一つの州に偏ってなされないものである。例えば，食堂車会社，スイス国際放送などである。

さらに，複数の州によって運営されている公法上の機関もこれに入る。

b．緊急の経済的な弱体化を回避するためおよび経済的構造上重要な企業で，その処置により存立が確保され，労働市場改善につながる場合で，州内で対処しえない場合。

連邦の地域政策的助成の一種で，山岳地帯などに重点がおかれる。単なる人手不足ではなく（これは州割り当ての範囲内），地域の生存や画期的なケースのみ適用される。

c．優れた調査プロジェクトに関して，大学，公的機関，民間機関や企業で行われる基礎研究領域での優れたプロジェクトの要員。

応用研究でも例外的に学問的な評価の高いもののみ認められる。各大学での教授，助手については州の割り当てによる。

d．新規進出企業と事業拡大について

1州のみでカヴァーしきれない要員について適用される。原則的には国内での人探しが優先する。そのためには人事計画を早期になし，募集，客観的ポスト数，その確保いかんが，関係官庁の審査を経て決定される。

e．重要な建設労働

国家的もしくは，広域的に重要性のある建設計画について，天候に左右されず，技術的必要性のある場合，作業経過の重要性もしくは安全技術面から必要とされる専門家，基幹要員である。この場合，建設計画，建設方法，建設経過について当局のコントロールと情報提供が義務づけられる。

f．ポスト創設に際し，乗数効果（3次以降）のうえでポスト増加が見込まれ，労働市場に長期のプラスの影響があるもの

国民経済的, 地域的重要性が判断される。
　ｇ．連邦事業所
本来, 連邦行政機関と連邦事業所のみが対象である。
　ｈ．年間雇用される芸術家（音楽家, 俳優, アーチスト）
　ｉ．聖職者
このうち教職, 公衆衛生, 社会福祉業務にある者は連邦の枠内には入らない。
　ｊ．専門家を経営指導する者
互恵主義によって認めていくが, 銀行, 航空会社などの場合に当てはまる。
　ｋ．非政府国際機関
国際機関職員枠はこれで決められる。当機関の定款, 会員名簿, スイスの機関・人員構成, スイスへ進出した事情, 将来の人事などがチェックされる。
(3)　期限付き任務
　予め期間の定めのある滞在の範囲内でなされる一時的業務については, その範囲内で在留が認められる。連邦産業・営業・労働省は最長3年以内の滞在期間を定めうる（同令15条4項）。期限後は出国することが義務づけられる。ただし, 連邦外国人局指令3条によれば, 特別事情があり, 同一の滞在目的内で, 短期間（数ヵ月）の延長を連邦産業・営業・労働省が認めうる。この場合は枠外のものとされている。
　具体的には,
　ａ．重要なプロジェクトについてで, 広範な情報科学, 新生産技術の導入, 輸入機械や建物の組み立てチームと設置チームの導入, 企業の役員としての任務。
　これらについて, 企業の従業員が右の任務に必要な知識を有していないことを証明しなければならない。
　ｂ．外国での決定的役割を果たすため, スイスでのキャリア設計の枠内での訓練と, コンツェルン内での経験を身につけるため。日本の改正入管法上の「企業内転勤」に相当する。ただし, 1年以下の滞在で十分と見なされる場合には, 短期滞在の枠（20条, 21条）によりなされる。
　ｃ．発展途上国国籍者。発展途上国の発展のために重要なもので, 右の現地で促進しえない何年かの訓練, 再訓練がこれに当たる。
　私的な要望による場合も認められるが, 当該国での必要性, 発展への協力と人間的取り扱いを審査され例外的に認められる。
　この間, 発展途上国のこうしたプログラムで入国した者が帰国を望まず, 消

極的であったこともあって，限定的に認められるようになったとされる（以上同令15条参照）。

3　季節労働者

スイスの外国人労働者受け入れの中で，最も有力な方法となっているのが季節労働者（Saisonnier）である。

この場合についても指針は，労働当局に対し，季節労働者の就業が，秩序ある範囲内にとどまり，本法が評価を落とすことのないように共同責任を課している。

季節労働者は，他方では，その数が多いため，まず国内労働力を募集採用するという努力を使用者に課し，そのうえで募集される点においては変わりがない。

季節労働者としての一般的方向としては，季節労働者の申請を判断するに際して，当該事業が季節的な性格を有しているか否か，個々のケースに際して慎重に判断されなければならない。

まず，特定の部門のみが季節労働者を雇用できる。それは，伝統的な季節労働部門として認められている建設業，ホテル等のレジャーサービス産業，農業である。これ以外については，州が判断するに際して，連邦産業・営業・労働省が意見を求められる。このほか，連邦外国人局は，コントロール活動の枠内で，季節許可の要件が，とりわけ事業の季節的性格が満たされているかどうかの懸念がある場合，その事例について連邦産業・営業・労働省の判断を求めることができる。

季節労働の期間については，あらゆる個別の事業について，所轄の労働局の決定によって定められ，その中で季節労働の開始と終了が確定されねばならない。季節労働者は，同令16条によれば，9カ月以下の期間について認められる。この期間には，異なる使用者の下での雇用期間はすべて，同一州内であれ，他の州にまたがるものであれ，合算され，合計9カ月を超えてはならない。

このような季節労働者は，各州の最高枠の合計は14万6724名となっており，注(14)のように割り当てられている。また，連邦では，1万名が認められ，うち9000名が申請により認められることになっている。なお，季節労働者は，いかなる時点でも11万名を超えないようにコントロールされている（ただし1987年11月1日から88年10月31日までの1年間）。

なお，この結果，季節労働者は一暦年中，少なくとも3カ月間は外国に滞在

しなければならないとされる待機期間が1987年10月5日からおかれている。
(1) 建設業の季節事業

建設業の季節事業は，建設業の職業グループの労働力を圧倒的に多く雇う企業である。具体的には，高層建築でも，地下建造物でも建物そのものを対象としている建設産業の事業のみをいう。これに対し，解体作業は，季節的性格を有する事業として取り扱われない。

季節労働の期間は，伝統的に，3月中旬から12月中旬までの9カ月である（連邦外国人局指針3条参照）。

建設季節労働者の入国と出国は次のように考えられている。

まず入国は，早ければ3月上旬にありうる。正確な開始日付は，毎年発令される建設労働者規則（連邦産業・営業・労働省の雇用局と移民局とによる）で決められる。季節労働者の円滑な入国を可能にするために，企業，建設連合会，所轄官庁は，スイスへの到着を受入開始日から2～3週間以内に確保するよう連邦外国人局の勧告に基づいて実施する。すべての建設季節労働者が遅くとも12月半ばに出国しなければならないことはいうまでもない。最終期日も，建設労働者規則により決められる。

右の開始日以前，早期に入国できる建設季節労働者の数は，厳しく制限されている。この場合も最高9カ月だけの期間に限られ，許可（延長は不可能）を要する。

複数の州にわたって活動する建設企業については，質的（建設方法）量的（建設容量）にみて適用がなされ，連邦の枠が与えられる。また，全スイスにとって利益となる業務すなわち，エネルギー，交通，国防，福祉，環境保護，公衆衛生，教育・研究などに関する建設計画について連邦枠が認められる。なお，連邦枠は，地域的不均衡の是正にも用いられる（同令19条参照）。

(2) ホテル等サービス産業の季節労働者

連邦産業・営業・労働省が季節労働の許可を与えるのは，1年の決まった時期に開業しているサービス業の事業所と，年間通して営業していても一ないしいくつかの雇用ピークを有する事業所に対してである。

具体的には，ホテル等宿泊業についてはある特定の季節の間，ベッドの占有率が閑期の少なくとも2倍になる場合，明白な雇用ピークがあるとみなされる。

レストラン業，飲食業については，ある特定の季節の売り上げがそうでない季節の50％増しになる場合で，労働者1人当たりの売り上げが5万フランを超える場合でなければならない。

これらの繁閑の期間は，3カ月より短い期間や単なる週末についてのピークをみたものでは許可されない。
　通常，夏季と冬季にピークは分かれるが，2つのピークに就労する場合，それぞれ別途の許可を要する。この場合，2つのピークの中間期は，必ず，スイスを離れることが必要である。2つのシーズンが連続している場合に例外的に1つの許可で済む。
　いずれの場合も，合計年間9カ月以内の期間で許可は発せられる。
　(3)　その他の産業部門
　農業，とりわけ収穫後腐り易いとかワインなど集中的作業を要する事業に認められる。
　他の産業も，産業自体の業務と個別企業の業務が厳しくチェックされた後許可が与えられる。

4　短期滞在者（Kurzaufenthalter）

　短期滞在者についての規制は，最近数年間うまく機能しているとされる。
　短期滞在者とは，6カ月を超えない期間，スイス内で稼働し滞在する外国人[15]と12カ月以内の期間についてのオーペア要員（Au-pair Angestellte）である。前者については，各州に割り当てられた枠（合計5000名）と連邦の枠6000名とがある（1987年11月1日～88年10月31日）。
　期間延長，更新は6カ月のみ特別な事情の下に，連邦産業・営業・労働省の許可により認められるが，この場合には連邦の枠内に入れられる。
　(1)　オーペア要員
　オーペア要員とは，ヨーロッパ評議会の構成国の条約によるもので，その基本は次のように考えられている。
・オーペア要員とは，語学と一般的な継続教育のため最長1年，外国語地域の一般家庭に滞在し，生活費を賄うため一定時間家事に従事するものをいう。年齢制限は17歳から30歳までとする。
・オーペア要員は，彼らの活動にふさわしい小遣い（賃金）のほかに，ホストファミリーから宿泊と食事を受け取る。宿泊施設としては，可能なかぎり個室が使用できることが望ましい。1日の労働時間は5時間を超えてはならない。週毎に1日まったく自由な日を，月毎に日曜日を完全に自由とし，また礼拝に行く時間も与えなければならない。
・受け入れは書面による契約により，入国以前に取り決めねばならない。受け

入れ条件と賃金の記載のある受け入れ書類のコピーを，所管の労働市場当局に届けるものとする。使用者はオーペア要員に，公認の健康保健組合で，病気と事故の結果に対し保険をかけねばならない。
・語学学校に通うことを義務だと説明し，この通学を証明するための期間を設けることを要請する。
・ホストファミリーは，健康保険と損害保険の保険料の50％，オーペア協会分担金，また賃金（小遣い）の源泉徴収を差し引くことができる旨，通知される。
・オーペア要員に対するこの規定は，一時的に卒業から見習い修業の間家庭で働く，リヒテンシュタインの青年には適用されない（ロマン語地域）。

(2) 子会社の実習生と重要な共同経営者

この規定は，引き続き外国で責任ある任務につくことを顧慮して，特殊なコンツェルン内での経験を積むことを許すものである。さらにこの外国人がアフターサービスについて研修するためにスイスでの滞在を終了することによって，当の外国人がこの滞在中技術的なノーハウを獲得できる。また，スイスの製品の外国への引き渡しと関連して，アフターサービスが現地の者によって確保されることになる。

申請は以下の情報を含まねばならない。会社の概要，外国の事業所との結びつき（特許保持者，顧客等），プロジェクト，履歴，訓練計画，後に外国で引き受ける任務。

(3) 研究者と大学卒業者の交流

国際的交換はしばしば大学生組織（例えばIAESTE，AIESEC）により，あるいは教師交換の枠内で行われる。また個人的イニシアチヴでなされることもある。

サヴァティカル休暇の研究者も，彼らの継続教育滞在が私費で終了されるかぎり，この規定の範疇に入る（第13条1についての注釈参照）。

一般医師による申請の場合は，政府とスイス医師会との協力の下に労働市場状況を検討する。他の職業グループにおいても，関係団体に諮問する権利を政府が留保する。

申請書類として必要なのは，学籍証明もしくは在学証明，外国の専門学校または職業学校による，当実習が教育の不可欠の要素であることの確認，使用者によって作成された教育プログラムである。仲介の場合には（例えばAIESECによる）申請書には，使用者が署名をすることになる。

上級の職業学校への入学に必要な実習は，許可されない（同令21条2項b）。

(4) 専門業界（連合会）の紹介による同業者

この規定に基づき，外国で職業教育を終了し，30歳を超えていない外国人は，1年間職業的，語学的継続教育を受けることができる。これは，専門職業教育の必要な職業でなければならない。申請書類に，終了証明，スイス国内の対応する機関の仲介書と確認書を添付するものとする。

実習中の配転は，専門業界連合会が使用者と被用者並びに管轄の役所と話し合ったのち，不可避だと見なした場合，例外的に許可される。短期滞在者の継続教育の可能性も保証される。

大企業がさまざまの短期滞在者割り当てから，多くの配分を受けて一方的に優遇されないように特別の注意が払われる。

訓練の質を考慮して，実習生とその他の職員との数の比率が，適切な範囲におさまるよう配慮される。

この方法でかなりの外国人の熟練労働者を研修，訓練に導入していることとなる（同令21条2項c）。

(5) 発展途上国の開発援助関係者

開発援助は，後進国から来た者だけに定められている。これはスイスと発展途上国の間の技術的，学問的協力に関する協定，国際的機関に対する義務，また特定の事例では民間の開発援助機関の活動に依拠している。個人的なイニシアチブによる申請は，該当する国の実際の必要性に沿う場合にかぎり例外的に顧慮されうる。

開発協力と人間性あふれる援助のためにつくられた原則にしたがって，その規定の適用に対しては，以下の前提条件が満たされねばならない。

①継続教育

該当する母国の発展にとり重要な領域でなされ，目的に沿ったプログラムに基づき，明確かつ具体的な目標を立てて実施されねばならない。

②志願者についての条件

志願者は既に，基礎教育または職業経験を受けていなければならない。

母国では不可能な継続教育でなければならない。

当該外国人が滞在の終了後，彼の受けた訓練にふさわしいポストに就くため，本当に母国に帰ることが確かでなければならない。

滞在の期間は原則的に12カ月を超えてはならない。

③申　請

申請は,「開発協力と人間性あふれる援助のための促進協会」に事情聴取し,第一次的には州労働当局,最終的には連邦産業・営業・労働省が決定する。民間の範囲内での申請に対しては,所管の州機関を通じての通常の提出手続きが適用される。「開発協力と人間性あふれる援助のための促進協会」から直接提出されたのではない申請には,以下の資料を添えねばならない。
・実習生の履歴書,
・訓練プログラムの内容と期間に関する,また実習生に渡される賃金に関する記載,
・実習生の訓練に対し責任を持つ企業または機関の,それらが当外国人を受け入れるという表明,
・考慮の対象となっている訓練が,当途上国にとって有用であることの証明,
・実習生が,訓練の終了後母国に帰国する義務,
・帰国後予定されている職場についての記載,
・母国での使用者の名前と住所,
・実習生のスイスでの滞在費用,往復の旅費の負担の保証(同令21条2項d)。
(6) 国際的機関の奨学生および非政府国際機関の実習生

前者は6ヵ月の範囲内で,それぞれプログラムに沿って受け入れられる(同令21条2項e,f)。

(7) 同業組合連合会の訓練プログラムと再教育プログラム

18歳から30歳までの職業訓練を修了していない若者に,スイスで職業的,語学的訓練もしくは再教育を受けることを可能にするものである。同時にこれでもって,特定の分野での人手不足の緩和に貢献しうるが,その際訓練目的,再教育目的がなおざりにされてはならない。その故に以下の前提条件が満たされねばならない。
・証明書付きのその分野での経験
・労働契約の締結
・通常の労働時間の少なくとも10％の範囲でのその分野に特徴的な,職業訓練または再教育の保証
・同業組合による当プログラムの実現
・申請した事業所の規模に関する記載
・通常,集団募集・採用

事業所毎に短期滞在者の数的制限が決められうるので,申請事業所の規模の記載が必要である。労働市場規定は,(4)の再教育滞在の場合よりも,慎重に留

意される。

　配転は，同業組合が使用者，被用者，所管行政当局との話し合い後不可避と見なした場合に，例外的に許可されうる。この職業訓練と再教育の可能性は，短期滞在者のためにとっておかれなければならない。

　以上のような短期滞在者についても，主な受け入れ先は，ホテル等のサービス業が最も重要である。具体的な運用は次のようになされている。

　通年で営業している事業所には，その季節労働者の占める割合がどの時点でも常勤の職員全体の25％以下であれば，短期滞在者が認められうる。通年で営業している，従業員が4人以下の小事業所は，季節労働者を1人以上雇わないかぎり，短期滞在者の枠を1人もらえる。

　サービス業からのおびただしい数の申請に基づき，またさまざまな事業所タイプに拡散している事実に鑑み，事業所当たりの短期滞在者の雇用に対し，以下の数的制限が決められた。

常勤職員　　1～7人　　最高1人　　短期滞在者
　〃　　　　8～15人　　〃　2人　　　〃
　〃　　　　16～30人　　〃　3人　　　〃
　〃　　　　30人以上　　〃　4人　　　〃

　サービス業で働く短期滞在者において生じる問題の処理に対しては，対等に構成された監督委員会が連邦産業・営業・労働省の指導の下にあたる。

5　一時滞在者（Stagiaires）

　スイスにおける第4の外国人労働者の受け入れは一時滞在者である。これは，15の諸国との二国間協定により，年間割り当てを定めて行われている[16]。

　一時滞在者とは，18歳から30歳までの（アメリカ：21～30歳）職業訓練を修了した者で，相手国で限られた期間（最高12カ月間），職業上，語学上の知識を増やそうとするものである。熟練を要する職業に投入される。報酬については，地域慣行また職業慣行にしたがって定められる。

　スイスの使用者はその雇用契約に，どのような再教育プログラムを予定しているかを記録しなければならない。再教育を保証するため，1事業所の一時滞在者の雇用は全スタッフの5％以下に制限されている。

　一時滞在者はその申請を，スイスとの人的交流を所管している母国の官庁の係のところへ提出せねばならない。ここが当申請を連邦産業・営業・労働省に，審査のために送付する。同省の権限に基づき，連邦外国人局は「滞在許可の確

認書」を発行し，それが一時滞在者に送付され，就労のために入国する権利が与えられる。アメリカとカナダの一時滞在者には，ビザの取得義務がある。この場合，連邦外国人局は入国許可を発行し，これを持って彼は，所管の母国のスイス代表部に入国ビザをとりにいく。

　一時滞在許可の延長，更新については，交換協定の中に記されているのは，再教育滞在が1年に限られ，例外的な事例に限り最高6カ月までの延長が可能であることである。延長は割り当に算入されない。

　延長申請は書面により，使用者または一時滞在者の主張する理由を記載して，直接連邦産業・営業・労働省に，許可の切れる少なくとも2カ月前に提出するものとされる。一時滞在者が申請する場合には，使用者が認定しなければならない。

　一時滞在者協定の枠内での数度の再教育滞在は，18カ月の最高期限を超える場合には不可能である。

　また，転職および州替えについては次のように制限される。

　書面による理由を付した転職申請は，一時滞在者により連邦産業・営業・労働省に直接提出されねばならない。職種を替えることは一時滞在者には許されない。なぜなら彼らは熟練を要する職業での再教育のため働いているのであるからである。

6　国境往来者（Grenzgänger）

　内陸国スイスは，フランス，西ドイツ，オーストリア，イタリアに国境を接している。この国境を越えて往来する労働者も外国人としてコントロール下におかれている。

　国境往来者の雇用のための前提条件（人的適用範囲，国境地帯の定義等）は主として近隣4カ国との協定の中に定められている。

　国境往来者は数的制限は受けないが，質的制限は受け，これは必ず守らねばならない。

　申請審査の際には，当国境往来者が最低6カ月国境地帯に正式に住所を持っていることの確認を呈示しなければならない。疑わしい事例では，より以上の居住地に関する証明（賃金確認，納税証明書）が要求される。

　輸送手段の発達を考慮し，「国境地帯」の概念は従来あまり硬直的には解釈されなかった。しかし通常の通勤交通の範囲内にとどまるべきだとする構造を拡大しないことは重要である。この関連からすると，国境往来者が公的または

私的輸送手段を，自宅に帰るのに毎日自由に使えるか否かを審査しなければならない。

国境往来者申請の審査の際重要かつ必要なことは，労働市場規定を守ることである（国内労働力と，既にスイスにいる外国人労働力の優先，労働条件，賃金条件）。非常に短期の投入が問題となっている場合にも，個々のケースへの規定の適用は厳密に解釈されねばならない（例えば臨時の手伝い）。労働局は申請手続きの際，少なくとも仮決定により関与しなければならない。

国境往来者の雇用によって影響された経過に基づき，連邦議会は勧告により，所定の量的制限基準の適用に対する法的基盤を州に自由に裁量させることが適切であると見なした。

24条は国境往来者の雇用の際，地域的差異を考慮に入れている。地域に対してであれ，分野に対してであれ，一般的に通用する制限規定の公布が放棄された。

にもかかわらず安定し，調和のとれた経済が実現されるよう，また社会的緊張関係が生じないよう，州は国境往来者の状況をよく把握しておき，効果的に規制しなければならない。

ある事業所での国境往来者雇用の適切な規模を判定するのに，さまざまな基準が援用されている。

・経営活動または生産の種類
・当事業所の州内での意味（構造的バランス，労働市場，税金）
・投資の規模と様態
・国境往来者に必要とされる資格など

可能なかぎり統一的な実務をもたらすため，一般的数的指針を——少なくとも分野毎に——打ち出すことは有用である。

許可の延長，更新，並列に関する具体的な規定の導入により，可能なかぎり統一的な州の実務が目指されるべきであり，同時に労働局の任務が軽減されるべきである。

許可の延長または更新の申請は，就労活動の最初の開始の要望のように，労働局に審査のため提出される。

7　転職，ポスト換え，州換え等の制限

いったん入国した外国人が，入国目的以外に資格を変えることや，転職，ポスト換え，州換えについては極めて厳格にコントロールされ，例外的にしか認

められないことは，既に各受け入れのタイプの中で述べた。期間延長，更新についても極めて厳格である。

例えば季節労働者の雇用延長や資格変更の制限は，無期限雇用のスイス人が解雇され，季節労働者が働けるという結果を防ぐことにあるとされている。

8　罰則規定

1931年「外国人滞在・定住法」23条は，不法入国者，不法就労者（外国人）に関して10万フラン以下の罰金，6カ月以下の軽懲役に処するとし，雇主についても3000ないし5000フラン以下の罰金を科し，5年以内の再犯者には6カ月以下の軽懲役と罰金に処するものとされている。雇主処罰規定は，他のヨーロッパ諸国と同一の歩調を合わせ，1987年10月9日に制定，88年3月1日より施行したものである。

以下若干詳しくこの罰則，制裁について見てみよう。

特に不法就労に際しては，事業所関係の内容の検討をしなければならないので，過失を犯した使用者に対し，労働当局の権限で制裁が加えられる。措置としては，過失を犯した使用者に対して外国人労働力の滞在申請を部分的または全面的に拒否することが検討される。

ここでまったく微妙な問題が発生する。まず第一に実際的な経験が当局に，その実務を固めることを可能にする。それ故にこの領域では，労働当局と外国人監督署との密接な協力が重要である。連邦産業・営業・労働省も同様に，助言により協力する用意がある。そのうえ制裁が統一的な基準に基づいてなされるよう，適切な時期が配慮されねばならない。

連邦産業・営業・労働省の新罰則規定についてのコメントでは次のように述べている。

「不法な外国人雇用と並行して現れる由々しき経済的，社会的問題には，当局の一貫した介入が必要とされる。使用者の違反行為の重さが，課される行政措置の決定に対し基本的な基準となる。だが同時に当局が考慮せねばならないのは，許可停止に際し状況に応じて，非常に深刻な措置が問題となりうることである。それゆえ国内被用者と，適法に雇用された外国人被用者の利益も常に，念頭におかねばならない。あまりに厳格な制裁措置の行使が企業の存続を由々しく脅かすのを防ぐことは，肝要である。

問題となっている事業所とその人事状況に関する正確な情報が，万が一行使しようとする許可停止の業務上の影響の判定に対する前提条件である。

例えば適切な自由裁量の考慮が足りないことによる停止は，小企業では大企業においてよりも影響が大きいことを考慮しなければならない。偏った人事構成も同様に，判定の際考慮されねばならない。

判定の際の要素には，たとえば以下のものがある。
・外国人被用者の違法な雇用の期間
・保証される賃金条件と労働条件
・社会保険料の支払い

である。」

制裁は，当ケースの軽重に基づき，別の事情を考慮して裁量されうる。あまり悪質な違反でないと判断された初犯の抵触の場合には，許可停止の恐れが予告される。停止そのものは一定の外国人カテゴリーに制限されうる。同様に可能なのは，その期間を適切に加減することである。例えば3カ月，6カ月，もしくは12カ月の停止が行使されうる。制裁は通常，許可の延長には適用されない。その理由は，被用者に対する不利益が非常に大きいかもしれないからである。制裁の行使は使用者に知らせるものとし，その際有効範囲と期間が正確に通知される。第53条に基づき抗告手続きによって取り消すことのできる命令が，法的には問題となる。

最終的には，このような制裁との関連で増大する経費に対し，労働局は外国人雇用の手数料料金を上げることができる（第57条第3項）。

V　おわりに

以上述べてきたところで明らかなことは，スイスの人数，期限を区切った外国人労働者の受け入れは，極めて詳細なものであり，また，外国人の定住や年間滞在の可能性を少なくしたものであることである。

受け入れの際，圧倒的多数は，年間滞在者でなく，季節労働者であった。しかし，その実際は，**表3**で見る如く，年間滞在者が季節労働者等の切り換えもあって，徐々に増加し，時間の経過とともに4年間で36カ月（1975年12月31日までは5年間に45カ月）の就労を条件とする家族呼び寄せ権と転職の権利を有する年間滞在者が増えていったのである。

このことを考えると，期限付き人数制限の受け入れがうまくいっていると喧伝されてきたスイスについても，西ドイツなどと同様に，年間滞在，定住へと向かうことは否定できないのである。

第7章　スイスにおける外国人労働者の受け入れ

　今後日本が外国人労働者の受け入れを行っていくうえで，スイスのような綿密な受け入れ策と，右の「期限付き」が絶対的でないことを慎重に検討することが必要であろう。

(1) 例えば，梶田孝道「『外国人過剰』問題とスイス国家」国際政治学会編『国際社会における人間の移動―国際政治87』（1987年）所収，西尾幹二『労働鎖国のすすめ』（光文社，1989年）231頁以下などがある。
(2) このデータは，OECD，継続的移住報告制度（SOPEMI）報告書（1986年）によった。
(3) Verordnung vom 21, November 1971とVerordnung vom 17, November 1919.
　　この規定の担当は警察の外国人課によりなされた。
(4) Verordnung vom 29, November 1921.
(5) Bundesgesstz über Aufenthalt und Niederlassung der Ausländer vom 26, März 1931.
(6) Weisungen des eidgenosenschaftlichen Justiz-und Polizeidepartmentes zum Bundesgesetz über Aufenthalt und Niederlassung der Ausländer vom 9, Dezember 1933.
(7) Vollziehungsverordnung zum Bundesgesetz über Aufenthalt und Niederlassung der Ausländer vom 1 März 1949.
(8) Allgemeinen Weisungen für die Begutachtung von Aufenthaltsangelegenheiten erwerbstätiger Ausländer durch die für den Arbeitsmarkt zustädigen Behörden vom 25, Mai 1960.
(9) Verordnung über die Begrenzung der Zahl der Ausländer vom 9, Juli 1975.
(10) Verordnung über die Begrenzung der Zahl der Ausländer vom 6, Oktober 1986.
　　本稿では，以下，「外国人制限令」として略称する。
(11) 本節については，Bundesamt für Industrie, Gewerbe und Arbeit, Studie zur Frage des Vorranges Einheimischer Arbeitskräfte Gegenüber Ausländern, 1987., Manfred Rehbinder, Schweizerisches Arbeitsrecht, 4 Aufl., Bern 1977, などによった。
(12) 本節についてはBundesamt für Industrie Gewerbe und Arbeit, Weisungen und Erleuterungen zur Verordnung des Bundesrates vom 6, Oktober 1986 über die Begrenzung der Zahl der Ausländer, November 1986; Bundesamt für Industrie, Gewerbe und Arbeit, Studie zur Frage des Vorranges Einheimischer Arbeitskräfte Gegenüber Ausländern, Dezember 1987. および各法令条文本文を

第2部　国際比較

中心に分析した。

(13) 各州への年間滞在者の割り当ては次のとおりである。

Zürich	996人	Schaffhausen	90人
Bern	643	Appenzell A. Rh	92
Luzern	234	Appenzell I. Rh	24
Uri	31	St. Gallen	288
Schwyz	105	Graubünden	266
Obwalden	38	Aargau	355
Nidwalden	22	Thurgau	196
Glarus	60	Tessin	237
Zug	63	Waadt	553
Freiburg	152	Wallis	241
Solothurn	177	Neuenburg	226
Basel-Stadt	217	Genf	435
Basel-Landschaft	195	Jura	64

(14) 各州への季節労働者の割り当ては次のとおりである。

Zürich	15,436人	Schaffhausen	763人
Bern	14,821	Appenzell A. Rh.	961
Luzern	5,586	Appenzell I. Rh.	357
Uri	1,387	St. Gallen	6,754
Schwyz	2,318	Graubünden	24,780
Obwalden	1,565	Aargau	5,365
Nidwalden	1,085	Thurgau	3,026
Glarus	1,125	Tessin	9,341
Zug	1,518	Waadt	14,015
Freiburg	2,261	Wallis	15,523
Solothurn	2,238	Neuenburg	2,014
Basel-Stadt	2,719	Genf	8,454
Basel-Landschaft	2,366	Jura	946

(15) 短期滞在者の各州割り当ては下記のとおりである。

Zürich	830人	Schaffhausen	75人
Bern	535	Appenzell A. Rh.	75
Luzern	195	Appenzell I. Rh.	21
Uri	26	St. Gallen	240
Schwyz	85	Graubünden	220
Obwalden	31	Aargau	295
Nidwalden	21	Thurgau	165
Glarus	50	Tessin	200
Zug	51	Waadt	460
Freiburg	125	Wallis	200
Solothurn	150	Neuenburg	190
Basel-Stadt	180	Genf	365
Basel-Landschaft	160	Jura	55

(16) 各国との割り当て人数は下記のとおりである。なお，この数は一暦年，全職業，全スイスのものである。本使用分は翌年に繰り返すことはできない。

ベルギー	100
デンマーク	150
西ドイツ	500
フィンランド	150
フランス	500
アイルランド	200
カナダ	150
ルクセンブルク	50
ニュージーランド	20
オランダ	150
ノルウェー	50
オーストリア	150
スウェーデン	100
スペイン	50
アメリカ	100
合計	2,420

(「日本労働協会雑誌」1990年7月号所収)

第2部 国際比較

第8章 迫られる価値転換——ドイツそして日本
——難民・外国人労働者受け入れの実態を中心に——

急増する難民申請者

　アルプスに近いバイエルンに，人口500人余の山にかこまれた小さな村がある。数カ月前，この村の一家族を訪問し，何日か滞在していた秋の夕方のことである。小学校2年生の娘が学校から帰って両親や私たちに，その日の学校での出来事を語った。
　校長が全校生徒50人ほどを集め，来週から，外国からきた全く言葉の分からない子供が9人入学する，最初は言葉が分からなくてもすぐに分かるようになるし，それまでは皆で気を付けて面倒をみてやってほしい，と注意を与えた。そして，彼らがなぜこの村に来なくてはならなかったのかをていねいに教えた，とのことである。
　この子供たちは内戦中のボスニア・ヘルツェゴビナの戦火から逃れてきた人たちで，村ではキリスト教の慈善団体の受け入れを支持し，支援しようとしているのである。
　当面宿舎としては，観光地であるこの村でも中程度以上のホテルを借り上げ，27家族を受け入れるという。
　このように，今やヨーロッパ各地では旧ユーゴスラヴィアからの難民をはじめとし，国境を越えて未曾有の「ヒト」の移動が起きている。好むと好まざるとにかかわらず，大陸内の国境は人為的なもの，歴史的なものである。旧東欧，ソ連圏の解体，再編やECのEUへの統合といった最近の国際情勢の中で，「ヒト」の移動にどう対処するかの問題は，日下最大の政治的争点ともなっている。
　以下，ドイツを中心に，「ヒト」の移動の現実と，これについての政治，社会，経済的な動きについてとりあげてみた。
　1992年11月2日，ドイツの各新聞とも1面トップに，36万8000人の記録的な難民申請者おし寄せる，との記事がおどった。
　1992年1月から10月末までに，ドイツに入国し，難民申請をした外国人は前年同月の20万3321人に対し，36万8536人と81％増となったというのである。

このうち，旧ユーゴからの10万人余は戦乱を逃れた人々と考えられるが，9万人のルーマニア人，22万人のブルガリア人，ほぼ同数のトルコ人など，政治的迫害を受けたといえるかどうか疑問な国からも，難民申請者が急増したのである。

特にルーマニア人は今年1～6月で2万9208人，7～8月で2万8000人と急増し，7～8月では旧ユーゴからの1万9000人をしのぐ結果となっている。ブルガリア人も5月の928人から毎月急増（7月2916人，8月3335人）しているのである。これとならんで相変わらず多数を占めるのがトルコ人である。

これらの人々は，政治的迫害を受けた難民ではなく，ドイツが外国人労働者の受け入れを認めていないため，これに代わって難民申請を行い，滞在権，労働許可を受けることを目的とするといっていいだろう。

政治争点化した「庇護権」

1992年は，8月末に旧東ドイツのロストックで1000人の極右がバリケードで道路を閉鎖し，街頭戦を行った事件をはじめ，11月23日ハンブルク近郊のメルン市でのトルコ人居住者住宅への襲撃（3名死亡）など，1800件の外国人襲撃，排斥事件が続出した。特にメルン市事件では，犠牲者が難民ではなく，長年ドイツに受け入れられ，住んでいる外国人労働者の家族であったことが，ドイツの国民や政府に衝撃を与えたのであった。

こうした中で，政府与党（キリスト教民主同盟・社会同盟CDU・CSU及び自由民主党FDP）はいち早く，「政治的に迫害された者は庇護権を有する」と定める基本法16条2項についての改正提案を行った。コール首相は10月末の党大会で，こうした難民申請者の急増は「国家緊急事態」であるとして，野党・社会民主党（SPD）に基本法改正を迫ったのである。

東西ドイツ統一直後のバラ色の構図が一転して色あせ，1995年末までの国全体の負債が1兆1900億マルク（約95兆円余）と膨大なものになると推測される。また，旧西ドイツ225万人，失業率6.0％，旧東ドイツ120万人，失業率14.6％，これに半失業ともいえる操短労働者西16万人，東34万人を合わせると，未曾有の失業人口となる（1992年7月）。こうした中で，難民問題は半ば自らの政策の失敗を糊塗し，他に責任転嫁するかのように政争の具に用いられた感がなくもなかった。

当時の世論調査では，どの政党も絶対多数をとれず，既成政党の得票は減少気味で，これらの左右に位置する緑の党と共和党，さらには新国家主義党

第2部　国際比較

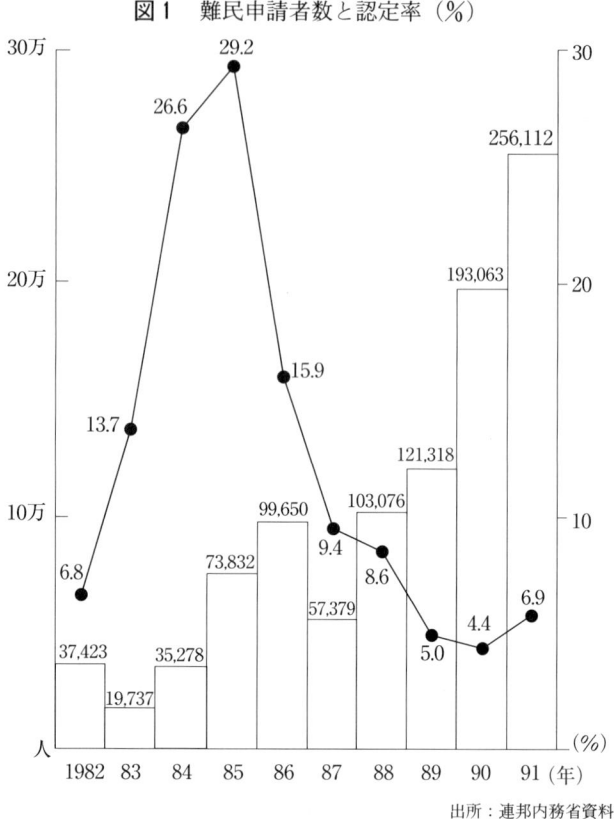

図1　難民申請者数と認定率（％）

棒グラフのデータ（申請者数・人）：
1982: 37,423
1983: 19,737
1984: 35,278
1985: 73,832
1986: 99,650
1987: 57,379
1988: 103,076
1989: 121,318
1990: 193,063
1991: 256,112

折れ線グラフのデータ（認定率・％）：
1982: 6.8
1983: 13.7
1984: 26.6
1985: 29.2
1986: 15.9
1987: 9.4
1988: 8.6
1989: 5.0
1990: 4.4
1991: 6.9

出所：連邦内務省資料

（NPD），国民同盟（PVU）といった極右ネオナチへの支持率も上がっていた。この中で相対的に優位にあったSPDの党内での基本法16条2項改正問題についての対立をつこうとしたのが，コール発言の狙いであった。

　与党内で常に国際的協調を強調し，ドイツ国内での外国人との共生を論じてきたヴァイツゼッカー大統領はロストック事件後同地を訪れ，人口2万4000人の近隣の小さな町（ヴァーレン市）で1200人ものドイツ人が住宅を求めている現状の中で，「ドイツは既に600万人の外国人と50万人の難民を受け入れており，その数は英国の10倍である」と，これ以上なぜドイツだけが大量難民受け入れを，といわんばかりの苛立ちを述べている。

　庇護権が与えられるという原則がある限り，難民申請と同時に収容施設に受け入れ，小遣いを与え（月600〜700マルク，4万8000〜5万6000円），社会扶助が

第8章　迫られる価値転換

認められると4人家族（夫婦プラス子供2人）で月2200マルク（17万6000人）も得るケースが，保護に手厚い自治体（補説：この当時，日本の生活保護に相当する社会扶助は自治体によりその財政でなされていた）の中ではありうるという。住宅も50万人を収容するには1万3000カ所も必要だが，現在4500カ所しか確保できておらず，空いた兵舎などを使ってもせいぜい5000カ所が限度という。

ドイツ連邦政府は，こうした難民予算は1992年で100億マルク（8000億円）を越えるだろうと予測している。これを連邦政府と州とで半々に負担するのだが，実際の受け入れは市町村に委ねられている。

ヴィンゼン市の例から

以下報道されている典型的な例にもとづき，具体的に難民収容の実態をみてみよう（Die Zeit 92年10月20日，FAZ 92年8月18日など，および92年10月の調査による）。

ハンブルク市の南40kmにある，人口2万8000人のヴィンゼン市は，ハンブルクで働く多くの人々の住む郊外ベッドタウンとして比較的経済的には恵まれた町である。

だが，町の住宅難は大きく，市独自では解消できない問題である。こうした町の中の粗悪な住宅に，ガーナ，リベリア，ルーマニア，アフガニスタンなどからの難民申請者が目下360人住んでいる。

たとえば，駅前通りのハウスナンバー64番の家は，所有者が長期にわたって荒れるにまかせて放置していた。しかし，住宅難を機に50万マルク（4000万円）を投資し，3つの階をそれぞれ3つの部屋ずつに仕切り，キッチンをつけ，市から月1万1000マルク（88万円）の家賃をとって難民収容のために貸したのである。現在は「ホテルハンブルク市」との看板をかかげている。市の外国人局も，この家を借りられたことを幸運だったと評価し，1992年はじめから61人の難民が居住している。設備も整い，2重窓構造で，過密であることを除けば十分なものである。

だがこの町も他の町と比べ特別ではない。町の中の至るところに「外国人でていけ！（Ausländer raus!）」との落書きがあり，排外的な動きも予測された。事実10月初旬に，4人の若者が火炎ビンをこの家に投げ，消防が出動，消火にあたったが，幸いに誰も怪我はなかったという。

こうした中で，外国人難民はどのように過ごしているであろうか。

31歳のベトナムからの難民，ドン・ファン・ミンの場合8カ月前に入国，3

人の同国人と10平方メートルずつを借りている。家具は机，椅子，ベッドで，ベッドの下には衣類を入れている。

滞在最初の日に社会扶助申請にサインして提出した。その前日に入国し，滞在認定を受けているが，これによれば，ハンブルク郡（ハンブルクとその周辺の市町村からなる郡）だけを自由に移動できる。一時手当として100マルク（8000円）を得，ほどなく社会扶助として月509マルク（4万720円）を得ている。これでテレビを購入した。

しばらくしてドン・ファン・ミンは，大きなクリーニング店に就職できた。これは一定の条件を満たす場合に，難民申請者に限定的な労働許可を与えるというものである。この場合，クリーニング店主は労働局管内で求人し，ドイツ人，EC国民，既に受け入れられ合法在留労働資格をもつ外国人労働者ならびに難民として認定された外国人を確保できなかったという証明書を得て，はじめて難民申請者を採用できた。

彼は交代制勤務で月1500マルクを税込みで得，税金支払いカードを保有する。ドン・ファン・ミンは最もハッピーなケースであろう。

にもかかわらず，1回だけではあったが，前記の火炎ビン事件の際には，皆と駅に避難したという。さらに他に何人かの難民についてのルポは次のような例を示している。

ナイジェリアからの難民のウマール・ジェームス・アキタは帰国すると5年の禁固が待っているという27歳の大学卒業者だ。薬局に勤め，隣人との関係も全く問題ないとするが，早くからこの地でも外国人のゴミの出し方などが問題になっている。また，難民の間に自転車や自動車の廃車を再利用する傾向があり，とりわけ自動車の場合がトラブルのたねになる。

22歳の学生でトーゴーからの難民オナ・デテは郊外のスポーツクラブの，電話はもとより，暖房もない部屋に1人で住んでいる。言葉も分からず，11月9日は「（第3）帝国の水晶の夜（Reichskristallnacht）だぞ！」という声を聞いたが，意味が分からなかったと述べている。

こうした反外国人運動に対して，1992年11月9日のドイツ統一・3周年記念の祝いが，むしろ1938年11月9日のヒトラーのナチスのユダヤ人大虐殺，ユダヤ系商店，住宅やシナゴーグ（ユダヤ教会）の破壊（水晶の夜）を想起し，2度と過ちを繰り返さないというベルリンの30万人を筆頭とする全国的大デモンストレーションで終ったことも記憶に新しい。

だが，自治体の現実は深刻である。ヴィンゼン市の市議会事務局長リーヒ氏

は外国人局を統轄し，外国人の管理と同時に難民の手当に当たっている。

彼によれば，難民申請があった場合，何をもって難民と限定して次の処理をするのか全く基準がなく，結局は全員を収容せざるをえないという。

しかも，別の土地にある当初受け入れ施設から，中央（ニュルンベルク）の指令にもとづき，次々と難民申請者の収容指令がくるのが実情である。

1992年10月6日にも，新たに218人の難民申請者をハンブルク市と，ニーダーザクセン州のその周辺地域に割りあて配分することを命じられた。ヴィンゼン市に割りあてられたのはそのうち36人で，国籍，宗教，性別，年齢その他について何ら配慮されることもなく割りあてが決定された。リーヒ氏はこの指令に対し，これは異常な状況であり，当市ではこの指令に従えぬと直ちに返信したという。

自治体の独自措置

こうした中で自治体の抵抗も強まっている。

難民流入に対する抵抗は，旧東ドイツ諸州で強いといわれるが，旧西ドイツ，たとえばニーダーザクセン州の各市，郡の措置もその一つである。

1992年8月，フォルクスヴァーゲン本社と本工場の所在地として有名なヴォルフスブルク市とその周辺のヘルムシュタット郡，ギフホルン郡は，難民申請者の急増に対して，州政府の方針に従わず，次のような措置を独自でとる例が多数でてきている。

この間，たとえばヴォルフスブルク市では，8月はじめ数万人の単位でルーマニアからのジプシーの流入があった。これに対し市当局は，市の収容施設への収容と難民認定庁への手続きを行わず，直ちに一定の食料と鉄道の切符（一定距離）を持たせて市の境界外に送りだした。しかも，ヴォルフスブルクでは与えられた切符を使用した者は2人だけで，他はいずこへか消えたという。ニーダーザクセン州の他の市や郡も追随して，こうした措置をとりはじめている。ブラウンシュヴァイクには当初受け入れ施設があるが，そこは満杯で，そちらに送り込むわけにもいかず，困り果てた上での措置だ。また，この当初の滞在期間も，1991年7月の内務大臣命令では10日から5日に短縮されたが，それでも満杯というのが実状であり，右のような措置をとることになったと当局は説明している。

こうした事態はドイツ人にとって，住宅，失業問題や国民の費用負担といった現実の生々しい重荷から生ずるものといえる。その一方で，わが国の憲法9

条同様，第二次大戦に対する国民的良心の証として定立されてきた基本法16条2項を，修正あるいは削除することが正しいかどうかが，国民的議論を生んでもいるのである。

一言でいえば，以上みてきたような手厚い難民（申請者）の保護は，とりもなおさず数百万人もの犠牲者と亡命者を出したナチ時代の民族主義を反省し，自己の犠牲のもとに国際社会に貢献しようという宣明であった。しかし，今日のEC統合による東からの「ヒト」の激流の強さに，瞬間的にも，自らが押し流されないように防御の姿勢をとったドイツ人も多いのである。こうした中で，国の利害が前面にでてくる形で，新たなナショナリズムの台頭を迎えているのだ。

多くのドイツ人，そしてオーストリア，スイス，オランダ，フランスや北欧に至るまでの旧西ヨーロッパ陣営に所属していた人々は，自らのナショナリティーに代わるものとしてヨーロッパを求め，新たな国際社会の構築を模索してきた。しかし一方では，新たな求心力であるEC統合の渦と，ヨーロッパの東の変動の渦がぶつかるところにドイツがあり，しかもとりわけEC内でも抜きんでたドイツの生活水準，所得の高さに引き寄せられてくる「ヒト」の波が，難民問題なのである。

この中で，ドイツ人は年間1600時間台の短い労働時間や高所得を犠牲にして，外国人の受け入れをするのか，自らを「ヨーロッパ人」ととらえ，貧しさをも共有するのか，この価値転換を迫られている。この点は，外国人労働者の受け入れ時代からの共生，統合の問題とも関連するのである。

外国人労働者——受け入れと定住の構造

1960年代から1970年代初頭に至る西ヨーロッパ経済の繁栄の中で，外国人労働者の果たした役割は大きい（詳しくは手塚『外国人労働者』〔日本経済新聞社，1989年〕同『労働力移動の時代』〔中公公論社，1990年〕）。

1960年代，ドイツ（ドイツ連邦共和国，旧西ドイツであるが，以下では単にドイツと記す），フランス，イギリス，スイス，オランダなど西ヨーロッパの工業国はいずれも人手不足状況を呈し，ヨーロッパの周辺諸国や旧植民地諸国から外国人労働者を受け入れた。

この時期，たとえばドイツを例にとると，失業率は各年平均で0.6〜0.7％と超完全雇用といえる状況にあった。

こうした中で導入された外国人はヨーロッパの農村地帯，イタリア南部，ス

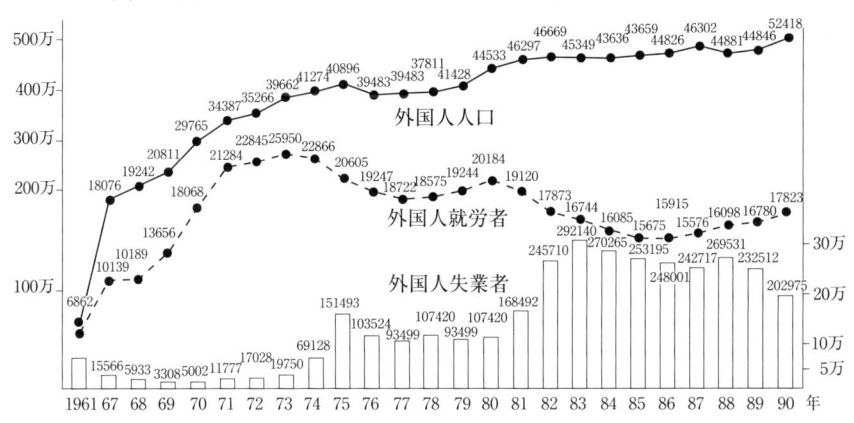

図2　西ドイツにおける外国人人口、就労者及び失業者数の推移

資料出所．外国人問題専門官事務所、外国人に関するデータから作成。
注：①原則として各年9月末、②外国人人口、就業者人口は単位100人。③外国人失業者数は実数。

ペイン，ポルトガル，ギリシャ，トルコなどの人々が主となっていた。これらの人々がたとえば，製造業では自動車組立ライン，電気機器組立ライン，女子は繊維や食品製造ラインなどに入職し，石炭業などでは坑内の労働に従事することとなった。そのほとんどの仕事はOJT（On the Job Training）により，容易にこなせる仕事で，高度な技能や資格を要する熟練労働ではなかったのである。

　当時ドイツ連邦政府はこうした外国人を導入した際，次の3つの前提によっていた。その1は，外国人のほとんどが2〜3年の出稼ぎで一定の所得を得れば帰国するであろうということ，その2は，外国人はドイツ人の不足している部門，とりわけ不熟練，半熟練部門の仕事を，ドイツ人はより高度な部門の仕事をするとの予測であった。その3は，戦後の住宅難も一巡し，ドイツ人が一定水準の住宅を確保し，移動しなくなったのに対し，外国人の場合にドイツ国内でも人手の余った地域から不足の地域に移動するモドリティー（移動性）がある，ということであった。

　この3つの前提は，10年を経ずして全く誤っていたことが明らかとなり，ドイツ連邦政府はオイルショック後の1974年，正式にその前提の誤りを認めざるをえなかった。

　まず第1の点は，外国人にとって帰国しても職がなく，またドイツからの持

319

ち帰り資金も期待していたほどではないとし，雇主の側からはむしろ経験や熟練をつんだ労働者を手放す必要もなかったことから簡単に崩れた。当初だけ高かった帰国率（1966～67年に約46％）は，オイルショック以前に10～20％台に下っていたのである。

　第2点に関していえば，1970年代から80年代にかけて圧倒的多数を占めた熟練度の低いドイツ人労働者の多くは，新たなハイテク，技術革新についていけなかった。この人々はむしろ真面目な外国人労働者に押し出される結果となっている。

　第3点に関していえば，完全雇用を誇っていたドイツも，オイルショック後は石炭，鉄鋼，造船，繊維などの構造不況業種を生み，各地で熟練度の低い外国人が先ず解雇され，吹きだまるという結果となった。しかも南部にはわずかに好況の地があったが，彼らはそこに移動しうるような状況にはなかったのである。

　実際かつて，組立ラインのほとんどをトルコ人労働者に依拠していた自動車工場も，ロボット導入により自動組立に切り替わるや否や全員解雇の憂き目をみた。ちなみにケルンのドイツ・フォード本工場では，かつて10万人のうち半数を占めていた外国人が，今日では全体で6万人の18％（約1万人余）にすぎないという。

　こうした3つの前提を，今では政府関係者や経済団体のトップもが，「幻想（Illusion）」であったとすら言い切っている。

　それとともに，受け入れられた外国人は否応なしに家族を呼び寄せ，ドイツで子供を生み，育てることになる。こうして受け入れられた外国人の滞在年数は増え，8年間在留の結果，「永住権」を取得するに至る。7～8割はドイツ生まれ，ドイツ育ちの子供たちのハイマート（故郷）はドイツであり，両親が帰国を望むとしても，子供たちは受け入れようとはしないし，また現実的にも両親の故国に職がなく，無理な話ということになる。

　とはいえ，自己のアイデンティティーについてはドイツ人ではないことを認識し，しかも様々な場面でそのことを思い知らされる。

　こうしてドイツは好むと好まざるとにかかわらず，当時自らは否定していた「移民国家」としての方策をとらざるをえなくなる。つまり統合と共存政策である。

　これと同時に，さらなる流入を阻止すべく，外国人労働者募集停止（1973年11月）を行い，帰国を促進しつつも彼らの自由意志に委ねることとなった。

こうして、ドイツはドイツ人と異なる民族的基盤を持つ人々と、その文化や伝統をも受け入れることになる。たとえば、トルコ語の劇場を作ったり、トルコ語の授業も学校で行われるだけでなく、女性のための語学やさまざまな講座も開設されることになる。

これらの外国人は、ドイツ人と国籍上の差があるだけで、すべて市民として法的、あるいは労働、教育、社会保障などにおいて等しく保障されている。ドイツは決してチープレーバー（安価な労働力）を受け入れたのではないという基本的姿勢は、政府、自治体だけではなく、経済界、社会団体、労使機関などにおいてすべての場で貫徹される。それだけに大量の難民流入がおき、さまざまな不協和音が生じることにもなってくる。

ドイツは、今までの、かなり実効力の高かった外国人労働者への枠組の真価を問われているのであり、これはドイツのみならず、EC諸国から旧東欧に至るまでの国々が直面する最大の問題なのである。

日本に必要な「覚悟」

日本をとりまく国際環境をみると、周辺のアジア諸国との間の所得格差や人口圧力はドイツ周辺国のそれとは比較にならないほど大きい。しかも西ヨーロッパで50年間にわたってゆるやかに進んできた高齢化が、日本ではわずかばかりの間に急激に進んでいる。

その結果、日本の周辺国からの労働力移動（移民や出稼ぎ）の圧力はヨーロッパと比べてさらに高く、また形を変えての「難民」の潜在的な送りだし圧力も高いことになる。

その点について、日本は西欧諸国以上の「覚悟」を要するのである。

他方、こうしたヨーロッパの実情からみても、日本が残された最大の非移民社会であり、「民族国家」的傾向を密に有する国の一つであることが明らかとなろう。そこでは、自国の経済、発展を軸にして考え、自分の豊かさだけを追求し、外国人を「労働力」としてのみとらえる発想法が圧倒的に強くなるのは、当然の帰結となる。

しかし、日本がこの数年来ヨーロッパ、とりわけドイツなどと異なり、「経済の論理」だけでなし崩しに労働力導入を進めてきたことについて、根本的な変化を迫られている。

急速に膨張する貿易黒字、閉鎖的な取引慣行などとともに、アジア諸国からチープレーバーを導入して、さらなる輸出ドライブをかけるのではないかとの

危惧を欧米をはじめ世界中がもち，注目しているのである。

　他方，国際社会や地球規模の発展を考える立場からは，同じ人格を持った「ヒト」としての受け入れを根底におき，人間平等の思想と，それに向けての条件整備が今や避けられない。

　事実，もともと2〜3年の出稼ぎのために来日した日系ブラジル人をはじめ，多くの外国人も定住する方向にあり，日本も移民社会の様相をおびている。こうした中で，自らの問題，自らの犠牲や負担の問題として具体的に論じられない「国際化」や「共生」は，抽象的な「ヒト」に対する「開国論」「鎖国論」同様に不毛である。

(「世界」1993年4月号所収)

第3部　外国人労働者の実態

第3部　解題：外国人労働者の実態

　本書の第3部は，当時先駆けて大規模な実態調査を行ったもので，東京，神奈川，千葉，埼玉，群馬，大阪の5都府県で，約1万8千以上の事業所，企業調査を行い，最初の画期的なものとなったし，以後，この種の調査がなされていないこともあり，重要である。この調査は，各調査に関しては，小野五郎埼玉大学経済学部教授（現在），尾形隆彰千葉大学文学部教授（現在）との共同研究体制が大きい力となった。調査事態は，これと，当時別途に調査を行っていた駒井洋筑波大学教授の調査を含み，『外国人労働者の就労実態』（明石書店，1992年）として刊行された。これらの結果に，さらに分析を加えたものが，本編である。

　筆者は，そのほか，留学生，就学生に関して，全国専門学校，各種学校連合会の協力をえて，『専門学校留学生受け入れ実態調査』（平成3年度版，財団法人専修学校教育振興会，平成4年），研修生に関して，『中小企業における外国人研修生受け入れ実態等に関する研究』（財団法人国際研修協力機構，平成6年）などを行い，実態の解明に努めた。

　これらの成果は，日本で最初のもので，意義が大きいものであるが，今回はその一部だけを，載録するにとどめた。しかし，第1部の論稿はこれらの実態に基いており，ともすれば抽象論のレベルにとどまっていた議論に，具体性を与えるものであった。この当時指摘された問題点は今もなお改善されておらず，外国人の受け入れが本格化した1990年代から引き続いての懸案だということが分かるのである。

外国人労働者の就労実態
――首都圏と大阪の実態――

I　はじめに

　この10年間，首都圏をはじめ地方に至るまで，全国的に外国人が住み，働いているのがみられるようなってきた。

　その背景には，先ず，1980年代を通じて日本経済がますます国際化し，商品，原材料といった「モノ」の流れ，資本，金融といった「カネ」の流れが世界的になったことにともなって，「ヒト」が動き，「ヒト」の国際化が進んだことがある。

　これとならんで，1985年9月の5カ国蔵相会議でのいわゆる「プラザ合意」によって円高が急速に進行したこと，それと1987年以降，内需拡大と西側世界の好況もあって，一気に人で不足の局面になったことから，アジア諸国，さらには南米諸国からの出稼ぎ現象を生んだのである。

　こうした過程で，入管法（「入国管理及び難民認定法」以下，入管法と略する）上，就労が認められない，いわゆる不法就労者が激増している。とりわけ，従来不法就労の温床といわれていた土木，建設業（男性），風俗営業（女性）から，製造業，商業，サービス業へと，急速に不法就労外国人を雇う業種は広がった。

　その結果，首都圏では雇う側は，外国人を雇うのにさほど困難でないほどに，不法就労が一般化してきている。しかし，その就労経路や就労実態など不法就労と「生活」の実態全般は解明されなかったといえる。

　こうした中で，実態が明らかにされないままに，外国人労働者問題なるものが論じられ，受け入れの是非論にはじまり，人権保護の欠如，低労働条件や労働災害，果ては，ブローカーによる中間搾取，ピンハネ，売春から犯罪に至るまで多くの問題が続出してきたのである。これに対して，従来の議論では実態の解明が遅々として進まず，それぞれが，直面した個別ケースによってだけ議論を一般化しているだけで，お互いに説得力のある論拠を提起しえなかったといっても過言ではない。

　1989年から90年にかけ，入管法の改正がなされ施行（平成2年6月1日）される前後，ようやく，いくつかの調査がなされて，これにより外国人の雇用，

就労の実態が明らかになってきた。

　本稿は，筆者自身が行ってきた調査と，その直後行われた調査の効果を集約し，外国人雇用，就労の実態を明らかにしようとするもので，こうした包括的かつ総合的な調査による実態解明としてははじめてのものであるといえよう。

Ⅱ　調査方法と対象の設定

1　本調査は，きわめて困難なこのテーマに取り組み，以下の方法と対象を設定しつつ調査を行ったものである。

　この中で次の2つの点に留意をしつつ調査を行い，結果の解明にあった。

　第1は，現在の日本の第二次産業，第三次産業を中心とした産業構造との関係で，労働力需給構造がどのような実態を有するのか，その中で外国人の雇用がどのように構造的な進み方をしているのかという点を解明することが重要である。

　この実態の解明は，従来個別，具体的なケースとしてしかあらわれなかった外国人の雇用実態の問題を明らかにするとともに，今後のわが国での外国人の雇用に関する基本的な政策の展開の前提となることが期待される。

　第2は，本調査は「ヒト」の開国，国際化を，避けて通れない今後の日本の課題として設定した上で，外国人の雇用の実態を先ず解明することに重点をおいている。それとともに，法的評価，とりわけ入管法，労働法，社会法等の現行法制による評価を行うことと，それを前提とした分析をクロス集計を用いて行ってみた。

　本来かかる調査は，1．産業・経済界における実態調査と，2．外国人労働者のヒアリング調査からなる。

　調査対象については，先ず神奈川，埼玉，群馬，大阪の事業所に対するアンケートを実施，あるいは，ほぼ同時期に同様なアンケート調査の行われた，東京，千葉の調査も合わせ，集約した。

　以上のような方針をもとに本調査は行われたが，本調査について御協力あるいは調査結果の本調査への集約を御容認いただいた，後述の関係機関ならびに関係者には厚く御礼を申し上げたい。

　とりわけ千葉県については「外国人労働雇用実態調査報告書」（平成2年2月千葉県商工労働部労政課）の結果を集約させていただいた。また，東京都については，平成元年7月1日現在の調査が，東京都立労働研究所により行われ，

その結果「東京都における外国人労働者の就労実態」(平成2年3月)が公表されているので、これを合わせ考察させていただいた。なお大阪の調査結果については、大阪商工会議所産業経済部「外国人労働者等の採用に関する調査報告」(平成2年5月発表)としてまとめられているが、これを集約させていただいた。

これらを含め本報告でまとめられている調査は次のものによっている。

① 2年1月31日現在の実態を、調査票により神奈川県(3000事業所),埼玉県(1080事業所),群馬県(1565事業所),大阪府(2765事業所)について調査したものを集約したものである。このうち、大阪以外の三県分については筆者を中心として行われているが大阪については、大阪商工会議所により行われ、「外国人労働者等の採用に関する調査報告」(平成2年5月,大阪商工会議所産業経済部)として公表されている。また、これらの調査結果と、②の東京都「昭和63年度調査」および千葉県の調査を集約し、分析したものとしては、財団法人企業活力研究所「わが国における外国人就労の現状と問題点」(平成元年3月)がある。本稿は、これらと、データのクロス集計を含むより詳細な分析を行い、分析したものである。なお、本調査については、埼玉県経営者協会、埼玉県中小企業団体中央会、高崎経済大学産業研究所、大阪商工会議所産業経済部の御助力をえた。記して謝辞にかえたい。

② ①の調査計画時に既に実施ないしは計画中であった以下の調査を千葉県と東京都については参照、集約させていただいた。千葉県については、平成元年10月1日現在で5000事業所に対する調査が千葉県商工労働部労政課により行われ、「外国人労働者雇用実態調査報告書」(平成2年2月)としてまとめられている。東京都については、平成元年7月1日現在で5200事業所の調査が東京都立労働研究所により行われ、「東京都における外国人労働者の就労実態」(中間報告,1990年3月)として公表されている。また、東京都品川労政事務所により、昭和64年3月に発表された「外国人の雇用に関する意識・実態調査」(調査は昭和63年10月に行われた)がある。前者は外国人の就労条件につき詳細なものであるが、就労している外国人についての属性(国籍,学歴,在留資格)等があまり詳しくないが、調査項目として入っていない。この点、後者は、かなり詳しいデータをとっているので、調査対象,時点は異なるが、東京での傾向を知るうえで、必要な限り、後者も引用させていただいた。

それゆえ、前者を東京都「平成元年調査」,後者を東京都「昭和63年調査」として引用するが、特記していない限り、前者である。

2 調査時期

平成2年1月31日現在，ただし千葉については平成元年10月1日現在，東京については平成元年7月1日現在の調査である。

3 調査項目

(1) 対象企業の経営，就業構造

業種，規模（従業員数，売上の状況），従業員の就業構造（正社員，パート，アルバイトなど）

(2) 労働の需給

充足状況，最近の募集，採用実績，募集内容（正社員，パートタイマー，アルバイト），求人活動，募集方法

(3) 外国人の採用に対する態度

採用希望（雇用形態，職種）

(4) 外国人を現在雇用している事務所につき外国人の人の数（国籍，性別，学歴），雇用形態，職種，在留資格，採用経路，採用動機，雇用期間，教育訓練，給与・賃金形態，昇進・昇格，社会保険，住宅，評価

(5) 外国人を過去雇用していた事業所につき，時期，述べ人数，職種，雇用形態，雇用期間，雇用停止の理由

以上の項目を中心に，アンケートによる調査を行い，集計・分析をしたものである。

4 調査方法，調査対象の設定

対象地区内の各事業所に対する調査表の郵送方式による。

また，日本国内での活動，就労について制限のない外国人の雇用については調査の対象から除外した。

各地における調査対象事業所の抽出および選択ならびに回収状況は次の如くである。

(1) 概 況

表1に示したように，各都府県における事業所サイドの関心は極めて高く，概ね40％の回答率を示している。この種の調査で，しかも本調査のような詳細な質問にこれだけの高回答率を示したことは，事業所側，経営側のこの問題についてのなみなみならぬ意志の反映だといえよう。それだけ，一方では，「ヒト」の国際化も進み，他方では人手不足，雇用情勢が切迫していることの証左にほかならない。

ただこのような事業主側の雇用情勢，人手不足の逼迫といった一般的な動機を根拠づける人手不足はどの程度のものなのか，それが日本人の雇用を回避し

外国人労働者の就労実態

表1 各都府県別調査概況

都県	調査事業所数	回答事業所数	有効回答率	外国人雇用事業所数	同左%	就労人員数	備考
神奈川	3,000	1,273	42.4%	72社	5.7	514名	全事業所
埼玉	1,080	398	36.9	53社	13.6	163	中小主体
群馬	1,565	638	40.8	43社	6.8	162	中小主体
大阪	2,762	912	33.0	101社	11.1	461	
千葉	5,000	2,407	48.1	116社	5.0	333	全事業所
東京	5,200	2,080	40.0	223社	10.7		10人以上

大阪については，大阪商工会議所産業経済部「外国人労働者等の採用に関する調査報告」(1990年5月)．
東京については，東京都労働研究所「東京における外国人労働者の就労実態」(1990年3月)．
千葉については，千葉県商工労働部労政課「外国人労働者雇用実態調査」(1990年2月)，のデータである。
以下，特に断りない限り本報告のデータは五都府県についてはこれによっている。

た，安い，短期的な好況に対応する使い捨て的雇用に過ぎないのかなど，基本的問題は単に人手不足というだけでは解明されない。この点をも本調査は解明しようとしたものである。

(2) 神奈川県

昭和61年事業所統計調査に基づく，常備従業員20人以上の事業所中，約5分の1を無作為抽出した。(**表2**)

(3) 埼玉県

埼玉県経営協会ならびに埼玉県中小企業団体中央会への加盟組合中中小企業団地所属の事務所すべてを対象とした。業種別，従業員規模別内訳は**表3**のとおりである。

(4) 群馬県

昭和61年事業所統計調査に基づく常備従業員5人以上の事業所より，約20分の1を無差別抽出した。(**表3-1**)

(5) 大阪府

大阪府については大阪商工会議所により調査が実施された。対象は大阪市内に本社を有する企業を中心とした2762社(一部京都府，兵庫県を含む)である。回答状況は**表4**のとおりである。

(6) 千葉県

昭和61年事業所統計調査に基づく従業員5人以上の民営事業所のうち，事業別，従業員規模別に層化した上で無作為抽出した。(**表5**)

第3部　外国人労働者の実態

表2　神奈川県外国人労働者アンケート調査サンプル抽出表

常雇規模 産業大分類	20—29 母数	20—29 サンプル	30—49 母数	30—49 サンプル	50—99 母数	50—99 サンプル	100—299 母数	100—299 サンプル	300人以上 母数	300人以上 サンプル	規模計 母数	規模計 サンプル
建　設　業	697	124	458	81	267	47	91	16	19	4	1,532	272
製　造　業	1,504	263	1,271	223	972	172	676	119	354	63	4,777	840
電気・ガス・熱・水道	7	1	2	1	14	2	28	5	8	1	59	10
運輸・通信業	640	114	588	104	441	78	267	47	31	6	1,967	349
卸売・小売業，飲食店	1,812	320	1,266	224	653	115	229	41	36	6	3,996	707
金融・保険業	553	98	514	91	191	34	56	9	14	3	1,328	235
不　動　産　業	60	11	32	5	16	3	3	3	0	0	122	22
サービス業	1,196	211	828	146	637	112	421	75	116	21	3,198	565
産　業　計	6,469	1,112	4,959	875	3,191	564	1,782	315	578	104	16,979	3,000

表3　埼玉県外国人労働者アンケート調査サンプル抽出表

	調査対象	回答
製　造　業	878	315
食　　品	58	20
繊　　維	21	2
木製品・家具	27	8
紙加工品	29	15
出版・印刷	30	
化　　学	95	37
窯業・土石	28	
鉄　　鋼	45	77
非　鉄　金　属	61	
金属製品	71	
一般機械	121	34
電気機械	95	37
輸送機械	82	25
精密機械	62	22
そ　の　他	53	38
建　設　業	33	10
卸売・小売業	44	19
金融・保険業	19	1
運輸・通信業	31	4
電力・ガス・水道業	10	0
サービス業	51	10
飲　食　業		1
その他の産業	7	
不　　明	7	19
総　　計	1,080	398
（従　業　員　数）		
1～30人	255	
31～100人	341	
101～300人	232	
301～500人	58	
501～1000人	51	
1001～2000人	22	
2001人以上	11	
不　　明	110	
総　　計	1,080	

表3—1 群馬県調査対象事業所数

業種		発送	回収	回収率(%)
製造業	食品	127	57	44.9
	木製品・家具	99	25	25.3
	出版・印刷	80	27	33.8
	化学	106	22	20.8
	窯業・土石・ガラス	84	28	33.3
	金属・金属製品	112	42	37.5
	機器	200	78	39.0
	繊維	105	47	44.8
	その他	67	44	65.7
建設		114	68	69.6
卸売		110	98	41.5
小売		126		
金融・保険		12	8	66.7
運輸・通信		112	56	50.0
サービス		111	38	34.2
合計		1,565	638	40.8

表4 大阪府での回答状況

	回答
合計	912 (100)
食料品	18 (2.0)
繊維・衣料	33 (3.6)
木材・家具・木製品	14 (1.5)
製紙・印刷	17 (1.7)
化学	73 (8.0)
金属	46 (5.0)
機械	59 (6.6)
その他製造業	100 (11.0)
卸売業	170 (18.6)
小売業	52 (5.7)
金融・保険業	30 (3.3)
建設業	73 (8.0)
不動産業	27 (3.0)
運輸業	71 (8.1)
サービス業	122 (13.4)
飲食業	4 (0.4)
1000人以上	93 (10.2)
300〜999人	171 (18.8)
100〜299人	234 (25.7)
99人以下	414 (45.4)

( )内は%

表5　千葉外国人労働者雇用実態調査報告書サンプル回答数

	建設業	製造業	運輸・通信	卸・小売	金融・保険	サービス業	産業計
5～　9人	178(66)	177(68)	145(29)	183(40)	124(33)	181(80)	988(316)
10～ 19人	173(64)	174(63)	149(42)	180(36)	141(58)	176(47)	993(310)
20～ 29人	149(66)	158(58)	126(55)	166(25)	130(65)	156(38)	885(307)
30～ 49人	130(55)	155(68)	121(62)	157(54)	114(30)	141(53)	818(322)
50～ 99人	96(38)	143(77)	106(49)	132(37)	81(24)	128(41)	686(266)
100～299人	37(20)	124(91)	83(34)	77(33)	27(21)	116(67)	464(266)
300～	6(3)	77(54)	19(12)	28(23)	6(11)	30(20)	166(123)
計	769(312)	1,008(479)	749(283)	923(248)	623(242)	928(346)	5,000

なお（　）内は回答数

(7) 東京都

東京都内（島しょを除く）の事業所中，事業所統計調査に基づき民営の本社および単独事業所から，中小企業の規模の要件に該当する事業所を無作為抽出した。下限は10人以上である（表5－1）

Ⅲ　調査結果ならびに分析・評価

1　対象事業所について

神奈川，千葉，東京については事業所統計調査による事業所から一定数を抽出しているので，全産業にわたって産業構造を反映したものとなっている。とりわけ千葉県については，幕張メッセの建設等で活況を呈していた状況下に建設業でのサンプル，回答が高いことは注目されよう。

また東京都についても建設業でのサンプルと回答率が高い。これと同時に，サービス業および飲食業のサンプル数，回答率が高いこともあって，これらの産業における実態を明らかにすることができよう。

これに対して，群馬，埼玉は調査対象設定方法等から製造業の比重が高い。

また事業所の全従業員数による分布も埼玉・群馬は5人未満の小企業を含み，産業としては製造業，事業所規模はやや中小企業に比重がかかっている。

その結果としては，地域別の実態とならんで全産業，全事業所規模の平均的な傾向をみること，第二次産業と第三次産業，中小企業の動向を探ることに関しても有意義であると考えられる。

表5—1 調査対象企業の業種別規模

業　　　種	従業者数規模	配布数	回答数
建　設　業	10人以上300人未満	589	279（47.4）
製　造　業	10人以上300人未満	1418	605（42.7）
卸　売　業	10人以上100人未満	1003	364（36.3）
小売業（除く飲食店）	10人以上 50人未満	456	148（32.5）
飲　食　店	10人以上 50人未満	410	116（28.3）
運輸・通信業	10人以上300人未満	284	112（39.4）
サービス業	10人以上 50人未満	1040	442（42.5）
	業種不明・無回答		14（——）
	合　　　計	5200	2080（40.0）

＊回答は企業規模で記入しているため、中小企業の規模要件を下回る回答も含まれる。
＊外国人従業員の範囲は、「最近入国し、いろいろな形態で働いている人々」とした。従って、研修生は含むが、在日韓国人、在日朝鮮人等は含まない。

また、大阪、埼玉については、商工会議所、経営者協会、中小企業団体中央会などの経済団体への参加事業所についての動向を知るうえでも有意義だと思われる。

2　回答事業所について

回答事業所については、調査母数に対する比率でも圧倒的に製造業が高く、卸売小売、建設業、サービス業等について相対的に低い回答率となってきている。ただし東京、大阪では卸・小売とサービス業の比率が高い。

このことは逆に、製造業において今調査の結果外国人雇用比率が高いからといって、全産業の実態を十全に示したものとはならない。（**表6，表7** 参照）

とりわけ、東京・千葉を除くいずれの地域においても建設業や飲食業の回答が低いことが注目されねばならない。これらの事業所のうち従業員数5人未満のものは事業所調査の対象とされず、仮に業界団体等に加盟していても、回答率が極めて低いことがあるからである。

それゆえに、各県別の外国人の就労数をそのまま各産業での一般的傾向とみることには慎重であるべきであろう。ちなみに本調査は外国人雇用の数的把握ではなく、その質的、雇用構造等をみることに主目的があるからである。

従業員規模別にみると、埼玉、群馬では中小、とりわけ5人未満の事業所の回答を得られたことは貴重であるといえよう。

第3部　外国人労働者の実態

表6　回答した全事業所の業種

	神奈川	埼玉	群馬	大阪	千葉	東京
合　計	1273(100　)	389(100　)	638(100　)	912(100　)	2407(100　)	2080(100　)
製造業	16(3.8)	20(5.1)	57(8.8)	18(2.0)		
食　料　品	7(0.5)	8(2.0)	25(3.8)	14(1.5)		
材木・家具・木製品	28(2.0)	15(3.8)	27(4.2)	17(1.8)		
製紙・印刷	27(2.9)	37(9.5)	22(3.4)	73(8.0)		
化学	10(0.8)	9(2.3)	28(4.4)			
窯業・土木						
金　属	423 53(4.2)	77(19.8)	42(5.5)	46(5.0)	479(19.9)	605(29.1)
機　械	(33.2) 153(12.0) 324	118(30.3) 371	78(12.2)	59(8.5)		
（一般機械）	(27) 2.1) (83.3)	(34) 8.7) (58.2)	(20) 3.1)			
（電気機器）	(75) 5.9)	(37) 9.5)	(30) 4.7)			
（輸送機器）	(30) 2.4)	(25) 6.4)	(23) 3.8)			
（精密機械）	(21) 1.6)	(22) 5.6)	(5) 0.8)			
繊維衣料	14(1.1)	2(0.5)	47(7.4)	33(3.5)		
その他製造業	77(6.0)	38(9.7)	44(6.9)	100(11.0)		
卸売・小売業	163(13.3)	19(4.9)	98(15.4)	222(14.6)	248(10.1)	512(24.6)
（卸売業）				(170)(18.6)		(364)(17.5)
（小売業）				(52)(5.7)		(148)(7.1)
金融・保険業	75(5.9)	1(0.3)	8(1.3)	30(3.3)	242(10.1)	
建設業	10(7.9)	10(2.6)	68(10.7)	73(8.0)	312(13.0)	279(13.4)
不動産業	1(1.1)			27(3.0)		
運輸通信業	137(10.8)	3(0.8)	58(8.8)	74(8.1)	283(11.8)	112(5.4)
私鉄・バス業	5(0.4)	1(0.3)				
飲食業	36(2.8)	1(0.3)	3(0.5)	4(0.4)		116(5.6)
電気・ガス供給給水道業	10(0.8)					
サービス業	271(21.3)	10(2.6)	35(5.4)	122(13.4)	346(14.4)	442(21.3)
不　明	29(2.3)	10(2.6)				14(0.7)
	従業員5人以上	中小＋大手	中小＋大手	大商会員	従業員5人以上民間	従業員10人以上

334

外国人労働者の就労実態

表7　回答全事業所の従業員数による分布

	神奈川		埼玉	群	馬	大阪	千葉	東京
5人未満	89(7.2)	121(9.7)	23(5.9)	10(1.8)	14(2.3)		318(16.5)	241(11.6)
5人〜 9人	238(19.4)	139(11.2)	38(10.2)	40(7.1)	42(6.9)		310(16.2)	701(33.7)
10人〜 19人	337(27.4)	214(17.2)	59(15.2)	86(15.4)	93(15.3)		307(16.1)	358(17.2)
20人〜 29人	275(22.5)	205(16.5)	34(8.7)	74(13.2)	79(13.0)		322(16.9)	314(15.1)
30人〜 49人	211(17.2)	199(16.0)	42(10.8)	116(20.7)	125(20.6)		256(13.9)	214(10.3)
50人〜 99人			69(17.8)	108(19.3)	115(19.0)	414 (45.4)	266 (13.9)	166(8.0)
100人〜199人			57(14.8)	68(12.1)	75(12.4)			
200人〜299人	66 (5.4)	352 (28.2)	63 (16.2)	19(3.4)	22(3.6)	234 (25.7)	123(6.4)	75(3.6)
300人〜499人				14(2.5)	16(2.6)			
500人〜999人				23(4.1)	23(3.8)	171 (18.8)		
1000人以上						93(10.2)		10(0.5)
不　明	12(1.0)	16(1.3)	3(0.8)	2(0.4)	2(0.3)			
合　計	1,229(100)	1,246(100)	388(100)	560(100)	606(100)	912(100)	1,910(100)	2,080(100)

左欄: 事業所の全従業員数（パート・アルバイトを含む）／企業全体の全常用従業員数（パート・アルバイトを除く）

3 労働力需給関係（人手不足の状況）

調査時点（平成 2 年 1 月）での各都府県での有効求人倍率では東京1.67，神奈川1.40，千葉1.46，埼玉1.37，群馬2.16，大阪1.24である。これを本調査についてみると全般的な労働力需給関係をみると，全体として充足率は80％前後となっている。（千葉については平成元年10月には1.34，東京都については平成元年 7 月には1.73であった）

しかし，これを業種，職種別にみると現在職業安定業務統計などの傾向にみられるのと同様に，建設業，サービス業において高いのが看取される。

ちなみに，この点でのデータの詳しい大阪では，「不足」回答は特に建設業（79.5％），機械（74.6％），運輸業（66.2％），金属（63.0％），サービス業（62.3％）などの産業と業種で多くなっている。また規模別にみると，規模が小さくなるほど「不足」回答が増加している。（**表 8**）

これを充足率からみると，従業員が不足していると回答した企業における従業員の充足率は平均84.2％となっている。特に充足率の低いのは，建設業（78.6％），小売業（80.8％）である。規模別にクロスしてみると最も充足率が低いのは50％（99人以下の卸売業と化学，300〜999人のサービス業）であり，一般的には規模が小さくなるほど充足率が低下しており，中小企業の人手不足を裏付けるものとなっている。

注目すべきは不足している部門の業種による特性で，製造，建設，運輸業では現業での比重が高く，金融，保険，不動産業，卸売小売では一般事務，販売が高い。このことはとりもなおさず産業実態を示しているからではあるが，本来その業種や産業の経営にとっての基幹部分での人手不足の進行はその事業経営の将来にとっても由々しき問題である。他方，たしかに，昭和62年以来の内需拡大，好況による人手不足ともいえるが，実態をみるとそうとはいい切れない面がでているのである。

たとえば**表 8** にみるように，大阪の場合，金属産業の回答事業所46事業所中人手不足と答えている29事業所（約63％）のすべて（100％）が現業部門の人手不足をあげている。次に，建設業では全回答事業所73のうち58事業所（79.5％），そのうちの89.7％が現業での人手不足をあげ，運輸業では全回答事業所74のうち49事業所（66.2％），そのうち89.8％が現業での人手不足をあげている。

つまり，人手不足が伝えられるようになって以来製造業，建設業，運輸業，データが少ないが飲食業等での現業労働者の不足は披いがたいものとなっている。

外国人労働者の就労実態

表8 従業員の不足している部門（複数回答）

(%)

		一般事務・販売	現業	財務・経理	企画・商品開発	技術開発・研究	情報処理	その他	N.A.
合　　　計		(230) 44.7	(355) 68.9	(56) 10.9	(62) 12.0	(124) 24.1	(81) 15.7	(34) 6.6	(1) 0.2
業種別	製造業	(80) 40.8	(154) 78.6	(15) 7.7	(34) 17.3	(90) 45.9	(36) 18.4	(3) 1.5	(1) 0.5
	食料品	50.0	75.0	―	12.5	12.5	12.5	―	―
	繊維・衣料	66.7	60.0	13.3	26.7	33.3	40.0		
	木材・家具・木製品	37.5	87.5	―	25.0	12.5	25.0		
	製紙・印刷	80.0	80.0	10.0	30.0	20.0	20.0		
	化学	43.8	84.4	12.5	9.4	40.6	9.4		
	金属	27.6	100	6.9	10.3	37.9	13.8		
	機械	38.6	72.7	11.4	20.5	72.7	25.0		
	その他製造業	32.0	72.0	2.0	18.0	50.0	14.0	6.0	2.0
	非製造業	(150) 47.0	(201) 63.0	(41) 12.9	(28) 8.8	(34) 10.7	(45) 14.1	(31) 9.7	(―)
	卸売業	74.7	45.3	13.7	18.9	8.4	12.6	6.3	
	小売業	79.2	33.3	12.5	―			4.2	
	金融・保険業	87.5	12.5	12.5	12.5	―	25.0		
	建設業	19.0	89.7	13.8	6.9	27.6	10.3	15.5	
	不動産業	83.3	33.3	16.7	―		16.7	16.7	
	運輸業	22.4	89.8	4.1	6.1	2.0	10.2	8.2	
	サービス業	32.9	63.2	17.1	2.6	11.8	25.0	13.2	
	飲食業	33.3	100	―					
規模別	1000人以上	34.8	69.6	13.0	10.9	45.7	34.8	6.5	―
	300～999人	42.2	76.7	10.0	10.0	33.3	22.2	10.0	―
	100～299人	45.1	66.2	11.3	14.3	24.8	17.3	6.0	―
	99人以下	47.2	67.5	10.6	11.8	16.3	8.9	5.7	0.4

（　）は会社数

しかし，他面，これらの産業ではほとんど定説となりつつあるように，労働条件が悪く，若年者のみならず，中高年者に至るまで就労したがらないという傾向が強く，雇用改善が最も急がれることも否定できないところである。

次に，急速に好況，事業拡大の影響があって，雇用拡大している金融，保険業や不動産業については，相対的に人手不足と答えた事業所は少ないものの一般事務，販売といった基幹部門の人手不足をあげている。

また，これ以外の部門，とりわけ企画，商品開発や技術・研究開発や情報処理といった部門については，ほぼ全産業，全業種について一定の人手不足をあげている。すなわち，**表8**でみると20％～30％，ただし研究開発部門は50％以上に及ぶところもある。これらの部門は，現在の好況時においては必要度は少ないと思われるが，企業間競争や生産性拡大，新製品や技術開発，導入をより以上要請される不況局面になれば，ますます必要性が増したとえ中小企業とはいえこれらの部門により競争力強化，技術革新の進まない企業は脱落していくことが目にみえているのである。

4　外国人を採用している事業所

表1にみるように，現に外国人を採用している事業所数とその比率は既にどの地域でも5％をこえ，かなりの比率となっていることが分かる。

これを業種別にみると，**表9，10**にみるように製造業とサービス業が比較的高い。しかし，巷間多数の就業が伝えられる，飲食業と建設業についてはデータの回収が少なく，また，調査の対象にならなかった結果平均より低いといえる。千葉県の建設業の場合のように全体の12％といったところが実体ではないかと考えられるのである。

また，東京都では建設業では回答事業所については全体の13.4％に対し，外国人を雇用している事業所は全体の5.8％とかなり低くなっている。本社機能が強く，また現場で外国人が雇いにくいなどの事業があるためこのような結果になっていると推定される。これに対して，東京都の飲食業では，回答事業所については全体の5.6％であるのに対し，雇用している事業所については21.1％と著しく高くなっている。これは，東京都では就学生，留学生のアルバイトが雇いやすいことや飲食業の人手不足に対し外国人を雇い入れることが一般化していることの結果と考えられる。(**図1**参照)

すなわち，外国人を現在雇用している事業所数をみると，神奈川，千葉といった全事業所を平均的にサンプリングした地域では，それぞれ製造業が41.7％，43.6％を占め，サービス業が3.5％，14.7％を占めている。

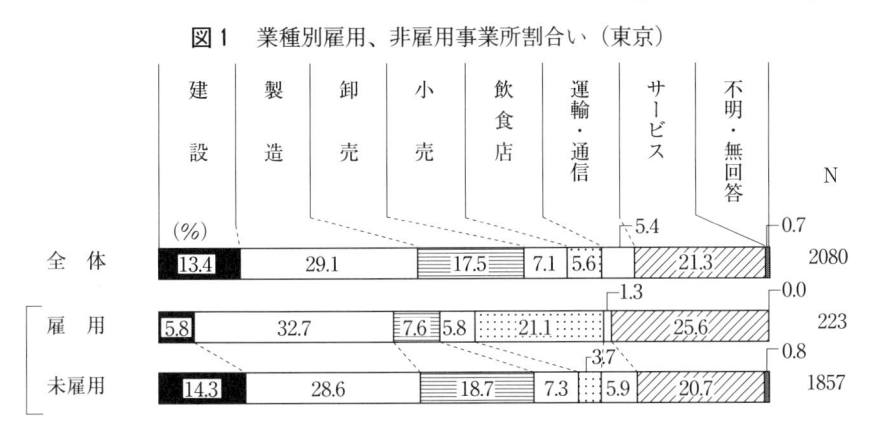

図1 業種別雇用、非雇用事業所割合い（東京）

	建設	製造	卸売	小売	飲食店	運輸・通信	サービス	不明・無回答	N
全体	13.4	29.1	17.5	7.1	5.6	5.4	21.3	0.7	2080
雇用	5.8	32.7	7.6	5.8	21.1	1.3	25.6	0.0	223
未雇用	14.3	28.6	18.7	7.3	5.9	3.7	20.7	0.8	1857

　これに対して，調査対象，回答とも圧倒的に製造業の比重の高かった埼玉（調査対象で81.3％，回答83.3％），群馬（調査対象で62.2％，回答58.8％）に関しては，雇用事業所数も高くなるのは当然である。なお，現在製造業で雇用中の外国人従業員数については，雇用事業所数を，神奈川では上回り，(48.1％)，千葉ではまったく同じ比率（51.4％）となっている。

　とはいえ，両地域において急速な受注増や納期の短縮などの経済要因と，現場での人手不足から外国人雇用につながったとみることができよう。このことは雇用の動機（後述の345頁）をみても首肯できる。

　また，大阪については，サービス業（回答に占める割合13.4％），卸売小売業（同24.3％）に対応して，これらの業種での外国人雇用が行われていることも注目できる。すなわち外国人を現在雇用している事業所数で，サービス業では19.8％，人数では33％，卸売・小売業では，事業所数で22.8％，人数で26.0％となり，人数では全回答に占めるその業種の事業所数を上回っている。

　この点，東京についても，大阪ほどは雇用事業所数が多くはないが，サービス業（回答に占める割合21.3％），卸売小売業（同24.6％）に対して，外国人雇用事業所数の割合いは，それぞれ13.4％，25.6％となっており，大都市での飲食業，サービス業における外国人雇用が，大都市周辺部のこれらの業種の外国人雇用より著しく高いことが注目される。

　また，外国人雇用ののべ人数を表11でみると，各県とも1人〜3人のところが，神奈川72.7％，埼玉66％，群馬61.1％，東京77.6％と多数である。しかし，11人以上雇っている事業所も神奈川4事業所（6％），埼玉4事業所（9.1％），

第3部　外国人労働者の実態

表9　現在雇用している事業所数

	神奈川	埼玉	群馬	大阪	千葉	東京
合　計	72(100)	53(100)	43(100)	101(100)	116(100)	223(100)
製造業	45(93.8)	34(89.8)	44(43.6)		60(51.4)	73(32.7)
木材・家具・木製品	4(5.6)	6(12.5)	5(13.2)	(2.0)		
紙・パルプ			4(10.5)			
出版・印刷・製本			1(2.6)	1(1.0)		
化　学	1(1.4)	5(10.4)	1(2.6)	11(10.9)		
窯業・土木	30(41.7)					
金　属	7(9.7)	10(20.8)	4(10.5)	3(3.0)		
機　械	10(13.9)	18(37.5)	12(31.6)	15(14.8)		
（一般機械）	(2) (2.8)	(6) (12.5)	(3) (7.9)			
（電気機器）	(3) (4.2)	(2) (4.2)	(3) (7.9)			
（輸送機器）	(3) (4.2)	(9) (18.7)	(3) (7.9)			
（精密機械）	(2) (2.8)	(1) (2.1)				
繊維・衣料	2(2.8)		1(2.6)	3(3.0)		
その他製造業	6(8.3)	6(12.5)	5(13.1)	9(9.0)		
卸売・小売業	6(8.3)	19(4.9)	3(7.9)	23(22.8)	5(4.5)	30(13.4)
（卸売業）				(15) (14.8)		(17) (7.6)
（小売業）				(8) (7.9)		(13) (5.8)
金融・保険業				5(4.9)		
建設業	4(5.6)	1(2.1)	1(2.6)	4(4.0)	14(12.0)	13(5.8)
不動産業				1(1.0)		
運輸・通信業	2(2.8)		1(2.6)	3(3.0)	5(3.9)	3(1.3)
私鉄・バス業						
飲食業	2(2.8)			1(1.0)		
電気・ガス熱供給水道業						
サービス業	27(37.5)	2(4.2)	1(2.6)	20(19.8)	17(14.7)	47(21.1)
不　明	1(1.4)	5(9.4)	1(2.6)		1(1.2)	57(25.6)
その他					14(12.3)	

340

外国人労働者の就労実態

表10 現在外国人を雇用している事業所外国人従業員の数

業種	神奈川	埼玉	群馬	大阪	千葉	東京
合　計	514(100)	163(100)	162(100)	461(100)	333(100)	2152(100)
製造業	247(48.1)	127(78.4)	126(77.3)	123(26.7)	171(51.4)	
食料品	7(1.4)	19(11.6)	17(10.5)	3		
木材・家具・木製品			5(3.1)			
紙・パルプ			3(1.9)			
出版・印刷・製本			3(1.9)			
化　学	3(0.8)	3(1.8)	7(4.3)	2		
窯業・土木				33		
金　属	18(3.5)	25(15.3)	10(6.2)	14		
機　械	185(36.0)	54(33.1)	41(25.3)	34		221(10.3)
（一般機械）	(8)(1.6)	(13)(8.0)	(17)(10.5)			
（電気機器）	(19)(3.7)	(1)(0.8)	(11)(6.8)			
（輸送機器）	(151)(29.4)	(40)(24.5)	(13)(8.0)			
（精密機械）	(7)(1.4)					
繊維・衣料	8(1.8)		3(1.9)	9		
その他製造業	―	25(15.3)	38(23.5)	28		
卸・小売業	15(2.9)	1(0.6)	5(3.1)	120(26.0)	15(4.5)	419(19.5)
（卸売業）	11(2.1)			(74)		
（小売業）				(46)		
金融・保険業				21(4.6)		195(9.1)
建設業	14(2.7)		1(0.6)	25(5.4)	40(12.0)	41(1.9)
不動産業				1(0.1)		
運輸・通信業	3(0.6)		24(14.8)	18(3.9)	13(3.9)	76(3.5)
私鉄・バス業						
飲食業	64(12.5)	36(22.1)		1(0.1)		
電気・ガス熱供給水道業						
サービス業	182(35.4)		3(1.9)	152(33.0)	49(14.7)	1200(55.8)
不　明	4(0.8)		2(1.2)		4(1.2)	
その他					41(12.3)	

東京については「昭和63年調査」による。

表11 外国人雇用の延べ人数（事業所数）

	神奈川	埼玉	群馬	東京
1 人	28(39.4)	16(38.4)	5(27.8)	76(34.1)
2	13(19.7)	9(20.5)	2(11.1)	46(20.6)
3	9(13.8)	4(9.1)	4(22.2)	51(22.9)
4	9(13.6)	5(11.4)	1(5.8)	
5				26(11.7)
6	1(1.5)	2(4.5)	1(5.6)	
7 ～ 10	4(6.1)	3(6.8)	1(5.6)	
11 ～ 15	1(1.5)		1(5.6)	20(9.4)
16 ～ 20		3(6.8)	2(11.1)	
21 ～ 30	2(3.0)		1(5.6)	
31 人以上	1(1.5)	1(2.3)		
不 明		1(2.3)		3(1.3)
合 計	68(100)	44(100)	18(100)	223(100)

ただし東京については5～9人，および10人以上である。

群馬4事業所（22.3%），東京20事業所（9.4%）と相当数あり，事業所規模もさることながら，これらの企業が外国人に依拠していることも事実であろう。東京については国際商品，金融センターの機能からもこの結果は首肯できる（ただし東京については，1～4人および10人以上外国人を雇っている事業所数）。

東京については，男女別にデータが示されており，男子の方が，多数雇用している事業所が多いのが分る。

また，企業の規模との関係では，東京都でのデータをみると，規模が大きくなるにしたがって，外国人を雇用する企業の割合が高くなっている。この点は当然といえば当然で，規模が大きくなれば，それだけ国際的業務や取引も増えるであろうし，その他外国人雇用の必然性は増す。問題は，不法就労についてであるが，この点では明らかにするようなデータはみられないのである。

5 現在雇用されている外国人の属性等

(1) 国籍

外国人の国籍については，**表12**では千葉県，大阪府，東京都（ただし，平成元年調査では国籍の調査がなかったので，昭和63年調査を用いた）が外国人の実数を示しているほか，雇用事業所数を示している。（ただし，1事業所で2ヵ国の人を雇っていれば複数回答している）先ず注目すべきは，現在雇われている外国人はアジア諸国や西ヨーロッパ，北アメリカ諸国からだけではなく全世界から

外国人労働者の就労実態

表12 外国人労働者の国籍

	神奈川			埼玉			群馬			大阪		千葉		東京	
	男子	女子	合計	男子	女子	合計	男子	女子	合計	外国人実数		外国人実数		外国人実数	
アジア 中国	78(35.8)	10(16.4)	88(31.4)	70(42.9)	5(55.5)	75(43.6)	4(4.7)	7(58.3)	11(11.2)	218	(49.3)	78	(23.4)	528	(24.5)
台湾	8(3.7)	3(4.9)	11(3.9)				1(1.2)		1(1.0)	33	(7.5)	18	(5.4)	132	(6.1)
韓国	16(7.3)	1(1.6)	17(6.1)	3(1.8)		3(1.7)		1(8.3)	1(1.0)	29	(6.6)	13	(3.9)	117	(5.4)
香港	15(6.8)	1(1.6)	16(5.7)							12	(2.7)			32	(1.5)
シンガポール	1(0.5)		1(0.4)							1	(0.2)			3	(0.1)
フィリピン				3(1.8)	1(11.1)	4(2.3)	7(8.1)	1(8.3)	8(8.2)	2	(0.5)	38	(11.4)	24	(1.1)
タイ	13(5.8)	4(6.6)	17(6.1)				2(2.3)		2(2.0)	6	(1.4)			29	(1.4)
マレーシア		5(8.2)	5(1.8)							10	(2.3)	23	(6.8)	43	(2.0)
インドネシア		1(1.6)	1(0.4)	10(6.1)		10(5.8)	4(4.7)		4(4.1)	3	(0.7)			7	(0.3)
インド	10(4.6)		10(3.6)	2(1.2)		2(1.2)				2	(0.5)			6	(0.3)
パキスタン	11(5.0)		11(3.8)	7(4.3)		7(4.1)	18(20.9)		18(18.4)			20	(6.0)	10	(0.5)
バングラデシュ	6(2.7)		6(2.1)	11(6.7)	1(11.1)	12(7.0)	11(12.8)		11(11.2)	1	(0.2)				
										41	(12.3)				
スリランカ	1(0.5)		1(0.4)	7(4.3)		7(4.1)	28(32.6)		28(28.6)	1	(0.2)	27	(1.3)	9	(0.4)
その他アジア諸国	9(4.1)	10(16.4)	19(6.8)	27(16.8)	1(11.1)	28(16.3)	3(3.5)		3(3.1)	7	(1.6)	12	(3.6)	32	(1.5)
欧州 アメリカ・カナダ	22(10.0)	17(27.9)	39(13.9)	6(3.7)		6(3.5)	2(2.3)		2(2.0)	71	(16.1)	0	(3.0)	372	(17.3)
オーストラリア・ニュージーランド	1(.6)	1(.6)	1(0.4)							4	(0.9)	21	(6.3)	33	(1.5)
イギリス	6(2.7)		6(2.1)							15	(3.4)	9	(2.7)	107	(5.0)
その他西ヨーロッパ諸国	9(4.1)	3(4.9)	12(4.3)				1(1.2)		1(1.0)	18	(4.1)	9	(2.7)	215	(10.0)
その他東ヨーロッパ諸国	1(0.5)	1(1.6)	2(0.7)							1	(0.2)			9	(0.4)
中南米諸国	9(3.9)	4(6.6)	13(4.6)	2(1.2)	1(11.1)	3(1.7)	5(5.8)	3(25.0)	8(8.2)	7	(1.6)			16	(0.7)
アフリカ諸国	4(1.8)		4(1.4)							1	(0.2)			11	(0.5)
不明				15(9.2)		15(8.7)						41	(12.3)	390	(18.1)
合計	219(100)	61(100)	280(100)	163(100)	9(100)	172(100)	85(100)	12(100)	98(100)	442	(100)	333	(100)	2152	(100)

東京都については、「平成元年調査」では国籍の調査がなされていないので、「昭和63年調査」を引用した。

第3部　外国人労働者の実態

表13　外国人従業員の学歴

(＊「大阪」の後部数字は事業所数,但し複数回答)

	神奈川	埼玉	群馬	大阪(外国人実数)		東京(外国人実数)
小学校卒	5(3.7)	5(6.8)	1(2.0)	4(0.9)	2	
中学校卒	15(11.1)	7(9.5)	4(7.8)	37(8.4)	7	
高等学校卒	37(27.4)	16(21.6)	10(19.6)	48(10.9)	13	260(12.1)
専門学校卒	9(6.7)	17(23.0)	6(11.8)	31(7.0)	14	93(4.3)
大 学 卒	44(32.6)	20(27.0)	16(31.4)	203(46.0)	65	908(42.2)
大学院卒	10(7.4)	6(8.1)	1(2.0)	59(13.4)	27	540(25.1)
そ の 他	1(0.7)		1(2.0)	9(2.0)	4	14(0.7)
不　　明	14(10.4)	3(4.1)	12(23.5)	50(11.3)	5	337(15.7)
合　　計	135(100)	74(100)	51(100)	441(100)	137	2152(100)

東京都については「平成元年調査」では学歴の調査がなされなかったので,「昭和63年調査」を用いた。

来ているという点である。

　その中ではいずれも中国次いで地域的には格差はあるが台湾,韓国,香港が高い比率を占めていること,埼玉,群馬,千葉ではバングラデシュ,パキスタン,スリランカも相当な比率を占めているのに対し,大阪ではほとんど雇用されていないということである。

　ただ,入管統計による不法就労外国人の中で高い比率(平成元年3,740人全体の22.5%)を占めるフィリピンについては千葉県のデータが高いのを除いて,他県で比較的低いのは,フィリピンからの労働者が,いわゆる風俗産業等の事業所統計によっては把握できない事業所に勤務しているからと考えられる。

　性別では,圧倒的に男性が多く,女性が少ない結果となっている。とりわけ,埼玉,群馬が,調査対象が製造業に比重をおいていることから,女子が製造業では少ないことが明らかとなった。

(2)　学歴,年齢

　年齢別のデータは千葉県において詳しい。20才未満は3.3%,20～30才未満が最も多く54.4%,30～40才未満がこれに次ぎ22.2%,40～50才未満7.2%,他4.2%,不明8.7%であった。他の地域もほぼ同様の傾向が予測され,20才～30才代が80%というところが平均的であろう。

　とりわけ,アジア諸国から若い人々が入国し,就労しているといえる。しかも,表13にみられるように,圧倒的に高等学校以上の学歴者が多い。とりわけアジア諸国の場合,大学卒業者の比重が日本並に高いフィリピンを除いて,戦前の日本におけるように,高校卒の資格は,高学歴であるといえる。

いずれの地域でも，小中学校卒業者（あるいは中退者）の比率は20％を切っており，日本に来ている外国人は高学歴であることを示している。

各県別に学歴構成をみると，東京，大阪では大学と専門学校卒以上，高学歴者が圧倒的な数（71.6％，66.4％）を占めるが，現実に就いている職種が，専門技術，研究者，語学教師，翻訳，通訳，企画，営業，情報処理などに比重が高い（53.3％，66.1％）こととも照応するのである。（**表14**）（なお，東京については「昭和63年調査」でみた）このことはクロス集計の結果の表Ⅳで明らかとなっている。

後に問題にするように，こうした高学歴で，有為，有能な若者を，日本は単なる所得格差の故をもって，日本の若者のやらない補助的な不熟練職種等に使用しているのである。

(3) 就業職種と雇主側の雇用動機

外国人従業員の職種は表14にみるように，大阪を除き，製造作業員，土木建設作業員，荷役積みおろし等の現場労働が圧倒的な数を占める。この比率は，神奈川62.8％，埼玉73.1％，群馬85.9％，千葉89.3％，東京82.9％（千葉は実人数，他は事業所数）と圧倒的に高いものとなっている。

とりわけ埼玉，群馬では，製造作業員の比重が圧倒的に高く，67.3％，68.9％を占めている。これらの地域では，この数年間多くの工場で人手不足を補うため外国人を雇ってきたことが裏付けられる。神奈川，千葉もこれほどではないにせよ27.9％，31.1％を占め，同様に比重が高いのである。

これに対し，専門技術，研究者，語学教師，翻訳通訳，営業マン，情報処理，企画商品開発の比率が高いのは，大阪で，実人数では60.5％，事業所数にして65.5％，がいわゆる専門職種に就労しているのが分かる。この理由としては，地域性と産業構造や調査主体，調査対象企業が，商工会議所会員企業ということなどが考えられよう。また，後に述べるように雇主側の雇用動機とも関連し，大阪（ただし商工会議所会員企業である）を除く他県が，数的不足，安い賃金，その他の理由により，いわば現場労働者の雇用要因が高いのとも相関する。

東京については，「平成元年調査」で外国人従業員の職種をみても，現在雇用している企業では，工員がもっとも多く22.4％であり，ウェーター・ウェートレス・皿洗い21.5％，専門技術19.3％となっているのも著しい特徴である。東京では製造業とならんで，ウェーター・ウェートレス・皿洗いの比重が高いのであるが，統計上明らかな事業所の数はこうしたフード，飲食業では少なく，実際の数はこれを上まわっていることが推定できる。

第3部 外国人労働者の実態

表14 外国人従業員の職種

職種	神奈川	埼玉	群馬	大阪 (外国人実数)	千葉 (外国人実数)	東京
専門技術者	12(14.0)	(17.3)	3(6.7)	69(19.5) 30	24(6.5)	43(16.3)
研究者	5(5.8)	4(7.7)		16(4.5) 7	8(2.2)	
語学教師	10(11.6)		2(4.0)	19(5.4) 9	24(6.5)	8(3.0)
翻訳通訳	5(5.8)			29(8.2) 17	12(3.2)	
営業マン		1(2.0)	1(2.0)	64(18.1) 15		13(4.9)
情報処理				5(1.4) 4		
事務員	2(2.3)		2(4.0)	20(5.6) 12	8(2.2)	11(4.2)
店員	5(5.8)		1(2.0)	34(9.6) 4		14(5.3)
製造作業員	24(27.9)	35(67.3)	31(68.9)	27(7.6) 7	115(31.1)	50(18.9)
土木建設作業員	4(4.7)					20(7.6)
荷役積みおろし	2(2.3)		2(4.0)	17(4.8) 3	44(11.9)	
配達員	1(1.2)			4(1.1) 2		
調理人	3(3.5)			9(2.5) 4		17(6.4)
ウェイター・ウェイトレス・皿洗い	2(2.3)			7(2.0) 3	75(20.3) 販売員	48(18.2)
芸能員				3(0.8) 2		4(1.5) ホステス・ホスト
清掃具	1(1.2)		1(2.0) 守衛	1(0.3) 1		11(4.2)
その他の雑役	5(5.8)			18(5.1) 10	12(3.2)	10(3.8)
その他	5(5.8)	3(5.8)	2(9.0)	12(3.4) 9	44(11.9)	14(5.3)
企画商品開発						1( )
不明					4(1.1)	
合計	86(100)	52(100)	45(100)	354(100)139	370(100)	264(100)

(*「大阪」の後部数字は事業所数、但し複数回答)

これを雇用の動機からみると，外国語教員，外国取引先等交渉要員，固有の知識，能力，日本人がもたない技術，海外進出のため，外国（人）に馴れるという，積極的あるいは，専門的あるいは非代替的要因として外国人雇用について認められている要因は，大阪が74.2％と圧倒的に高いのに対し，神奈川（33.4％），埼玉（20.0％），群馬（20.0％）と首都圏では低く，むしろ，数的充足，安い賃金という要因が高くなっている。（神奈川47.7％，埼玉62.8％，群馬68.9％，東京69.5％，大阪10.9％）

このことが，現実に外国人の就労職種と密接に関連することはいうまでもない。

(4) 在留資格

雇用外国人の在留資格別の数字は，調査時点での現行入管法（平成元年12月改正，平成2年6月1日施行以前）上，不法就労があるか否かを分ける第一次的なメルクマールである。

しかし，これも雇用主側が把握ないし，理解しているもので，たとえば熟練労働や技術は，平成元年の入管統計によっても全国統計でそれぞれ468人，13人しか入国が認められていないのであって，この数字が実際の在留資格とズレていることは否定できない。むしろ，雇主が実際に就いている職務がこれに該当するということでそのまま在留資格にあてはめ回答したため，このような結果になったものと考えられる。

一応，データの上では，在留資格上，就業が認められる（アルバイトが20時間——ただし現行では一日4時間——の限度内で認められる留学生，就学生を含む）外国人は，神奈川52件，55.3％，埼玉31件，49.2％，群馬13件，28.7％，千葉194人，55.2％，大阪267人，67.6％，ということになるほか，研修がそれぞれ神奈川8件，8.5％，埼玉13件，20.6％，群馬4件，8.9％，千葉25人，7.5％，大阪5人，1.5％となっている。

なお東京については，就労ができるものが23.3％しかないのに対し，留学31.4％，就学26.0％合計57.0％と圧倒的に留学生，就学生のアルバイトが多く，彼らが常勤化，資格外活動に走る傾向がみられる。この東京の傾向は，留学，就学生の本来の学業との関係では由々しき問題である。研修も21事業所とでているが，実態とのズレは後述のように正式に研修が決められたケースが少ないこととの対比で明らかである。

これに対し，明らかな資格外活動を推定できるのは，神奈川35件，37.2％，埼玉21件，30.1％，群馬28件，62.2％，千葉116人，35.1％，大阪31人，9％，

東京27.8％となる。この場合，明確な就労資格のある商用，興業，熟練労働，技術ならびに語学教師，一般就職と留学，就学生については使用者にとり容易に把握できる在留資格であるので，これ以外の「その他」「不明」「無回答」はほぼ，資格外活動とみなされよう。

問題は，首都圏を中心に大都市とその周辺で，多数の不法就労外国人が実際の生産活動に組み込まれていることなのである。

また研修についても，研修と称して正式の研修手続をとらず不法就労をさせているケースが多いことが既に指摘されているが，在留資格と実際の雇用形態（表Ⅰ参照）とのズレがあることからもこのことが推定できる。在留資格に関しては研修は神奈川8件，埼玉13件，群馬4件，千葉25人，大阪5人，東京21件となっているが，雇用形態別には，神奈川5件，埼玉10件，群馬3件となっている。

大阪の場合，一般就職（4-1-16-3による）の比率が高く，また実数も著しく多いが，一般就職は，平成元年でも全

表15　雇用の動機

	神奈川	埼玉	群馬	大阪	東京
外国語等教員	4 (3.8)		1 (2.2)	8 (5.4)	46 (13.8)
外国取引先等交渉能力	3 (2.9)	2 (5.7)	3 (6.7)	38 (25.9)	
固有の知識・能力・技術	11 (10.5)			26 (17.7)	国際親善 44 (13.2)
日本人がもたない技術	9 (8.6)		4 (8.9)	16 (10.9)	139 (41.7)
海外進出のため	6 (5.7)	5 (14.3)	1 (2.2)	15 (10.2)	16 (4.8)
外国（人）に馴れる	2 (1.9)		25 (55.6)	6 (4.1)	7 (2.1)
数的充足	45 (42.9)	18 (51.4)	6 (13.3)	16 (10.9)	44 (13.2)
安い賃金だから	5 (4.8)	4 (11.4)	1 (2.2)	4 (2.7)	7 (3.1) 外国人はよく働く 22 (6.6)
業界団体等の依頼	8 (7.6)		4 (8.9)	16 (10.9)	役員は外国人 8 (2.4)
その他	12 (11.4)	6 (17.1)		2 (1.4)	
不明					
合計	105 (100)	35 (100)	45 (100)	147 (100)	333 (100)

（複数回答）

外国人労働者の就労実態

国1,688人程度であって，そのまま実際の在留資格示すものかどうかについては若干疑問の余地を残す。

(5) 研修

外国人の研修による受け入れは，平成元年には対前年比25.8％増の29,489名を全国で数える。

本調査では神奈川8件，埼玉13件，群馬4件，大阪5件，千葉25人，東京21件となっている。

ただ，大阪については，研修についての別途の質問に対し，現在受け入れ中の58件，過去受け入れの115件，受け入れたことはない694件（事業所数）という数字が示すように相当数の受け入れがあることが明らかである。以下大阪の場合を詳しくみてみよう。

現在受け入れ人数でも51事業所365人と高い数値を示しており，受け入れも自社単独での受け入れ8件，研修機関経由が18件となっている。大阪の調査では研修生受け入れ制度の改善点も問うており，現行の研修の基準（法務省の研修基準ただし平成元年6月法務省告示による，改正基準以前）に対し，研修生資格（学歴，経験等）の緩和を求めるのが全回答の22.3％（203件），受け入れ企業の資格（貿易，取

表16 在留資格ビザの種類

	神奈川	埼玉	群馬	大阪	千葉	東京
商用	3(3.2%)	1(1.6%)	(2.2%)	8(2.3%)	3(0.9%)	
興業	4(4.3)				9(2.7)	
熟練労働	11(11.7)	3(4.8)	1(2.2)	8(2.3)	8(2.4)	
技術	5(5.3)	11(17.5)	1(2.2)	10(2.9)	64(19.2)	52(19.8)
法務大臣認定(一般就職)	15(16.0)	6(9.5)	10(22.2)	220(64.0)	39(11.7)	58(22.1)
法務大臣認定(語学教師)	5(5.3)	11(17.5)	5(11.1)	2(6.1)	53(15.9)	
法務大臣認定(就学)	8(8.5)		2(4.4)	19(5.5)	15(4.5)	
留学	10(10.6)	13(20.6)	4(8.9)	22(6.4)	25(7.5)	70(26.6)
短期滞在	19(20.2)	5(7.9)	2(4.4)	7(2.0)	32(9.6)	21(8.0)
研修	8(8.5)	7(11.1)	8(17.8)	5(1.5)	67(20.4)	23(8.8)
その他	3(3.2)	6(9.5)	10(22.2)	20(5.8)	17(5.1)	26(9.9)
不明				4(1.2)		13(4.9)無回答
合計	94(100)	63(100)	45(100)	344(100)	332(100)	263(100)

349

引等の要件）緩和を求めるのが23.9％，受け入れ人数制限（従業員20人に研修生1人）緩和を求めるのが11.8％（108件），実務研修の比率（3分の2）緩和を求めるものが11.3％（103件）となっている。

　研修についての枠をこのように広めるとともに，そのための条件整備，たとえば就労している場合の労災保険の適用，研修内容が人手不足を補うだけのものでなく，きちんとしたプログラムに基づく技術，技能取得に必要な適度なものであること，中小企業のための業界団体や同業者団体による受け入れ可能性を開くこと，住宅等受け入れ体制，適当な研修手当の支給など，今後の検討事項も多い。

(6) 採用経路

　採用経路をみると表18のとおりである。このうち募集広告によるのは，英文紙等のメディアもあるが，日本人と同一のメディア（就職情報紙，アルバイトニュース等）によるのは，中国，韓国，台湾などの漢字圏に比重が高いのが注目される。

　これに対し，同業者同士ないしは業界団体の紹介，知人の紹介，あっせん業者の紹介というルートが以外に比重が高いのが注目される。

　これら個人的ルートによる入職については，不法就労の可能性や，日本的縁故採用が多分に外国人の採用にも影響しているといえよう。

　また，資格外活動者については，仲介，あっせん業者による場合のほか，とりわけ本人の応募，雇用外国人を通じての比重が高いことが注目されよう。

（表18）

(7) 在留資格と職種の不一致

　埼玉，群馬，神奈川のデータをクロス算計してみると事業主の答えている在留資格と職種が一致しないことは，大きな問題である。（表Ⅰ参照）

　例えば，熟練労働（4-1-13）の在留資格のものが，製造作業員（2件）であったり，土木建設作業員（1件）であったり，ウェイター・ウェイトレス・皿洗い（1件）であったりするズレが生じている。事業主の意識の中で熟練労働（現場の）についていることから，熟練労働や専門技術と答えるケースもあろうが，およそ問題である。

　調査時点で熟練労働の在留資格を推定できるのは調理人の2件だけである。

　また，技術（4-1-12）の在留資格については，職種が専門技術と研究者と答えているのは相関する答だが，語学教師，翻訳，通訳，製造作業員等は問題である。

外国人労働者の就労実態

表17 大阪における研修生の受け入れ人数

	総　　計	平均人数
合　　　　計	364 (51)	7.14
食　料　品	―	―
繊　維　・　衣　料	15 (1)	15
木材・家具・木製品	―	―
製　紙　・　印　刷	―	―
化　　　　学	15 (10)	2.50
金　　　　属	14 (2)	7
機　　　　械	220 (9)	24.44
そ　の　他　製　造　業	19 (7)	2.71
卸　　売　　業	13 (2)	6.50
小　　売　　業	2 (2)	1.00
金　融　・　保　険　業	―	―
建　　設　　業	33 (8)	4.13
不　動　産　業	1 (1)	1.00
運　　輸　　業	―	―
サ　ー　ビ　ス　業	22 (9)	2.44
飲　　食　　業	―	―
1000人以上	291.06 (22)	13.23
300　～　999　人	25 (7)	3.57
100　～　299　人	24 (10)	2.40
99　人　以　下	24 (12)	2.00

（　）内は事業所数

表18　雇用経路

	神奈川	埼玉	群馬	千葉（外国人実数）	東京
募集広告	12(11.9)	7(10.9)	1(2.0)	20(6.0)	60(20.4)
同業者の紹介	5(5.0)	7(10.9)	7(14.3)	22(6.6)	業界団体の紹介 9(3.1)
知人の紹介	23(22.8)	6(9.4)	14(28.6)	93(27.9)	32(10.9)
あっせん業者の紹介	3(3.0)	5(7.8)	7(14.3)		6(2.0)
役員による紹介					15(5.1)
学校	9(8.9)	8(12.5)	1(2.0)		16(5.4)
本人による直接の応募	18(17.8)	9(14.1)	7(14.3)	43(12.9)	57(19.4)
雇用している外国人の紹介	19(18.8)	7(10.9)	10(12.4)	82(24.6)	54(18.4)
その他	12(11.9)	15(23.4)	2(4.1)	58(20.4)	38(12.9)
不明・無回答				5(1.5)	7(2.4)
合計	101(100)	64(100)	49(100)	333(100)	294(100)

　語学教師についても，この項目を選択した者（8件）が原票によると，職種上語学教師を選び対応しておらず，専門技術と事務員という項目を選択している。

　これ以外研修の在留資格を選んだ者が，製造作業員，専門技術に分かれている。この実態は不明だが，研修名目の現場作業者がかなり含まれているとみられる。

　就学，留学生が現場の製造作業についているケースがそれぞれ17件，10件となっている。

　一般就職も事務員，店員，製造作業員（合計17件）と多いが，本来一般就職（4-1-16-3）では認められないものであって，使用者がそのように選択しているにすぎず，不法就労であることは覆うべくもない。

　結局，入管法上の在留資格を熟練労働，技術，研修，語学教師，一般就職等としていても，職種，労働実態からみるとこれの多くが不法就労であることが明らかになる。

　さらに，外国人従業員の在留資格を国籍別にクロス集計すると，国籍別の特徴が浮かび上がってくる。（表Ⅱ参照）

　まず，中国については，就学（30.3％）の比率が高く，その他，不明（合わせて24.3％）も，概ね就学生であるか，就学生であった者が不法残留したと考えられる。このように就学生を中心に，日本での就労機会を求めて来たことも，

この調査で裏付けられる。

　これに対し，パキスタン，バングラデシュ，スリランカなどの南アジア諸国については，短期滞在（観光，短期商用），就学，留学等と分散しているが，この間，あらゆるチャンスを求めて在留，就労してきたことがうかがえる。

　また，最近注目されはじめた，ラテンアメリカ諸国については，短期滞在と一般就労も多く，在留資格の切り換えが日系人について認められてきたことを裏付けている数字となっている。

　在留資格と学歴と実際の仕事（職種）の関係も本来予測されるものと大幅に相関が崩れている。

　表Ⅲにみるように，高校，大学卒だけでなく，小学校，中学校卒業者が就学，留学の在留資格（実質的にそうではないと考えられる）を，大学，大学院卒が短期滞在の型をとって就労しているなど，かなり在留資格と学歴との相関が崩れている。

　この相関が崩れるのは，特に，学歴と職種の関係が，専門学校，大学，大学院卒の高学歴者で，それぞれの学歴カテゴリーの69.8％，65.5％，45.6％が製造作業員の現場労働についていることを表Ⅳは示している。これに土木・建設作業員，荷役積み卸し等のカテゴリーを加えれば，半数以上の不法就労外国人の学歴は専門学校卒以上だということになる。この結果は，彼らの学歴を全く無にするような労働を就かせているということに他ならない。

(8)　国籍と就労職種，学歴等

　外国人従業員の国籍と職種をみると，事務員，店員，製造作業員，土木建設作業員以下の現場のいわゆる単純労働に就いているものが，中国，台湾，韓国以下すべて半数以上であり，パキスタン，バングラデシュ，スリランカはほとんどがいわゆる「単純労働」に就いていることがわかる。（表Ⅴ参照）

　こうしてみると，一見，アジアからの外国人従業員が単純労働者として人手不足といわれる現場作業員をしていることが分かる。しかも，学歴と国籍との関係をみると，概ね高学歴者が多いといえる。学歴を戦前の日本同様高校卒以上を高学歴としてみるとなおさら，その高学歴への偏倚する結果となっている。（表Ⅵ参照）

　この点は別稿で明らかにするが，就労外国人の職取り調査の結果によっても裏付けられていることであり，大きな問題である。

6　現在雇用されている外国人の労働条件等

(1)　雇用形態と契約期間

第3部　外国人労働者の実態

表I　外国人従業員の在留資格の種類と外国人従業員の職種
（外国人を雇用している事業所にきく）

	調査数	専門技術	研究者	語学教師	翻訳・通訳	営業マン	情報処理	事務員	店員	製造作業員	土作業員・建設	荷み役おろし・蘭し	配達員	調理人	ウェイトレス・皿洗い	芸能・興行	清掃員	その他の雑役	その他	不明
全体	160 100.0	24 15.0	9 5.6	13 8.1	6 3.8	1 0.6	1 0.6	5 3.1	5 3.1	91 56.9	3 1.9	4 2.5	1 0.6	4 2.5	2 1.3	—	1 0.6	6 3.8	11 6.9	2 1.3
商用	4 100.0	1 25.0	—	—	—	—	—	—	—	—	—	—	—	—	—	—	—	—	—	—
興行	—	—	—	—	—	—	—	—	—	—	—	—	—	—	—	—	—	—	—	—
熟練労働	5 100.0	1 20.0	—	—	—	—	—	—	—	2 40.0	1 20.0	—	—	—	1 20.0	—	—	—	—	—
技術	8 100.0	5 62.5	3 37.5	1 12.5	1 12.5	—	—	—	—	1 12.5	—	—	—	—	—	—	—	—	—	—
法務大臣認定（就学）	23 100.0	1 4.3	—	—	—	—	—	—	3 13.0	17 73.9	—	1 4.3	—	1 4.3	1 4.3	—	—	2 8.7	1 4.3	—
法務大臣認定（語学教師）	8 100.0	1 12.5	—	6 75.0	—	—	—	—	—	1 12.5	—	—	—	—	—	—	—	—	2 25.0	—
法務大臣認定（一般就職）	31 100.0	8 25.8	5 16.1	2 6.5	3 9.7	1 3.2	1 3.2	3 9.7	1 3.2	13 41.9	—	—	—	—	—	—	—	1 3.2	1 3.2	—
短期滞在	21 100.0	2 9.5	—	—	—	—	—	—	—	17 81.0	—	1 4.8	—	1 4.8	—	—	1 4.8	—	1 4.8	—
留学	18 100.0	1 5.6	—	1 5.6	—	—	—	—	2 11.1	10 55.6	—	1 5.6	1 5.6	1 5.6	2 11.1	—	—	1 5.6	2 11.1	—
研修	24 100.0	12 50.0	2 8.3	—	1 4.2	—	—	—	—	12 50.0	—	—	—	—	—	—	—	1 4.2	—	—
その他	30 100.0	1 3.3	1 3.3	4 13.3	1 3.3	—	—	2 6.7	1 3.3	21 70.0	1 3.3	1 3.3	—	2 6.7	1 3.3	—	—	1 3.3	3 10.0	—
不明	24 100.0	1 4.2	—	4 16.7	2 8.3	—	—	1 4.2	—	16 66.7	1 4.2	1 4.2	—	—	—	—	—	1 4.2	3 12.5	—

表Ⅱ 外国人従業者の国籍と外国人従業員の職種
（外国人を雇用している事業所につき〈〉）

	調査数	専門技術	研究者	語学教師	翻訳・通訳	営業マン	情報処理	事務員	店員	製造作業員	土木・建設作業員	荷役・運搬し	配達員	調理人	ウェイター・ウェイトレス・皿洗い	芸能・興行	清掃員	その他の雑役	その他	不明
全体	160 100.0	24 15.0	9 5.6	13 8.1	6 3.8	1 0.6	1 0.6	5 3.1	5 3.1	91 56.9	3 1.9	4 2.5	1 0.6	4 2.5	2 1.3	—	1 0.6	6 3.8	11 6.9	2 1.3
中国	33 100.0	5 15.2	1 3.0	—	2 6.1	1 3.0	—	—	1 3.0	22 66.7	—	2 6.1	—	—	1 3.0	—	—	1 3.0	1 3.0	—
台湾	6 100.0	—	1 16.7	—	—	—	—	1 16.7	—	1 16.7	—	—	1 16.7	1 16.7	—	—	—	—	1 16.7	—
韓国	10 100.0	4 40.0	1 10.0	—	—	—	1 10.0	—	3 30.0	2 20.0	1 10.0	—	—	—	—	—	—	—	—	1 10.0
香港	1 100.0	—	—	—	—	—	—	—	—	1 100.0	—	—	—	—	—	—	—	—	—	—
シンガポール	—	—	—	—	—	—	—	—	—	—	—	—	—	—	—	—	—	—	—	—
フィリピン	7 100.0	1 14.3	—	—	—	—	—	—	—	5 71.4	1 14.3	—	—	—	—	—	—	—	—	—
タイ	6 100.0	1 16.7	—	—	—	—	—	—	—	4 66.7	1 16.7	—	—	—	—	—	—	—	—	—
マレーシア	1 100.0	—	—	—	—	—	—	—	—	—	—	—	—	1 100.0	—	—	—	—	—	—
インドネシア	2 100.0	1 50.0	—	—	—	—	—	—	—	1 50.0	—	—	—	—	—	—	—	—	—	—
インド	1 100.0	—	—	—	—	—	—	—	—	—	—	—	—	—	1 100.0	—	—	—	—	—
パキスタン	12 100.0	—	—	—	—	—	—	—	—	10 83.3	—	—	—	—	—	—	1 8.3	—	1 8.3	—
バングラデシュ	14 100.0	—	—	—	—	—	—	—	—	12 85.7	—	—	—	—	—	—	1 7.1	—	1 7.1	—
スリランカ	9 100.0	1 11.1	—	—	—	—	—	—	—	5 55.6	—	2 22.2	—	—	—	—	—	—	—	—
その他のアジア諸国	17 100.0	—	—	—	—	—	1 5.9	—	1 5.9	13 76.5	—	—	—	—	—	—	—	2 11.8	2 11.8	—
アメリカ・カナダ	15 100.0	5 33.3	1 6.7	5 33.3	1 6.7	—	—	1 6.7	—	—	—	—	—	—	—	—	—	—	2 13.3	—
オーストラリア・ニュージーランド	1 100.0	—	1 100.0	—	—	—	—	—	—	—	—	—	—	—	—	—	—	—	—	—
イギリス	1 100.0	—	—	1 100.0	—	—	—	1 100.0	—	—	—	—	—	—	—	—	—	—	—	—
その他の西ヨーロッパ諸国	3 100.0	2 66.7	2 66.7	—	—	—	—	—	—	1 33.3	—	—	—	—	—	—	—	—	—	—
東ヨーロッパ諸国	1 100.0	1 100.0	—	—	—	—	—	—	—	—	—	—	—	—	—	—	—	—	—	—
ラテンアメリカ諸国	11 100.0	1 9.1	—	1 9.1	1 9.1	—	—	—	—	6 54.5	—	—	—	2 18.2	—	—	—	1 9.1	1 9.1	—
アフリカ諸国	3 100.0	1 33.3	1 33.3	1 33.3	1 33.3	—	—	—	—	1 33.3	—	—	—	—	—	—	—	—	—	—
不明	1 100.0	—	—	—	—	—	—	—	—	—	—	—	—	—	—	—	—	—	1 100.0	—

表Ⅲ　外国人従業員の本国での学歴と外国人従業員の在留資格の種類
（外国人を雇用している事業所につき）

	調査数	商用	興行	熟練労働	技術	法務大臣認定就学	法務大臣認定日本語教師	法務大臣認定一般就学	短期滞在	留学	研修	その他	不明	不明
全体	160 100.0	4 2.5	— —	5 3.1	8 5.0	23 14.4	8 5.0	31 19.4	21 13.1	18 11.3	24 15.0	30 18.8	24 15.0	5 3.1
小学校卒	8 100.0	1 12.5	—	1 12.5	—	2 25.0	—	4 50.0	—	2 25.0	1 12.5	4 50.0	—	—
中学校卒	24 100.0	1 4.2	—	2 8.3	—	4 16.7	1 4.2	5 20.8	3 12.5	3 12.5	1 4.2	10 41.7	1 4.2	1 4.2
高等学校卒	53 100.0	2 3.8	—	3 5.7	11 20.8	1 1.9	—	5 9.4	11 20.8	7 13.2	14 26.4	7 13.2	7 13.2	1 1.9
専門学校卒	29 100.0	1 3.4	—	2 6.9	3 10.3	5 17.2	3 10.3	2 6.9	5 17.2	3 10.3	7 24.1	5 17.2	4 13.8	1 3.4
大学卒	68 100.0	1 1.5	—	—	6 8.8	9 13.2	7 10.3	16 23.5	8 11.8	7 10.3	15 22.1	14 20.6	10 14.7	1 1.5
大学院卒	16 100.0	—	—	—	2 12.5	1 6.3	2 12.5	6 37.5	1 6.3	2 12.5	2 12.5	3 18.8	3 18.8	—
その他	3 100.0	—	—	—	—	—	—	1 33.3	1 33.3	—	1 33.3	1 33.3	—	—
不明	25 100.0	1 4.0	—	2 8.0	—	5 20.0	—	1 4.0	3 12.0	4 16.0	—	4 16.0	10 40.0	1 4.0

356

表 IV　外国人従業員の本国での学歴と外国人従業員の職種
(外国人を雇用している事業所につき)

	調査数	専門技術	研究者	語学教師	翻訳・通訳	営業マン	情報処理	事務員	店員	製造作業員	土木作業員・建設	荷積みおろし・荷作り	配達員	調理人	ウェイター・ウェイトレス・皿洗い	芸能・興行	清掃員	その他の雑役	その他	不明
全体	160	24	9	13	6	1	1	5	5	91	3	4	1	4	2	—	1	6	11	2
	100.0	15.0	5.6	8.1	3.8	0.6	0.6	3.1	3.1	56.9	1.9	2.5	0.6	2.5	1.3	—	0.6	3.8	6.9	1.3
小学校卒	8	—	—	—	—	—	—	—	—	8	—	—	—	—	—	—	—	—	—	—
	100.0	—	—	—	—	—	—	—	—	100.0	—	—	—	—	—	—	—	—	—	—
中学校卒	24	1	—	1	—	—	—	1	2	18	—	2	—	1	1	—	—	1	1	—
	100.0	4.2	—	4.2	—	—	—	4.2	8.3	75.0	—	8.3	—	12.5	12.5	—	—	4.2	4.2	—
高等学校卒	53	6	—	1	—	—	—	1	1	37	—	2	—	4	2	—	1	4	5	—
	100.0	11.3	—	1.9	—	—	—	1.9	1.9	69.8	—	3.8	—	7.5	3.8	—	1.9	7.5	9.4	—
専門学校卒	29	5	—	4	1	—	—	—	—	19	1	1	—	1	1	—	—	—	—	1
	100.0	17.2	—	13.8	3.4	—	—	—	—	65.5	3.4	3.4	—	3.4	3.4	—	—	—	—	3.4
大学卒	68	19	6	12	4	1	1	4	2	31	2	1	1	1	—	—	—	2	3	—
	100.0	27.9	8.8	17.6	5.9	1.5	1.5	5.9	2.9	45.6	—	1.5	1.5	—	—	—	—	2.9	4.4	—
大学院卒	16	3	6	6	2	—	1	1	—	3	—	—	—	—	—	—	—	—	—	—
	100.0	18.8	37.5	37.5	12.5	—	6.3	6.3	—	18.8	—	—	—	—	—	—	—	—	—	—
その他	3	—	—	—	—	—	—	—	—	2	—	—	—	—	—	—	—	1	—	—
	100.0	—	—	—	—	—	—	—	—	66.7	—	—	—	—	—	—	—	33.3	—	—
不明	25	—	—	—	1	—	—	1	1	18	2	1	—	1	1	—	—	1	2	1
	100.0	—	—	—	4.0	—	—	4.0	4.0	72.0	8.0	4.0	—	4.0	4.0	—	—	4.0	8.0	4.0

第3部　外国人労働者の実態

表Ⅴ　外国人従業員の職種と外国人従業者の国籍
（外国人を雇用している事業所にきく）

	調査数	中国	台湾	韓国	香港	シンガポール	フィリピン	タイ	マレーシア	インドネシア	インド	パキスタン	バングラデシュ	スリランカ	その他の諸国のアジア	ア・メ・カナダ
全体	160 100.0	33 20.6	6 3.8	10 6.3	1 0.6	—	7 4.4	6 3.8	1 0.6	2 1.3	—	12 7.5	14 8.8	9 5.6	17 10.6	15 9.4
専門技術	24 100.0	5 20.8	—	—	—	—	1 4.2	1 4.2	—	1 4.2	—	—	—	1 4.2	1 4.2	5 20.8
研究者	9 100.0	1 11.1	1 11.1	1 11.1	—	—	—	—	—	—	—	—	—	—	1 11.1	1 11.1
語学教師	13 100.0	2 33.3	—	—	—	—	—	—	—	—	—	—	—	—	—	8 61.5
翻訳・通訳	6 100.0	2 33.3	—	—	—	—	—	—	—	—	—	—	—	—	—	—
営業マン	1 100.0	1 100.0	—	—	—	—	—	—	—	—	—	—	—	—	—	1 16.7
情報処理	1 100.0	—	—	1 100.0	—	—	—	—	—	—	—	—	—	—	—	—
事務員	5 100.0	1 20.0	1 20.0	—	—	—	—	—	—	—	—	—	—	—	1 20.0	2 40.0
店員	5 100.0	—	—	3 60.0	—	—	—	—	—	—	—	—	—	—	1 20.0	—
製造作業員	91 100.0	22 24.2	1 1.1	2 2.2	1 1.1	—	5 5.5	4 4.4	1 1.1	1 1.1	—	10 11.0	12 13.2	9 9.9	13 14.3	1 1.1
土木・建設作業員	3 100.0	—	—	1 33.3	—	—	1 33.3	1 33.3	—	—	—	—	—	—	—	—
荷役・積み卸	4 100.0	2 50.0	—	—	—	—	—	—	—	—	—	—	—	2 50.0	—	—
配達員	1 100.0	—	1 100.0	—	—	—	—	—	—	—	—	—	—	—	—	—
調理人	4 100.0	—	1 25.0	—	1 25.0	—	—	—	—	—	—	—	—	—	—	—
ウェイター・ウェイトレス・皿洗い	2 100.0	—	—	—	1 50.0	—	—	—	1 50.0	—	—	—	—	—	—	—
芸能・興行	1 100.0	—	—	—	—	—	—	—	—	—	—	—	1 100.0	—	—	—
清掃員	6 100.0	1 16.7	—	—	—	—	—	—	—	—	—	1 16.7	—	1 16.7	1 16.7	1 16.7
その他の雑役	11 100.0	—	1 9.1	—	—	—	—	—	—	—	—	2 18.2	1 9.1	—	2 18.2	2 18.2
その他																

＊車純労働とは、本表の事務員、店員以下の工場、事業所、工事現場の労働をさす。

表Ⅵ　外国人従業者の国籍と外国人従業員の本国での学歴
　　　（外国人を雇用している事業所にきく）

	調査数	小学校卒	中学校卒	高等学校卒	専門学校卒	大学卒	大学院卒	その他	不明	不明
全体	160	8	24	53	29	68	16	3	25	3
	100.0	5.0	15.0	33.1	18.1	42.5	10.0	1.9	15.6	1.9
中国	33	1	8	13	6	9	2	—	2	—
	100.0	3.0	24.2	39.4	18.2	27.3	6.1	—	6.1	—
台湾	6	—	1	1	1	3	1	—	—	—
	100.0	—	16.7	16.7	16.7	50.0	16.7	—	—	—
韓国	10	—	—	4	2	5	—	—	3	—
	100.0	—	—	40.0	20.0	50.0	—	—	30.0	—
香港	1	1	1	1	1	—	—	—	1	—
	100.0	100.0	100.0	100.0	100.0	—	—	—	100.0	—
シンガポール	—									
	—									
フィリピン	7	—	1	2	2	3	1	—	—	—
	100.0	—	14.3	28.6	28.6	42.9	14.3	—	—	—
タイ	6	—	—	2	1	2	—	1	2	—
	100.0	—	—	33.3	16.7	33.3	—	16.7	33.3	—
マレーシア	1	—	—	1	—	1	—	—	—	—
	100.0	—	—	100.0	—	100.0	—	—	—	—
インドネシア	2	—	—	2	1	—	—	—	—	—
	100.0	—	—	100.0	50.0	—	—	—	—	—
インド	—									
	—									
パキスタン	12	1	1	2	1	2	—	—	6	1
	100.0	8.3	8.3	16.7	8.3	16.7	—	—	50.0	8.3
バングラデシュ	14	—	—	6	4	5	—	—	4	—
	100.0	—	—	42.9	28.6	35.7	—	—	28.6	—
スリランカ	9	—	—	4	2	4	1	—	4	—
	100.0	—	—	44.4	22.2	44.4	11.1	—	44.4	—
その他のアジア諸国	17	5	9	5	2	4	1	1	1	—
	100.0	29.4	52.9	29.4	11.8	23.5	5.9	5.9	5.9	—
アメリカ・カナダ	15	—	1	1	4	13	2	—	—	1
	100.0	—	6.7	6.7	26.7	86.7	13.3	—	—	6.7
オーストラリア・ニュージーランド	1	—	—	—	—	1	1	—	—	—
	100.0	—	—	—	—	100.0	100.0	—	—	—
イギリス	1	—	—	—	—	1	1	—	—	—
	100.0	—	—	—	—	100.0	100.0	—	—	—
その他の西ヨーロッパ諸国	3	—	—	—	—	2	2	—	—	—
	100.0	—	—	—	—	66.7	66.7	—	—	—
東ヨーロッパ諸国	1	—	—	—	1	1	—	—	—	—
	100.0	—	—	—	100.0	100.0	—	—	—	—
ラテンアメリカ諸国	11	—	2	6	1	5	1	—	1	—
	100.0	—	18.2	54.5	9.1	45.5	9.1	—	9.1	—
アフリカ諸国	3	—	—	1	—	3	1	—	—	—
	100.0	—	—	33.3	—	100.0	33.3	—	—	—
不明	1	—	—	1	—	1	—	—	—	—
	100.0	—	—	100.0	—	100.0	—	—	—	—

第3部　外国人労働者の実態

表19　外国人労働者雇用形態別（件数）

	神奈川	埼玉	群馬	大阪		千葉（外国人実数）	東京	
正社員	24(28.9)	16(30.8)	7(17.5)	52(43.3)		62(18.6)	54(21.9)	
契約・嘱託	18(21.7)	3(5.8)	10(25.0)	14(11.7)	契約社員	55(16.5)	17(6.9)	契約社員
				26(21.7)	嘱託		5(2.0)	嘱託
臨時・パート	11(13.3)	7(13.5)				48(14.4)	58(23.5)	
アルバイト	21(25.3)	13(25.0)	9(22.5)	24(20.0)		113(33.9)	94(38.1)	
派遣	4(4.8)	3(5.8)	7(17.5)	4(3.3)		22(6.6)	16(6.5)	
研修		10(19.2)	4(10.0)				3(1.2)	
その他	5(6.0)		3(7.5)			19(5.7)		
不明								
合計	83(100)	52(100)	40(100)	120(100)		333(100)	247(100)	

比較的専門職に就いている比率の高い大阪において，正社員が43.3％と高い比率を占めるほか，終身雇用を労使双方とも望まず，契約社員や嘱託の型をとるものがそれぞれ11.7％，21.7％となっている。東京でも契約，嘱託社員がそれぞれ7.6％，2.2％である。

これに対し，臨時・パート，アルバイトの比率も各地域とも高く，双方合わせて，神奈川38.6％，埼玉38.5％，群馬40.0％，千葉48.3％，東京では，実に68.0％（千葉は実人数ベース）となっている。（表19参照）

この他，派遣も各地域に多く，外国人の派遣はとりわけピンハネ等中間搾取や不法就労がらみのことも多く問題である。

他方，契約期間については，正社員，嘱託・契約社員の比率との関係で注目に値する。

神奈川，埼玉，群馬，千葉，東京では過半数以上（それぞれ，55.4％，58.3％，58.3％，51.2％，51.8％）が，期間の定めが無く，また，期間の定めがあっても，それぞれ更新があるとするものの比率が高く（神奈川23.0％，埼玉10.4％，群馬11.1％），このところの人手不足や国際化の流れにそって雇用も長期化しつつある。なお，大阪の調査では契約期間は平均13.52ヶ月である。（東京については「昭和63年調査」のデータである）

実際，外国人従業員のうち，勤続1年以上の者も，神奈川303人（全人数の58.9％）埼玉8人（29.4％），群馬58人（35.8

表20 契約期間

	神奈川	埼玉	群馬	大阪	千葉	東京
期間の定め無し	41(55.4)	28(58.3)	21(58.3)	45(41.3)	170(58.4)	144(51.8)
期間の定めの有り	33(44.6)	20(41.7)	15(41.7)	64(58.7)	121(41.6)	134(48.2)
試用期間有り	(2)(2.7)	(1)(2.1)				
期間は月単位	(7)(9.5)	(4)(8.3)	(6)(16.7)	(12)(11.0)		
期間は年単位	(23)(31.1)	(10)(20.8)	(8)(22.2)			(19)(6.8)
更新有り	(17)(23.0)	(5)(10.4)	(4)(11.1)		(30)(10.3)	(112)(40.3)
合 計	74(100)	48(100)	36(100)	109(100)	291(100)	278(100)

東京については「昭和63年調査」

％）となっており，今後はさらに長期化するものと考えられる。

なお，東京では外国人雇用事業所の45.3％が1年以上勤続の者を雇っており，その人数との内訳は26.7％が1人，6.7％が2人，5.4％が3〜4人，3.6％が5〜9人，10人以上は1.8％となっている。

労働契約，就業規則の適用については，労働契約を作成しない事業所が埼玉，群馬で高く，通常契約書をとり交わすことのない日本人同様，就業規則の適用によって契約内容をカバーする意識のところが多いと考えられる。（表21参照）

しかし，外国人との間では，トラブル防止や外国人の権利保護の観点から契約書の作成が必要であろう。少なくとも就業規則の内容の母国語等での周知徹底は最小限必要である。労働契約書も作成せず，就業規則のない事業所などは問題外である。

(2) 賃金形態，昇進，昇格，昇給

月給制については，正社員の比率がより高い地域（神奈川正社員28.9％に対し，月給制36.5％，大阪52.5％に対し，69.7％，千葉18.6％に対し，44.8％，ただし東京は24.2％に対し，25.6％と低い。）については，契約・嘱託社員の一部が年俸でなく月給制（年俸を12分の1としたとも考えられる）をとっているのと，臨時・パート，アルバイトに対し，月給を保障する型が考えられる。

しかし，日給月給や時間給といった，臨時・パートとアルバイトに特有の支払い形態も雇用形態との相関を示している。とりわけ，埼玉，群馬での時間給制の比率が高いのが注目される。

賃金，給与形態について詳細に調査している

のは東京の「平成元年調査」で，在留資格の種類別，雇用形態別に明らかにしている。これによれば，正規従業員は，14.8%が時給，3.7%が日給，20.4%が日給月給をとっているほか，74.1%が月給，1.9%が年俸となっており，月給の比率が高い。これに次いで，契約社員は29.4%が時給をとるほか，他はすべて，月給が58.8%，年俸が23.5%となっている。

臨時・パート，アルバイトについては，圧倒的に時給が多くなっている。すなわち，時給が，それぞれ，82.8%，67.4%を占めるのである。また，日給は，3.4%（臨時パート），9.5%（アルバイト），日給月給は，それぞれ10.3%，17.9%，月給は，8.6%，8.4%となっているほか，アルバイトで1.1%（つまり2件）の年俸があるだけであった。

就労目的によってこれをみると，留学生・就学生がいる企業の場合は時給が8割を超えている。月給制は25.6%で，就労できる在留資格をもつ外国人を雇用する企業では63.5%が月給制をとっている。

また日給月給は15.2%であるが，在留資格如何にかかわらず，店員，作業員・荷役等，清掃員などの職種に多いとされる。

なお，ボーナス，賞与の支給については，正社員等で専門職の比率の高い大阪（平均支給日数は4.7ヶ月）を除き，神奈川，埼玉，群馬とも辛うじて50%以上となっている。今日，日本人については，正社員そのほとんどが，ボーナス，賞与支給を受けており，パートタイマーも80.1%がボーナス・賞与が支給されている（労働省「賃金引き上げ等実態に関する調査昭和63年」），これとの対比からみて，同一労働同一賃金原則（労基法4条）や，平等取扱い原則（労基法3条）からも疑問なしとしない。（表23参照）なお，東京では留学生，就労生のアルバイト，臨時・パートが多いことから43.9%がボーナス支給，12.1%が人によるとなっているだけで，かなり支給率は低いのである。

給与賃金額の決定については，基準としては，正社員の給与とするものや，自他社の同一職種の給与を基準とするものが多い。それゆえ，後述のように賃金は必ずしも安くないとの回答が多くなると考えられるが，実際には，臨時・パート・アルバイトや補助的労働の賃金に格付けしているのであって，相対的には日本人社員を雇うより安いことは否定すべくもなかろう。このことは，ボーナス，社宅，社会保険加入等の福利厚生とも相まってより一層裏付けられる。

たとえば，東京では，「自社日本人の正規従業員の給与」という答えが27.8%であり，「自社日本人の同一職種の人の給与」44.8%と圧倒的に日本人なみという答えが多い。しかし，最も就労者の多い，アルバイトでは66%，臨時・

表21　外国人の現在の就業規則適用と労働契約

	神奈川	埼玉	群馬	東京	
(1) 就業規則は外国人用就業規則	3(4.7)	1(2.3)	2(5.9)	正社員 契約・嘱託社員	8(6.9) 19(19.9)
就業規則は特別規定		1(2.3)	1(2.9)		
就業規則はそのまま	56(82.8)	34(77.3)	24(70.6)	正社員 契約・嘱託社員	104(88.9) 64(66.7)
就業規則は適用しない	5(7.8)	7(15.9)	5(14.7)	正社員 契約・嘱託社員	2(1.7) 2(2.1)
就業規則は当社にない	3(4.7)	1(2.3)	2(5.9)	契約・嘱託社員	7(7.3)
計	64(100)	44(100)	34(100)	正社員 契約・嘱託社員	117(100) 96(100)
(2) 労働契約書は作成する	37(54.8)	18(51.4)	12(34.3)	正社員 契約・嘱託社員	63(53.8) 84(87.5)
労働契約書は作成することも有	6(9.7)	6(17.1)	3(8.6)	正社員 契約・嘱託社員	12(10.3) 4(4.2)
労働契約書は作成しない	22(35.5)	21(60.0)	20(57.1)	正社員 契約・嘱託社員	36(32.0) 5(5.2)
計	62(100)	35(100)	35(100)	正社員 契約・嘱託社員	120(100) 96(100)

東京については「昭和63年調査」による。

パートでは38.0％が自社日本人アルバイトなど同一職種の人の給与と答えていることからも容易に看取される。

　結局東京でみるように，全体としては，外国人の方が給与が高いというのはわずか8.3％，日本人の方が高いというのが11.8％，両方同じというのが64.2％となる。（このほか人による14.2％，不明1.5％）

　これを職種でみると，語学教師40.0％，専門技術20.0％，営業マン23.1％，事務員18.2％と専門職，とくに就労資格での外国人は日本人より高いとする比率が高い，（「同じ」が，それぞれ40.0％，42.5％，69.2％，81.8％と圧倒的だが）のに対して，工員，作業員，荷役，調理人，清掃員などでは，「日本人の方が高

表22 賃金形態・給与形態

	神奈川	埼玉	群馬	大阪	千葉	東京
年俸制	4(5.4)	2(4.1)		9(8.7)	3(2.5)	4(1.7)
月給制	27(38.5)	11(22.9)	6(16.7)	69(66.3)	52(44.8)	57(23.5)
日給月給制	19(25.7)	8(16.7)	13(36.1)	12(11.5)	17(14.7)	34(14.0)
日払い・日給	1(1.4)					13(5.4)
時間給制	22(29.7)	24(50.0)	16(44.4)	14(13.5)	30(25.9)	125(51.4)
週給制			1(2.8)			
その他	1(1.4)	3(6.3)			9(7.8)	0(0.0)
不明					5(4.3)	10(4.1)
合計	74(100)	48(100)	36(100)	104(100)	116(100)	243(100)

但しM.A.

い」という答えが、「外国人の方が高い」を上まわっている。(図2参照)

故国や外国での職歴、学歴の評価も、専門職の比率の高い大阪を除き評価しない傾向が強いが、特殊技能者だけ職歴を評価する傾向が他の神奈川、埼玉、群馬には強い。

つまり、学歴、職歴とは関係のない補助的あるいは単純(不熟練)現場労働についていることにほかならない。

昇進、昇格、昇給についても、行わないというものや、日本人労働者を有利にという答えが高い比率を占めている。日本人と同等にとの答えの中にも、臨時・パート・アルバイトである限り昇進・昇格は考えられないのであるから、実際には、昇進・昇格を行わないのと同様の結果をもたらすであろうものも多いと考えられる。いずれにせよ、平等原則の観点からきちんとすべき点も多いと思われる。(表24参照)

住宅については、社員寮、住宅手当などの配慮をしている比率が神奈川65.1%、埼玉74.4%、群馬81.0%、大阪72.7%、千葉56.9%と比較的高いといえるが、その内容については、どの程度充実しているかは不明である。マスコミ等で伝えられるように極めて狭い例えば六畳、四畳半のアパートに、20人といったケースもありうるのであり、今後は基準面積を設けるなどの方向も考えられる。(表26参照)

なお、千葉では外国人に対する特別な扱いとして、日本語の習得(37.5%)以上に、もっと高い配慮を要する事項としてあげられているのが住宅に対する特別な扱いであ

外国人労働者の就労実態

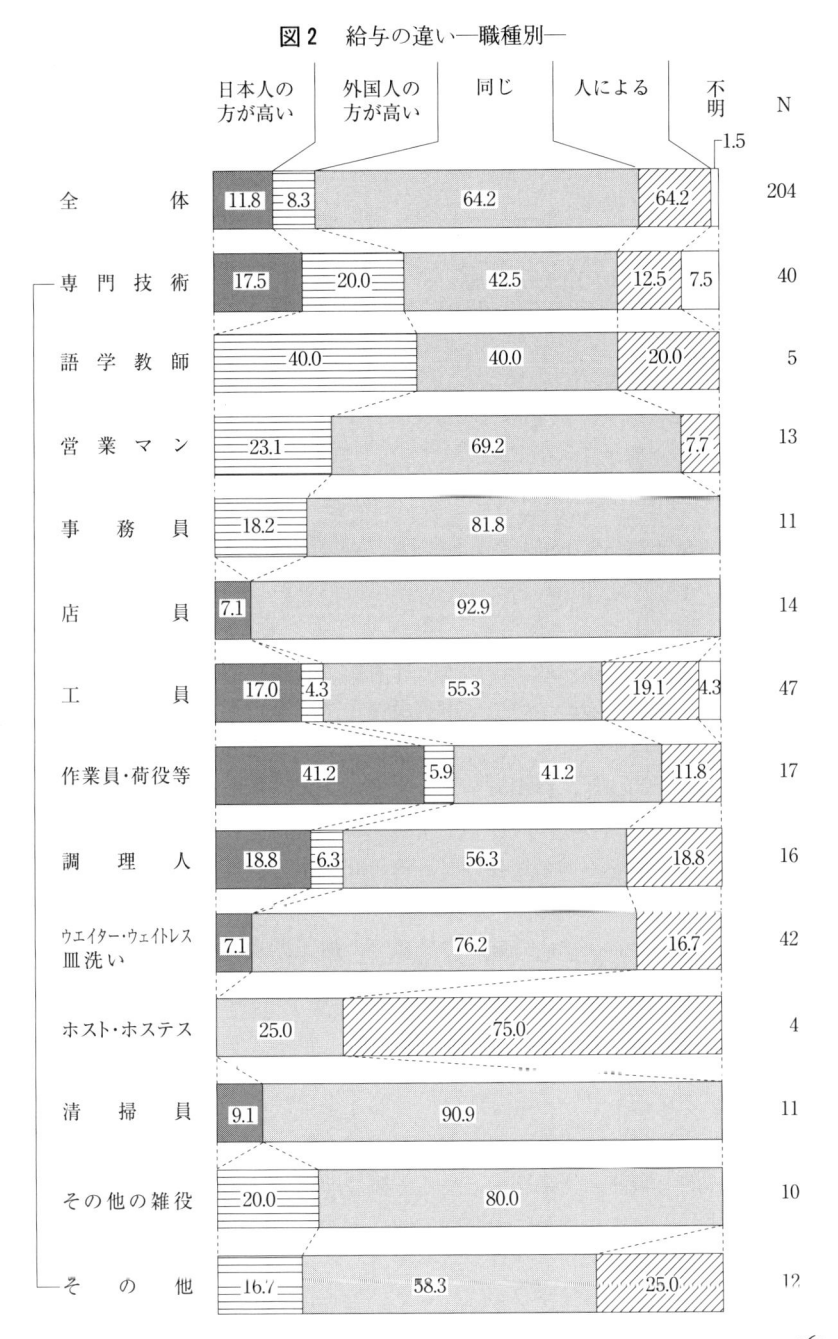

図2　給与の違い―職種別―

職種	日本人の方が高い	外国人の方が高い	同じ	人による	不明	N
全体	11.8	8.3	64.2	64.2	1.5	204
専門技術	17.5	20.0	42.5	12.5	7.5	40
語学教師		40.0	40.0	20.0		5
営業マン		23.1	69.2	7.7		13
事務員		18.2	81.8			11
店員	7.1		92.9			14
工員	17.0	4.3	55.3	19.1	4.3	47
作業員・荷役等	41.2	5.9	41.2	11.8		17
調理人	18.8	6.3	56.3	18.8		16
ウエイター・ウェイトレス 皿洗い	7.1		76.2	16.7		42
ホスト・ホステス		25.0		75.0		4
清掃員	9.1		90.9			11
その他の雑役		20.0	80.0			10
その他		16.7	58.3	25.0		12

365

表23　ボーナスの支給

	神奈川	埼玉	群馬	大阪	東京
している	38(53.8)	24(52.1)	17(50)	注)79(79.8)	98(43.9)
していない	23(35.3)	18(39.1)	13(38.2)	16(16.2)	88(39.5)
人による	7(10.8)	4(8.7)	4(11.8)		27(12.1)
不明・無回答				4(4.0)	10(4.5)
総計	68(100)	46(100)	34(100)	99(100)	223(100)

注) 全員支給 58 (73.4), 人による 5 (6.3), 不明 16 (20.3)

る (43.8％)。

東京では，福祉厚生全体で調査しており（他の「食事提供」「身分保証人」などと），その一部として答えがでているが，住宅，寄宿舎の提供，家賃の補助については，合計35.4％と低くなっている。やはり，東京においては，住宅・住宅費支給はその住宅難からむづかしいのであろう。

(3) 社会保険，住宅

外国人に加入の道がないのか，加入しても掛金が掛け捨てになる可能性の高い，厚生年金，雇用保険については事務所ベースでみて不加入比率が高い。

以下表25により現実をみると，労災保険は地域差があり，不加入比率は，神奈川40.1％，埼玉20.0％，群馬51.4％，大阪20.0％，千葉25.0％となっている。理由としては労働行政当局の取扱いや指導による差とも考えられる。

健康保険についても，神奈川48.5％，埼玉46.5％，群馬75.7％，大阪26.3％，千葉48.3％と不加入比率が高い。(表25参照)

とりわけ，健保，労災は，外国人の結核等の病気や労働災害といった際に問題となり，早急に加入すべきであるし，年金，雇用保険については，外国人の場合の特別の制度を考えるべき時期に来ていることも否定できない。

(4) 教育訓練

教育訓練を現在行っている事業所は，各県とも半数をこえるが，その内容ややり方は多岐にわたり，どのような方法で，どの程度やれば良いのかは，その外国人の具体的な職務，将来性などから一概に即断できない。表27，28によってみるといずれにせよ，目下は企業内では日本人と同一にやる部分がかなり比重が高いが，その前提としては日本語の習得が必須である。それ以外は外国人の自主的に参加する（企業数が多いであろう）訓練を補助する形をとることに

外国人労働者の就労実態

表24 外国人従業員の昇進、昇格、昇給

	神奈川	埼玉	群馬	大阪	東京 正社員	東京 契約・嘱託社員
(昇進、昇格)　外国人、日本人を同等に	43(60.0)	26(56.5)	15(44.1)	62(62.6)	勤続に応じて 4(3.4)	勤続に応じて 1(1.0)
外国人労働者を有利に	1(1.5)	2(4.3)	2(5.9)		勤続と能力に応じて 78(66.7)	勤続と能力に応じて 24(25.0)
日本人労働者を有利に	22(32.4)	15(32.6)	16(47.0)	1(1.0)	能力に応じて 22(18.8)	能力に応じて 18(18.8)
行わない				該当者なし 9(9.1)	昇進・昇格制度がない 3(2.6)	41(42.7)
その他	5(5.9)	3(6.5)	1(2.9)	24(24.2)	その他 9(7.7)	7(7.3)
				η A 3(3.0)	η A 1(0.9)	4(4.2)
計	71(100)	46(100)	34(100)		117(100)	96(100)
(昇給)　外国人の昇給は行わない	10(14.9)	7(14.6)	6(18.2)		就業規則・労働協約で一律に決まる 87(74.4)	就業規則・労働協約で一律に決まる 26(27.1)
外国人と日本人を同等に	51(73.1)	30(62.5)	14(42.4)	83(83.8)	個々の労働者と話合って決定 15(12.8)	個々の労働者と話合って決定 48(53.0)
日本人労働者を有利に	2(3.0)	5(10.4)	6(18.2)		その他 14(12.0)	その他 17(17.6)
外国人労働者を有利に	1(1.5)	3(6.3)	3(9.1)	1(1.0)	η A 1(0.9)	4(5.2)
その他	6(7.5)	3(6.3)	4(12.1)	10(10.1)		
				5(5.1)		
計	70(100)	48(100)	33(100)			

註　東京については「昭和63年調査」

第3部　外国人労働者の実態

表25　社会保険の加入状況

	神奈川	埼玉	群馬	大阪	千葉	東京
① 厚生年金						
1 加入	28(28.1)	15(24.3)	9(24.3)	70(70.7)	25(20.2)	100(75.1)
2 不加入	28(58.3)	25(58.1)	28(75.7)	10(10.1)	53(54.3)	
3 人による	3(4.7)	3(7.0)				
不明						
小計	67(100)	43(100)	37(100)	98(100)	115(100)	213(100)
② 健康保険						
1 加入	34(47.0)	21(48.8)	9(24.3)	73(73.7)	43(25.1)	175(82.2)
2 不加入	32(48.5)	20(48.5)	28(75.7)	7(7.1)	58(48.3)	
3 人による	3(4.5)	2(4.7)				
不明						
小計	69(100)	43(100)	37(100)	99(100)	118(100)	213(100)
③ 労災保険						
1 加入	29(55.1)	35(77.8)	18(48.6)	79(79.8)	78(65.5)	
2 不加入	26(40.0)	9(20.0)	19(51.4)	1(1.0)	29(25.0)	
3 人による	3(4.8)	1(2.2)				
不明				19(19.2)	11(9.5)	
小計	58(100)	45(100)	37(100)	99(100)	118(100)	
④ 雇用保険						
1 加入	22(31.4)	15(34.8)	10(27.0)	63(63.7)		156(74.7)
2 不加入	42(64.1)	26(50.5)	27(73.0)	15(15.1)		
3 人による	3(4.7)	2(4.7)				
不明				19(19.2)		
小計	67(100)	43(100)	37(100)	99(100)		213(100)

(注)　東京については「昭和63年調査」

表26　外国人の宿舎

	神奈川	埼玉	群馬	大阪	千葉	東京
日本人社員と一緒の社宅・寮	35(50.0)	11(23.4)	8(21.6)	自社保有社宅 41(41.4)	自社保有社宅 32(27.6)	自社保有社宅 53(30.3)
外国人専用の社宅・寮		15(31.9)	18(48.6)	借り上げ 18(18.2)	借り上げ 26(22.4)	借り上げ 36(20.6)
住宅手当	10(15.1)	9(19.1)	4(10.8)	13(13.1)	8(6.9)	43(24.6)
何もしていない	23(34.8)	12(25.5)	7(18.9)	23(23.2)	42(36.2)	賃貸住宅を紹介・斡旋 19(10.9)
					不明 8(6.9)	その他の住宅費援助 8(4.6)
						その他 31(17.7)
						ηΛ 30(17.1)
合計	68(100)	47(100)	37(100)	99(100)	116(100)	

なる。

　内容についても，単なる企業内の技術や制度や手続きだけではなく，生活する「ヒト」としての外国人を考えれば日本社会，生活面での教育，ガイダンスも必要となってくるであろう。

　ところで，千葉の調査では，教育訓練の必要性のあるものと，現に行われているものとの間にはギャップがみられる。必要と思われる教育訓練としては，日本語教育が53.7％（現行31.3％）を占め，技術・技能の44.8％（現行64.1％）をこえている。このことは言葉のギャップに悩む企業が多いことを示すものである。これとならんで日本の文化，風習等（必要と思うもの26.9％に対し，現行17.2％），日本におけるビジネス慣習等（必要26.9％，現行17.2％）があげられ，日本でのビジネス，文化生活面のギャップを埋めることの重要さもうかがわせるものである。

　これと同時に，技術，技能面での訓練（必要44.8％，現行64.1％）社内手続，制度等（必要34.3％，現行56.3％）については，日本の企業内でのOJTを中心とする教育訓練の一定の有効さをうかがわせるものである。逆にいえば，後述の評価を合わせ考えるとOJT中心で仕事のできる職場職種に，現場労働者と

して入っているということであろう。

ただ，その職位が高いものであるとは必ずしも言えないことは他でくり返したとおりである。

(5) 外国人の雇用形態・賃金形態の総合的考察

雇用形態は，単純集計では正社員30％となり，これに嘱託，契約社員を加えれば，約半数近くが安定した雇用形態にあると考えられよう（表Ⅶ，Ⅷ参照）。しかし，これを詳細に分析すると，雇用形態と業種，職種との関係から，製造現場作業員であることが多く，結局，正社員を「期間の定めのない契約」と考えれば，雇用上の保障がどこまであるかは疑問である。

嘱託，契約社員は外国人独特の雇用形態で，専門技術，研究者，語学教師，情報処理，翻訳・通訳などのスペシャリストについては，これによることが多いと考えられるが，年俸は以外に少なく，全体の3.8％の6件しかみられない。これが専門技術，研究者，翻訳・通訳に限られていることも表Ⅸからみられるのである。

雇用形態と事業所従業員数および事務所所在地との相関をみると，群馬県が正社員の数は少ないが，嘱託，契約社員を合わせるとほぼ他県と同様な数値となる。また，事業所従業員数ランクに関してみると，小企業（1～19人）といえ正社員としての数が少ないとはいえない。しかし，その法的意義を考えてみると，小企業では「期間の定めのない契約」を正社員と解していることが多く（聴き取りによる），結局こうした外国人の場合，期間の定めのない契約でも，いつでも解約できるということになる（表Ⅷ参照）。

外国人の職種と賃金形態は見事な相関がみられる（表Ⅸ参照）。専門技術，研究者，語学教師，翻訳・通訳などは，かなりの部分が年俸によることが多い。多数は月給制だが，日給月給制も，時間給制も出ている。ただ原票でみると，時間給制は複数回答で製造作業員等に該当するもの（3件）が考えられる。

これに対し，店員，製造作業員等いわゆる単純労働者については，日給月給，時間給が多く，とりわけ後者の比重が高い。ただし，月給制もかなりみられることも，契約が期間の定めのないものになることと関連して首肯できよう。

賃金形態を在留資格とクロスしてみると，在留資格の熟練労働に日給月給制がでたり，技術に日給月給，時間給制がでたり，一般就職に日給月給，時間給制がでたりしているのは，実際の在留資格でないことの証左ともいえる。これらは少なくとも月給制，年俸制であることが通例である。商用の時間給制のみというのも，全く在留資格を偽っているとしか考えられない。

外国人労働者の就労実態

表27　現行の教育訓練

	神奈川	埼玉	群馬	大阪	千葉	東京
特別にやる	8(10.1)	7(14.3)	5(13.2)	12(12.1)	6(5.2)	
日本人と同一にやる	28(39.1)	26(53.1)	16(42.1)	59(59.6)	55(47.4)	
自主的に受ける訓練の補助	5(7.2)	3(6.1)		8(8.1)	3(2.6)	
何も行わない	30(43.5)	13(26.5)	17(44.7)	23(23.2)	41(35.3)	
不明					11(9.5)	
（事業所数）	71(100)	49(100)	38(100)	99(100)	116(100)	
日本語	4(17.3)	10(15.6)	9(24.3)	17(17.2)	36(31.3)	日本語 20(11.4)
手続き制度	4(17.3)	14(21.9)	4(10.8)	44(44.4)	65(56.3)	日本の労働慣行 11(6.3)
技術	3(13.0)	26(40.6)	14(37.8)	20(20.2)	74(64.1)	職務 41(23.4)
日本社会	3(13.0)	3(4.7)	2(5.4)	8(8.1)	項目なし	安全衛生 14(8.0)
日本ビジネス	3(13.0)	8(12.5)	6(16.2)	20(20.2)	20(17.2)	生活文化 13(7.4)
日本文化	3(13.0)	2(3.1)	2(5.4)	5(5.1)	29(25.0)	その他 8(4.6)
その他	3(13.0)	1(1.6)		1(1.0)	7(6.3)	特になし 30(17.1)
不明					2(1.6)	ηΛ 77(44.0)
（件　数）	23(100)	64(100)	37(100)	115(100)	116(100)	175(100)

　就学，留学について，アルバイト的性格が強く，また週20時間という許可，届出の限度内とすれば，時間給の比率が高くなるのも当然である。

　研修についても日給月給や時間給制を取るものについては，単純労働につかせているとみられなくもない（表X参照）。

　このように，在留資格と賃金形態をクロスすると，問題が浮きぼりになってくる。

　同様に国籍と賃金形態をクロスすると，アジア諸国およびアフリカ諸国からの労働者は，月給，日給月給，時間給制にかたより，欧米の労働者は，年俸，月給，日給月給制にかたよっているのが明らかである（表XI参照）。

　学歴との関係でみると，専門学校，大学，大学院卒の高学歴者に年俸が集中するのは当然の帰結だが，これらの高学歴者に日給月給や時間給制の部分がか

表28　教育訓練の必要性及び必要と思われる内容

	神奈川	埼玉	群馬	千葉
必要である	──	38(77.6)	23(63.9)	67(57.8)
必要でない	──	11(22.4)	13(36.1)	39(33.6)
不明				10(8.6)
計	──	49(100)	36(100)	116(100)
日本語教育	38(28.6)	30(25.6)	17(30.9)	62(53.7)
社内の手続き,制度	15(10.5)	17(14.5)	6(10.9)	40(34.3)
技能,技術に関して	25(17.3)	27(23.1)	13(23.6)	52(44.8)
日本の制度	22(16.5)	9(7.7)	5(9.1)	16(13.4)
日本のビジネス慣習,人間関係	19(14.3)	17(14.5)	8(14.5)	31(26.9)
日本の文化,風習	15(11.3)	15(12.8)	5(9.1)	40(34.3)
その他	2(1.5)	2(1.7)	1(1.8)	5(4.5)
計	136(100)	117(100)	55(100)	116(100)

なりあることは問題である（表XII参照）。要するに，高学歴者が単純労働についているからである。

　なお，外国人の職種を事業所従業員数とクロス集計してみると，小企業においても，語学教師や翻訳・通訳がみられるものの，圧倒的多数は製造作業員などの単純労働である（表VIII参照）。また，専門技術とする答えも，在留資格上の技術（4-1-12）が平成元年の新規入国者数で全国でわずか13人でしかなかったから，ほとんどが現場での熟練の高い技術系労働についていることから，この項目を選択していると考えられるのである。

　7　外国人を雇っての評価と今後の方向

　第1は，外国人の仕事の遂行と勤務態度，モラル等に関して，①体力，②仕事の習得，覚え，③仕事振り，能率，④仕事の出来，⑤勤務態度，⑥出勤状態，⑦技術，技能，⑧企業忠誠心の評価である。

　これらのポイントのうち，どの地域でも，①，④，⑤，⑥，⑧にかんしては，良好ないし普通との評価が圧倒的に高い。つまり，外国人は，体力があり，仕事もまあまあ良く出来，勤務態度が良いという結果となる。（以下表29参照）ただ，企業の忠誠心にかんしては，大阪，神奈川，東京では低いとの答えもかなりみられる。

　技術，技能に関しては，はっきり地域差がでており，高い，低いがほぼ同数で，普通というのが圧倒的に高い神奈川，埼玉，群馬に対し，専門職比較の高

い大阪では，技術，技能は高いとの答えが相対的に高くなっている。

第2に，雇主側の外国人雇い入れの動機（**表14**参照）とは別に雇い入れ後の評価についてみると，数的不足を補えるとの評価が圧倒的に高い。賃金，人件費については，安いという評価よりも，普通という答えが多く，一部は高いと答えている。

これらに，千葉での調査で同職の日本人がいる場合（82.8％）という日本人がいない場合（12.1％）を分析したものが注目される。同職に日本人がいる場合，賃金は日本人同様というものが圧倒的に多く（67.7％），高いもの（19.8％），低いもの（9.4％）とがあって，結局，特殊技能，技術者等を除いて，日本人より安いか同等というのが評価であろう。（なお，東京については図2および53頁参照）

さらに，同職の日本人のいない場合や，日本人がやりたがらない仕事だからとの答えが57.1％，日本人では代替できない技術，技能があると答えているものが35.7％である。これからみると，外国人の評価，採用動機は，人手不足で，日本人がつきたがらない仕事において外国人を求める場合が約3分の2，特殊技能等を求めるのが3分の1といったところであろう。

第3に，⑪職場への定着化，⑫職場での協調性，⑬事業所側からみて外国人の不平不満が多いかとの評価については，概ね，定着率は良く，協調性もあるか普通，不平不満も少ないが普通といった，外国人の評価が浮かびあがってくる。

結局，現時点での外国人を雇っている企業の評価と雇用の今後への希望は，雇いたくないというものを，増やしたいものと現状推移の数字が上回っていることともつながるのである。（**表30**参照）

ただし，現在外国人を雇っている企業が単純な肉体労働やサービス労働にたずさわる外国人を増やす場合もその予定はまちまちである。大阪を例にとると，今すぐ増やしたいとするものが全回答（101件）のうち19件（18.8％），1～2年以内に増やすとするもの103件（9.9％），将来増やしたいとするものが26件（25.7％）である。これに対し，現状維持は30件（29.7％）となっており，減らしたいとする2件（2.0％）と合わせるとやや積極的だといえる。

しかし，その主観的評価については，積極的なのが，群馬（41.2％），埼玉（37.5％），神奈川（21.7％），東京（40.4％）とまちまちである。これに対し，消極的受け入れ論である望ましくないが止むをえないというのと，受入体制が整えばという項目を合わせると神奈川（前者27.5％，後者42％），埼玉（60.4％，

後者質問項目なし），群馬（58.8％，後者質問項目なし），東京（40.4％，10.3％）となっており，消極的受け入り論も相半ばする状況であることが分る。（表31参照）

次に，外国人を雇用している事業所であった問題点やトラブルについてみると，最も多いのが言葉の問題，次いでこれにともなう意志疎通やチームワークということになる。（**表32参照**）

他方トラブル，問題点がないとの答えも一定程度あるがきわめて低い。

労働条件については賃金に関するものも，かなり存する。

そして，在留資格上の問題，つまり就労ビザが得にくいという点も問題としてあげられている。

このように見てくると，外国人の雇用が必ずしも十全にスムーズに行われているとも断言しにくいのである。この点は，過去に外国人を雇っていた事業所のデータで更にフォローできる。

以上のようにみてくると，圧倒的に言葉のハンディキャップのあるのは前述の通りだが，学歴とクロスすると低学歴者ほど言葉のハンディがあることが分かる。当然の帰結として，職場の人間関係が難しいとか，意志の疎通が図りにくいという結果も低学歴者ほど高い。

これを国籍別にみた場合，言葉のハンディキャップはアジア系といえ，欧米系といえ，全ての国籍の外国人に広く一般的である。注目すべきはラテンアメリカ系で，これらは日系人と推定されるが二世，三世が日本語の駄目な場合と考えられる結果が出ていることである。（表XIII～XV参照）

注目すべきは，東京で「労働時間延長への要求がある」とする答が10.8％もあることである。外国人労働者が，正規の（所定の）労働時間働いた分は，自国への送金などに用い，時間外分で生活している実態の一面であるといえよう。

8　外国人の定住について

こうした，外国人を雇っている事業所の回答も，定住については否定的もしくはやむをえないとするものが多数で，積極的に望ましいと答える者は，神奈川13.6％，埼玉14.6％，群馬11.0％にとどまるのである。ただし，東京については41.7％が「いっこうに差支えない」と答えているのが注目される。（**表33参照**）

つまり，現在外国人を雇っている事業所の雇主側の評価としては，仕事の面では積極的に評価をしても，定住については極めてネガティブだといわねばならない。

このことは，人手不足等で当面外国人を雇っていても，長期，終身雇用の型で雇ったり，その人々が日本に定住することに，必ずしも積極的でないことが回答者の中に強く存することにもつながるとはいえないであろうか。

9　外国人を過去雇用していた事業所について

外国人を過去雇用していた事業所数もかなり多いことが**表34**，**表35**によって分かる。

その内容を**表35**でみると，正社員も一定数いるが，むしろ臨時，パート，アルバイト，派遣という短期的就労が圧倒的である（神奈川57.0％，埼玉68.1％，群馬66.7％，千葉73.9％）。

これと照応するように，職種も製造作業員，土木作業員その他の雑作業や補助的作業が圧倒的に比率が高い。

雇用しなかった原因として，**表36**についてみると，注目すべきは，定着しなかったことと，在留期間が更新できないとの理由が約半分以上あがっているが，結局，これらの雇用はいわゆる不法就労に近いものが半数以上であったといえよう。

それゆえ，能力，技術面，労働条件面での理由は少ないのである。

雇用していた時期については，**表37**でみると昭和60年以後採用したところが多いが，最も注目すべきは，平成元年になって雇わなくなったケースが多いことである。この点では改正入管法のかなりの影響や不法就労対策の効果が推定できるのである。

ともあれ，外国人の雇用を止めたケースの多くが，不法就労であったことは否めない事実であろう。

（千葉大学法学論集5巻2号〔1991年〕所収）

表Ⅶ 事業所業種と外国人従業員の雇用形態
（外国人を雇用している事業所にきく）

	調査数	正社員	嘱託	契約社員	パートタイマー	アルバイト	研修	派遣社員	その他	不明
全体	160	48	12	18	29	39	18	10	13	3
	100.0	30.0	7.5	11.3	18.1	24.4	11.3	6.3	8.1	1.9
食品製造	17	3	—	2	7	5	1	1	—	1
	100.0	17.6	—	11.8	41.2	29.4	5.9	5.9	—	5.9
木製品製造	4	—	—	—	1	2	1	—	—	—
	100.0	—	—	—	25.0	50.0	25.0	—	—	—
紙・パルプ	1	—	—	—	—	1	—	—	—	—
	100.0	—	—	—	—	100.0	—	—	—	—
出版・印刷・製本	1	—	—	—	1	—	—	—	—	—
	100.0	—	—	—	100.0	—	—	—	—	—
化学工業	6	3	1	1	—	—	1	—	1	—
	100.0	50.0	16.7	16.7	—	—	16.7	—	16.7	—
窯業・土石	—									
金属製品製造	21	6	—	2	3	4	6	1	1	—
	100.0	28.6	—	9.5	14.3	19.0	28.6	4.8	4.8	—
一般機械製造	13	6	—	1	—	3	2	2	—	—
	100.0	46.2	—	7.7	—	23.1	15.4	15.4	—	—
電気機器製造	8	2	1	2	2	—	—	—	—	1
	100.0	25.0	12.5	25.0	25.0	—	—	—	—	12.5
輸送機器製造	16	5	1	—	—	5	4	3	1	—
	100.0	31.3	6.3	—	—	31.3	25.0	18.8	6.3	—
精密機械製造	4	2	1	1	—	—	2	—	—	—
	100.0	50.0	25.0	25.0	—	—	50.0	—	—	—
繊維・衣料	3	3	—	—	—	1	—	—	—	—
	100.0	100.0	—	—	—	33.3	—	—	—	—
その他製造業	17	5	1	1	7	6	—	1	2	—
	100.0	29.4	5.9	5.9	41.2	35.3	—	5.9	11.8	—
建設業	5	1	—	2	—	1	—	—	1	—
	100.0	20.0	—	40.0	—	20.0	—	—	20.0	—
卸売・小売業	9	1	1	1	2	2	1	1	—	—
	100.0	11.1	11.1	11.1	22.2	22.2	11.1	11.1	—	—
飲食業	1	—	—	—	—	1	—	—	—	—
	100.0	—	—	—	—	100.0	—	—	—	—
金融・保険業	—									
私鉄・バス業	—									
運輸・通信業	3	2	2	1	—	—	—	1	—	—
	100.0	66.7	66.7	33.3	—	—	—	33.3	—	—
不動産業	1	—	—	—	—	1	—	—	—	—
	100.0	—	—	—	—	100.0	—	—	—	—
電気・ガス・熱供給・水道業	—									
その他サービス業	33	10	4	4	6	8	2	1	6	1
	100.0	30.3	12.1	12.1	18.2	24.2	6.1	3.0	18.2	3.0

表Ⅷ 事業所所在地と外国人従業員の雇用形態
（外国人を雇用している事業所にきく）

		調査数	外国人従業員の雇用形態								
			正社員	嘱託	契約社員	パートタイマー	アルバイト	研修	派遣社員	その他	不明
全体		160	48	12	18	29	39	18	10	13	3
		100.0	30.0	7.5	11.3	18.1	24.4	11.3	6.3	8.1	1.9
事業所の所在地	神奈川県	73	24	7	10	13	19	5	4	8	—
		100.0	32.9	9.6	13.7	17.8	26.0	6.8	5.5	11.0	—
	埼玉県	48	17	1	2	7	13	10	3	3	1
		100.0	35.4	2.1	4.2	14.6	27.1	20.8	6.3	6.3	2.1
	群馬県	36	7	4	6	9	7	3	3	1	—
		100.0	19.4	11.1	16.7	25.0	19.4	8.3	8.3	2.8	—
事業所従業員数ランク	1～19人	13	6	—	—	3	4	—	—	1	—
		100.0	46.2	—	—	23.1	30.8	—	—	7.7	—
	20～29人	17	4	1	1	4	5	1	—	1	—
		100.0	23.5	5.9	5.9	23.5	29.4	5.9	—	5.9	—
	30～49人	32	10	—	3	6	10	3	1	—	—
		100.0	31.3	—	9.4	18.8	31.3	9.4	3.1	—	—
	50～99人	39	8	2	6	4	11	3	6	4	2
		100.0	20.5	5.1	15.4	10.3	28.2	7.7	15.4	10.3	5.1
	100～299人	32	11	5	4	9	6	4	1	3	—
		100.0	34.4	15.6	12.5	28.1	18.8	12.5	3.1	9.4	—
	300人以上	24	8	4	4	2	3	7	2	3	1
		100.0	33.3	16.7	16.7	8.3	12.5	29.2	8.3	12.5	4.2

第3部 外国人労働者の実態

表Ⅸ 外国人従業員の職種と外国人従業員の賃金形態
（外国人を雇用している事業所にきく）

	調査数	年俸制	月給制	日給月給制	日払い	時間給制	週給制	その他	不明
全体	160	6	45	41	—	60	—	5	3
	100.0	3.8	28.1	25.6	—	37.5	—	3.1	1.9
専門技術	24	4	11	5	—	2	—	2	—
	100.0	16.7	45.8	20.8	—	8.3	—	8.3	—
研究者	9	2	5	2	—	—	—	—	—
	100.0	22.2	55.6	22.2	—	—	—	—	—
語学教師	13	—	10	1	—	2	—	—	—
	100.0	—	76.9	7.7	—	15.4	—	—	—
翻訳・通訳	6	2	4	—	—	—	—	—	—
	100.0	33.3	66.7	—	—	—	—	—	—
営業マン	1	—	1	—	—	—	—	—	—
	100.0	—	100.0	—	—	—	—	—	—
情報処理	1	—	1	—	—	—	—	—	—
	100.0	—	100.0	—	—	—	—	—	—
事務員	5	—	4	1	—	—	—	—	—
	100.0	—	80.0	20.0	—	—	—	—	—
店員	5	—	1	3	—	1	—	—	—
	100.0	—	20.0	60.0	—	20.0	—	—	—
製造作業員	91	—	14	25	—	47	—	3	2
	100.0	—	15.4	27.5	—	51.6	—	3.3	2.2
土木・建設作業員	3	—	—	3	—	—	—	—	—
	100.0	—	—	100.0	—	—	—	—	—
荷役・積みおろし	4	—	—	2	—	2	—	—	—
	100.0	—	—	50.0	—	50.0	—	—	—
配達員	1	—	1	—	—	—	—	—	—
	100.0	—	100.0	—	—	—	—	—	—
調理人	4	—	1	—	—	2	—	1	—
	100.0	—	25.0	—	—	50.0	—	25.0	—
ウエイター・ウエイトレス・皿洗い	2	—	—	—	—	1	—	1	—
	100.0	—	—	—	—	50.0	—	50.0	—
芸能・興行	—	—	—	—	—	—	—	—	—
清掃員	1	—	1	—	—	—	—	—	—
	100.0	—	100.0	—	—	—	—	—	—
その他の雑役	6	—	2	2	—	2	—	—	—
	100.0	—	33.3	33.3	—	33.3	—	—	—
その他	11	1	2	3	—	4	—	—	1
	100.0	9.1	18.2	27.3	—	36.4	—	—	9.1

外国人労働者の就労実態

表Ⅹ 外国人従業員の在留資格の種類と外国人従業員の賃金形態
（外国人を雇用している事業所にきく）

	調査数	年俸制	月給制	日給月給制	日払い	時間給制	週給制	その他	不明
全体	160	6	45	41	―	60	―	5	3
	100.0	3.8	28.1	25.6	―	37.5	―	3.1	1.9
商用	4	―	―	―	―	4	―	―	―
	100.0	―	―	―	―	100.0	―	―	―
興行	―	―	―	―	―	―	―	―	―
	―	―	―	―	―	―	―	―	―
熟練労働	5	―	2	2	―	―	―	1	―
	100.0	―	40.0	40.0	―	―	―	20.0	―
技術	8	2	4	1	―	1	―	―	―
	100.0	25.0	50.0	12.5	―	12.5	―	―	―
法務大臣認定（就学）	23	―	1	7	―	12	―	1	2
	100.0	―	4.3	30.4	―	52.2	―	4.3	8.7
法務大臣認定（語学教師）	8	―	6	―	―	2	―	―	―
	100.0	―	75.0	―	―	25.0	―	―	―
法務大臣認定（一般就労）	31	2	17	8	―	4	―	―	―
	100.0	6.5	54.8	25.8	―	12.9	―	―	―
短期滞在	21	―	2	3	―	16	―	―	―
	100.0	―	9.5	14.3	―	76.2	―	―	―
留学	18	―	4	4	―	8	―	2	―
	100.0	―	22.2	22.2	―	44.4	―	11.1	―
研修	24	2	9	6	―	3	―	4	―
	100.0	8.3	37.5	25.0	―	12.5	―	16.7	―
その他	30	―	6	12	―	9	―	2	1
	100.0	―	20.0	40.0	―	30.0	―	6.7	3.3
不明	24	―	5	6	―	13	―	―	―
	100.0	―	20.8	25.0	―	54.2	―	―	―

第3部 外国人労働者の実態

表XI 外国人従業者の国籍と外国人従業員の賃金形態
（外国人を雇用している事業所にきく）

	調査数	年俸制	月給制	日給月給制	日払い	時間給制	週給制	その他	不明
全体	160	6	45	41	—	60	—	5	3
	100.0	3.8	28.1	25.6	—	37.5	—	3.1	1.9
中国	33	—	11	9	—	11	—	1	1
	100.0	—	33.3	27.3	—	33.3	—	3.0	3.0
台湾	6	1	4	—	—	1	—	—	—
	100.0	16.7	66.7	—	—	16.7	—	—	—
韓国	10	—	4	4	—	2	—	—	—
	100.0	—	40.0	40.0	—	20.0	—	—	—
香港	1	—	—	—	—	—	—	1	—
	100.0	—	—	—	—	—	—	100.0	—
シンガポール	—								
フィリピン	7	—	1	1	—	4	—	1	—
	100.0	—	14.3	14.3	—	57.1	—	14.3	—
タイ	6	—	—	4	—	2	—	—	—
	100.0	—	—	66.7	—	33.3	—	—	—
マレーシア	1	—	—	—	—	1	—	—	—
	100.0	—	—	—	—	100.0	—	—	—
インドネシア	2	—	1	—	—	—	—	1	—
	100.0	—	50.0	—	—	—	—	50.0	—
インド	—								
パキスタン	12	—	—	4	—	8	—	—	—
	100.0	—	—	33.3	—	66.7	—	—	—
バングラデシュ	14	—	1	3	—	10	—	—	—
	100.0	—	7.1	21.4	—	71.4	—	—	—
スリランカ	9	—	—	1	—	8	—	—	—
	100.0	—	—	11.1	—	88.9	—	—	—
その他のアジア諸国	17	—	8	6	—	2	—	—	1
	100.0	—	47.1	35.3	—	11.8	—	—	5.9
アメリカ・カナダ	15	2	8	2	—	3	—	—	—
	100.0	13.3	53.3	13.3	—	20.0	—	—	—
オーストラリア・ニュージーランド	1	—	1	—	—	—	—	—	—
	100.0	—	100.0	—	—	—	—	—	—
イギリス	1	—	1	—	—	—	—	—	—
	100.0	—	100.0	—	—	—	—	—	—
その他の西ヨーロッパ諸国	3	1	—	1	—	—	—	1	—
	100.0	33.3	—	33.3	—	—	—	33.3	—
東ヨーロッパ諸国	1	—	1	—	—	—	—	—	—
	100.0	—	100.0	—	—	—	—	—	—
ラテンアメリカ諸国	11	1	1	4	—	5	—	—	—
	100.0	9.1	9.1	36.4	—	45.5	—	—	—
アフリカ諸国	3	1	1	1	—	—	—	—	—
	100.0	33.3	33.3	33.3	—	—	—	—	—
不明	1	—	—	—	—	1	—	—	—
	100.0	—	—	—	—	100.0	—	—	—

表XII 外国人従業員の本国での学歴と外国人従業員の賃金形態
（外国人を雇用している事業所にきく）

	調査数	年俸制	月給制	日給月給制	日払い	時間給制	週給制	その他	不明
全体	160	6	45	41	—	60	—	5	3
	100.0	3.8	28.1	25.6	—	37.5	—	3.1	1.9
小学校卒	8	—	3	1	—	2	—	1	1
	100.0	—	37.5	12.5	—	25.0	—	12.5	12.5
中学校卒	24	—	5	10	—	8	—	1	—
	100.0	—	20.8	41.7	—	33.3	—	4.2	—
高等学校卒	53	—	13	12	—	24	—	2	2
	100.0	—	24.5	22.6	—	45.3	—	3.8	3.8
専門学校卒	29	1	7	7	—	11	—	3	—
	100.0	3.4	24.1	24.1	—	37.9	—	10.3	—
大学卒	68	6	25	15	—	20	—	2	—
	100.0	8.8	36.8	22.1	—	29.4	—	2.9	—
大学院卒	16	2	8	1	—	4	—	1	—
	100.0	12.5	50.0	6.3	—	25.0	—	6.3	—
その他	3	—	1	1	—	1	—	—	—
	100.0	—	33.3	33.3	—	33.3	—	—	—
不明	25	—	1	10	—	13	—	1	—
	100.0	—	4.0	40.0	—	52.0	—	4.0	—

第3部 外国人労働者の実態

表29 外国人従業員個人についての調査①

	神奈川	埼玉	群馬	大阪	東京
①体力がある	16 (27.6)	15 (32.6)	14 (38.9)	26 (26.3)	124 (55.6)
普通	44 (70.7)	31 (67.4)	21 (58.3)	66 (66.7)	
ない	1 (1.7)		1 (2.8)	無回答7(7.1)	2 (0.9)
不明					
計	61 (100)	46 (100)	38 (100)	99 (100)	223 (100)
②仕事の覚えが早い	9 (14.8)	15 (31.3)	12 (33.3)	29 (29.3)	90 (40.4)
普通	50 (78.7)	25 (52.1)	21 (58.3)	56 (56.6)	
遅い	5 (6.6)	8 (16.7)	3 (8.3)	5 (5.1)	18 (8.1)
不明				9 (9.1)	
計	64 (100)	48 (100)	36 (100)	99 (100)	223 (100)
③仕事振りが　てきぱきしている	7 (11.3)	8 (18.6)	9 (26.5)	22 (22.2)	56 (25.1)
普通	45 (69.4)	29 (67.4)	16 (47.1)	54 (54.5)	
ゆっくり	12 (19.4)	6 (14.0)	9 (26.5)	14 (14.1)	23 (10.3)
不明				9 (9.1)	
計	64 (100)	43 (100)	34 (100)	99 (100)	223 (100)
④仕事の出来が良い	9 (15.0)	6 (13.0)	8 (22.2)	29 (29.3)	61 (27.2)
普通	51 (80.0)	38 (82.6)	28 (72.2)	58 (58.6)	
悪い	3 (5.0)	2 (4.3)	2 (5.6)	2 (2.0)	12 (5.4)
不明				10 (10.1)	
計	63 (100)	46 (100)	36 (100)	99 (100)	223 (100)
⑤勤務態度が良い	21 (38.9)	29 (64.4)	17 (47.2)	46 (46.5)	111 (49.8)
普通	40 (58.7)	15 (33.3)	18 (50.0)	44 (44.4)	
悪い	5 (7.9)	1 (2.2)	1 (2.8)	3 (3.0)	10 (4.5)
不明				6 (6.1)	
計	66 (100)	45 (100)	36 (100)	99 (100)	223 (100)

表29 外国人従業員個人についての調査②

	神奈川	埼玉	群馬	大阪	千葉	東京
⑥出勤状況が良い	34(50.8)	31(67.4)	23(63.9)	50(50.5)		121(54.3)
普通	29(41.5)	10(21.7)	13(36.1)	40(40.4)		
悪い	5(7.7)	5(10.9)		2(2.0)		12(5.4)
不明				7(7.1)		
計	68(100)	46(100)	36(100)	99(100)		223(100)
⑦技術技能が高い	13(19.0)	7(15.6)	3(8.6)	29(29.3)	27(23.3)	
普通	38(58.7)	29(64.4)	25(71.4)	58(58.6)	24(20.7)	
低い	15(22.2)	9(20.0)	7(20.0)	1(1.0)	27(23.3)	
不明				11(11.1)	38(32.8)	
計	66(100)	45(100)	35(100)	99(100)	116(100)	
⑧会社への中世心が						
ある	6(10.3)	10(22.2)	10(28.6)	13(13.1)		48(21.5)
普通	39(63.8)	29(64.4)	22(62.9)	59(59.6)		
ない	16(25.9)	6(13.3)	3(8.6)	19(19.2)		50(22.4)
不明				8(8.1)		
計	61(100)	45(100)	35(100)	99(100)		223(100)
⑨数的不足を						
補える	41(63.9)	35(76.1)	29(80.6)		59(50.8)	
どちらとも言えない	19(29.5)	9(19.6)	5(13.9)		27(23.3)	
補えない	4(6.6)	2(4.3)	2(5.6)		7(6.0)	
不明					23(19.8)	
計	64(100)	46(100)	36(100)		116(100)	
⑩賃金・人件費安い	7(11.1)	7(15.6)	8(22.2)	2(2.0)	14(12.0)	
普通	46(68.3)	35(77.8)	21(58.3)	73(73.7)	33(28.4)	
高い	13(20.6)	3(6.7)	7(19.4)	15(15.2)	31(26.7)	
不明				9(9.1)	38(32.8)	
計	66(100)	45(100)	36(100)	99(100)	116(100)	

第3部 外国人労働者の実態

表29 外国人従業員個人についての調査③

	神奈川	埼玉	群馬	大阪	東京
⑪定着率が良い	20(34.5)	20(44.4)	16(44.4)	28(28.3)	
普通	38(60.3)	21(46.7)	16(44.4)	49(49.5)	
悪い	3(5.2)	4(8.9)	4(11.1)	4(4.0)	
不明				18(18.2)	
計	61(100)	45(100)	36(100)	99(100)	
⑫協調性がある	24(38.1)	20(43.5)	16(47.1)	36(36.4)	80(35.9)
普通	37(55.6)	24(52.2)	16(47.1)	45(45.5)	
悪い	5(6.3)	2(4.3)	2(5.9)	8(8.1)	25(11.2)
不明				10(10.1)	
計	66(100)	46(100)	34(100)	99(100)	223(100)
⑬不平が多い	8(13.3)	3(6.7)	3(8.3)	3(3.0)	98(43.9)
普通	38(59.3)	24(53.3)	20(55.6)	61(61.6)	
少ない	16(27.1)	18(40.0)	13(36.1)	24(24.2)	17(7.6)
不明				11(11.1)	
計	62(100)	45(100)	36(100)	99(100)	223(100)

表30　外国人を雇うことについてどう考えるか

	神奈川	埼玉	群馬	大阪
もっと増やしたい	38(53.8)	26(56.5)	17(47.2)	今すぐ増やしたい 19(18.8)
今ぐらいで十分	22(33.8)	13(28.3)	9(25.0)	将来増やしたい 26(25.7)
雇いたくない	8(12.3)	7(15.2)	10(27.8)	現状維持 30(29.7)
				減らしたい 2(2.0)
計	68(100)	46(100)	36(100)	101(100)

第3部　外国人労働者の実態

表31　現在雇用している者で外国人が増えることをどう思うか

	神奈川	埼　玉	群　馬	東　京
積極的に進めるべき	15(21.7)	18(37.5)	14(41.2)	いっこうに差し支えない 90(40.4)
望ましくないが止むをえない	19(27.5)	29(60.4)	20(58.8)	90(40.4)
必要に応じて	項目なし	項目なし	項目なし	
現状維持	項目なし	項目なし	項目なし	
受入姿勢が整えば	29(42.0)	項目なし	項目なし	
できるだけおさえるべきだ	2(2.9)			23(10.3)
わからない	4(5.8)	1(2.1)		12(5.4)
その他・不明・無回答				8(3.6)
合計	69(100)	48(100)	34(100)	223(100)

表32 外国人を雇用している事業所であったトラブルや問題点

	神奈川	埼玉	群馬	東京	
在留資格	8(4.4)	9(9.5)	7(9.6)	在留資格	47(21.3)
言　葉	41(25.3)	26(27.4)	17(23.3)	言葉	84(38.0)
賃　金	15(8.9)	7(7.4)	6(8.2)	賃金	17(7.7)
時間延長	6(3.2)	2(2.1)	0(0)	住宅等コスト増	28(12.7)
定着率	7(4.4)	3(3.2)	5(6.8)	定着率	21(9.5)
遅刻・欠勤	5(3.2)	2(2.1)	0(0)	募集が困難	14(6.3)
仕　事	13(8.2)	7(7.4)	3(4.1)		
チームワーク	14(8.9)	6(6.3)	6(8.2)	採用までの手続きがわずらわしい	82(37.1)
意志疎通	21(13.3)	16(16.8)	12(16.4)		
災　害	0(0)	1(1.1)	0(0)	労働慣行のギャップ	47(21.3)
顧　客	2(1.3)	0(0)	0(0)		
会社周囲・近隣	1(0.6)	3(3.2)	0(0)	生活習慣のギャップ	33(14.9)
その他	1(0.6)	4(4.2)	2(2.7)	その他	18(8.1)
な　し	29(17.7)	9(9.5)	15(20.5)	なし	22(10.0)
計	163(100)	95(100)	73(100)	計	22(100)

第3部　外国人労働者の実態

表XIII　外国人従業員の本国での学歴と外国人従業員を雇う場合の問題点（外国人を雇用している事業所につき）

	調査数	渡航費用など取得が困難である	言葉のギャップがある	賃金要求に関することが多い	労働時間が長く延びにくい	定着率が低い	遅刻・欠勤が多い	仕事の考え方に対するずれがちがう	職場の人間関係が難しい	意思の疎通が図りにくい	災害や事故を起こしやすい	顧客やお客とのトラブル	近隣社会や周囲とのトラブルがある	その他	特に問題はない	不明
全体	160	23	85	28	8	15	6	21	25	49	1	2	4	9	47	13
	100.0	14.4	53.1	17.5	5.0	9.4	3.8	13.1	15.6	30.6	0.6	1.3	2.5	5.6	29.4	8.1
小学校卒	8	1	6	2	1	1	—	1	4	1	—	—	—	1	—	1
	100.0	12.5	75.0	25.0	12.5	12.5	—	12.5	50.0	12.5	—	—	—	12.5	—	12.5
中学校卒	24	1	14	3	—	2	1	1	4	10	—	—	—	2	8	1
	100.0	4.2	58.3	12.5	—	8.3	4.2	4.2	16.7	41.7	—	—	—	8.3	33.3	4.2
高等学校卒	53	9	34	14	2	5	4	12	7	23	—	1	2	2	7	4
	100.0	17.0	64.2	26.4	3.8	9.4	7.5	22.6	13.2	43.4	—	1.9	3.8	3.8	13.2	7.5
専門学校卒	29	6	14	4	1	2	1	4	4	11	1	—	2	2	6	3
	100.0	20.7	48.3	13.8	3.4	6.9	3.4	13.8	13.8	37.9	3.4	—	6.9	6.9	20.7	10.3
大学卒	68	14	34	9	5	5	2	8	10	19	—	2	2	6	23	4
	100.0	20.6	50.0	13.2	7.4	7.4	2.9	11.8	14.7	27.9	—	2.9	2.9	8.8	33.8	5.9
大学院卒	16	2	6	—	1	—	—	—	—	2	—	—	1	1	5	3
	100.0	12.5	37.5	—	6.3	—	—	—	—	12.5	—	—	6.3	6.3	31.3	18.8
その他	3	1	2	—	—	1	—	1	2	—	—	—	—	—	1	—
	100.0	33.3	66.7	—	—	33.3	—	33.3	66.7	—	—	—	—	—	33.3	—
不明	25	2	14	5	—	4	—	4	5	12	—	—	—	—	9	2
	100.0	8.0	56.0	20.0	—	16.0	—	16.0	20.0	48.0	—	—	—	—	36.0	12.0

外国人労働者の就労実態

表XIV 外国人従業員の在留資格の種類と外国人従業員を雇う場合の問題点（外国人を雇用している事業所につき）

	調査数	渡航費が得にくいので困難である	言葉のハンデがある	賃金要求が多い	労働時間延長に応じない	定着率が低い	遅刻・欠勤が多い	仕事に対する考え方が違う	職場の人間関係	意図が通じにくい	災害事故を起こしやすい	顧客やゲストとのトラブル	近隣との周囲トラブル	その他	特に問題はない	不明
全合	160 100.0	23 14.4	85 53.1	28 17.5	8 5.0	15 9.4	6 3.8	21 13.1	25 15.6	49 30.6	1 0.6	2 1.3	4 2.5	9 5.6	47 29.4	13 8.1
商用	4 100.0	2 50.0	3 75.0	2 50.0	—	1 25.0	—	—	—	1 25.0	—	—	—	—	—	1 25.0
興行	5 100.0	—	2 40.0	1 20.0	1 20.0	—	1 20.0	—	—	2 40.0	—	—	—	—	—	1 20.0
熟練労働	8 100.0	2 25.0	4 50.0	1 12.5	—	—	—	—	1 12.5	3 37.5	—	—	—	1 12.5	3 37.5	—
技術	23 100.0	3 13.0	15 65.2	6 26.1	1 4.3	5 21.7	2 8.7	5 21.7	1 4.3	8 34.8	—	1 4.3	1 4.3	—	6 26.1	2 8.7
法務大臣認定(就学)	8 100.0	3 37.5	4 50.0	1 12.5	1 12.5	—	—	—	1 12.5	3 37.5	—	—	—	1 12.5	3 37.5	1 12.5
法務大臣認定(語学教師)	31 100.0	4 12.9	18 58.1	3 9.7	1 3.2	1 3.2	—	4 12.9	8 25.8	7 22.6	—	—	—	4 12.9	6 19.4	3 9.7
法務大臣認定(一般就学)	21 100.0	5 23.8	13 61.9	2 9.5	—	3 14.3	—	1 4.8	2 9.5	9 42.9	1 4.8	—	2 9.5	1 4.8	8 38.1	—
短期滞在	18 100.0	3 16.7	8 44.4	6 33.3	2 11.1	1 5.5	2 11.1	6 33.3	4 22.2	4 22.2	—	1 5.6	—	—	5 27.8	4 22.2
留学	24 100.0	5 20.8	15 62.5	3 12.5	2 8.3	—	—	7 29.2	4 16.7	8 33.3	—	—	2 8.3	4 16.7	4 16.7	1 4.2
研修	30 100.0	1 3.3	14 46.7	4 13.3	2 6.7	2 6.7	—	5 16.7	4 13.3	10 33.3	—	1 3.3	—	2 6.7	12 40.0	2 6.7
その他	100.0	3.3	—	—	—	—	—	—	—	—	—	—	—	—	—	—
不明	24 100.0	4 16.7	14 58.3	5 20.8	—	2 8.3	—	2 8.3	5 20.8	11 45.8	—	—	—	2 8.3	7 29.2	2 8.3

第3部 外国人労働者の実態

表XV 外国人従業者の国籍と外国人従業員を雇う場合の問題点(外国人を雇用している事業所につき)

	調数	渡航得が難しい	言葉があまりできない	賃金要求が多い	労働時間が長い延長	定着率が低い	遅刻欠勤が多い	仕事考え方対応すぎる	職場の人関係が難しい	意図通りが難しい	災害を起こしやすい	顧客やとのトラブル	会社近隣と問題がある	その他	特に問題はない	不明
全体	160 100.0	23 14.4	85 53.1	28 17.5	8 5.0	15 9.4	6 3.8	21 13.1	25 15.6	49 30.6	1 0.6	2 1.3	4 2.5	9 5.6	47 29.4	13 8.1
中国	33 100.0	2 6.1	16 48.5	7 21.2	1 3.0	3 9.1	3 9.1	5 15.2	2 6.1	8 24.2	—	—	—	3 9.1	9 27.3	3 9.1
台湾	6 100.0	1 16.7	1 16.7	1 16.7	1 16.7	2 33.3	—	1 16.7	1 16.7	2 33.3	—	—	—	—	3 50.0	—
韓国	10 100.0	2 20.0	7 70.0	3 30.0	—	2 20.0	—	2 20.0	2 20.0	5 50.0	—	2 20.0	—	—	2 20.0	1 10.0
香港	1 100.0	—	—	—	—	—	—	—	—	—	—	—	—	—	—	1 100.0
シンガポール	—	—	—	—	—	—	—	—	—	—	—	—	—	—	—	—
フィリピン	7 100.0	2 28.6	2 28.6	—	2 28.6	—	1 14.3	—	—	2 28.6	—	—	—	—	2 28.6	—
タイ	6 100.0	1 16.7	3 50.0	—	—	1 16.7	—	—	1 16.7	—	—	—	—	—	3 50.0	—
マレーシア	1 100.0	—	1 100.0	—	—	—	—	—	1 100.0	1 100.0	—	—	—	—	—	—
インドネシア	—	—	—	—	—	—	—	—	—	—	—	—	—	—	—	—
インド	2 100.0	—	1 50.0	—	—	—	—	1 100.0	—	—	1 100.0	—	1 50.0	—	—	—
パキスタン	12 100.0	1 8.3	9 75.0	7 58.3	1 8.3	1 8.3	1 8.3	2 16.7	3 25.0	6 50.0	—	—	—	—	3 25.0	—
バングラデシュ	14 100.0	3 21.4	6 42.9	3 21.4	—	1 7.1	1 7.1	2 14.3	1 7.1	5 35.7	1 7.1	—	1 7.1	1 7.1	3 21.4	2 14.3
スリランカ	9 100.0	3 33.3	8 88.9	3 33.3	—	4 44.4	—	2 22.2	1 11.1	5 55.6	—	—	1 11.1	—	1 11.1	—
その他のアジア諸国	17 100.0	—	11 64.7	2 11.8	1 5.9	1 5.9	—	2 11.8	8 47.1	5 29.4	—	—	—	1 5.9	5 29.4	—
アメリカ・カナダ	15 100.0	4 26.7	5 33.3	1 6.7	1 6.7	—	—	—	2 13.3	—	—	—	—	4 26.7	6 40.0	1 6.7
オーストラリア・ニュージーランド	1 100.0	—	—	—	—	—	—	—	—	—	—	—	—	—	1 100.0	—
イギリス	—	—	—	—	—	—	—	—	—	—	—	—	—	—	—	—
その他の西ヨーロッパ諸国	3 100.0	—	2 66.7	—	—	—	—	—	—	1 33.3	—	—	—	—	—	1 33.3
東ヨーロッパ諸国	1 100.0	—	1 100.0	—	—	—	—	—	1 100.0	1 100.0	—	—	—	—	—	—
ラテンアメリカ諸国	11 100.0	1 9.1	9 81.8	1 9.1	1 9.1	—	—	2 18.2	3 27.3	4 36.4	—	—	—	—	3 27.3	—
アフリカ諸国	3 100.0	1 33.3	3 100.0	2 66.7	—	—	—	2 66.7	1 33.3	2 66.7	—	—	—	—	—	—
不明	1 100.0	—	—	—	—	—	—	—	—	—	—	—	—	—	1 100.0	—

390

表33　外国人の定住について

	神奈川	埼　玉	群　馬	東　京
望ましい	8(13.6)	7(14.6)	4(11.0)	いっこうに差し支えない 93(41.7)
やむをえない	11(18.6)	13(27.1)	10(27.8)	63(28.3)
受入体制の整備を条件に認める	28(47.5)	18(37.5)	13(36.0)	
できるだけおさえる	9(15.3)	8(16.7)	7(19.4)	41(18.4)
わからない	3(5.1)	2(4.2)	2(5.6)	17(7.6)
				無回答・不明 9(4.0)
合計	59(100)	48(100)	36(100)	223(100)

表34 過去雇用していた事業所数

	神奈川	埼玉	群馬	大阪	千葉	東京
合計	73(100)	48(100)	19(100)	49(100)	84(3.5%)	81(100)
製造業	2(2.7)	6(12.5)	1(5.3)	2(4.1)		
食料品						
木材・家具・木製品	2(2.7)		1(5.3)			
紙・パルプ	1(1.4)	1(2.1)	1(5.3)	1(2.0)		
出版・印刷・製本						
化学	2(2.7)	2(4.2)	1(5.3)			
窯業・土木	1(1.4)	1(2.1)	1(5.3)	7(14.3)		27(33.3)
金属	5(6.8)	11(22.9)	1(5.3)			
機械	32 (43.8)	13(17.8)	46 (95.8)	15(31.2)	12 (63.8)	5(26.3)	22 (44.7)	2(4.1)
(一般機械)	(3)(4.1)	(5)(10.4)	(1)(5.3)			
(電気機器)	(7)(9.6)	(5)(10.4)	(2)(10.5)			
(輸送機器)	(4)(5.5)	(4)(8.3)	(2)(10.5)			
(精密機械)	(1)(1.4)	(1)(2.1)				
繊維・衣料						
その他製造業	4(5.5)	10(20.1)	1(5.3)	2(4.1)		18(22.2)
卸売・小売業	5(6.0)	1(2.1)	1(5.3)	8(16.3)		
(卸売業)				11(22.4)		
(小売業)				(9)(18.4)		
金融・保険業				(2)(4.1)		4(4.9)
建設業	9(12.3)		3(15.8)	1(2.0)		3(3.7)
不動産業				5(10.2)		
運輸・通信業	5(6.8)		2(10.5)			
私鉄・バス業				3(6.1)		6(7.4)
飲食業	6(8.2)					
電気・ガス・熱供給水道業						
サービス業	14(19.2)		1(5.3)	7(14.3)		23(28.4)
不明	1(1.4)	1(2.1)				
その他						

東京については「昭和63年調査」

表35 外国人の雇用形態（過去に雇用していた事業所）

		神奈川	埼 玉	群 馬	千 葉
(1)	形態				
	正社員	19(27.7)	3(6.4)	2(11.0)	(13.1)
	契約	2(3.1)			(8.3)
	嘱託	6(7.7)	1(2.1)		
	臨時・パートタイマー	8(10.8)	11(23.4)	5(27.8)	(28.6)
	アルバイト	24(33.9)	18(38.3)	3(16.7)	(39.3)
	派遣	9(12.3)	3(6.4)	4(22.2)	(6.0)
	研修	3(4.6)	8(17.0)	4(22.2)	(14.3)
	その他		3(6.4)		
	計	71(100)	47(100)	18(100)	
(2)	期間				
	期間の定めなし	38(56.5)	27(60.0)	16(61.5)	(51.2)
	一定期間(更新せず)	11(16.1)	13(28.9)	4(15.4)	(27.4)
	一定期間毎に更新	18(25.8)	4(8.9)	2(7.6)	(19.0)
	その他	1(1.6)	1(2.2)	4(15.4)	(6.0)
	計	68(100)	45(100)	26(100)	
(3)	職種				
	専門技師	9(10.0)	6(11.5)	2(9.5)	(7.1)
	研究者		1(1.9)		(2.4)
	語学教師				(7.1)
	翻訳・通訳	1(1.4)	2(3.8)		(3.6)
	営業マン	2(2.9)		1(4.8)	
	情報処理				
	事務員		1(1.9)		(2.4)
	店員	4(5.7)	1(1.9)		
	製造作業員	29(37.1)	32(61.5)	10(47.6)	(34.5)
	土木・建設作業員	5(7.1)		1(4.8)	(13.1)
	荷役・積みおろし		4(7.7)	3	
	配達員	4(5.7)			
	調理人	4(5.7)			
	ウエイター・ウエイトレス・皿洗	6(8.6)		1(4.8)	
	芸能・興業				
	清掃員	1(1.4)			
	その他雑役	2(2.9)	3(5.8)	2(9.5)	
	その他	8(11.4)	2(3.8)	1(4.8)	(13.1)
	不明				(1.2)
	計	75(100)	52(100)	21(100)	

表36　雇用しなくなった原因

	神奈川	埼玉	群馬	千葉
外国人の能力・技術が不必要となった	8(9.1)	2(4.3)	1(4.3)	(4.8)
外国人が定着せず	30(35.1)	11(23.4)	10(43.5)	(35.7)
在留期間の更新できず	11(13.0)	12(25.5)	2(8.7)	(27.4)
外国人から技術を得られず	1(1.3)	1(2.1)		(1.2)
労働条件で折り合わず	5(6.5)	3(6.4)		(9.5)
チームワークの問題	6(7.8)	1(2.1)	4(17.4)	(6.0)
その他	21(27.3)	17(36.1)	6(26.1)	(27.4)
				不明(2.4)
計	82(100　)	47(100　)	23(100　)	

表37 外国人を雇用していた事業所での雇用の始期と終期

			神 奈 川	埼 玉	群 馬
始 期		以前	13(17.5)	5(11.6)	4(23.5)
		S. 60	11(17.5)	2(4.7)	1(5.9)
		61	6(7.9)	7(16.3)	3(17.6)
		62	16(25.4)	7(16.3)	1(5.9)
		63	12(15.9)	17(39.5)	4(23.5)
		H. 1	10(15.9)	5(11.6)	4(23.5)
		計	68(100)	43(100)	17(100)
終 期		以前	4(6.0)	2(5.3)	2(11.8)
		S. 60	4(6.0)	1(2.6)	0(0)
		61	6(9.0)	2(5.3)	2(11.8)
		62	7(10.4)	5(13.2)	2(11.8)
		63	9(13.4)	5(13.2)	2(11.8)
		H. 1	37(55.2)	23(60.5)	9(52.9)
		計	67(100)	38(100)	17(100)

巻末付表

巻末付表　職種別労働時間・給与額（1988年）

（男性：30～34歳）

職　種	年齢	実労働時間(月間)		定期給与(月間)		特別給与(年間)	単位時間当たり給与	
		所定内(A)	超過	所定内(B)			(B/A)	平均=100
<男子労働者平均>	32.5	179	22	241.7	276.4	911.0	1.35	100.0
製造業(生産労働者)	32.6	176	29	213.4	260.4	758.5	1.21	89.6
システム・エンジニア	32.1	164	40	249.5	318.4	1,126.0	1.52	112.6
プログラマー	32.1	169	33	235.8	288.6	1,028.7	1.40	103.7
電算機オペレーター	32.6	175	23	227.2	264.4	886.9	1.30	96.3
ボイラー工	32.5	172	27	215.3	270.6	833.7	1.25	92.6
製材工	32.4	199	8	186.8	196.3	442.0	0.94	69.6
家具工	32.4	193	22	185.5	208.7	441.8	0.96	71.1
製紙工	32.7	165	28	210.5	274.9	921.1	1.28	94.8
オフセット印刷工	32.5	183	37	215.6	272.4	786.2	1.18	87.4
一般化学工	32.5	161	20	232.8	279.6	1,003.1	1.45	107.4
鋳物工	32.8	174	32	214.4	271.1	729.1	1.23	91.1
金属プレス工	32.5	179	31	209.4	255.5	670.8	1.17	86.7
溶接工	32.7	175	32	213.4	262.8	665.3	1.22	90.4
板金工	32.6	186	31	216.0	259.0	554.1	1.16	85.9
金属塗装工	32.9	175	30	214.7	265.0	713.8	1.23	91.1
旋盤工	32.7	175	31	207.5	255.7	737.9	1.19	88.1
機械組立工	32.6	174	33	219.5	272.4	820.8	1.26	93.3
重電機器組立工	32.7	177	40	209.5	265.8	681.2	1.18	87.4
自動車組立工	32.2	155	30	230.7	290.7	965.4	1.49	110.4
合成樹脂製品成形工	32.5	182	34	203.0	253.9	615.9	1.12	83.0
販売店店員(百貨店店員を除く)	32.4	194	16	224.1	243.0	739.1	1.16	85.9
調理士	32.4	201	15	236.6	256.0	566.6	1.18	87.4
給仕従事者	32.5	195	19	219.5	244.5	604.0	1.13	83.7
タクシー運転者	32.8	200	26	207.5	241.1	395.1	1.04	77.0
営業用大型貨物自動車運転者	32.5	197	47	248.4	310.2	448.2	1.26	93.3
自動車整備工	32.3	186	27	205.7	238.8	680.0	1.11	82.2
ビル清掃員	31.9	198	15	164.7	179.3	243.7	0.83	61.5
参考　建設業(生産労働者)	32.6	192	19	234.0	259.5	397.9	1.22	90.4
参考　卸・小売業、飲食店	32.4	185	13	244.9	264.1	883.6	1.32	97.8
参考　サービス業	32.5	179	18	245.6	276.2	915.0	1.37	101.5
参考　金融・保険業(男女)	32.5	159	14	274.5	302.6	1,535.1	1.73	128.1
参考　金融・保険業(男子)	32.5	161	17	311.6	348.2	1,875.5	1.94	147.3

（女性：30〜34歳）

職　種	年齢	実労量時間(月間) 所定内(A)	超過	定期給与(月間) 所定内(B)		特別給与(年間)	単位時間当たり給与 (B/A)	平均=100
＜女子労働者平均＞	32.5	176	7	170.5	181.4	619.0	0.97	100.0
製造業(生産労働者)	32.7	181	8	125.0	132.7	353.2	0.69	71.1
キー・パンチャー	32.8	177	8	164.2	172.3	562.3	0.93	95.9
ミシン縫製工	32.7	188	5	106.6	110.2	199.7	0.57	58.8
テレビ・ラジオ組立工	32.6	182	8	122.9	130.1	339.5	0.68	70.1
スーパー店チェッカー	32.4	192	8	154.9	162.5	506.9	0.81	83.5
百貨店店員	32.3	170	7	187.8	198.3	718.2	1.10	113.4
販売店店員(百貨店店員を除く)	32.5	187	7	165.9	174.5	507.8	0.89	91.8
給仕従事者	32.6	194	7	145.9	152.7	275.5	0.75	77.3
ビル清掃員	32.7	184	4	107.3	110.0	186.5	0.58	59.8
看護婦	32.3	171	8	209.9	236.8	816.5	1.23	126.8
准看護婦	32.5	175	7	178.9	202.5	588.1	1.02	105.2
看護補助者	32.5	177	7	145.4	154.3	509.7	0.82	84.5
参考 卸・小売業，飲食店	32.4	181	7	171.8	180.8	584.4	0.95	97.9
参考 サービス業	32.4	178	7	187.0	201.2	698.6	1.05	108.2
参考 保険外交員	32.8	153	0	187.5	188.3	350.7	1.23	126.8
参考 金融・保険業	32.5	154	7	205.3	217.8	900.9	1.33	137.1

資料　1988年賃金構造基本統計調査(労働者)。
注　単位は千円，時間。

手塚和彰（てづか・かずあき）

1966年	東京大学法学部卒
1966年	東京大学社会科学研究所助手
1970年	千葉大学人文学部助教授
1981年	千葉大学法経学部助教授
1984年	千葉大学法経学部教授
1995年	ケルン大学法学部客員教授（1996年まで）
1996年	マックス・プランク国際比較社会法研究所客員研究員
1999年	千葉大学法経学部長（2001年4月まで）
現　在	千葉大学大学院専門法務研究科　教授

〈主要著作〉

『外国人と法』〔第2版〕（有斐閣，1999年）
『国の福祉どこまで頼れるか』（中央公論社，1999年）
『怠け者の日本人とドイツ人―停滞を生んだ国民性』（中央公論新社，2004年）
Entwicklungen der System sozialer Sicherheit（mitverfasst Bernd Baron von Maydell, Takesi Simomura），Duncker & Humblot Gmb, Berlin 2000

外国人労働者研究

2004年（平成16年）8月1日　第1版第1刷発行

著　者　　手　塚　和　彰
発行者　　今　井　　　　貴
　　　　　渡　辺　左　近
発行所　　信　山　社　出　版
〒113-0033　東京都文京区本郷6-2-9-102
電　話　03(3818)1019
FAX　03(3818)0344

発売所　　大　学　図　書
電　話　03(3295)6861
FAX　03(3219)5158

Printed in Japan

©手塚和彰，2004．　印刷・製本／亜細亜印刷・大三製本

ISBN4-7972-2411-8　C3332
乱丁　落丁本はお取替え致します

〈日本立法資料全集〉

256	労働基準法(1)（法案）	渡辺　章	43,689円
257	労働基準法(2)	渡辺　章	55,000円
258	労働基準法(3)上（議会審議録）	渡辺　章	35,000円
259	労働基準法(3)下（議会審議録）	渡辺　章	34,000円
260	労働基準法(4)（施行関係）		近刊
2141	労務指揮権の現代的展開	土田道夫	18,000円
4589	労働基準法解説	寺本廣作	25,000円
553	労働関係法の解釈基準（上）	中嶋士元也	9,709円
554	労働関係法の解釈基準（下）	中嶋士元也	12,621円
560	英米解雇法制の研究	小宮文人	13,592円

2117	フーゴ・ジンツハイマーとドイツ労働法		
		久保敬治	3,000円
5090	外国人の法的地位	畑野 勇	続刊
2128	世界の労使関係―民主主義と社会的安定		
	ILO著	菅野和夫監修	4,000円
2130	不当労働行為の行政救済法理	道幸哲也	10,000円
2132	組織強制の法理	鈴木芳明	3,800円
2139	国際労働関係の法理	山川隆一	7,000円
2143	雇用社会の道しるべ	野川 忍	2,800円
2142	国際社会法の研究	川口美貴	15,000円
2119	高齢化社会への途		
	フォン・マイデル・手塚和彰		9,000円

125	不当労働行為争訟法の研究	山川隆一	6,602円
161	労働組合統制処分論	鈴木芳明	3,398円
561	オーストリア労使関係法	下井隆史	5,825円
615	外国人労働者法	野川　忍	2,800円
617	ドイツ労働法	A.ハナウ・手塚和彰訳	12,000円
790	マレーシア労使関係法	香川孝三	6,500円
874	雇用形態の多様化と労働法	伊藤博義	11,000円
1587	就業規則論	宮島尚史	6,000円
2051	イギリス労働法入門	小宮文人	2,500円
2053	オーストラリア労働法の基軸と展開	長渕満男	6,796円
2066	労働法律関係の当事者	高島良一	12,000円
2102	労働契約の変更と解雇	野田　進	15,000円
2114	アメリカ労使関係法	岸井貞男	10,000円